新文京開發出版股份有限公司

NEW
WCDP

新世紀‧新視野‧新文京 — 精選教科書‧考試用書‧專業參考書

國際公法專論

國際社會的紊亂，越來越明顯，例如最近俄羅斯與烏克蘭之間的戰爭；其中的因素固然很多，但追根究底，不外是彼此之間的各方面利害衝突，找不到解決之道，造成國際社會的國際秩序難以維持安穩之狀態。才有今天之情勢。

其實國際社會的安全、發展、繁榮與進步，在在都需要各國先建立一套國際秩序，而願意誠心、誠意的維護。二次世界大戰之後，雖有聯合國的建立，以及各個區域組織之成立，大致上維持了和平秩序的面向與態樣。然而時至今日國際秩序仍處於不穩定的局面，需要各國誠心誠意的來遵守國際秩序的要求。

以上的情形，在在都需要國際社會的成員遵守國際法的規範；臺灣身處這樣的環境，雖然政府領導官員也口口聲聲主張要讓各國看見臺灣，這樣是不夠好的；必須要了解國際社會的遊戲規則——國際公法的運作，之後才能參與國際事務，讓國際社會的成員認識臺灣，才會受到國際社會的成員認知到臺灣在各方面的努力。

以上都說明了作者長年致力於國際法的研究，開拓國際社的舞臺與空間，這些都是作者一本書生報國之初衷，願各界有志之士，能夠予以關注與利用本書之見解。

吳嘉生　謹識

中華民國 111 年 7 月 27 日

AUTHORS 作者介紹

吳嘉生　教授

現職：

新北市勞資爭議委員會　主任仲裁人（109 年至 112 年）

國立臺北大學法律系　兼任教授

臺灣證券交易所　上市上櫃審議委員

最高學歷：

美國聖路易大學　法律博士

美國紐約州立大學奧伯尼分校　政治學博士候選人

主要經歷：

1. 僑光科技大學　副校長、代理校長、觀光餐旅學院院長、學務處長、研發長兼通識教育中心主任

2. 中華民國仲裁人

3. 教育部數位學習認證　審查委員

4. 教育部智慧財產權保護　訪視委員

5. 教育部國防通識教育暨校園安全　訪視委員

6. 經濟部創新研發計畫　專案審查委員

7. 國家考試出題命題　閱卷及典試委員

8. 高等教育評鑑中心　評鑑委員

9. 國防大學軍法官班及軍法預備軍官班　特聘講座教授

10. 法務部司法官訓練所　講座教授

11. 國家文官學院 特聘講座教授

12. 國立臺北大學法律學系 專任教授

學術成就及榮譽：

1. 中華民國證券櫃檯買賣中心 法律專家審議代表

2. 桃園縣環保科技園區發展委員會 委員

3. 國防部「人才培訓」方案 規劃委員

4. 中山科學研究院專利申請 評選委員

5. 教育部大專校院智慧財產保護方案 推動委員

6. 國立高雄第一科技大學「科技法律評析」 編輯

7. 傑賽普國際模擬法庭辯論賽 臺灣區法官

8. 國立臺北大學 資深優良教師

9. 國立臺北大學 績優導師(2014~2015)

10. 國立臺北大學 績優導師(2015~2016)

行政經歷：

1. 國立臺北大學 學務長

2. 國立臺北大學通識教育中心 主任

3. 國立臺北大學財經法學系 主任

4. 中興大學法商學院（臺北大學前身）進修推廣中心 教務主任

5. 中興大學法商學院（臺北大學前身）課務組 組長

6. 中興大學法商學院（臺北大學前身）研教組 組長

專業領域：

1. 國際法相關領域：如國際公法、國際私法、國際商務仲裁、國際環境法、國際法、國際經濟法、國際貿易法、國際金融法

2. 知識產權法相關領域：如專利、商標、著作權、網路資訊法……

3. 英美法導論、英美契約法、英美侵權法、美國憲法、美國行政法……

A. 教師專業表現與服務目錄

1. 國立臺北大學管考績優教師表揚狀

2. 傑賽普國際法庭模擬辯論賽臺灣區評審法官（初賽／複賽／決賽）（多任）

3. 新北市政府新北市勞資爭議主任仲裁委員（100.5.1 至103.4.30）

4. 桃園縣政府聘任──環保科技園區發展委員會委員（99.4.1至 101.3.31）

5. 桃園縣政府聘任──環保科技園區設置計畫發展審議委員會委員（96 年至 98 年）

6. 桃園縣政府聘任──環保科技園區入區廠商／研究機構之興建、營運績效評定委員（98 年至 100 年）

7. 新竹市政府市政顧問（100.8.3 至 103.12.24）

8. 臺東縣政府縣政顧問（98.04.01 至 98.12.19）

9. 中正大學專家顧問聘書──100 年擔任臺灣法律資訊中心專家顧問

10. 中興大學法商學院（臺北大學前身）教務分處課務組組長（84 年至 86 年）

11. 中興大學法商學院（臺北大學前身）教務主任

12. 高等教育評鑑中心基金會 99 年度大學校院系所評鑑委員

13. 高等教育評鑑中心基金會 96 年度大學校院系所評鑑委員

14. 致理學院財經法律系演講感謝狀(100.10.3)

15. 南臺科技大學 99 年 12 月 14 日「2010 企業及財經法律學術研討會」與談人

16. 靜宜大學法律系 98 學年度「民事損害賠償制度——特別法上之規範與實踐學術研討會」主持人(99.06.04)

17. 高雄第一科技大學科技法律研究所 99 年度「科技法律評析」編輯委員會委員

18. 臺北大學 95 年碩士學位論文口試委員

19. 臺北大學 100 年碩士學位論文口試委員

20. 臺北大學 97 年博士學位論文口試委員

21. 中正大學 99 年博士學位考試委員

22. 臺北大學 98 年擔任教育部「培育優質人力促進就業計畫——大學畢業生至企業職場實習方案」實習委員會委員

23. 司法院司法人員研習所 94 年第 2 期培訓高等行政法院法官研習課程之從著作權利法到電子商務法之問題與研究課程講座

24. 司法官訓練所 94 年司法官班 46 期第二階段「英美法學名著選讀」課程

25. 臺北市政府「2006 生技獎」審查委員

26. 考試院 92 年公務人員特種考試第二次警察人員考試典試委員

27. 考試院 93 年交通事業郵政人員升資考試增聘命題兼閱卷委員

28. 考試院 93 年公務人員特種考試外交領事人員考試及 93 年公務人員特種考試國際經濟商務人員考試典試委員

29. 考試院 94 年公務人員特種考試司法人員考試口試委員

30. 考試院 94 年公務人員特種考試司法人員考試閱卷委員

31. 考試院 95 年公務人員特種考試外交領事人員考試及 95 年公務人員特種考試法務部調查局調查人員考試口試委員

32. 考試院 95 年公務人員特種考試外交領事人員考試及 95 年公務人員特種考試法務部調查人員考試命題兼閱卷委員

33. 考試院 95 年公務人員特種考試民航人員考試及 95 年公務人員特種國際經濟商務人員考試典試委員

34. 考試院 95 年公務人員特種考試司法人員考試及 95 年軍法官考試閱卷委員

35. 考試院 98 年公務人員特種考試外交領事人員及國際新聞人員考試、98 年公務人員特種考試法務部調查局調查人員考試、98 年公務人員特種考試國家安全局國家安全情報人員考試、98 年公務人員特種考試原住民考試命題兼閱卷委員

36. 考試院公務特考：警察人員／關務人員／海關人員／退伍軍人轉任公務員典試委員

37. 考選部專利師考試審議委員

38. 行政院農委會農業生技園區入園甄審委員

39. 財團法人中華民國證券櫃檯買賣中心上櫃審查部審議委員

40. 中央印製廠採購評鑑委員會委員

41. 開南法學編輯委員會第 2 期委員（多任）

42. 清華大學科技法律研究所「國際商務仲裁」兼任教授（多任）

43. 致理技術學院多媒體設計系「科技與法律」兼任教授（多任）

44. 真理大學財經法學期刊編輯顧問

45. 行政院第 8 次全國科技會議課程提綱委員

46. 臺灣電力公司「98 年度北一區抄表工作委外服務招標案」審查委員

47. 行政院金融監督管理委員會銀行局「97 年度英譯委外服務招標案」採購評選委員會委員

48. 高雄第一科技大學科技法律研究所 96 年度「科技法律評析」編輯委員會委員

49. 高雄第一科技大學 97 年度科技大學自我評鑑專業類科法律研究所自評委員

50. 稻江科技暨管理學院財經法律學系 96 年度上半年大學評鑑系所再評鑑自評委員

51. 臺北市內湖區麗山國民小學溫水游泳池 97 年委託民間營運管理案之甄選委員

52. 全國農業金庫股份有限公司「農貸帳務管理系統建置計畫之主系統開發」評選委員

53. 國立臺灣大學醫學院附設醫院復健部義肢室醫療合作案甄審委員會委員

54. 宜蘭縣政府「宜蘭利澤工業區外防風林地民間促參方式進行風力發電園區」甄審委員

55. 教育部 97 年數位學習課程與教材認證國貿組審查會議審查委員

56. 教育部 98 年大專院校校園保護智慧財產權行動方案訪視計畫訪視委員

B. 專書著作

年度	書目
1998	國際法與國內法關係之研析，五南圖書出版股份有限公司。
1999	智慧財產權之理論與應用，五南圖書出版股份有限公司。
	國家之權力與國際責任，五南圖書出版股份有限公司。
2000	國際法學原理——本質與功能之研究，五南圖書出版股份有限公司。
2001	美國貿易法三〇一條款評析：智慧財產權保護之帝王條款，元照出版有限公司。
2003	電子商務法導論，學林文化有限公司。
2004	國際貿易法析論，翰蘆出版社。
2006	資訊倫理與法律，國立空中大學。
	銀行法釋論，新學林出版社。
2008	當代國際法上，五南圖書出版股份有限公司。
	當代國際法下，五南圖書出版股份有限公司。
	國際經濟法析論，文笙書局。
2009	智慧財產法通論，一品文化出版社
2010	法學英文精練，一品文化出版社。
	英美法導論，一品文化出版社。

年度	書目
2012	法律倫理專論，一品文化出版社。
	國際環境法專論，五南圖書出版股份有限公司。
2013	國際商務仲裁理論與實務，元照出版有限公司。
2014	海商法與海洋法釋論，一品文化出版社。
2016	國際金融法析論，五南圖書出版股份有限公司。
2018	國際私法——理論與經典案例研析，五南圖書出版股份有限公司。
2019	國際貿易法論——WTO 之貿易規範研究，一品文化出版社。
2020	金融法析論，五南圖書出版股份有限公司。
2021	商事法通論，五南圖書出版股份有限公司。
	智慧財產法綜論，五南圖書出版股份有限公司。

C. 期刊論文

年度	編號	期刊論文（TSSCI 等同於 SSCI）
1994	1	對三〇一條款應有之認識，軍法專刊，第 40 卷第 7 期，1994 年，第 18~24 頁。
	2	評析歐洲競爭法之起源，中興法學，第 37 期，1994 年，第 189~217 頁。(TSSCI)（英文版）
	3	從高華德案論國際條約終止之美國模式，中興法學，第 38 期，1994 年，第 45~75 頁。(TSSCI)（英文版）
	4	特別三〇一條款評析，朝陽大學法律評論，第 60 卷第 11-12 期，1994 年，第 13~20 頁。

年度	編號	期刊論文（TSSCI 等同於 SSCI）
1995	5	論三〇一條款之產生，法學叢刊，第 40 卷第 1 期，1995 年，第 73~86 頁。
	6	超級三〇一析論，朝陽大學法律評論，第 61 卷第 1-2 期，1995 年，第 2~12 頁。
	7	著作權法與圖書館——以公平使用為原則為中心，臺北市立圖書館館訊，第 12 卷第 3 期，1995 年。
	8	從美日貿易衝突論超級三〇一，中興法學，第 39 期，1995 年，第 157~176 頁。(TSSCI)
	9	研究美國保護智慧財權之貿易立法，軍法專刊，第 41 卷第 3 期，1995 年，第 5~13 頁。
1996	10	著作權法中公平使用原則之探討——兼論圖書館之著作權問題，書苑，第 27 期，1996 年，第 31~38 頁。
	11	探討著作權法中之公平使用原則，軍法專刊，第 43 卷第 5 期，1996 年，第 1~7 頁。
	12	從中、美智慧財產問題論特別三〇一，中興法學，第 41 期，1996 年，第 245~259 頁。(TSSCI)
	13	國際法之過去、現在與未來，中興法學，第 41 期，1996 年，第 51~149 頁。(TSSCI)
	14	中華人民共和國著作權法評析，中興法學，第 40 期，1996 年，第 155~215 頁。(TSSCI)（英文版）

年度	編號	期刊論文（TSSCI 等同於 SSCI）
1997	15	論汙染者付費原則之國際法規範，軍法專刊，第 43 卷第 5 期，1997。
	16	對國際法產生之探討，中興法學，第 43 期，1997 年，第 31~126 頁。(TSSCI)
	17	美國一般三〇一、特別三〇一與超級三〇一之比較研究，朝陽大學法律評論，第 63 卷第 10-12 期，1997 年，第 2~19 頁。
	18	研析國際法產生之淵源，軍法專刊，第 43 卷第 9 期，1997 年，第 8~22 頁。
	19	中國大陸與美國商務仲裁之比較研究，中興法學，第 42 期，1997 年，第 18~24 頁。(TSSCI)（英文版）
1998	20	環保糾紛解決之研究，中興法學，第 44 期，1998 年，第 1~49 頁。(TSSCI)
	21	研析國際條約之保留，軍法專刊，第 44 卷第 6 期，1998 年，第 15~27 頁。
1999	22	個人在國際法上地位之研析，軍法專刊，第 45 卷第 2 期，1999 年，第 4~18 頁。
2000	23	研析智慧財產權之立法保護——以美國為例，中興法學，第 45 期，2000 年，第 205~260 頁。(TSSCI)
2001	24	人權之憲法保障，憲政時代，第 27 卷第 1 期，2001 年，第 3~38 頁。
2006	25	全球治理下之世界貿易組織，曾華松大法官古稀祝壽論文集——論權利保護之理論與實踐。

年度	編號	期刊論文（TSSCI 等同於 SSCI）
2008	26	Choice of Law and Intellectual Property，法學理論與文化，李岱教授祝壽論文集。
2009	27	Innovation Analysis of Market Competition, ChihLee Law Review, pp.147-190.（英文版）
2012	28	Economic Diplomacy, ChihLee Law Review.（英文版）

D. 論文

年度	論文內容
2010	與談人，電視節目版式法律保護之研究，企業及財經法律學術研討會，南臺科技大學。
2011	發表人，全球化下資訊之傳播與交流，臺灣法律資訊中心，中正大學。
	與談人：「入世十年四問」（發表人，清華大學車丕照教援，第三屆兩岸國際法學論壇學術研討會，2011）國際法學會。
	主持人兼評論人：雲端運算與資訊保護之探討——以美國法為主，2011 年科技法律學術研討會，高雄第一科技大學。
	發表人，法學英文之教與學，專業法律英文教與學工作坊，南臺科技大學，財經法律研究所。
2012	發表人，災害防救法評釋，臺灣海洋大學 2012 學術研討會。
	發表人，環境保護與國際貿易，中達環境法論壇，武漢大學。

E. 政府委辦研究計畫

年度	補助單位	研究計畫名稱	時間
1996	行政院文化建設委員會	文化創新：智慧財產之開發與保護專題研究	1995 年至 1996 年
2007	教育部	96 年度法律專業科目教學改進計畫──智慧財產權理論與實務（計畫主持人）	2007.06.01 至 2008.07.31
2008	內政部警政署刑事警察局	「有關 IP 監察技術可行性評估與法制分析之研究（上）──第二類電信監察法制分析研究」（計畫主持人）	2008.07.31 至 2009.01.31

第Ⅰ篇 序 論

CHAPTER **01** 研析國際法產生之各種因素

第一節 關鍵概念 3

第二節 專題研究（一）：研析國際法產生之主體 11

第三節 專題研究（二）：國家基本權利之研究 19

第四節 專題研究（三）：國家基本義務之研究 27

第五節 結 論 36

第Ⅱ篇 通 論

CHAPTER **02** 國際法與國內法之關係

第一節 關鍵概念 41

第二節 專題研究：國際法與國內法關係之研析 45

第Ⅲ篇 本 論

CHAPTER **03** 國家之國際責任

第一節 關鍵概念 91

第二節　專題研究：研析國家國際責任之承擔
97

CHAPTER **04** ● **承 認**

第一節　關鍵概念　131
第二節　專題研究：承認之國際法檢視──兼
論臺灣關係法　133

CHAPTER **05** ● **國際條約法**

第一節　關鍵概念　145
第二節　專題研究：國際條約保留之研析
149

CHAPTER **06** ● **國際海洋法**

第一節　關鍵概念　177
第二節　專題研究：公海法治之建構與規範
188

CHAPTER **07** ● **國際人權法**

第一節　關鍵概念　207
第二節　專題研究：個人在國際法上地位之研
究　211

CONTENTS

CHAPTER **08** ● **國際人道法**

第一節　關鍵概念　239

第二節　專題研究：國際人道法執行之研究
　　　　242

CHAPTER **09** ● **國際刑事法**

第一節　關鍵概念　251

第二節　專題研究：懲治恐怖主義之國際法規
　　　　範　259

CHAPTER **10** ● **國際組織法**

第一節　關鍵概念　273

第二節　專題研究：國際組織與國際法交錯之
　　　　研究　277

CHAPTER **11** ● **國際環境法**

第一節　關鍵概念　315

第二節　專題研究：論「汙染者付費原則」之
　　　　國際法規範　320

第IV篇 結 論

CHAPTER **12** ● 國際爭端之解決

第一節　關鍵概念　335

第二節　專題研究：研析國際爭端之和平解決
　　　　339

參考文獻　361

附錄一　聯合國憲章　367

附錄二　臺灣關係法　381

附錄三　聯合國海洋法公約及其附件　387

附錄四　世界人權宣言　460

附錄五　維也納條約法公約及其附件　467

附錄六　國際刑事法院羅馬規約　482

PART **I** 序 論

CHAPTER 01　研析國際法產生之各種因素

01 研析國際法產生之各種因素

第一節 關鍵概念

壹、國際法產生之動力

　　人類自從在地球上出現之後,便面對周遭的惡劣環境,最原始之要求就是要能夠「生存」,在這樣的最高目標與最低要求之下,人類知道要達成這樣的目標與要求並不是那麼容易。大自然的壓力與所面臨的生態環境對每一個人而言,更不是件容易的事。經過很長的一段時間,透過學習而獲得經驗,告訴了每一個人不能離群而索居,更不能「孤芳而自賞」,也因此而了解到獨立的個人難以達成「生存」的最低要求,彼此因事實上的需要而開始建立關係,相互合作,共同對抗外力的威脅。就因為這樣的基本觀念之形成,人類開始有了最基本的社會──家族;進而繁衍成小形的社會──部落,更進而擴大到了王國的出現。

　　為了維持彼此之間的正常關係以及彼此的共同需要;也逐漸建立了共同的信念──在人類社會之中的最基本的條件之下,有了尋求和平、秩序的建立;也因而建立了一些規則作為彼此行為規範一部族或對封建的法制(Feudal Law)的形態,進而有了更高層次的「國家法」(Nation-State Law)。在其後,各王國與各王國之往來,彼此也因而有共同的需要而有了區域性的國際關係之形成。在經過長期的各國之實踐,透過習慣、慣例、最高統治者的判決,法律的一般原則、到學者專家所提出之主張,逐漸形成了現在所熟知的早期的「國際法」(Law of Nations)。

貳、國際法家族之分類

一、國際法

在國際社會之中，規範國家與國家之間相互關係的法制體系，而對於國際社會中的成員，具有一定程度的拘束力。

二、萬國法

這套法律是那麼基本的規範或是具有那麼的基礎性及普遍性，以致對於國際社會中的所有國家均具有一定程度拘束力，而不論此套法律是否被所有的國家予以同意而願意遵守，任何單一國家的同意與否在所不問。

三、一般法

源起於各國彼此之間的交往行為或一貫的作法之法律規範；也因此而透過明示的表達或默示的同意，願意受到這一套法律的拘束。

四、特定法

對於特定的國家特定之事件之規範，因為它的行為或作法而具有拘束力的法律。

五、比較法

對世界各國內國法法制體系的研究、分析與比較，所形成之法制規範。

六、邦際法

蘇聯歷史上最著名之國際法學者維諾格多夫教授(Prof. Vinogradoff)將古希臘時期的「城市國家」或「城邦國家」，在

彼此相互之間交往關係中所發展出來的外交、戰爭……等從習慣規則，所發展出來的法律制度，稱之為「邦際法」(Inter-municipal Law)。邦際法與現代國際法最大的不同之處，乃是在於它的實質內涵中的道德與宗教的意味特別濃厚，而遠遠地超過了法律規範。

參、國際法之目標

　　「國際法」乃是在國際社會當中，用來規範國際社會成員的「行為」或活動的產物，意圖達成國際社會的和平、秩序、進步、繁榮與發展的最後目標。

肆、國際法之功能

　　國家與國家之間彼此的關係是恆久的、長遠的，而且是繼續不斷的、多方面的及頻繁的。所以人類建立了國際社會。國際社會就如同所有的社會一樣，為了和平共存及永續發展的目的，要求它的成員在日常的活動及行為是正常的與可以預測的。這樣的要求是可以理解的。簡言之，國際社會在一般的情形下，有事實上的需要所形成的一種和諧的、中規中矩的社會秩序。

　　在組成國際社會時，必須考慮及預計到對於國際社會的秩序，在當下，以及在未來所可能發生的動亂或危機；同時，要能夠加以適度的控制。這些危機有可能來自於不同的方面或是發生在社會中各個不同的階層。其中有兩大類型的危機最為重要，而且是任何社會均自然會具有的。其中之一是社會成員中，沒有任何一個成員對其本身或其他成員的行為，所產生的社會後果，能夠充分且全面的了解。因此，就需要有「指導」，來使得社會行為不致於危害社會秩序，或者是社會秩序因而受

到的危害，可以降低至最低限度。而另一類型的危機是人類社會中某些資源的供應，總是不足以滿足每一個社會成員的個別需求；也就是資源的供給在一般的情形下，總是不能夠滿足社會中每一成員的需求。其結果是有可能發生競爭性或侵略性的掠奪，如此一來，就會危及到社會根本的「生存」，更遑論繁榮與發展了。因此，對於社會中稀有的資源，它的分配與管理，就必須回歸到社會的本身，由社會所建立的機制或制度去作決定。

而每一個社會所建立的制度或機制，在一個國家之內乃是由代表那個國家的政府所扮演。對於上述的社會成員行為的指導及資源的分配，就是由政府來承當。要由政府來決定資源分配的政策以及資源分配的原則或作法。因此，對於社會秩序的維持，就成了政府的首要任務。為了要達成這樣的任務，政府可以使用許多種方式。但是，在這樣的政府的作法下，有兩點是它所依賴的基礎。其一是權力──也就是影響社會成員行為的能力──那是政府藉以指導社會成員行為與資源分配的主要工具。另一就是法律，永遠是鞏固與貫徹政府決策的一種方式。法律把政府決策變成對社會成員的「指示」，指導社會成員如何行為。

由此看來法律與政府彼此之間的關係，可謂是相輔相成而且是相互依存的關係。二者均是社會發展所不可或缺的兩個重要因素。如果把法律與政府以及所適用的範圍，從「國內」的層面，擴張到「國際」的層面；那麼，很顯然的可以發現「國際社會」的「永續發展」(Sustainable Development)就必須仰賴國際法與國際政治（各國政府彼此之間「權力」的運作）相互影響之下的後果。

伍、國際法之淵源及其適用

一、國際法之淵源

國際法之淵源（或稱之國際法之法源所在）係指國際法中某項規範或規則，係經由何種途徑取得其法律上之效力而言。因此之故，國際法之淵源，乃是指法官在裁決國際案件所仰賴之法律上的重要依據。

大致上，國際的主要淵源可以分為下列五種：1.慣例；2.條約；3.法院判例；4.公法學家之學說；以及 5.國際組織之決議。

二、適用國際法淵源之次序

1. 國際條約；

2. 國際習慣，作為通例之證明而經接受為法律者；

3. 一般法律原則而為「文明各國」所接受者；

4. 司法判例；以及

5. 各國權威最高之公法學家之學說。

陸、依淵源而分類之國際條約

一、立法性條約

「立法性條約」係指創制或制定普通適用之規則，對於國際社會中的大多數國家發生法律上的拘束力。

二、契約性條約

舉例而言，兩個或某些國家為特定事項而締結之條約僅在訂約國之間發生效力。契約條約並非國際法之直接淵源。但有可能經由習慣規則的相同發展途徑而逐漸形成國際法。

柒、衡平原則

　　《國際法院規約》第 38 條第 1 項規定:「前項規定不妨礙法院經當事國同意,本公允及善良原則裁判案件所依據之權。」其條文中指之「公允及善良原則」(Ex aequo et bono),既非一般法則,亦非習慣規則,而是正義原則或衡平原則。而衡平原則應該是「公平正義」再加上「信義原則」。因此,可以認為公允便是衡平,但是衡平卻不一定符合任何法律的規定。按公允及善良原則以判決,乃是在法律規定外,依理、依情、依時、依地、依正義與道德……等等,來解決國際社會成員之間的事端。「國際法院規約」第 38 條第 2 項之規定,其意義是「公平的解決一個爭端,必要時可以不顧既存法律(equitable settlement of a dispute in disregard, if necessary, of existing law)。國際法中的衡平原則與英美法中的「衡平」(Equity)觀念,有些相近,但不盡相同。因為它不是與現有法律規範平行並加以補充的另一套法律規範,而是表達一種貫穿法律並使之符合正義感的精神或態度。

　　由於衡平原則並不建立法律規範,但卻可能影響法律的具體意義。因此,有學者懷疑衡平原則是否可以作為法律的淵源,此問題則應視衡平原則用於什麼場合和什麼目的來決定。基本上,有下列三種情況:

1. 一個國家或法律適用的機關容許有自由裁量的空間,則可以用衡平原則來決定怎麼適用這個規則,此即所謂「在法律範圍內決定」(Decision Within the Law),當然是可以用衡平原則的。

2. 如果一個決定與法律衝突,因不能用衡平的原因來不適用法律,此即所謂「違反法律的決定」(Decision Against the Law);只有在一個法庭被授權適用公允與善良的原則時,才

能夠如此做。這就是「國際法院規約」第 38 條第 2 項所述的實況。

3. 如果一個問題欠缺相關法律規定，而此種情形似乎是一個空白的情況，即所謂「法律之外的決定」(Decision Outside the Law)：是否可適用衡平原則來作決定，則有不同的意見。有認為不應作出決定，即所謂的「無法裁判」(Non Liquet)的情形。但著名的國際法學家勞特派特認為：禁止用「無法裁判」為理由來拒絕受理案件已是「一般法律原則為各國所承認者」之一。如此，法庭仍應以衡平原則來作決定。

捌、國家構成之法律要件

國際法上對於組成國家的四個法律要素設定如下：

1. 一定的疆域（領土）；
2. 領域內的人民；
3. 有效統治的政府；
4. 與其他國家建立交往關係的能力。

玖、國家存在之重要權力

1. 國家獨立權；
2. 國家平等權；
3. 國家生存權；
4. 和平共存權；
5. 國家管轄權。

壹拾、 自衛

　　自衛是國家維持生存最迫切而有效的手段；一個國家遇到外來的侵略，便有不顧一切而採取自衛手段的權利。關於自衛權之行使，「聯合國憲章」第 51 條規定：「任何會員國受武力攻擊時，在安全理事會採取必要辦法以維持國際和平與安全以前，本憲章不得認為禁止行使單獨或集體自衛之自然權利」。此規定是以受到武力攻擊而聯合國安全理事會又沒有行使維持和平與安全之辦法以前，作為行使自衛權之理由。

壹拾壹、自衛之類別

　　自衛可以分為：一、境內自衛；與二、境外自衛。

一、境內自衛

　　境內自衛乃是以遭受到他國武裝部隊入侵國境（包括領海與領空在內）而採取的自衛行為。

二、境外自衛

　　境外自衛又可再分為：（一）抵抗直接攻擊的行為；（二）預防性的自衛；以及（三）報復性的自衛。

（一）抵抗直接攻擊的行為

　　這是指在國境以外的武裝部隊，如在公海上的軍艦或航空器遭受直接攻擊，因而採取自衛手段而予以還擊之行為。

（二）預防的自衛

　　這是指確悉敵國的武裝部隊要直接向本國侵略，或直接利用他國武裝或其他設備向本國進攻，因而作先發制人的措施。

（三）報復性的自衛

由於遭受來自某國境內的武裝部隊的侵襲，因而以武裝部隊進入某國予以打擊之行為。

第二節　專題研究（一）：研析國際法產生之主體

無庸置疑的，國際法是國際社會的產物，規範國際社會成員的行為；用以維持國際社會的秩序，藉以完成改善全體人類生活的目的。現今國際社會的成員基本上仍以國家為主，具有特殊的性質。而就其特殊的性質來加以審視，一般認為國際社會具有兩種特殊性質存在。其一是國際社會的成員——國家——享有「主權」(Sovereignty)，與只享有個人權利之國內社會成員不同。其二是國際社會之上，沒有一個較高的權威機關，不似國內社會，在其上有一個中央政府存在。就現代國際法的理論來看，主權觀念再加上 19 世紀後半期興起的民族主義思潮，對國際社會的成長與發展，具有負面的影響。而在另外一方面又更阻礙了國際法的正常發展。雖然自聯合國成立後，國際社會的組織已逐漸加強，但聯合國只是許多國際組織中的一個，不是超國家或世界政府，不能對任何國際法人發號施令，自行立法，或強制國際法人遵行其決定。所以當前的國際社會，組織是鬆散的，體制是地方分權的，和個人的關係多是間接的，它所定的行為規則，執行時通常必須透過國際法人。[1]

前面論及所謂的國際法人，它是指具有「國際人格」(International Personality)的國家、國際組織和自然人；在國際關係上，能夠依據國際法享受權利同時又能負擔義務者。另

---

[1]　陳治世，國際法，臺北，臺灣商務印書館，民國 81 年，頁 85。

外，國際社會的成員都是「國際法主體」(Subjects of International Law)，而國際法主體即是國際法人，也就是包含國家、國際組織以及個人。要注意的是國際法人不全是國際社會成員，因為個人在某種情形下可以是國際法主體，卻非國際社會的成員。而在此我們研究國際法產生的主體，務必不要與國際法的主體混淆。國際社會裡面的國際法主體，無疑的是指國家、國際組織，以及個人，而國際法產生的主體是在研究；究竟「誰」有權來決定國際法的產生？也就是誰能為國際社會制定「國際法」的問題。針對這個問題，本章將從五種可能的候選者來探討究竟「誰」才是國際法產生的主體。

壹、國家

　　國家是國際舞臺上最重要的演員。它們不但是國際法的主體，它們也是國際社會的法律締造者與法律執行者。通常來說國家必須具有國際人格，也就是說國家必須要有某些作為國家的特質，才能在國際社會裡成為享受權利與負擔義務的主體。如果被國際社會成員認可具有國際法人的資格而為國際法主體，那麼國家就應該可以享有一些「特權」(Privilege)。例如：國家主權及對外簽訂國際條約。而所謂主權，簡單的說即是代表國家的政府，對於其內部事務有絕對控制而對於國外事務有獨立自主的權力。而所謂對外有簽訂國際條約的特權，這就使得國家能夠在國際社會裡，為了與其他成員維持平等交往的國際關係，而為國際社會制定了國際法律規範，以維持國際社會裡的國際法秩序。僅就此點而言，在傳統國際法的理論下，唯有國家才能為其本國締造法律，也唯有國家才能為其所處的國際社會締造國際法。

　　人類社會為了維護生存及促進發展，遂有法律的制定與執行；同樣的國際社會也必須建立國家與國家之間的行為準則，

以供國際社會成員，共同遵守，各國方能共存共榮。國際社會成員的行為準則，乃是在規範彼此之間的國際法關係；而國際社會成員之間的關係，則應包括國家與國家之間的關係、國家與國際組織之間的關係，以及國際組織相互間與個人間的關係。此種相互間之關係，即是由國際條約之簽訂，規定簽約國相互遵守之國際法關係。這些國際條約的規定雖然不是由一個超國家的權力機構所制定，但是卻為世界各國所承認，具有國際法的拘束力，拘束國際社會成員，而共同遵守。

　　國際社會裡的成員都是國際法主體，具有國際法人的地位，也就是說具有國際人格的國家、國際組織與個人，便成了國際法主體。但是這三類的國際法主體當中，唯有國家才享有決定國際法究竟應「如何的權力」。此一權力是 17 世紀主權觀念及 18 世紀民族主義思想留下來的產物。國際組織與個人至多只能促進國際法的產生。唯有國家才能為國際社會產生國際法。國際組織與個人可以建議、提示、促進、主張一些法律規範，使國家採取行動而制定法律；它們也可以藉著發現、解釋、澄清或確認已經被國際社會成員所接受的既有的法律規範。然而，這些情形並非真正的產生國際法。事實上，除了國家以外，國際組織與個人都不能為國際社會的成員制定法律。國家到目前為止，仍然是國際法律制度中，唯一擁有最終法律的締造者之地位，也唯有國家才是最終法律的行為者。唯獨國家的行為如締結國際條約的能力，才被承認在國際上具有法律拘束力。

貳、國際組織

　　國際組織或者可定義成：國家間由條約所建立具有共同機關，追求一定目的並受國際法支配的組織[2]。或者也可定義成：

---

[2] Year Book of the United Nations, Vol.45(1991), p.794.

國家間根據條約所組成的團體，以追求共同目標，並且該團體有特別機關來執行該團體的任務 (An association of States established by and based upon a treaty, which pursues common aims and which has its own special organs to fulfill particular functions within the organization.)[3]。而廣義的國際組織則可視其為：不僅包含「政府間組織」(Intergovernmental Organizations)，亦包含「非政府間組織」(Nongovernmental Organizations)，以及甚至工業及商業組織；但是一般來說，只有國家間根據條約組成的團體之國際組織，才具有國際法主體的資格。雖然非政府間組織在國際社會中也能有相當的作用，發揮相當的功能，受到部分國際法學者的重視，但是仍未能取得作為國際法主體的資格。

各國為了一定目的而建立某種國際組織，並授予它某些權力；而國際組織的權力，來源於組成該組織的成員國，其權力最終是為成員國所規定的共同目的來服務的。各種國際組織，有其成立時所設定的特定任務，並享有不同範圍及不同程度的權利。例如：「聯合國」為了國際和平與安全的目的，可以採取「強制措施」(Mandatory Measures)；但是「世界氣象組織」(World Meteorological Organization)就沒有這樣的權力。而國際組織是以政府間的「協定」(Agreement)作為其存在的法律基礎。而這種協定的正式文件，一般就是有關國際組織據以設立組織機構及推展活動的基本文件。這類基本文件可以各種不同的名目出現。例如：「國際聯盟」(League of Nations)以「盟約」(Covenant of the League of Nations)的名稱出現、「國際民航組織」(International Civil Aviation Organzation)以「公約」(Convention on International Civil Aviation)的名稱出現、「國際原

---

[3]　Rudiger Wolfrum, "International Organizations，General Aspects," Rudolf Bernhmdt, ed., Encyclopedia of Public International Law, Vol.5, p.118.

子能機構」(International Atomic Energy Agency)以「規約」(Statute of International Atomic Energy Agency)的名稱出現……等，其他也有稱作「協定」(Agreement)、「條約」(Treaty)、「憲章」(Charter)或「組織法」(Constitution)的，不一而足。國際組織的基本文件，雖然名稱上，不盡相同；但是一般來說，其內容大致上包括各該組織的宗旨、原則、結構、職權、活動程序，以及成員國的權利和義務等基本規定。

參、個人

　　翻閱一部國際法的歷史來看，不少國際法學家在國際法的發展及研究上有不朽的成就，在法學界的地位相當的崇高。例如：「國際法之父」的格勞秀斯(Hugo Grotius, 1583~1645)以及瓦特爾(Emmerich de Vattel, 1714~1767)乃至於奧本海……等著名國際法學家，都是一時之俊彥，曾被當時的各國所倚重。但是他們個人的法律見解，甚至於變成學說而成一家之言，卻也無法變成國際法律制度之規範。換句話說，個人不可能使國際法產生。至少在傳統國際法理論下，個人不能成為國際社會的成員。雖然在現代國際法的發展情況下，似乎無法否認個人應被認為是國際法的主體。但是傳統的意見是不承認個人為國際法主體的，而認為個人只是國際法的客體──國際法所規律的對象；傳統意見雖然也承認國際法有時也對個人賦予權利和課加義務，卻認為這些權利或義務不是由國際法直接授予或課加的，而只是國際法責成國內法授予或課加的[4]。因此既然個人在目前的情況之下不是國際法的主體，自然就更不會是國際法產生的主體。

---

[4]　丘宏達，現代國際法，臺北，三民書局，2021 年，頁 202-204。

另外，「國際法院規約」(Statute of the International Court of Justice)第 38 條授權法院得適用「各國權威最高之公法學家學說，作為確定法律原則之補助資料」(the teachings of the most highly qualified publicists of the various nations, as subsidiary means for the determination of the rules of law)。這樣的說法足見公法學家的「學說」，本身是沒有法律拘束力的。除此規定外，在實務上法院之所以利用學說，以輔助判案，主要是節省法院辦案佐證的困難。法院在運用公法學家已經發現或查出的法律原理或法學主張，就無須自己去探尋任何為證明某法律規範是否存在的證據。又可因此作為其決定的參考、協助其判決，可收事半功倍之效，何樂而不為。

肆、法律機構

國際法的編纂，在嚴格的意義上，是指將國際關係中以習慣方式形成和發展起來的國際法規則，以正式條約的方式來加以規定，使之成為成文法。而目前國際間已有不少公營及民營的法律機構，正努力促進於國際法的研究與發展，特別是著重在國際法的編纂工作方面；尤其是聯合國所推展進行的國際法編纂工作，最具有代表性，而對國際法的發展具有相當重要的意義。然而，不論怎麼說，我們應該有一個基本的認識：這些從事國際法編纂工作的公、民營法律機構，乃至於隸屬於聯合國下的「國際法委員會」(International Law Commission)，它們本身都不具有任何正式的立法權力。也就是說此等從事國際法編纂工作的所有機構，都無法締造法律，也不具立法權力；因此，都不可能成為國際法產生的主體。

「聯合國憲章」以提倡「國際法之逐漸發展與編纂」(the progressive development of international law and its codification)

為職志，在一定的程度上發展並確認了一些國際法的基本原則，例如：國家主權平等原則、人民的平等及自決原則、和平解決國際爭端原則、不干涉內政原則，以及禁止侵略戰爭原則……等。更在「聯合國憲章」第 13 條第 1 項特別規定：「聯合國大會應發動研究，並作成決議以促成政治上之國際合作，並提倡國際法之逐漸發展與編纂……」。此外，聯合國大會本身的重要決議、國際法院的判決和諮詢意見，都在不同程度上，對國際法的發展產生了相當程度的作用與影響，是顯而易見的。

　　不可否認的，聯合國的國際法委員會之設立，是國際法編纂史上的一個重要的里程碑。它是國際法編纂史上第一個常設的國際法編纂機構。幾十年來國際法委員會按其規約的特定工作程序，完成了不少國際法上的重要議題的工作。

伍、法院

　　理論上來說，法院只解釋法律，並不制定法律；國際法院也是一樣，只解釋國際法，而不制定國際法。所以一般來說法院不具有國際法產生之主體的資格。而通常作為法官的人，往往在公、私場合均一再否認他們可以創造法律或制定法律。盡管如此，法律訴訟問題之產生，往往是法律規定的不周延或者是法律規定的不確切，糾紛才因此需要法官去作填補與釐清的工作。而這種填補與釐清的工作，就得經由法官對相關之法律作旁徵博引的解釋工作，如此的解釋說明之後，法律對社會成員的行為規範，才算完備。而從另一個層面來看法官的這種「解釋」工作，似乎至少也相當類似創制新法律。也就是這樣，往往有一些人認定至少法官是造法過程的一部分。法官的基本任務使他們避免不了被認為他們能夠產生新法律。

　　「國際法院規約」第 59 條明白指出：「法院之裁判除對於當事國及本案外，無拘束力(The decision of the Court has no binding force except between the parties and in respect of that particular case.)。因此，國際法院的判決，不具有判例的價值，也就是說「遵守先例原則」(Doctrine of Stare Decisis)不得適用。法院之判例，依「國際法院規約」第 38 條之規定，只能作為國際法存在之證明。但是事實上所有的法院及裁判庭都在判決中互相引用彼此的判詞，來作為判決的依據。判例，特別是一再重複的判例會因為累積而確定了某一種法律的意義，而會影響到對以後案件法律規範的形成。它們不僅是現有法律的證明，更會因此變成國際成例而創制法律。然而不論怎樣，國際造法仍是各國造法程序的集合；法院本身不會是國際法產生的主體。

陸、小結

　　對於國際法產生面問題，向來為人所忽略，不論是從事理論研究的學者，抑或是從事實務工作的法曹也好，對此問題一直未能嚴肅的正視，使得中外法學領域的浩瀚，更顯得高深莫測。為此之故，乃選此主題特為研究，冀盼任何人對此主題欲探其究竟者，均能有所認識與了解。此乃本文所意圖完成之目標。或許一般人認為國際法之產生，無甚重要。若此，則失之千里。欲了解為何國際法會呈現今天之面貌，則必須追溯其過去的歷史演進過程，而欲對此演進過程有正確之了解，就更必須探求其起源。易言之，國際法是如何產生的？又為何會產生的？產生之主體為何？產生之淵源為何？

　　經由本文之探討，我們對於國際法的產生可以歸納出下列幾點認識：第一、由於國際法的產生，乃是針對國際法的法源依據作深入的探討，而所謂「法源」，其本身又具有各種意義，

因此對於國際法產生之探討，自有不同的觀點。因此，國際法的產生依照國際法的法源來分類可以分為兩部分，其一是「形式法源」，即是構成國際法的主要之兩種型態——國際條約與國際習慣；其二是「實質法源」，即是在適用國際法時，可作為依據的有關部分。包括：一般法律原則、司法判例、公法學家之學說……等。第二、因為一般學者大都以「國際法院規約」第38 條所規定者為基準，作為探討國際法法源的基礎。因此，國際法產生之法源依據，按其重要性，可以區分如下：最重要的主要法源為國際條約、國際習慣，以及一般法律原則。其次的輔助法源是司法判例、公法學家之學說，以及衡平原則。第三、傳統國際法以國際習慣為最重要法源，而現代國際法則傾向以國際條約為最重要法源。第四、由於國際法在性質上乃是為了因應國際社會的需要才產生，而國際社會不斷地在進步，促使國際法亦隨之而成長。因此，國際社會與國際法的相應相生，使得國際社會得以永續發展。

第三節　專題研究（二）：國家基本權利之研究

　　國家是否得享有基本權利？國際社會中所建立起來的國際法制體系是否為了維持國際社會的穩定與秩序的目的，賦予作為主要的也是最重要的國際法主體——國家某些基本權利，這或許是個理論的問題。但是，無可否認的，這或許也是個事實的問題。長久以來即有學者在這方面提出過不同的主張，而在歷史上，更有些不同時期的政府在國際社會發生一些問題時，提出過不同的主張。而這些主張在早期即是企圖將國家內法上規範自然人的一些行為規則適用到國際關係上，而認為國家在國際法制體系中，應該享有某些基本權利。另外，早期的國際

法學者如格勞秀斯(Grotius)、蘇哲(Zouche)、蒲芬多夫(Pufendorf)、瓦特爾(Vattel)等，依據一般道德原則和成文法的特別規則，以國內法的分類，作為國家權利義務的分類[5]。遲至1896年，瑞士法學家芮維爾(Rivier)仍主張：國家的自保權、尊榮權、獨立權和相互通商權，是以國際法人的概念為根據，構成國際法的法律基礎，而且是我們政治文化的共同憲章；承認國家為國際法主體，便隱含承認國家具有這些權利；這些權利稱為實質的、基本的、原始的、絕對的、永久的，和有條件的，相對偶然的權利或假定恰好相反[6]。如果國家確有權利是不是絕對的？威斯雷克(Westlake)教授作否定的答覆，認為國家的權利是組合的團體的權利，就是在國內，也可用法律加以限制[7]。

無論那權利是不是絕對的原始永久，現在多數學者都認為國家有其權利，主張國家猶如個人，個人未進入社會以前，隨出生而享有其權利，國家未參加國際社會以前，有其基本的不可缺少的權利，取得國際人格以後，仍保留其權利。至於國家有哪幾種權利的問題，則是意見紛歧[8]，例如布賴里(James L. Brierly)分國家基本權利為自保權、獨立權、平等權、尊榮權和外交權[9]，戴維寫(Charles de Visscher)則強調自保權、獨立權、平等權、尊榮權和國際通商權(Right of International Commerce)[10]，而佛細爾(Pual Fauchille)卻認為國家的基本權利只有一種，就是生存權，其他權利是由生存權推演而來的，生存權包括自保權和自由權，含自我發展權、自衛權和安全權，自由權又包含自主權和獨立權，而獨立權又含平等、互尊、使

---

[5] 見陳志世著，國際法，臺北，臺灣商務印書館，民國79年，頁107。

[6] A. Rivier, principles du droit des gens(1896), Vol. I,p.257.

[7] J. Westlake, International Law, part 1, p.307.

[8] 見註14，陳治世書，頁108。

[9] James L. Brierly, The Law of Nations, 5th ed.(1995),p.50.

[10] Charles de Visscher, Theories et realites en droit International public(1960),p.31.

節、作戰、締約、通商等權利。有些學者不以為國家有基本權利，只有屬於國際人格的幾種特質，如國家的平等、尊嚴、自保、獨立、外交等，都是這種人格的特質，其中自保權等，國與國間無須簽訂條約便可相互承認，外交權則不是國家的基本權利，只是國際人格的特質，必須經由簽訂條約的程序，以言明通商航海等事項，才可以相互承認，所以外交為國際法發展的一個要件而已。

「美洲國際法學所」(The American Institute of International Law)，鑒於各學者對國家基本權利的意見這麼紛歧，於 1916 年通過「國家權力與義務宣言」(Draft Declaration on Rights and Duties of States)，標示國家有生存權、獨立權、平等權、領土管轄權，以及尊重他國權利和適用國際法等義務。1949 年 12 月 6 日，聯合國國際法委員會提出「國家權利與義務宣言草案」(Draft Resolution on Rights and Duties of States)，互舉國家的獨立權、領土管轄權、法律上的平等權、自衛權等。

壹、獨立權

或許一個國家的最顯著的特性，就是表現在對外它的獨立權；也就是所謂的對外獨立權。它的意思即是國家主權在國際關係上的體現，其含義包括自主性和排他，即行使權利的完全自主，並能排除外來的任何干涉，自主性本身即已包含了排他性，再強調排他性，僅是對自主性的進一步補充而已[11]。

「獨立權」(The Right of Independence)是國家依國際法所可享有的一種權利、特權和權力。國家由於有獨立權，在對外關係上可依法，自由決定其行動，作其選擇，不受非法的干涉、阻撓或限制，在對內的事項上可依法自由管轄其領域內的

---

[11] 王鐵崖編著，國際法，臺北，五南圖書出版股份有限公司，民國 84 年，頁 82。

人和事，也就是對人民有屬人管轄權，對領土有屬地管轄權；所以獨立權的意義——如范威克(Charles G. Fenwick)所說的：國家依據獨立權，主張其「內政事項的管理，其與國際社會其他分子的決定，免受他國的控制」[12]。

國家行使獨立權的行使的結果，便可在內政方面採用它認為最適合國情的制度，決定變更制度的方式，制頒它需要的法律，設立必要的機關，任用一切人員，不讓他國置喙；它在內政上的管轄是排他的，固然可以准許外僑入境，也可以驅逐外僑出境；它對國境內的罪犯，除特殊情形外，其有專屬管轄權；它的元首和駐外使節，得享受特權和豁免；而且它在國際關係方面可以派遣並接納使節、締約、結盟、宣告中立、提出索償請求、建交、通商、親善、合作、互助、斷交，以及其他活動，不受第三國限制[13]。

關於「獨立權」最簡潔的定義是由「國家權利與義務宣言草案」(Draft Declaration on the Rights and Duties of States)中闡釋的最為明白。該「宣言草案」指出獨立權乃是指一個國家在不侵害或違反它們的合法權利之下，為了它自己的福利與發展，免於受到其他國家支配的資格（或能力）(The capacity of a state to provide for its own well-being and development free from the domination of other state, providing it does not impair or violate their legitimate rights.)[14]。這裡我們所指的「獨立」當然是指的一個法律概念；受制於國際法規則的拘束，並不減損各國自主之權。任何國家對於他國的政治和經濟的依賴，在國際社會的現實環境是必然存在的，但是這樣並影響各該國家法律

---

[12] Charles G. Fenwick, op. cit., p.269.

[13] 見註 14，陳治世書，頁 110。

[14] See Yearbook of the ILC, 1949, p.286.

上的獨立，除非是這特定的國家正式地被強迫臣服於另一個具有「優勢地位」(Superior)國家的要求；而在這樣的情形下，這特定就有可能被認定僅具附庸國的地位而已[15]。

貳、平等權

國家的基本權利除了獨立權以外，另一個權利就是國家的平等權。而這裡所指的「平等」，是指「法律上的概念」(Legal Concept)，所以國家的平等權是指國家的「法律上的平等」(Legal Equality)，而不是指國家的「政治上的平等」(Political Equality)，而且在這裡有關國家之基本權利方面所指的平等，當然從國際法制體系的整體來看，是指各國主權國家在國際社會中的活動，其享受權利與履行義務，從法律的角度去切入，應該是平等；不會因為哪一個國家領土比較大或人口比較多，而有所不同。而且更重要的是，也更不應該由於任何一個國家的國勢強弱，使其在國際法制體系中所應享有之「平等權」有任何差異。舉例來說，海地是一個主權國家，美國也是一個主權國家，所以它們二者在國際社會中應該享有相同的平等地位，在聯合國大會表決時，同樣的享有相同價值的一票。

簡單的說，「平等權」(The Doctrine of the Legal Equality of States)是涵蓋了一個「包羅萬象的範疇」(Umbrella Category)，因為在該學說之下，包含了在它之下所有國家被認可的權利與義務。其實際之內容即是國家之具有法律上的平等地位，就是表示國家有平等行使法律權利的能力。

而所謂各國的法律之前一律平等的說法之所以被各國主權國家所接受，是指的各個國家的「法律人格與能力之平等」(Equality of Legal Personality and Capacity)。但是，我們必須要

---

[15]　Malcolm N. Sbaw, Internaitonal Law, 4th ed.,(Cambridge, U.K.: Cambridge University Press,1997),p.149.

注意的是，國家的制定或創造國際社會所要適用的法律方面，卻未必是平等的。如果說在法律的制定或創造方面各國是平等的，那就不夠正確了。因為在國際社會之中的「主要強權」(Major Power)它們的影響力與它們「國際地位」(International Status)永遠是等量齊觀的。這其中總是因為它們的考量因素比較多，它們的利益也比較深入；我們更不可忽視它們堅持它們觀點的能力絕對是比其他小國來得大。

最後，據奧本海——洛特帕特(Oppenheim-Lauterpacht)《國際法》一書的分析，至少應包含四項規則，即 1.當需要「同意」(Consent)以解決問題時，每一國家只有一票；2.每個國家的這一票，不論國家大小強弱，應該在法律上具有同等效力；3.每一國家的管轄權不能及於其他國家，所以一國法庭無權處分另一國家及其所有財產（如船舶）；4.一國法庭也無權過問其他國家公行為的合法性[16]。范威克(Fenwick)則舉出平等權之適用，可分為三方面：1.一切國家在法律前一律平等；2.一切國家的權利應被尊重，一切國家有權利受國際法程序之保護；3.主要核心的法律規則應該普遍適應[17]。

參、生存權

所謂的「生存權」(The Right of Existence)一直被認定為一個國家因為天災人禍，國家如果連最基本的存在的權利都不能擁有的話，這樣勢必會導致國際社會的任何成員的法律人格一併喪失，進而國際法制體系喪失其功能而使得國際社會遭致瓦解的命運。國際社會成員的各國政府長久以來即一直堅持這樣權利的存在與擁有。雖然如此，一般情況下各國政府卻將這種

---

[16] Oppenheim-Lauterpacht, International Law, Vol. 1, (1955), pp.263-267.

[17] Feawicklk, International Law(1965),pp.262-264.

權利一分為二，將之劃分為「自衛權」(The Right of Self-Defense)與「自保權」(The Right of Self-Preservation)；主要的是視問題或爭端發生時國家所處的情境來主張是「自衛權」抑或是「自保權」。如果僅就「生存權」的狹義意義來考量，並沒有所謂的那種「權利」存在，這主要是因為基於一個國家的隱性特性來看，國家的存在並非是國家的權利，而是國家原本就具有的「固有的特質」(Inherent Character)。不論如何將「生存權」來加以定性，在國際社會中對國家而言，也確實必須要有「生存權」的存在，國家的一切權利與義務均是源起於國家之生存，其他權利均是由此權利衍生而來。因為，一個國家如果喪失了生存，則其他一切權利均無從行使，其他的一切義務也無從履行。

一、自保權

　　自保權根據我國法學前輩雷崧生的看法，有如下的說明：國家為了保護自己，必須發展自己，所以，國家自保的對內的意義，是有組織自己的自由、有發展自己的自由、它可以採用最適宜於自己的政治、它可以訓練軍隊、它可以開發天然資源、振興工商業、提倡科學與藝術，它甚至於還可以獎勵人口的增加；對外的意義是：它可以與他國交際，訂立同盟條約，或互助協定。它也可以先占無主的土地。

二、自衛權

　　雷崧生教授對自衛權，也有如下的說明[18]：國家遇有外來的危害，足以威脅它的生存時，它可以採用必要的自衛手段。這種自衛的手段，常常是違反國際義務的，可是國際法一律地

---

[18]　雷崧生，國際法學原理，上冊，臺北，正中書局，1987年，頁78-79。

予以容忍。所以許多國際法學家認為國家對於保衛自己具有一種自衛權。

肆、小結

　　每當我們論及某一個國家是一個獨立國家，其內涵即是指我們認為這個國家具有國際法上所賦予的權利、權力及特權；當然這些權利、權力及特權是因為這樣的國家，取得了文明「國家」身分，就可以也應該享有獨立權、平等權與生存權；所要強調的是種種「權」的最基本前提是要先享有「生存權」之後，其他之權也才有享有之意義。

　　更具體而言，國家之權利根據「國際權力義務宣言」其第1至第6條所列舉之內容，依序如下：

1. 每一國家有保障及維護其生存之權利；但不得為此權利而對無辜及無侵犯行為的他國採取非法行為。

2. 每一國家有追求幸福、自由發展、和不受他國干涉或控制的獨立之權利；但不得因此而干涉或破壞他國之權利。

3. 每一國家在法律之前，與國際社會之任何其他國家平等。

4. 每一國家在一定疆界內有領土之權利，及對其領土和在領土內的本國人民和外國人均有行使排他性管轄之權利。

5. 每一國家之國際法權利，應受其他所有國家之尊重和保障；因為權利與義務有相互關係，一國之權利即其他各國應遵守之義務。

6. 國際法同時具有國內和國際的雙重性質：對國內言，它是國內法律，可被適用以裁決所有涉及國際法原則的問題；對國際言，它是國際社會之法律，適用於國際社會各成員間涉及國際法原則的所有問題。

第四節　專題研究（三）：國家基本義務之研究

在國際法的體制下，國家之權利與義務是相互關聯的。一國享有某項國際法權利，其他國家即相對地負有某一或某幾項國際法義務。例如：

一、甲國享有獨立之權利，則他國負有不得干涉甲國內政或外交事務之義務、及不得以武力為威脅或使用武力，侵犯甲國之領土完整和政治獨立之義務。

二、甲國對其領域內的人、物、和事享有管轄之權利，則他國負有尊重甲國領土完整之義務。而履行此項義務之方式，又表現為另兩項義務：1.即上述不得以武力為威脅或使用武力侵犯甲國領土之義務；2.為不得在甲國領域內從事主權行為(Acts of Sovereignty)之義務。

為履行此等義務，國家除自衛外不僅消極地不得使用武力或以武力為威脅，或藉其他任何方式干涉他國事務，和不得以戰爭為執行國策之手段；而且應積極地誠信履行條約，和平解決國際爭端，及奉行「睦鄰原則」(Rules of Neighbourly Intercourse between States)，以求和平共處。庶幾乃能建立理想的法治國際社會。

壹、不干涉他國內政

不干涉他國內政基本上可以從「聯合國憲章」(The Chart of the United Nations)中發現其蛛絲馬跡。該憲章要求會員國不得干涉他國內政、尊重他國領土完整，以及所有國家的政治獨立。在此同時，該憲章也一併指出每一個國家均存在一個法律

義務的平等性，來實現尊重人權的原則，以及民族自決的權利與要求。

　　1966 年 12 月 21 日，聯合國大會第二十屆常會通過第 2131(25)號決議案，附有「不得干涉國家內政及保護及獨立與主權宣言」宣言中載明：「一、任何國家，不論因任何理由，均無權直接或間接干涉任何其他國家之內政與外交，故武裝干涉及其他任何方式之干預或對於國家人格或其政治經濟及文化事宜之威脅企圖，均在應予譴責之列。二，任何國家均不得使用或鼓勵使用經濟政治或其他任何措施以脅迫他國，藉以企圖指揮另一國家主權之行使或自其取得任何利益。同時任何國家亦均不得組織、協助、製造、資助、煽動或縱容意在以暴力手段推翻另一國家政權之顛覆、恐怖或武裝活動，或干涉另一國家之內亂。」[19]這一權威性的宣言，已對干涉內政的行為作廣泛而周詳的說明。

　　一般說來，任何侵犯他國主權的行為，都可以視為干涉他國內政的行為：例如逃犯潛入他國國境後，便在該國主權管轄的領域內，犯人本國和第三國都不得祕密派警追捕歸案，只可以經由外交途徑請求引渡回國，然後依法審判。1973 年，韓國派人在日本逮捕反對黨魁金大中，並且押解回國，加以審判，日本政府因其主權已被侵犯，提出嚴重抗議，幾使日韓關係破裂，好在日韓直接談判，爭端獲得了和平的解決。

貳、不鼓動內亂

　　內亂有大有小，大的如推翻合法政府的革命運動，小的如專事搶劫的土匪行為，革命運動又有長時間的和短時間的，長的可能歷數十年後被肅清，短的可能於一晝夜間達成政變目

---

[19]　J. g. Starke, op. cit., p.105.

的。國際法所指的內亂，是使社會不安、政府不寧、法律秩序混亂的一切現象。

國家不得以任何方式鼓勵他國內亂，包括鼓吹思想、散布謠言、訓練作亂人員、供應作亂人員所需的費用、裝備、彈藥、武器或物資等方式，來煽動鼓勵促成他國的內亂，更不得准許作亂人員使用其領域為基地，以招兵買馬，集合出發，也不得收留敗退的作亂人員，讓他們重整旗鼓，再從事叛亂行為。至於派人潛入國家，從事地下活動，企圖顛覆當地合法政府，更為國際法所不容。

參、確保本國領域內之和平秩序

每一個主權國家有義務來確保其本國境內的和平與秩序，以避免侵擾到國際社會的和平與安定。這樣一個國家對國際社會所應履行之義務，乃是由「國際法委員會」(International Law Commission)根據 1915 年起在墨西哥國境內的情勢狀況對美洲國家和平與安定所產生之影響，所發展出來的一項國家對國際社會的義務。這樣的國家義務在許多方面似乎已從國家的「主權」所作出來合理推論；因為每一個國家都被假定或認定在它自己的領域內享有「專屬的權威」(Exclusive Authority)或者說擁有「專屬的管轄權」(Exclusive Jurisdiction)，那樣的國家的權威或權力似乎應該被善盡利用在有效的處理其國境內發生的任何事件以避免對其鄰國產生任何有害其和平與安定的後果與影響。因此，任何一個國家如果未能充分的保持對其境內事件一定程度的掌控避免危害到它的鄰國，那麼它就會因為未能善盡一個主權國家所應盡的義務，而必須負起任何後果的責任。[20]

---

[20] Gerhard von Glahn, Law among Nations, 4th ed., (London: Collier Maemillan Publish ers, 1981), p.174.

肆、和平方式解決國際爭端

　　基於學術上的專門用語而論，此一以「和平方式解決國際爭端」的義務，似乎只應適用在聯合國的會員身上。因此此一義務，源起於「聯合國憲章」第 2 條第 3 款之規定：「各會員國應以和平方法解決其國際爭端……」的義務；對於非聯合國會員國的國家，似乎並不必然的具有履行此一源起於「聯合國憲章」的義務。但是，觀察諸國際社會在 21 世紀到來的今天，有大約一百九十餘個國家，均為聯合國的會員國；在聯合國憲章對於聯合國會員國具有拘束力的效力之下，無可避免的國家在國際社會之中便具有此一國際義務。

　　此外，「聯合國憲章」第 2 條第 3 款規定：「各會員國應以和平方法解決其國際爭端，避免危及國際和平、安全及正義。」這是否意味：危及國際和平、安全及正義的國際爭端，才要用和平方法解決？不危及國際和平、安全及正義的，或者只危及國際安全或正義而不危及國際和平的，可以用非和平的方式解決；就該款整句文義看，沒有這種意味，它課予會員國的義務，正如廢戰公約所要求的，一切性質得一切根源的所有國際爭端，都必須使用和平方法解決。另外，又必須說明的是：爭端如果是國內的，依憲章同條第 7 款的規定，便不一定要用和平方法解決，因為第 7 款說：「本憲章不得認為授權聯合國干涉在本質上屬於任何國家國內管轄之事件，且並不要求會員國將該項事件依本憲章提請解決。」縱使爭端是國際性的，而且已經久懸未決，只要它繼續存在時，並不危及國際和平、安全及正義，當事國又不請求國際機關依它們以接受的程序解決，則聯合國仍無採取干預行動的依據，這和憲章第六章要求安理會注意較嚴重的爭端和情勢的意旨相符，也與聯合國宗旨一致。其次，憲章第 33 條訂明，和平解決國際爭端的方法也包

括談判、調查、調停、和解、仲裁、司法解法、區域機關或區域辦法之利用。憲章第 2 條第 4 款，明文禁止各會員國在其國際關係上使用威脅或武力，所以任何非和平的方法，例如武裝報仇，雖然不是戰爭，用以解決國際爭端時，都是違法的。

伍、不以戰爭作為執行國家政策之手段

從前面第四個國家的國際義務，很自然的就可以推論出本義務——國家有義務不尋求以戰爭作為執行其「國家政策」(National Policy)之「手段」(Instrument)，而且對其他國家應避免使用武力或威脅使用武力對付其他國家。這樣主張的國家之義務，很明顯的是基於現代國際法之規範下對於「戰爭之地位」(Status of War)所作的認定或所作的解釋之必然的結果。但是，我們必須要注意的是國家作戰權利之根源，是主權觀念，而不是國際法。國際法只是承認這項事實之存在，以及戰爭之合法性而已。如奧本海所說：「戰爭是一項被國際法承認的事實，並對其許多地方加以規定，但是這項事實並非國際法所建立。」[21]戰爭與法律究竟是不相容的兩種手段，所以格勞秀斯曾經企圖創立「義戰」（Bellum justum 或稱合法戰爭）與「不義之戰」（Bellum injustum 或稱不合法戰爭）的分別[22]，但這只是它的一個學說，以後即未見發展。

直到國際聯盟成立之後，國際法對於戰爭的觀念，開始有了重大的改變；雖然國際法還不能根本的否認戰爭的合法地位，但是已經開始限制國家對於此一「工具」之運用。「國際聯盟盟約」(Covenant of the League of Nations)第 10 條規定：「聯盟會員國擔任尊重並保持所有聯盟會員國之領土完全，及現有

---

[21]　See Oppenheim-Lauterpacht, International Law, Vol. II(1952), p.202.

[22]　See Brierly, Law of Nations(1955), pp.31-33.

之政治上獨立，以防禦外來之侵犯；如遇此種侵犯，或有此種
侵犯之任何威脅或危險之虞時，理事會應籌履行此項義務之方
法。」第 11 條規定：「茲特聲明凡任何戰爭之危險，不論其立
即涉及聯盟任何會員國與否，皆為有關聯盟全體之事；聯盟應
用視為明智而有效之任何辦法，以保持各國間之和平……又聲
明凡牽動國際關係之任何情事，足以擾亂國際和平或危及國際
和平所恃之良好諒解者，聯盟任何會員國有權以友誼名義，提
請大會或理事會注意」。這兩條確立了限制各會員國作戰權利的
基本原則。

對於從事作戰加以更大限制的是 1928 年 8 月 20 日由美、
法、英、義、日、德、波、比、捷、加、澳、愛爾蘭、紐西
蘭、印度、南非等 15 個國家在巴黎簽訂的「廢戰公約」
（General Treaty for the Renunciation of War，又名白里安凱洛
格公約 Briand-Kellogg Pact，或巴黎公約 Pact of Paris）。[23]此一
條約只包含一個前言及三條條文，其第 1 條規定：「締約各國以
各該國人民之名義鄭重宣告在各國國際關係中，譴責以戰爭解
決國際糾紛，並廢棄戰爭為實行國策之工具。」(The High
Contracting Parties solemnly declare in the names of their
respective peoples that they condemn recourse to war for the
solution of international controversies, and renounce it as an
instrument of national policy in their relations with one another.)第
2 條規定：「各國同意，對此間可能發生之一切爭端或衝突，無
論屬於何種性質或來源，不得尋求和平方法以外解決。」(The
High Contracting Parties agree that the settlement or solution of all
disputes or conflicts of whatever nature or of whatever origin they
may be, arise among them, shall never be sought except by pacific

---

[23]　See Foreignn Relations of the United States, 1927, Vol II, PP.611-630.

means.)不過,「廢戰公約」並未完全廢棄戰爭,指示各締結國相約不以戰爭為解決爭端或推行國策之工具。至於在下列各種情形,戰爭仍屬合法[24]:1.為合法自衛的戰爭;2.國際組織所採取作為集體制裁行動的戰爭;3.公約締約國與非締約國之間,或非締約國彼此之間,所發生的戰爭;4.締約國對違約國的戰爭。公約前言宣稱:「任何簽字國如以戰爭手段增進其國家利益,不得享有本公約所提供之利益。」(Any signatory power which shall hereafter seek to promote its national interests by resort to war should be denied the benefits furnished by this treaty.)

　　「廢戰公約」的原則又由「聯合國憲章」繼續加以闡明並發揚光大。國際法院法官傑塞普(Philp Jessup)就指出:「聯合國憲章」是對於戰爭以及國際關係中之使用武力,加以法律管制途中的最近一個里程碑」[25]。憲章把這一原則列為聯合國「原則」(Principles)之一,及第 2 條第 4 項「各會員國在國際關係上不得以威脅或武力,或用於與聯合國宗旨不符之任何其他方式,侵害任何國家之領土完整或政治獨立。」(All Members shall refrain in their international relations from the threat or use of force against the territorial integrity or political independence of any state, or in any other manner inconsistent with the Purposes of the United Nations.)就傑塞普而言:「這一條文就其上下文來說,意義更重大。同條所列第 1 項是聯合國全體會員國主權平等的原則,聯合國組織的建立就是基於這一原則。這兩個原則之並列,可知對威脅或使用武力之管制,與主權平等之原則並無不合。故從事戰爭已不能以絕對主權的舊觀念為理由。」憲章第 2 條第 3 項所列之原則是「各會員國應以和平方式解決其

---

[24] 杜蘅之著,國際法大綱（下）,臺北,臺灣商務印書館,民國 80 年,頁 514。

[25] Philip Jessup, A Modern Law of Nations(1948),p.158.

國際爭端，避免危及國際和平、安全，及正義」。傑塞普認為這一原則與上述第四項之並列，也說明今後將以和平方式代替昔日之戰爭，以解決爭端。並且本條第 6 項規定：「本組織在維持國際和平及安全之必要範圍內，應保證非聯合國會員國遵行上述原則。」可知憲章禁止使用武力的原則，也同樣適用於聯合國組織以外的國家，而成為一般的國際法的原則。

陸、不得協聯合國所制裁之國家

此一國家之義務同樣的適用於所有聯合國的會員國。因此一義務，源起於「聯合國憲章」第 2 條第 5 項之規定：「各會員國對於聯合國依本憲章之規定而採取之行動，應盡力予以協助，聯合國對於任何國家正在採取防止或執行行動時，各會員國對該國不得予以協助。」(All Members shall give the United Nations every assistance in any action it takes in accordance with the present Charter, and shall refrain from giving assistance to any state against which the United Nations is taking preventive or enforcement action.)[26]這裡有一個相當有趣的問題，值得一提，那就是本義務並不適用於非聯合國會員國的國家。舉例來說，當聯合國已決定對其某一會員國採取一項軍事性質的行動，對於非聯合國會員國的國家，仍然可以對該國自由提出資助行為。

柒、不得承認任何國家違反聯合國憲章所獲得之領土

此一國家之義務，同樣的是僅對於聯合國的會員國有拘束力。因為此一義務，也是源起於「聯合國憲章」第 2 條第 4 項之規定：「各會員國在其國際關係上不得使用威脅或武力，或以

---

[26] Article 2(5) of the United Nation Charter.

與聯合國宗旨不符之任何其他方法，侵害任何會員國或國家之領土完整或政治獨立」(All Members shall refrain in their international relations from the threat or use of force against the territorial integrity or political independence of any state, or in any other manner inconsistent with the Purposes of the United Nations.)。[27]此一國家之義務似乎是在重申舊時的「史汀生主義」(Stimson Doctrine)；然而，很不幸的是過去國際社會所發生的多項事件，證實了這一義務並未被聯合國會員國所遵守。舉例來說印度之奪取克什米爾(Kashmir)，即是一例。

捌、誠信履行條約義務

所有的國家必須以「誠信」(Good Faith)履行那些源起於「國際法或條約」義務；而且沒有一個國家可以藉口其本國的憲法或其他國內法之規定，來免除其履行國際法上或條約之義務。任何一個國家與其他國家簽訂條約，必須出於誠信，履行條義必須出於誠信；此為一法律原則，同時也是國際法原則；更是一項普遍性國際法原則，所謂的「條約必須遵守原則」(Pacta Sunt Servanda Principle)。

每一個國家有義務與其他國家根據國際法的規範進行交往、推展國際關係。此一義務就如同前面所述「條約必須遵守原則」一樣，是國際法制體系下維持和平與秩序的不可或缺的基本條件。雖然在國際社會所發生的每一事件，要如此的期待每一個國家去履行這樣的義務，似乎是不可能，但是，無可否認的，這樣的義務是存在的，而且對每一個國家都存在有這樣的具有拘束性的義務。

---

[27] Article 2(4) of the United Nation Charter.

玖、國家之行為不得汙染其鄰國

每個國家有義務要注意到其在管轄領域內的任何行為或行動不得對其鄰國造成環境上之汙染，不論是空氣汙染、水資源汙染、或核廢料的處理……影響到鄰國，乃至於公海上，成為國際社會的汙染製造者或汙染源。

第五節　結　論

許多國際法學者曾試圖列舉國家的「基本」權利與義務。同時也有許多國際組織與國際會議亦均經常地討論這些個問題。答案也均莫衷一是。有些人認為國家之基本權利與義務是天賦的；基本上，這樣的觀點是以自然法為基礎的一種看法。也有一些人認為是因為道德觀念而產生的，此乃否認國際法為法律的學者，所主張的說法。而大多數 20 世紀的國際法學者則認為國家的權利與義務，基本上是建立在法律的基礎之上的。因為唯有憑具法律才能判斷權利與義務之是否存在。

事實上，何者為國家的基本權利及義務的問題，從來就很難得到一致的協議。國家的權利與義務，有的被宣告是「基本的」，但其重要性似乎不如其他未被宣告的權利與義務，也沒有比國際法的若干基本原則，來得更為重要。同時，也有一些「草案」或國際會議所擬定的國家之基本權利與義務，有失之過於模糊或太籠統而不夠精確。國際法院亦曾利用某些國際案件來解決這樣的問題而未能如願；直到 1986 年國際法院在審理「尼加拉瓜對訴美國」(Nicaragua v. U.S.)一案中即認為每一個國家得自由選擇其所採取的政治、社會、經濟或文化制度；並宣稱某一特定國家遵守任何政治理論，並不違反國際法的任何習慣規則。事實上，權利與義務是相對待的，一方面行使權利，

他方面就有義務必須要履行。而權利之行使卻必須要有法律作為依據。上述國際法院的判決文，在某種程度與意義上，似乎說明了國家具有某種基本權利，其他國家就有義務加以尊重。

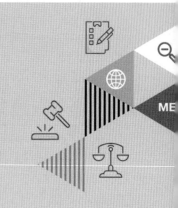

PART **II** 通 論

CHAPTER 02　國際法與國內法之關係

02 國際法與國內法之關係

第一節 關鍵概念

壹、現代國家在國際社會所扮演之角色

國家在國際社會中所扮演的角色，自民族國家興起之後，即越顯複雜：時至今日由於 1960 年代新興國家在亞洲、非洲與拉丁美洲的大量獨立以後，國際社會的新舊成員因為經濟發展的腳步與政治演進的歷程……彼此均有所不同，再加上各個國家的法律架構亦不盡相同，導致國際社會的組織益越複雜、秩序益顯凌亂。而規範國家在國際社會內所扮演之角色、所應負之責任，以及所應盡之義務的國際法與國家在其領域內之主權行為所仰賴之國內法，必然應有一個共同的法律理論基礎。而依據一般所共同認可的近代法學理論，每一個國家在國際社會均是一個主權國家，而且彼此主權平等。但是就國際現實而言，國際關係因為交通的進步與資訊的發達顯得越形密切，國際強權的縱橫捭闔，使得國際社會中即使是一個最強而有力的國家，如美國也不能稱得上是一個真正的且完完全全的主權國家。而國際社會在本質上也逐漸形成一個「相互依存」(Interdependent)的國際商業與政治化的社會，在這樣的社會中，任何一個國家的任何一個行為的最後結果，都會對整個國際社會體系的整體有深沉的影響及回應，而任何國家在考量其行為之作法時，必然也會受到其他國家主權行為之影響。

因此，理論上來說每一個國家在近代國際社會中均是主權獨立的國家，但是「國際實踐」(International Practices)上，因

為現實的關係，主權的概念在「運作」(Operation)時，就自然的受到其他主權國家的影響，而不能完全依照其本身原來之「國家意志」(State Will)去行事。而每一個「國家行為」(State Action)均因此會受到其他主權國家「國家行為」之影響；因此各國基於本身主權之獨立而行使之「國家行為」自然有必要受到界定與規範。

貳、國際法與國內法之互動

在當前的國際社會裡，國際事務的處理，必須要有一種力量來充任「協調」(Coordinate)的功能。但是負有「協調」功能的力量，在國際社會的層面之「各國外在關係」(Inter-State Relations)方面，就是國際法；其在國內社會層面之「國家內在關係」(Intra-State Relations)方面，就是國內法。若認為國際法的功能是在維持國際社會的秩序，那麼國內法的功能就是維持國內社會的秩序。乍看之下這兩種社會秩序之維持，彼此互不隸屬、互不相干；然而「國家實踐」(State Practices)顯示：二者之間彼此相應相生、交互影響。任何一個社會秩序之維持，均影響到另一個社會秩序之維持。舉例而言，任何一個國際危機均相當容易導致國內社會秩序之失衡；而任何一個國家的內戰亦多半容易造成國際社會秩序之動盪。

而不論國際社會秩序之維持也好，抑或是國內社會秩序之維持也好；一旦論及社會秩序之維持，「法律秩序」(Legal Order)即自然的被認定是社會秩序維持之原動力，而「法律秩序」之建立乃是用來維持社會秩序之維持。在國際社會所建立之法律秩序即被稱作「國際法律秩序」(International Legal Order)，至於在國內社會所建立之法律秩序即被稱作「國內法律秩序」(National Legal Order)。已建立「國際法律秩序」之國際社會就被認為是「國際法社會」(International Legal

Community)，已建立「國內法律秩序」之國內社會就被認為是「國內法社會」(National Legal Community)。而在許多事務的處理上，因為國際法與國內法的「交互作用」(Interaction)的關係，展現出國際社會與國內社會似乎難以嚴格的加以區分開來，彼此或有交互重疊的部分而呈現疊床架屋之現象。換句話說，國內社會是否即為國際社會的一部分？或者說國內社會是否是國際社會的組成分子？同樣的道理，如此一來，國內法社會與國際法社會是否亦是與國內社會和國際社會有相同的關係？再往前推論，國內法律秩序是否即因此而成為國際法律秩序之一環？或者這樣的邏輯推論似是而非？或是有所偏差？這些都有待進一步的探討與釐清。

參、國際法與國內法之區別

國際法與國內法最大的不同在於：國內法是規範一個統一的、有組織的社會；但是國際法卻是適用於每一個同意接受其規範的個體。而且此等願意受其規範的個體，在傳統國際法而言只限於國家。以上這項特質是理解國際法的重要關鍵，也是區別國際法與國內法的主要基準。在許多方面，國際法與國內法確有不同。基本上，國際法所確立的制裁大體上可以分為：一、自助；二、干涉。而國內法的制裁則是民事賠償與刑事處罰。民事賠償與刑事處罰之間的區別使得國內法大致上分成民法與刑法。而在國際法方面，自助與干涉的區別，卻無法使得國際法因此可以被區分為類似國內法的民法與刑法。所以，大部分的國際法規範，並未表現出類似國內法所特有的二元結構——民法與刑法。但是，如果因此而武斷的聲稱國際法完全沒有民事賠償與刑事處罰，卻也未必就正確。例外地，也有一些一般國際法以及特別國際法的規範，規定有民事賠償與刑事處

罰。因此，兩種法律秩序之間的區別，就其所規定的制裁來說，只是相對的，而不是絕對的。

　　與上面區別有密切聯繫的是：在國際法上，主要的是集體責任，而在國內法上，個別責任則是主要的。而且，國際法的特殊制裁——報復和戰爭——所構成的集體責任，就負責的個人來說，是絕對責任。而國內法的特殊制裁——民事賠償與刑事處罰——所構成的個人責任，照例是以過失為根據的責任。但是，國際法並不排除以過失為根據的責任，而國內法也不排除集體的和絕對的責任：在這方面，國際法與國內法的區別也只是相對的。

　　顯著的區別產生於這樣的事實，即國際法的效力範圍在原則上是無限度的；而國內法，作為一國的法律，卻只是在一定領土上和在一定時間內有效的。認為國際法只對作為法人的國家有效而國內法則對個人有效的傳統看法，已經被證明是不正確的。關於兩種法律秩序所確立的義務和權利的主體，國際法與國內法之間是沒有什麼區別的。在兩種情形下，主體都是個人。但是，國內法律秩序直接決定哪些個人應該用其行為來履行義務或行使權利，而國際法律秩序則交由國內法律秩序去決定哪些個人的行為成為國際義務和權利。

　　總而言之，國際法與國內法之最重要的區別乃在於：國際法是比較分散的強制性秩序，而國內法則是比較集中的強制性秩序：這種區別表現在這兩種秩序的規範之創造和適用的方法上。習慣和條約——國際法的主要淵源——是分散的方法；國內法的主要淵源——立法——則是集中的造法方法。國內法給予法庭以適用法律的職權，並給予一些特殊機關以在執行制裁時使用武力的專有權力。而國際法與國內法不同，它沒有適用法律的特殊機關，特別是沒有執行制裁的中央機構。這些職權是交

給作為國際法主體的國家來行使的。但是，依據特別國際法，國際法的創造和適用可以是——而且實際上是——集中化的，而且，這種集中化的過程，由於成立了設有國際法院和國際執行機構的國際組織，是在不斷地增強的。

第二節　專題研究：國際法與國內法關係之研析*

壹、前言

　　當代國際法權威學者史塔克(J. G. Starke)曾明白指出：「要適切地抓住國際法的主題，就沒有什麼比清楚了解它與國內法的關係，來得更為重要」[1]這樣簡單的一句話就說明了研究國際法與國內法關係對於了解國際法主題的重要性。而一個完整透徹的熟悉國際法與國內法的關係在國際社會成員彼此互動的關係上有其實質上的重要性，是無須多言的。特別是對國際法中最重要一環的國際條約相關法律的澄清有相當重要的價值，而國際條約的簽署、批准、加入……等事宜，均經常關聯到各國國內法的相關規範。因此，在研究國際法在國際社會中所扮演的角色，所具有的功能之同時，萬萬不可忽略對國內法之研究：如此，方能了解到國際法與國內法之關係：此為作者對本章主題之研究動機。

　　而就國際社會的立場來看，不論是國際法也好，國內法也好，對於規範國與國之間的關係時，二者均不可偏廢。尤其是在現代擁有一百八十多個獨立國家所組成的「國際社區」

---

* 本文參酌拙著，國際法與國內法關係之研析，五南圖書出版股份有限公司，1998 年。

[1] J. G. Starke, An Introduction to International Law, 7th ed, (London: Butterworth, 1972), p.72。

(International Community)，每一個國家在它的領域範圍內有獨立的「主權」(Sovereignty)，而「主權平等」不僅是傳統國際法的一個重要原則，卻也仍然是當代國際法所認可之國際法基本原則。「主權平等」的涵義是國際社會的成員分子，不論大小和政治與經濟制度如何，在法律上一律平等；享有主權所包含的一切權利；其國家人格、領土完整與政治獨立均應受到其他國家的尊重；也同時應該履行其根據國際法所必須承擔的國際義務。由此可見一個國內法上為主的「主權」觀念，在國際社會裡如果要加以實現，就必須以國際法上的各國主權平等原則付諸實踐。

當然，若從另一個角度來看問題，例如要將一項國際法規則應用到國際社會成員的法律關係上，就必須要找尋到一個適當的方式或方法將那些國際法規範能妥當的在各國統治所及的領域內應用及執行。而這樣的蒐尋妥適方式或方法，就會因而涵蓋創造與運作一連串的國際法與國內法的複雜關係。如果要來分析如此錯綜複雜的國際法與國內法之關係，無可避免的必須要運用到不是從國際法的「利益觀點」(Vantage Viewpoint)去研究，就得從國內法的「利益觀點」去剖析。大致上來說，大陸法系國家的學者傾向方從國際法的「利益觀點」去研究，而英美法系國家的學者則偏好從國內法「利益觀點」去剖析。

這其中的原因，自然是其來有因。長久以來，英美法系國家的法學界人士早已就接受了下面的這樣一個觀念：國際法是國家領域內最高法律的一部分，而且是根據各國國內法的最高法律——憲法來加以執行。而國際法與國內法在國家領域內如果發生了適用上的競合問題，其優先順位是由各國自己的憲法來加以規定。而在大陸法系國家的法學界人士則一直是從國際法的角度來分析國際法在國內社會的適用問題，對於國際法與

國內法的關係之研究也主要的是從國際法的立場來說明。其研究之結果大多把他們自己限制在對國際法性質的理論存疑上面；也因此其結論多半成為對與國內法之關係的一般性總結。當然，對於國際法的問題、國內法的問題，乃至於對於國際法與國內法關係之類的問題，作理論上的研究剖析，其重要性是無須否認的。

　　無論怎麼說，從國際社會的整體方面來看，國際法與國內法統合為一，方能完成整個國際社會的「法制體系」(Legal System)。但是若從國家層面的個體方面來看，國際法與國內法或許分別隸屬各自的「法制體系」。因此，對於國際法與國內法之間的關係，不得不加以研析；而且更要能尋求出「協調」與「支配」此二者之間關係的最佳模式。此為作者撰寫本文之主要動機與目的。

　　一般情況之下，在一國之內，有國內法〔Domestic Law 或稱本國法(Municipal Law)〕作為本國人民行為之規範；在國際社會之範疇內，則有賴國際法作為各國行為之規範。以國內法作為維持各國本身秩序之準則，以國際法作為維持國際社會秩序之準則。或許國際法與國內法所規範之主體與範圍有所不同，但是二者經常會無可避免地對同一事項，從各自的立場與層面去加以規範。若是二者所規範結果的權利與義務關係及其效果相同，則不會發生彼此對立與衝突的問題，然而，如果二者針對同一事項，有不同的規範時，彼此會發生矛盾與衝突的結果，此時便立即發生應該選擇何者為依歸的問題。本章之研究即是以分析的方法來研析以上述問題為核心的國際法與國內法的關係。以期能夠從二者之異同、理論、實踐，以及法律地位和效力……等各方面去研究國際法與國內法是否各自獨立？彼此居於平等地位？

　　如果各自獨立，則兩者是否會相衝突？如果彼此平等，則彼此之間的關係又是為何？此為筆者之研究目的。而最重要的是筆者在本章中提出在國際法與國內法無可避免地必須接觸而容易造成衝突時，其解決之辦法即是各國必須「暫時中止行使主權」以解決國際法與國內法之衝突關係。

　　這是筆者在本章參考中西文獻後，所能夠提出之獨到見解，盼能在國際法領域中開啟一個新紀元，以解決傳統國際法所無法解決的一些問題。

貳、關於國際法與國內法關係之學說

一、概論

　　如果直截了當的指出國際法是處理國際社會裡兩個以上的國家間的關係，容易導致人們錯誤的認知，以為國際法的界限是相當明確的。如果再將國際（公）法與國際私法（即法律之牴觸）加以比較或直接將國際法與國內法加以比較，這樣錯誤的認知，就更為明顯了。國際私法適用於不同國籍的個人間的關係；也就是說，國際私法的適用，涉及到兩個或兩個以上國家的國內法律制度，而國內法則適用於一國領域之內並屬於其管轄的個人。事實上，如果將各類不同的法律，如此這般的清楚劃分是不切實際的作法。雖然，基本上，國際法確實是處理國際社會裡兩個以上的國家實體之間的關係的法律。但是在相當多的情況之下，國際法對國內法是相關聯的。反之亦然。在前一種情形的事例是，1960 年代至 70 年代的「越戰」是否算是國際法上的戰爭？其結果與認定會影響到美國公民在美國國內法上的權利與義務。而後一種情形的事例則是個人國籍的國內法問題，會影響到國家依國際法原則保護其海外公民權利的國際法事務。

　　如果將國內法院與國際法院所適用的法律拿來加以比較，就比較容易清楚的了解。乍看之下，似乎很容易的認定國內法院的法官在審理案件時，所適用的法律是國內法；而國際法院的法官在審理案件時，所適用的法律是國際法。但是實際上，這兩種類型的法官在審理某些案件時，很可能都必須對國內法律制度及國際法律制度，都加以查考參酌。而為了簡單化起見，部分國際法學者主張將一種法律制度與另一種法律制度，相關聯的部分當作事實問題——與訴訟中的其他事實同等對待——這樣可以省略承審法官對於非屬其管轄範圍內之法律制度，必須予以司法的考慮。但是，雖然如此，最終卻仍然需要承審法官來判定該事實問題之認定，是否正確。簡單的說，國際法院之法官仍須查考國內法，而國內法院之法官也仍須查考國際法。

　　因此，很明顯的可以預料得到，關於國際法與國內法相互關係的問題，必然有各種不同的學說與理論之提出。而這些學說與理論不論其提出者是如何認定，也必然會因為受到提出者本身主觀的看法之影響，而有所偏差。

二、主要學說之研析

　　在以往傳統國際法對於國際社會內之各國國內法僅消極的要求以下兩點：第一、國內法之制定與運作不可與國際法背道而馳：第二、國家必須自我調整，使國內法與國際法能夠一致，避免衝突。然而時至今日，消極的要求對方自我約束與自我調整，在實務上並無多大裨益。長久以來，各國法學家即提出各種學說或理論，以處理國際法與國內法之間的相互關係，其主要學說有下列三種。

（一）國內法優位論

　　此說主張國際法是國家依據主權所制定的對外關係的法律，可以稱得上是一國本身國內法中的「對外關係法」。其前提是國際法仍然是本於國家意志所為之立法行為所成立。國際法與國內其他法律不同之處，僅在於其內容是規範國家本身與其他國家之間的法律。根據此說，國際法不可能拘束國家意志，也不可能超越國內法律體系；而國家意志卻可以左右或決定國際法。事實上主張國內法優位論，即等於國際法否定論。

（二）同位平等論

　　此說主張國際法與國內法立於同等位階而可以互相平等的存在於各自獨立的法律體系。此說認為國際法與國內法在規範對象及效力性質方面完全不同。此說之前提主要的是基於國際法與國內法之間不能有所牴觸或衝突矛盾之處，二者屬於完全無關且彼此獨立的法律體系。更重要的是此二法律體系對同一行為不會同時均加以規範。因此，不須比較何種法律居於優位。此說一方面認為國際法不論是整體或部分均不得進入國內法律體系，故國內法不受國際法拘束，而國際法也不可能影響或拘束國內法。但是另一方面由於國際法規範之成立當然涉及他國之國家意志，因此，其適用自然不受各別國家國內法之影響。此說實際上無法說明國際法與國內法之間的相互關係。

（三）國際法優位論

　　此說主張國際法與國內法應共屬同一法律體系，而且在其中國際法居於優位。此為目前國際法學界之主流學說。此說之所以成立，且居於主流之地位，其主要的理由有下列三種：第一、二者之間既存在著重疊部分，則必須有上、下位階的從屬關係。既然國內法優位論不可能成立，那麼，國際法在同一法

律體系內自然即居於優位。而且在事實上，在同一法律體系之內，國際法與國內法各有各的管轄對象及效力範圍，國內法所規範之事項僅能適用於本國境內或本國籍之人民；而規範國家間關係的法律卻屬國際法的範疇，更重要的是國際法可以界定國內法規範的範圍與效力，足見國際法應居於優位。第二、在目前的國際社會，其成員各國均聲稱主權獨立及國家地位平等，為確立此等主張勢必各國均要能肯定國際法之優位，才能架構各國之主權獨立與國家地位平等。否則強國之意志支配著極際社會的法律體系，則各國所主張之主權獨立與國家地位平等即成了不切實際之奢望。第三、在國際社會當中，雖然在理論上國家可以自由決定國際法或國內法何者居於優位，但是各國若要謀求國際社會的永久和平與永續發展，在現實的需要之下，選擇國際法優位方有可能實現國際社會的永久和平與永續發展。

三、相互關係之再認定

　　不論國際法與國內法是否屬於同一法律體系或不同法律體系，對於彼此間的相互關係卻不得不加以探討；同時更要能夠尋求出調和兩者之間相互關係的方式。國際法學界提出過國內法優位論、同位平等論，以及國際法優位論，三種主要學說，而以國際法優位論為多數學者所同意。但是在事實上各國的實踐並未真實的採用「國際法優位」之作法。各國除了並未規定國內法與國際法牴觸者無效，而且國際法至今要發生在各國國內的效力，仍然需要透過國內法或國內司法機構之判決，方能實現。足見，國際法優位論雖然受到多數學者的支持，但是在實務上國家之存在並非源自於國際社會，國家之權力亦非來自國際社會。最重要的是國內法也並非源自於國際法，而且有關國內法之最高規範仍然是各國國內法的憲法。因此，所謂國際法優位論，顯然有其缺憾，有待進一步的釐清。

　　為釐清國際法優位論之見解,有必要對國際法優位論加以整理補強,使之能夠適應國際社會的現實需要,以下四點有助於對國際法優位論之重新認識[2]:

1. 所謂國際法優位論之實效性,若將其與一般之「優位一元」法律體系相比較,則顯然應屬弱勢的優位與不完整的一元體系。此乃因本質上國際法必須依賴主權國家之國內法效力,才能充分發揮其機能所致。國際法所能拘束的是國家這個「整體」,而國家內部則是國內法自由自在的範疇。

2. 在經過各時期的階段性發展之後,國際法已逐漸確立其居於優位的方向,而未來如何形成更完整的國際法優位一元體系,乃是國際社會與國際組織努力的目標。因此,縱令國際法的優位在某些部分仍有問題,但不能因此即將其加以否定,而是應努力著手解決問題。

3. 雖然對於是否賦予國際法優位的問題,基本上仍是由國家內部的國內法所自行決定,但是國家既然作為國際法的「主體」,即必然須以其「主體」的地位接納國際法優位的概念,受國際法的規範並承擔國際法上的責任,否則即喪失其國際法主體性,無法成為國際社會中的現代國家。因此,目前國家事實上已無法以國內法為理由,要求免除國際責任或變更國際法;反而是要積極面對國際法優位的原則,致力於調和其與國內法之間的矛盾,使其符合一元化體系的要求。

4. 在現代國際社會中,任何國家均不可能主張國家主權「完全不受限制」的概念,隨著國際法及國際組織的不斷發展,國家主權已有不同於傳統國際法的定義,此即所謂「新主權論」的論點。此種發展當然有助於國際法優位一元論的益趨成熟。但是必須注意的是,「新主權論」絕對不可誤解為國

---

[2] 許慶雄與李明峻合著,現代國際法入門,臺北,月旦出版公司,民國82年,頁44-45。

家主權否定論，事實上目前國際法律秩序之維持仍是由主權國家所主導。

參、關於國際法與國內法關係之理論

一、從法律體系論國際法與國內法之關係

　　大體上來說，在一般的法律體系內，如果同時有兩種以上的法律規範存在時，它們彼此之間的關係，在理論上應該可以假設有下列三種態樣的存在：分立關係、同位關係及隸屬關係，分別研析如後：

（一）分立關係

　　所謂「分立關係」是指在一個整體的法律體系內，同時存在有兩種法律規範，而其存在的狀態是彼此獨立的、平行的，對方之存在與否與本身無關。易言之，每一種法律規範均能夠獨立存在，並不需要以對方之存在作為其本身存在之先決條件或必要條件。在此種關係的情形之下，此兩種法律規範彼此互不相干。因而彼此無從發生衝突、彼此無從發生矛盾；彼此互不受限，因而不可能發生衝突、也不可能發生矛盾。因此，如果國際法與國內法有分立關係存在時，則二者必然是各自獨立、平行存在的。並且彼此互不相干、互不受限，彼此無從發生衝突或矛盾，也無發生衝突或矛盾的可能。

（二）同位關係

　　所謂「同位關係」是指兩種法律規範同時存在於某一較高層次的第三法律規範之下。易言之，要有兩種法律規範之同位關係存在時，其先決條件是必然先要有一個較高層次的第三法律規範優先存在；並由該較高層次的第三法律規範來規定此兩種法律規範的「界限」(Limitation)，同時並承認它們兩者之間

的相同位階及平等地位。因此，如果國際法與國內法有同位關係存在時，在它們二者之上就必然要有一個較高層次的第三法律規範優先存在。但是，此種優先存在有一個較高層次的第三法律規範之假設，在事實上並不存在，或者難以證實它的存在。

（三）隸屬關係

所謂「隸屬關係」是指在同一法律秩序體系之內，同時存在有兩種法律規範，而其中之一的法律規範優越於另一方。並且由優越的一方來規定對方的適用條件及效力範圍。存在於此種關係中的兩種法律規範，可以被視為是同時屬於同一法律秩序體系之內的具有一方優越於對方的兩個部分而已。因此，如果國際法與國內法有隸屬關係存在時，就必然是有一方優越於另一方，若不是國際法的地位優越於國內法，就是國內法的地位優越於國際法。如此的二分法建立了彼此之間關係的架構。其隸屬關係更可釋明如後：

1. 在國際法的地位優於國內法之情形：於此情形，在同一法律秩序體系之內，由國際法規範來規定國內法規範的適用條件及效力範圍。而國際法之優越地位更是由於國內法之原則在此法律秩序體系之內不得與國際法之原則相牴觸。如有牴觸則國內法無效。並且在此同一法律秩序體系之內，各國國內法之間的關係為「同位關係」。

2. 在國內法的地位優於國際法之情形：於此情形，在同一法律秩序體系之內，由國內法規範來規定國際法規範的適用條件及效力範圍。而國內法之優越地位更是由於國際法之原則在此法律秩序體系之內不得與國內法之原則相牴觸。如有牴觸則國際法無效。並且在此同一法律秩序體系之內，各國國內法之間的關係為「分立關係」。

二、從國際法之根據論國際法與國內法之關係

（一）對國際法之根據所形成學說之研析

　　國際法之所以對國家之具有拘束力以及國家之所以必須遵守國際法，這一類的問題，被某些國際法學家認為無須討論。因為國際法的存在和國家有遵守國際法的義務，業已為現代國家所承認。但是對「國際法之根據」這類國際法法理之研究，卻可增加對「國際法與國內法之關係」的了解，而且其相互間有密切之關係。因此，仍有必要對其加以探討。茲分別研究如後：

1. 基本權利說

　　此說認為國際法之所以具有拘束力，乃是將自然法則應用到特殊環境或國際行為而來。各國之所以會遵守國際法，乃是因為國家與國家之間的關係，受到了自然法引領的結果。再者，可以說因為國際法是自然法的一部分，而且此種自然法思想與國際法同時誕生，同時並存。尤有甚者，因為自然法具有絕對性、永久性並具有普遍的效力；如此，國際法自然就有相同的性質而具有普遍的效力，使國家與國家之間的彼此關係應受國際法之拘束，各國自然就會遵守國際法。

2. 聯帶關係說

　　此說認為國際法及其他一切法律都與「國家」無關，而是由人類的交往中構成的「聯帶關係」所產生；所以因為法律是「人類聯帶關係」的產物，而人類即是基於此點而去服從法律；國內法如此，國際法亦然。再者，此說認為一個社會之規範，其所以成為國際法，乃是因為人類要維持國際間的「聯帶關係」，而有承認並遵守該規範之必要。

3. 條約神聖說

　　此說認為國際法的拘束力可以追溯到一個最高而且最基本的原理或「規範模式」(Norm)。那就是國家之間的「協議」(Agreement)應該要受到尊重而加以遵守，就是所謂的「契約神聖原則」(Pacta Sunt Servanda)。易言之，其一國家一旦與其他國家訂定條約之後，就必須嚴格遵守該條約的規定，不得有所違反。國際法乃是根據此「契約神聖原則」的精神，所繁衍而生的國際社會秩序維持之必要的法律準則。此一最高的「規範模式」用來維持「國際法律秩序」，也才能因此而發生效力。

4. 自我限制說

　　此說認為國際法之所以能夠拘束國家，乃是因為國家的自願限制其本身的主權與自由而接受國際法的拘束；從而國際法對於國家的拘束力，只能在該國本身自願同意受國際法的約束之下才發生。而且因為國家具有至高無上的主權，以及排除外部干涉的最高意志，而不接受其他任何法律所加諸的限制。因此，對於國家意志的任何限制，均不能從國家之外而來，只能由國家本身自願的行為產生之。國際法之所以存在乃是因為國家的自我設限，對其本身課以義務，因為國家只能服從自己，而不受外來之拘束。

5. 共同意志說

　　此說認為國際法的拘束力是從若干或大多數國家的「共同意志」或「融合意志」所產生的。所謂「共同意志」是指由這些國家的「意志之合致」，也就是由許多各別的國家之意志融合為一體而來的「統一意志」，而表現在若干或大多數國家「協議」所致的公約之中。雖然能夠成為拘束各國力量的是國家的意志，但是各別國家的意志不能成為國際法的根據。因為國家是彼此平等而不受他國拘束的；在國際社會裡，一國或少數國

家的國內法本身，對於其他國家也不能發生拘束力。唯有各國協議而成的「共同意志」具體地表現在「統一意志」時，因為「統一意志」高於各國的各別意志；國際法是「統一意志」的規則，其拘束各國的力量，正如同國內法高於任何個人，對個人能夠發生拘束力，並且具有權威，這是各國「統一意志」表現的結果。

　　縱觀前述各家學說，基本上可以將所有的有關國際法之學說，歸納成兩大類，即：

1. 客觀學說

　　包括基本權利說、聯帶關係說與條約神聖說……等。因為此等學說的共通性，即是在將國際法對國家的拘束力，建立在某一種客觀的理念上。例如：基本權利說所提出之「先驗的自然法則」，聯帶關係說所提出之「法的確信」及條約神聖說所提出之「最高規範」 等客觀的標準，均可以作為國際法之所以具有拘束力之基礎。

2. 主觀學說

　　包括自我限制說與共同意志說……等。因為此等學說的共通性，即是在將國際法對國家的拘束力，建立在某一種主觀決定的基礎上，例如：自我限制說所提出之「國家同意」及「自願限制」，共同意志說所提出之「國家意志」及「統一意志」……等，將國家本身主觀的認定，作為國際法之所以對國家之具有拘束力之根據。

（二）對國際法之根據所形成理論之研析

　　探討國際法與國內法之關係，從國際法之根據的各家學說來切入，比較適當。因為從理論的角度來看國際法與國內法的關係之問題，很難脫離國際法之根據而能有深入之了解的。主

要的實證性結論有二：1.如果在前面的「國際法的根據」的問題上，支持「主觀學說」者，則其理論見解勢必導致國際法與國內法關係之「二元論」的結論；2.如果在前面的「國際法的根據」問題，支持「客觀學說」者，則其理論見解勢必導致國際法與國內法關係之「一元論」的結論。

　　另外，如果從國際法演進的歷史來看，早期的國際法學者，例如蘇瑞(Zuarez)等人不會懷疑一元論的看法；他們相信僅以一元論來解釋國際法與國內法的兩個法律體系，已經足夠。因為當時自然法學思想盛行，國際法學者認為國際法與國內法都是以自然法為基礎；自然法設定了國與國之間的法律與國家存在的條件，沒有所謂二元的問題。一直到 19 世紀及 20 世紀，部分原因是由於像黑格爾(Hegel)之強調「國家意志」之主權，而另一部分原因是由於近代國家立法機構的興起，能夠完全地制定國家內部具有主權性質之法律；在這樣的情形之下，乃發展出強烈傾向於二元論者的觀點[3]。

1. 理論形成之緣起

　　國際法之關係究竟是分立關係？同位關係？抑或是隸屬關係？這一類的問題，在早期國際社會以自然法為規範各國行為準則的時代，是不成問題的；而國際法學者亦甚少會關心國際法與國內法之關係。而一直到這一個世紀之初開始，國家的國內法以及它對國際法的關係，逐漸受到國際法學界的重視。尤其是到了本世紀 60 年代，大量的殖民地獨立成為新興的國家之後，一時之間民族主義的浪潮瀰漫了整個國際社會。各國也多半朝向民主法治的方向去架構本身政府的組織型態。如此一來各國紛紛制定憲法，作為各國國內的「最高法律」(Supreme Law of the Land)。各個國家的憲法被用來決定政府的組織及性

---

[3]　I. A. Shearer, Starke's International Law, 11th ed,(London: Butterworth, 1994), p.64.

質，以及在國際社會的體系下，代表國家與其他國家交往或建立關係。憲法以及其他的國內法用來決定各國(1)是否？(2)到如何的程度？(3)如何有效地來履行它的國際義務？事實上，國家逐漸發現將它們要對國際社會所盡的義務「併入」(Incorporate)它們各自的國內法中。如果不是不可或缺的，至少也是希望如此的。至於在國際條約方面，特別顯著的是在人權條約的簽訂，對簽約的國家創造出明示的義務來修正它們的國內法。在特別的政治背景之下，「歐洲聯盟」內的國家業已同意將它們本身的國內法，及它們彼此相互的義務混合在一起，這樣子一來，就創造出一個介於國內法體系及國際法體系之間的一種極端性的新關係[4]。因此，在研析國際法與國內法關係之餘，可以了解到這樣的關係一直在演進成長；並非僅是靜態的關係，更是一種動態的關係。

　　若是回歸到傳統所認知的國際法與國內關係的理論分析，可以發現到一般所呈現的問題就是「二元論」(Dualism)與「一元論」(Monism)之間的相互衝擊。而這兩家思想學派均共同假定有一個「公共領域」(Common Field)可以讓「國際法律秩序」以及「國內法律秩序」它們各自的維護者──國際法與國內法，能夠針對相同的「主題」(Subject Matter)同時運作。接下來的問題是在這個「公共領域」的範疇內，「誰是主導者」(Who is to be the Master?)這樣，當問題以這種方式形成時，很快地，針對爭議的問題就會有一些限制產生，而某些解決的方法也會被排除[5]，這是可以想見的。

---

[4]　Louis Henkin, International Law: Politics and Values,(Dordrecht, Netherlands : Martinus Nijhoff, 1986), p.64

[5]　Ian Brownlie, Principles of Public International Law, 6th ed, (Oxford, England: Oxford University Press, 2003), p.33.

2. 二元論者觀點之研析

　　根據二元論者的說法，不論國際法也好，或是國內法也好，這兩個法律體系是彼此完全分開的法律體系；它們各自有各自的獨特的「法律制度」(Legal System)，國際法之與國內法的不同之處，是在於它們「內在的不同特質」(Intrinsically Different Character)。而因為有很多的「國內法律制度」，被涵蓋在「國際法律制度」之內，有時候「二元主義者理論」(Dualist Theory) 被稱作「多元主義者理論」(Pluralistic Theory)。但是，可以相信「二元主義」的名詞應該是比較精確而且比較不易令人混淆的[6]。既然國際法與國內法各屬分離的法律制度，國際法不會成為一個國家國內法的一部分。但是在特別的情形下，在一個國家之內，國際法規則也會被應用的到；而國際法規則之在國家內付諸實行乃是藉著在國家內該國際法被採用成國內法。因此，國際法之被採用是先行被採用成為國內法的一部分，而非以國際法的名義在國家之內付諸實現。這樣的觀點避免了哪一個法律體系優越於哪一個法律體系的問題。它們的適用並不分享「公共領域」，它們本身在自己的領域內是最優越者[7]。換句話說國際法與國內法彼此各自獨立、互不隸屬。

　　主張二元論的見解者認為國際法與國內法是不同的法律體系而不具法理上的關係。國際法的運作是完完全全的在國家的位階中，在國家與國家之間運作，除非那特定的國家特別同意其他的作法，否則國際法並不穿透國家的內部法律體系。雖然國際法為國家本身創造出國家的義務；但是，每一個國家為它

---

[6]　見前揭註3。

[7]　Robelt Jennings and Author Warts, eds, Oppenheim's International Law, 9th ed, Vol. I (Esser, England: Addison Wesley longman, 1996), p.53.

自己決定要如何履行它的義務，而且是經由國內法來決定如何
去履行它的國際義務。為了表示它對國際法的承諾和有助於它
的履行國際義務，一個國家也許會決定將國際法「併入」它的
「國內法律體系」，以便於它的官員以及它的法院能夠讓國家履
行它的義務；而且國內法也還會決定國際法在國內法內之層
級。對主張二元主義者而言，前面所說的都僅是國內的事情，
國家的憲法問題是由「憲法權責當局」(Constitutional Authority)
來決定的國內法問題，而不是由國際體系所決定的國際法問
題。不論國家是否遵守國際法，國際法與國際政治制度僅僅只
考慮結果如何而已[8]。過程及其他因素並不考慮在內。

　　二元論的主要代表人物為近代實證學派學者崔伯爾
(Heinrich Triepel)、安吉樂提(Dionisio Anzilotti)，以及史卓普
(Karl Strupp)等人。二元論的具體形成，追本溯源首推崔伯爾在
1899 年所發表之「國際法與國內法」，安吉樂提在 1928 年出版
「國際法院」，史卓普在 1930 年發表巨著「歐美國際法要義」。
這一派學者的主張在第一次世界大戰以前的若干年間十分盛
行，那也是實證法學派的鼎盛時期。除了實證法學派的學者之
外，有些不屬於實證法學派的學者和法學家，尤其是許多國內
法院的法官，也支持二元論的學說。實證法學派的學者均一致
認為國際法與國內法分別隸屬於是兩個不同的法律體系。奧國
法學家崔伯爾認為國際法與國內法有兩個基本不同之點：(1)主
體不同：國際法的主體是國家，而國內法的主體是個人；(2)法
源不同：國際法是淵源於兩個以上國家的「共同意志」，而國內
法則淵源於國家單獨的意志。

　　義大利法學家安吉樂提是以不同於崔伯爾的觀點來探討國
際法與國內法的關係。他是依國際法與國內法基於不同的基本

---

[8]　見前揭註 4。

原則來區別這兩個不同的法律體系。他認為[9]：國內法是奠基於「國家制定的法律必須遵守」的基本原則之上，而國際法是奠基於「條約必須遵守」的原則之上。因此，這兩個法律體系是截然劃分，不容逾越，絕無發生牴觸之可能；除了彼此可以互相參考之外，其他毫無關係。至於非實證法學派的學者與法官之所以支持二元論，他們的理由不同於實證法學派；因為他們認為這兩個法律體系實際上其不同之點，主要的是在於二者淵源的不同。就是國際法所包括的最大部分是習慣和條約的規則，而國內法主要包括的是法官裁決的判例和國家立法機關通過的成文法[10]。

　　基本上，二元論者認為國際法與國內法具有分立關係的性質，是各自獨立、相互平行的兩種不同的法律體系；其所以如此，乃因兩者之間有其基本的相異之處[11]：

(1) 淵源不同

　　　　國際法的淵源是：來自兩個以上國家的共同意志，亦即國際社會的慣例及各國之間所締結的條約。

　　　　國內法的淵源是：來自國家的單獨意志，亦即國內社會的慣例（包括法官裁決的判例）及該國立法機關所制定通過的成文法律。

(2) 主體不同

　　　　受國際法約束的主體為國家、國際組織，以及特定機關的接受並完成立法程序，使其成為國內法的一部分，才能對國內的人民發生效力[12]。

---

[9]　沈克勤編著，國際法，臺北，學生書局，民國 80 年，頁 75。

[10]　同前註。

[11]　許煥益，國際公法研究，臺北，友聯公司，民國 64 年，頁 16-18。

[12]　同前註，頁 18。

不論二元論的支持者，是如何地自圓其說，仍然可以中肯的發現它的三個缺點[13]：即(a)國際法以國家為唯一的主體。事實上，國際法之主體除了國家以外，尚有國際組織與其他主體；(b)國家意志純屬一種想像，從而共同意志也就難以解釋事實；共同意志的表示，是否尚須有更基本的國際法原則加以規範，也有問題；(c)至於同意說和「條約必須遵守」等原則的拘束力，雖可說明條約規則，但不能圓滿解釋國際習慣的拘束力。

3. 一元論者觀點之研析

一元論者主張法律就是法律，在任何一個給予的社會裡，國內法與國際法構成了一個單一的法律體系。因為國際法對國家整體具有拘束力，它自然就會對國家的各部分具有拘束力；在單一的法律體系之內，國際法立於最高點，是最高的法律。事實上，有些一元論者的看法就將國內法的合法性及有效性的最終來源追溯自國際法。再者，對主張一元論者而言，每一個國家的法律體系是一個單一的法律體系，由國際法及國家自己的國內法所組成，而以國際法具有最高性；而國家的憲法體系必須要承認國際法的最高性。國家的立法機關在制定法律時必須從憲法的角度來承認國際法的最高性，因而受制於國際法。國家的行政機關，就憲法上來說也必須要確認國際法須被忠實的履行，乃至於在面對不一致的國內法時，國際法也必須被優先履行，國家司法機構也不論是否有不一致的國內法，要優先使得國際法生效，即使是國內法有憲法上的特質，也必須要優先讓國際法生效[14]。簡單的說，在任何一個國家之內的所有國

---

[13] 俞寬賜，國際法新論，臺北，啓英文化公司，民國 91 年，頁 62。

[14] 見前揭註 4。

內法的位階均低於國際法，不論怎麼樣的情形都是優先適用國
際法。

　　近代的支持一元論的學者們均非常努力地使他們對一元論
的見解，建立在一個嚴格的「科學分析」(Scientific Analysis)法
律體系的內在結構之上，如果拿支持二元論者的學者來加以對
照，一元論的擁護者將所有的法律當作一個由許多具有拘束力
的法律規則的單一組合體，而這些法律規則對國家、個人，以
及國家以外的實體均課以負有義務的拘束力。從他們的觀點來
看，法律這門科學是一個統一的知識領域，而且具有決定力的
重點是在國際法是否是真正的法律。一旦把國際法認定是具有
真實法律特質的法規體系而接受並將其當作是一個有待證明的
假定時，根據凱爾森(Hans Kelsen, 1881~1973)和其他一元論學
者的看法，那是不可能否認兩個體系組成了單一組合體的一部
分，而此單一組合體正好與法律科學之單一組合體相一致。因
此，任何除開一元主義的解釋以及特別是二元主義的說法，必
然形成是對於國際法之真正法律性質的否定。依一元論者的觀
點來看因為國際法與國內法二者均是法律規則的體系，因此很
難不認定此二體系是相互相關的一個法律結構一部分的立場
[15]。有一些支持一元主義的學者基於比較不抽象的理由主張：
就純務實的評估而言，國際法與國內法二者均是法律規則普遍
性實體的一部分，可以集合地或單一的拘束所有人類。換句話
說，個人才真正地是所有法律單一組合體的基礎[16]。

　　一元主義者是由許多理論上相當紛歧的法學界人士所代
表。在英國就有勞特派特(Hersch Lauterpacht)就一直是強而有
力的一元主義的擁護者。一元論在他的眼中就一直不僅僅是

---

[15]　見前揭註 3，頁 65。

[16]　同前註。

「知識的解釋」(Intellectual Construction)，在他的著作當中，從一元主義出發，他堅持主張國際法的最高性，乃至於在國內法的領域範圍內亦復如此。他也同時發展出個人亦是國際法的主體之理論觀點。像那樣的原理是與主權國家的法律推論格格不入的，而且將國內法貶低到國際法隨從的地位。國家被當作不切實際的觀念而不被喜歡，以及當作維持人權的工具而不被信任。國際法就如同國內法一樣，到最後是被用來考量個人的行為與福利。國際法被視為是最好的用來作人類事務的調節者，以及被當作國家法律存在的邏輯條件，以及國家的法律資格領域內的國內法律體系。[17]

　　基於智識理論的正式的分析法，凱爾森發展出一元主義原理。根據凱爾森思想的基礎，如果國際法與國內法是同一「規範模式」(Norm)體系內的部分，而且國際法與國內法之具有有效性及內容乃是藉著此一「規範模式」的智識運作，那麼一元主義就因此而科學化的建立了起來。此基礎「規範模式」是以下面的形式公式化：國家應該依其習慣之行為而行為。當基礎「規範模式」要來支持一個國際法體系，「有效原理」(Principle of Effectiveness)就應該被涵蓋在內。而就因此會允許革命成為創造法律的事實；而且會接受國家的首次立法者。當然，這樣的情形必須是因為基於國家法律秩序之建立是本於此基礎「規範模式」。也就是說是基於新的國家法律秩序建立的有效性乃是本於「行動」(Acts)的基礎也許與先前的憲法背道而馳[18]。簡單的說，國際法律秩序是可以用來決定國內法律秩序的效力理由；一般國際法是各國行為所構成的習慣創造出來的，而國際法的基礎規範必須是一個把習慣看做創造規範的事實之規範。

---

[17] 見前揭註 5。

[18] 同前註。

最重要的是各國的國內法律秩序之「基礎規範」(Basic Norm)是由國際法律規範所決定；作為各國國內法律秩序的最終的效力理由，是國際法律秩序的「基礎規範」。

當凱爾森以他自己的理論作為正式之基礎，建立了他自己的一元主義時，他並不支持國際法「最優先」(Primary)於國內法之理論，依他的觀點來看，「最優先」的問題，僅能夠決定在那些並非嚴格的法律因素之上。一般人或許可以存疑當他把國際法的基礎規範之建立，在某些方面上決定於國內法「基礎規範」的有效性上的同時，凱爾森是不是避開了自己假定的基本要素，因為每一個法律秩序的有效性有可能是基於雙方同一位階的「互動關係」(Interdependent Relations)而不是上下隸屬的「位階關係」(Hierarchical Relations)[19]。也就是在探討國際法與國內法之關係時，不必一定要把重心放在兩者之間的優位關係，二者可以是同位關係。另外，也有自然法的一元主義理論，其理論至少在表面上類似於凱爾森的「普遍性基礎規範」(Universal Basic Norm)中的條款。根據這一派的理論，國際法律秩序與國內法律秩序均臣屬於一個第三種法律秩序；而此第三種法律秩序通常會就自然法或「一般法律原理」(General Principles of Law)的觀點來主張其本身優位於國際法律秩序及國內法律秩序，而且能夠決定它們各自的領域[20]。但是不論此自然法學派的一元主義理論上怎麼說明或解釋，僅就國際法彼此之間的關係而言，它們彼此之間的關係，或可認定為同位關係，而不必一定是具有「隸屬關係」的存在。當然在它們與第三種法律秩序之間的關係，則是另一個問題，須有另外的理論當作基礎，再作深入的探討。

---

[19] 同前註，頁 34。

[20] 同前註。

再從歷史演進的歷程來審視一元論中各個學者的見解，荷蘭法學家克拉伯(Hugo Krabbe, 1859~1936)在第一次世界大戰之後首倡一元論，他認為國際法之基本根據不是各個國家之意志，而是人類對它的需要——即所謂「人的法律意識」(Judicial Conscience of Man)；所以在本質上國際法與國內法是相同的，而且國際法既是屬於較大的社會，那麼它的地位就自然應該優於國內法[21]。其次，建立「聯帶關係理論」(The Theory of Solidarity)的法國學者杜驥(Leon Duguit, 1859~1929)主張一元論而強烈批評國家主權論。他認為國際法的主體不是國家，而是國家內的個人。至於樓富爾(Louis Le Fur)，不僅強調一元論的主張，更認為國際法與國內法的基本性質是相同的；而國際法只是自然法的特殊形式，國際法是法律的最後發展，延至較大的團體——國際社會而已。佛佐斯(Alfred Voh Verdross)則堅持正義基本概念的普遍性和客觀性，並認為盡管在不同的歷史時期中，正義原則的適用有主觀上的變化。文明各國共有的一般法律原則所代表的較高自然法，仍須用以補充實證法的不足，並考驗各種衝突習尚的價值，所以國際法和國內法應歸於同一系統[22]。德國學者孔茲(Josef L. Kunz)另從純理論出發，主張國際法的優越性。認為唯有依據這優越性的假定，統一的法律體系才可以在科學上加以想像的；而國際法是「原始的」法律，所以是靜態的；如要繼續存在，必須變為動態的。另外的一些一元論者只從事實來觀察，認為所有法律都是用來拘束個人的，例如，勞特派特教授在他 1933 年的著作《國際社會中法的功能》(The Function of Law in the International Community)一書中即認為國際法乃是為國家而立，國家並非為國際法而設；國家是為人類而設，人類並非為國家而存在[23]。

---

[21] 社衞之，國際法大綱（上），臺北，臺灣商務印書館，民國 80 年，頁 61。

[22] 陳治世，國際法，臺北，臺灣商務印書館，民國 81 年，頁 65。

[23] 同前註，頁 66。

　　一元論的學者認為國際法與國內法雖然在淵源上、主體上和適用上或許有所區別；實際上，國際法與國內法只是一個單純的法律秩序。只是一個法律觀念的兩種表現方式。在淵源上、主體上與性質上，兩者並無不同。在法的淵源上，兩者均來自慣例和成文法。至於在主體方面，追究到最後都是個人。國內法以個人為直接對象，不過在國際法方面，某幾種個人的行為，被認為是國家的行為；其行為的影響，可以達到國家。或者可以這麼說，國際法雖然是以國家為對象，但是「國家行為」(Act of State)是由許多個人行為而成，只不過其行為效果及於國家而已。凱爾森就指出：「法律在本質上是人類行為的規則，規定人類相互行為是一切法律的意義。……如同一切法律，國際法也是人類行為的規則」[24]。

　　因此，一元論的學者所主張的見解與二元論的學者所主張的見解完全不同，大異其趣。主張一元論的學者認為所有法律都是具有拘束力的法規所組成的單一整體。至於這些法律規則所拘束的對象，不論是國家、個人抑或是國家以外的國際組織，均無關係。一元論者認為法律學是一門完整統一的智識，是有拘束力的規則所組成的單一整體。無論是拘束國家的個人的或國際組織的，都屬於一個整體，因此，問題關鍵之所在，就是國際法是不是具有真實的法律的性質。依據凱爾森及其他一元論學者的觀點，只要承認國際法是具有真實法律性質的一種法律體系，那就無法否認國際法與國內法兩種法律體系都是構成完整法律學的一部分。因而任何不贊成一元論的主張，尤其是主張二元論的學者，必然地要否認國際法的真實法律性質。主張一元論的學者認為，由於國際法與國內法都是法律規則，我們就不能不承認二者是一種法律結構中相互有關聯的部

---

[24]　Hans Ke!sen Principles International Law, 1952, p.97。

分[25]。凱爾森的一元論，顯然基於一般知識的哲學途徑，認為法律科學的統一，是人類認識及其統一的一定演繹，所以他說：「法律在本質上是管理人類行為，管理人類相互行為是一切法律的意義，法律是一項社會類目，而國際法像一切法律，在管理人類行為」[26]。

　　一元論和二元論一樣，盡管在理論上說得通，卻沒有辦法解釋全部的事實。因為國際法固然已直接地適用於海盜、無國籍者、戰犯之類，仍然未能直接管制他類的所有個人，空中劫機者便是一例。依照一元論的原理，「聯合國憲章」中有關人權的條款，應是國際社會最高規範之一；但是當那些條款為共黨國家破壞無遺時，許多國際法學者並不認定這些國家已違反國際法律義務[27]。因此，可見一元論者對於國際法與國內法關係的見解，也有他們的缺失。因為他們認為國際法與國內法及其他一切名為法律之本質都是在規範個人。雖然個人在國際法內的地位，逐漸受到重視，但是到目前為止，個人仍然被視為國際法的客體，在絕大多數方面仍非主體。所以一元論者的許多有關於國際法與國內法關係的理論，仍然或多或少的有些牽強，仍然必須要等待國際法未來的發展，方可彌補。

肆、解決國際法與國內法關係之衝突

一、國際法與國內法關係之態樣

　　國際社會所形成的法律體系，如果有兩種法律規範同時並存時，其二者之間的關係，在理論上來講，應該可以有三種型態。前曾述及，目前一般所承認的一般法律體系內，國際法與國內法的關係在假設上有三種型應關係的存在：1.分立關係：

---

[25] 見前揭註 9，頁 76。

[26] 見前揭註 24，頁 91。

[27] 見前揭註 22，頁 66。

國際法體系與國內法體系，彼此各自獨立、平行存在、互不影響，自然無從發生衝突；2.同位關係：國際法體系與國內法體系，同屬於某一較高之第三法律規範之下而存在，由此第三法律規範來承認國際法體系與國內法體系之間的同位平等；3.隸屬關係：是指同時存在的國際法體系與國內法體系，二者之一優越於他方。二者僅是屬於同一法律秩序之一部分而已。

　　上述將國際法與國內法之闕的關係分成：分立關係、同位關係與隸屬關係，是一種假設性的分類，與事實上的「關係分類」(Relationship Categorization)或有差異。因此，將國際法與國內法之關係以下列三種態樣表示，將更能正確的顯示它們彼此之間可能存在的關係：（一）分離關係（如圖 2-1 所示）；（二）相交關係（如圖 2-2 所示）；（三）包容關係（如圖 2-3 所示）。

　　現在分別用此三種圖示關係來解釋國際法與國內法相互之間的實際印證：

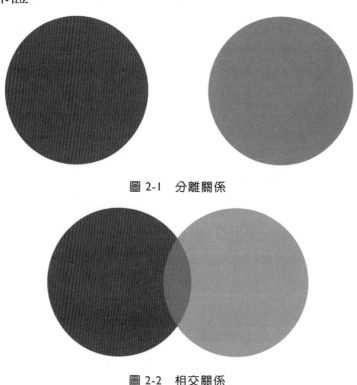

圖 2-1　分離關係

圖 2-2　相交關係

圖 2-3　包容關係

說明一：每一圓可為國際法亦可為國內法；但不可同時為國際法及國內法

說明二：每一圓之大小可不加以限制

（一）分離關係

　　圖 2-1 所示之此種關係是指國際法與國內法的相互關係，彼此之間各自獨立、互不相干，彼此之間也毫無關係之兩個法律體系；亦可以是屬於同一個法律體系下之兩種法律秩序之表達方式。因此，二者之間，無法形成任何關係，沒有辦法建立關係。不論是支持二元論者的見解，抑或是一元論者的立論，沒有必要作一個二選一之選擇；因為國際法與國內法之間的相互關係，如果是處於分離關係之狀態。就因為它們這樣的狀態之存在，使得它們之間的關係，在實際上的情形是「沒有關係」(No Relationships)。這樣一來，任何二元論者的看法以及一元論者的主張都成了沒有實質意義的爭論，也沒有爭論的價值。另外，從國際社會的演進程序及現實的存在狀況來分析，國際社會與國內社會秩序的維持，是必然存在有國際社會的法律體系及國內社會的法律體系。此兩種法律體系所建立之法律秩序必然是維持國際社會及國內社會的基準。而國內社會不可能獨立於國際社會之外，國際社會必然是由各國的國內社會所組成，彼此不可能互不相干。因此，國際社會所賴以存在的國

際法與國內社會所賴以存在的國內法是不可能處於「分離關係」的。

（二）相交關係

圖 2-2 所示之此種關係是指國際法與國內法的相互關係，彼此之間，並非互不相干，亦非毫無關係的兩個法律體系。它們或許可以彼此之間各自獨立。但是卻在分別獨立的情形下，會有所接觸；此種接觸的結果會使得國際法與國內法相互之間，發生相當的關係。此種關係之建立與存在，應視其接觸之性質為「協調性接觸」或是「排斥性接觸」而定。如果是「排斥性接觸」則容易造成國際法與國內法之間的衝突與對立，而「協調性接觸」的結果，則可消弭國際法與國內法之間的可能存在的潛在性的衝突與對立。再者，國際法與國內法之間的相交關係，是一種事實狀態的存在現象，無關乎二元論者的見解，抑或是一元論者的立場。此種事實狀態的存在，可以是分屬於國際法法律體系與國內法法律體系兩種法律體系的「相交」，亦可同屬於一個法律體系之下的兩種法律秩序之表達，而有「相交」的狀態出現。而更重要的是它們彼此的相交狀態，如果不斷的擴大至最大的狀態，則彼此合而為一。也就是國際法法律體系與國內法法律體系相合成一個單一的法律體系。可以是一個完完全全的「整合性法律體系」(Integrated Legal System)，國際法即是國內法，而國內法即是國際法。國際法與國內法之區分僅是同一種法律秩序的不同層面的表達方式而已。因此，如此的國際法與國內法之間的相交關係的存在，應該不致於與二元論者的看法及一元論者的主張，有任何爭議之處。

（三）包容關係

　　圖 2-3 所示之此種關係是指國際法與國內法的相互關係，彼此之間，有密切的關係。彼此互相影響、相互參酌。它們彼此之間的相互關係，可以是一種特殊的隸屬關係——互為隸屬關係。也就是說，國際法與國內法之間的關係，僅是一種事實上的存在狀態；而此種狀態並非是一種恆久不變的固定狀態；當然，在某一個定點的時間只會有一個存在狀態。它們彼此之間的關係，在一個特定的時間，不是國際法包容國內法，即是國內法包容國際法。也就是說，如果從「位階的層面來看國際法與國內法之間的關係」可以互為隸屬關係。因此，如果說國際法與國內法之間的相互關係，可以是一種包容關係的存在，這是無庸贅言的。而且它們之間的包容關係，可以說是一種相互包容的關係，問題僅是哪一個包容哪一個而已。但是這也不重要，因為二者之間，彼此均有可能包容對方。再者，如果它們各自的範疇一樣大，也就是說，它們如果從適用的角度來看，無分軒輊時，那就是一個彼此完完全全的包容，而重疊為一時，此時無庸考慮這個完完全全的法律體系是國際法吸收國內法，抑或是國內法吸收國際法。換句話說，它們之間的相互關係可以是互相包容，乃至於完完全全的互相包容關係。此時，可以將它們視為同一種法律秩序，或是同一種法律秩序下的兩個表現層面。如此一來，有關於二元論與一元論的爭議，似乎變成毫無實質上的價值，也就是說沒有必要去做這方面的爭論。

二、建立國際法與國內法相互關係之本質

　　無庸置疑的，國家是國際社會組成的基本成員。而所謂國際秩序，就是指國際社會的在國際法與各國國內法相互交融關係下穩定狀況的維持。而此種穩定狀況維持的基本動力，即在

於尋求一種「整合性法律體系」(Integrated Legal System)。此種整合性的法律體系，不必考量二元論者的見解，亦不必顧慮一元論者的認知。因為此種「整合性法律體系」或許可以在其內分割成國際法體系與國內法體系，或許是國際法與國內法經過交融整合之後的「整合性法律體系」。所以在此種法律體系之下來尋求國際秩序的安定，也就無須爭議法律體系的一元或二元。不過，雖然如此，也不得不考量國家在這種體系中所扮演的角色與其所具有的地位。而國家最重要的屬性就是國家的具有主權。而一般均認為國家的主權是其本身所固有的，不是任何機構或外力所賦予的；表現在國內為最高權，表現在國際則為獨立權。因此，國家主權的行使在國內可以制定國內法，在國際可以經由各個國家彼此意思之「合致」，而使得國際慣例及國際條約能夠成為具有拘束國際社會成員（國家）的國際法。可見國家在國際法與國內法經過交融整合後所形成之「整合性法律體系」內居於樞紐的地位。尤其是在國際法與國內法之交融整合的過程當中，國家扮演著媒介的角色，使得國際法與國內法發生「接觸」(Contact)，而此種接觸，一般可以將其區分為：（一）排斥性接觸；（二）對抗性接觸；（三）調和性接觸；與（四）協調性接觸。現在分別研析如後：

（一）排斥性接觸

　　所謂排斥性接觸乃是指，國際法與國內法在「交融整合」的過程當中，在彼此發生接觸之時，發生了彼此相互排斥的現象。國際社會本身所形成的國際法律體系，會排斥國內法律體系之國內法在國際社會之適用，而無法在國際社會生效。而國內社會本身所形成的國內法律體系，亦會排斥國際法律體系之國際法在國內社會之適用，而無法在國內社會生效。如此，則發生國際社會與國內社會分離脫節的情形，而造成國際法律體系與國內法律體系之間，彼此平行、各自獨立、互不相干之前

面所示國際法與國內法之分離關係。如此，則國際法與國內法
因為相互排斥的接觸，形成國際法與國內法如同前面所指圖示
2-1 之分離關係，使得國際法與國內法，無法進行「交融整
合」，更進而無法形成「整合性法律體系」。因此，是一種與事
實不相符合的接觸。

（二）對抗性接觸

　　有學者認為對抗性接觸是指[28]：「國際法與國內法在某部分
的接觸發生相互對抗現象時，國際法『不允許』國家以國內法
之依據來對抗國際法，主張不履行或不遵守國際法上之義務的
同時，國際法亦『不允許』國家不制定履行國際法義務時所必
須之國內法。換言之，國家不能引用國內法或以國內法不完備
為理由，來對抗國際法，亦不能以此作為不履行或不遵守國際
法之正當有效的依據。當發生對抗性接觸時，國際法則要求國
家『自行』修正或制定其國內法，使其與國際法一致，同時國
家必須對外負擔國家責任（有時甚至須賠償、受罰）」。此為一
種以國際法為主的國際法優位論的說法，但是實際上，國際法
未必具備優位法的效力，未必能夠使得與其對抗的國內法失去
效力，或是取代國內法的地位而直接在國內社會發生效力。而
且在這種對抗性接觸發生時，國內法亦非自動失效，只是國家
必須因此而承擔其因牴觸所生之國家的國際責任。如此說來，
國際法與國內法之對抗接觸，亦與事實不相符合。

（三）調和性接觸

　　提出對抗性接觸的學者，亦同時提出所謂的「調和性接
觸」，他們認為「調和性接觸」是指[29]「國際法與國內法在某些

部分雖然會有相互的接觸關係，但是因為此部分係由國際法委託國內法自行處置，故兩者之間不致於產生矛盾或衝突，而必然是處於調和的狀態。例如，在有關條約的締結手續方面，國際法即是委託各國國內法自行規定。亦即，國家在締結條約時，各國締約代表的委派及條約的承認、批准等手續，都完全依照本國國內法之規定而實行。因此，各國依照其本國國內法所規定之手續完成條約的締結，即是符合國際法規範的行為。又如在宣戰手續方面，國際法亦是委託各國以各自的國內法而加以規定，故各國只要依其國內法之規定行之，即是遵守國際法的規定。在這種情況下，國際法與國內法事實上必定不會產生對立衝突，故此種接觸又稱為積極的調和性接觸。此外，尚有所謂的消極的調和性接觸。亦即，國際法原則上承認各國在其主權及管轄範圍（領域及國民）之內，不存在任何超越國家之權力主體。換言之，國際法雖居於優位，但卻認可國家在其內部可以自由行使立法權，制定各種法律，建立國內法律體系。在主權範圍內不受上位之國際法的拘束。國際法藉由採取此種消極的姿態，不介入國內法在各國內部的制定與運作，而兩種法律體系在國家內部運作上得以不發生對立與衝突」。此種調和性接觸基本上仍是以國際法為主之國際法優位論的見解，僅是在必要的接觸時，承認國家主權在國內社會中不受在上位之國際法的拘束。承認在國內社會不存在任何超越國家之權力主體。此種見解雖然較前述的「對抗性接觸」要來得符合實際一些，但是基本上，它也未能說明何以國際法在國內社會不能取得優越地位。當然，或許可以認為這是因為國家主權在國內社會的最高性所使然。但是既然承認國際法優位論，則在國內社會也應該有國際法優先適用的優越性。這當然是根本問題之未能徹底解決之故。換句話說，這或許是因為國際社會與國內社會的法律體系未能加以正確定位之原因所造成這樣的問題。

若是如前所述將法律體系不論是國際法體系與國內法體系就現存狀況加以「交融整合」成為一「整合性法律體系」，就不必論及所謂的二元論的國際法優位論、一元論的國際法優位論，乃至於國內法優位論的各種主張或見解。

（四）協調性接觸

所謂協調性接觸乃是指，國際法與國內法在「交融整合」的過程當中，在彼此發生接觸之時，在各自的法律體系內自行調整、去異求同，讓能夠在國際社會與國內社會均能適用無礙的法律原則與規範，成為「交融整合」後的「整合性法律體系」的實質內容與核心規範，使得國內秩序與國際秩序得以維持安定。也就是不論原先是國際法律體系也好，抑或是國內法律體系也好，在經過協調性的接觸後，因為去異求同的交融整合之結果，造成了一個「整合性法律體系」的社會，此社會無須將其定性為國際社會或國內社會，因為道是經過「協調性接觸」後，所「交融整合」出來的「新社會」(New Society)。它擁有國際社會與國內社會的雙重特質。如此，則無須討論一元論或二元論，更不必爭議國際法優位論抑或國內法優位論，這些爭執在這樣的「整合性法律體系」下的「新社會」，均成了毫無意義與價值的紛爭，徒增困擾而已。

三、解決國際法與國內法衝突關係之理鑰

前曾述及國際法與國內法相互關係之三種態樣：（一）分離關係；（二）相交關係；（三）包容關係。其中之分離關係事實上是偏離了正常狀態的極端情形，而且使得國際法與國內法彼此之間根本無從建立關係，也就不會有衝突關係的發生。其次，就相交關係與包容關係而言，國際法與國內法必然會有接觸，因為二者之間有重疊的部分，證明彼此之間勢必要進行接

觸；而前面也曾對國際法與國內法衝突關係之基本性質加以研析，國際法與國內法之接觸有四種基本性質：（一）排斥性接觸；（二）對抗性接觸；（三）調和性接觸；與（四）協調性接觸。而對於其中的「排斥性接觸」所依據之理論——國際法優位論，認為尚未成為國際法學界所認同之理論，而無法自圓其說；其次，「對抗性接觸」，更是如同「排斥性接觸」一樣，在理論上即無法站得住腳，在實際上更是造成不必要的困擾。而「調和性接觸」受制於傳統之「主權理論」之影響，未能說明所依據之「國際法優位論」為何必須承認國家在其所建立之國內法體系內，不存在任何超越國家之權力主體。而且，國家在主權範圍內不受上位之國際法之拘束：所以「調和性接觸」之基本性質，亦有其缺憾。而最後，作者認為「協調性接觸」最能切合實際，因為國際法與國內法在接觸時，必須經過交融整合的協調歷程，其結果便可造成一個「整合性法律體系」的「新社會」。而此新社會沒有必要將其定性為國際社會或國內社會；因為它兼有國際社會與國內社會的雙重特質。因此，「協調性接觸」應當是最能解決國際法與國內法彼此之間的衝突關係。

　　雖然說，作者在此提出解決國際法與國內法衝突關係之「協調性接觸」，是最理想的說明了國際法與國內法接觸的「基本性質」。但是這裡面最重要的工作是要如何來進行「交融整合」的協調工作？這就要從國際法的特質來研究了。一般來說，國際法的特質至少有三：1.國際法律體系所建立起來的國際法律關係的主體是國家；2.國際法的制定者或承認者是國家；3.國際法的強制實施必須要依靠國際法的主體——國家本身，要依靠國家本身的行動。所以從國際法的特質來看，前面所述之「交融整合」的協調工作，就不得不從國家來著手進行了。而更巧的是國家也是國際社會的組成分子，國際法的成

立、運作與效力都要仰賴國家來進行推動。而如果要以國家來進行推動國際法與國內法之「交融整合」的協調工作，就必須對「國家」有所認識。國家的最重要屬性是國家是擁有「主權」(Sovereignty)的國際社會組成分子。而所謂「主權」乃是國家所固有的在國內社會的最高權及在國際社會的獨立權。由於主權的這種最高權與獨立權的性質，使它成為不可分割的，也是不可讓與的；而且更不從屬於外來的意志與干預。因此，主權在圍內是最高的，以及在國際上是獨立的這種性質已被國際法學界所認定。

所以前述國際法與國內法衝突關係之解決，最基本而透徹的途徑就是要將「交融整合」的協調工作，交由「國家」去完成它。而且也僅有國家才有資格與能力去完成此協調工作。這就要大膽地提出下面的主張：在國際法與國內法接觸而難免發生相交或包容的情形時，難免造成國際法與國內法的衝突狀況時，國家就有必要在那衝突的時刻「暫時中止行使主權」(Temporarily Suspending the Exercise of Sovereignty)，使得國際法與國內法能夠進行「交融整合」的協調工作。這樣的主張可以把它定名成「暫時中止行使主權說」。此種見解基本上是從「功能主義」(Functionalism)的立場來解決國際法與國內法相互之間的衝突。

再者，即使從傳統國際法的角度來批判所謂的「暫時中止行使主權說」，應該也是可以被接受的。因為主權的觀念在傳統國際法上大致可以加以區分為兩派：1.國家主權學說：由法國政治思想家布丹(Jean Bodin, 1530~1596)所提出，他認為主權是在一個國家中進行指揮的絕對和永久的權力；2.人民主權學說：由法國政治思想家盧梭(Jean Jacques Rousseau, 1712~1778)所提出，他認為主權是不可轉讓的，主權是不可分割的；主權又是完全絕對的、完全神聖的和完全不可侵犯的。因此，將作

者所提出之「暫時中止行使主權說」的內容與布丹及盧梭所分別提出之「國家主權說」與「人民主權說」的立論，加以對照，應該是並無相違背之處，而可以相容並存的。作者所提出之「暫時中止行使主權」，顧名思義僅僅是在國際法與國內法進行「交融整合」的衝突之時，才要求國家暫時中止其主權之行使，並未否定任何「國家主權學說」與「人民主權學說」之論點。作者仍然承認主權是國家最高權與國家獨立權，同意「國家主權學說」之認為主權是「絕對和永久的權力」，也認可「人民主權學說」之「主權是不可轉讓的、不可分割的、完全神聖的和完全不可侵犯的」。因此，作者認為要徹底解決國際法與國內法之相互關係之衝突，就必須以國家「暫時中止行使主權」來進行國際法與國內法之「交融整合」之協調工作。

　　若再進一步來說明，根據「暫時中止行使主權」之意旨，乃是在於主權仍然一成不變的由國家所擁有。不論在「交融整合」之協調前或協調後，均一直為國家所掌握，為國家所永久擁有的絕對的權力，僅僅是在「交融整合」進行協調時，為了避免國際法與國內法在運作的同時，有衝突的發生而暫時性地中止國家主權的行使，以便在進行國際法與國內法之相交或包容時，避免適用法律的困難。待「交融整合」的協調工作完成時，一個嶄新的「整體性法律體系」的「新社會」誕生時，國家仍然擁有它，完全絕對的、完全神聖的、不可侵犯與不可分割的主權。而且此處之「暫時中止行使主權」，對國家而言，其主權從未被分割，也從未被侵犯。它仍然是國家的獨立權與最高權，只是在國際法與國內法進行「協調」時，為了便於「交融整合」，讓國家暫時地「中止行使」而已。國家也從未在任何一刻失去其主權。而且其固有之主權，也自始至終未被分割。因此，這裡所提出之「暫時中止行使主權說」即使是面對傳統國際法有關主權理論之挑戰，亦能站得住腳。

四、解決國際法與國內法衝突關係之因應原則

　　如前所述，國際法與國內法之相互關係，在避免彼此之衝突而進行「交融整合」的協調時，必須要進行去異求同的去蕪存菁的工作，以求得「整合性法律體系」的實現在「新社會」當中，維持此「新社會」之法律秩序。而在此「新社會」的形成之時與形成之後，如果仍有國際法與國內法之衝突發生時，應可適用下列幾項原則：

（一）未必否定原則

　　國際法與國內法在「交融整合」時，為求得彼此之相互和諧、相互尊重，彼此未必需要否定對方之法效意思，即使是偶有衝突發生，亦僅是暫時性之現象，可經由協調的方式，進行整合。

（二）合致傾向原則

　　國家在其主權領域內，或可按其本身之意思，改變其國際法與國內法，但是卻無法單獨改變國際法。因此，當國際法與國內法偶爾發生衝突時，國家不可以其主權之行使壓迫國際法，而通常是尋求與國際法之「合意」來避免彼此之衝突，或解決彼此之衝突。

（三）推定存在原則

　　國際法所規範之事項或賦予國家之權利，雖然各個國家未必一定要去實踐，但是一旦國家決定去行使或並未明確表示放棄時，則應推定國家之權利存在，當然亦應因此而承擔其隨之而來之義務。另外，對於國家之國際義務，如果因為國內法之規定有所欠缺或不完備而無法履行時，必須推定國家並非故意的造成國內法之欠缺或不完備，而應盡量參考國際法之規範，制定與國際法不相衝突之國內法，以履行其國際義務。

（四）和諧一致原則

　　該原則之主要用意在強調要引導司法程序上來促進國際法律秩序與國內法律秩序之和諧一致。也就是在進行「交融整合」國際法與國內法之協調工作時，應該盡量用一般法律之「解釋原則」(Rules of Construction)或「證據原則」(Rules of Evidence)來避免或解決國際法與國內法相互之間的衝突。

伍、結論

　　要探討研析國際法與國內法之間的關係，不是一件容易的事；這是一個老問題，但是卻從未能徹底的將問題釐清過，這樣就遑論其他了。首先必須要了解國際法與國內法它們各自的本質，然後才能更進一步的研析它們之間有哪些關係有可能建立與存在、有哪些關係會發生哪些現象與哪些問題？最後如果發現了它們之間有某些關係會發生衝突或牴觸的情形，要如何去解決呢？最後，還必須從學者專家在學說上有哪些看法？是否曾經有過哪些理論的提出？同時也要研究在實踐上，國際法院是如何認定與處理的？各國的國內法院又是如何的認定與處理的？凡此種種均非三言兩語所可能交代的。必須針對上述各項主題，先對問題加以研析，才能夠找出問題癥結之所在。本文即是以分析的研究方法，對各種學說與理論加以研究分析、對國際法院與各國國內法院的判例加以分析研判，用以徹底了解國際法與國內法之關係。針對前面所述之各項主題，所作研究的結果，似乎可以獲得以下的結論。

　　首先，從本質上來看，國際法確實被一般學者專家認為是在處理與規範國家實體彼此之間的交往關係。而國內法則是國家基於本身主權之行使對於其國民行為之規範。從表面上看來，會以為國際法與國內法彼此涇渭分明，界限明確，似乎不

會有任何模糊不清或適用困難的情形發生。然而事實則不然。
國際法與國內法確實有相當的關聯性，有時候更是難以解開彼
此糾纏之結。例如：在適用法律時，乍看之下，國際法的法官
適用的是國際法，國內法院的法官適用的是國內法。但是事實
上兩類法院的法官都得對國際法與國內法有所認識與了解，方
能對面臨的訴訟案件，作出正確的判決。所以國際法與國內法
之間的相互關係確實是一個相當棘手的問題，在這個問題上也
產生過許多不同的理論，以及各種不同的見解。而這些理論與
見解，不論聽起來是如何的客觀，卻往往容易受到了其提倡者
本身是要加強國際法之影響力，抑或是要強調國家主權的重要
性而會有所偏頗。

　　關於國際法與國內法關係，從以往專家學者所提出之學說
來看，大體上有三種：1.國內法優位論：此說主張國際法是國
家制定的對外法律，相當於一國的「對外國內法」，國家之意
思，可以左右或決定國際法；2.同位平等論：此說主張國際法
與國內法在規範對象與效力之性質完全不同，因此，彼此相互
平等的存在，各自獨立而成不同的法律體系。國際法與國內法
互不受拘束、互不受影響；3.國際法優位論：此說主張，在國
際現實的考量下，國際法與國內法應成為一元化的法律體系，
而且國際法必須居於優位，方能維持國際社會的秩序。而作者
認為應該是「互為優位」方為妥適。因為國際法與國內法在建
立關係時，必須經過「交融整合」的協調工作，方能形成「整
體性法律體系」以作為「新社會」秩序維持之骨架。而在整合
的過程當中，必然要作去蕪存菁、去異求同的過濾國際法與國
內法；因此，二者均有可能成為新的「整合性法律體系」的一
部分，而在實質上可以「互為優位」。

　　而國際法與國內法之關係從理論上來審視，一般而言，大都是從兩個基本層面來探討分析。首先，如果從法律體系來檢視國際法與國內法之關係，在理論上，一般將之設定成三種態樣的關係而存在：1.分立關係；2.同位關係；3.隸屬關係。1.分立關係：是指在一個整體的法律體系內，同時存在著兩種法律規範，而其存在之狀態為彼此獨立、相互平行、互不相屬；2.同位關係：是指兩種法律規範同時存在於某一較高層次的第三種法律規範之下，彼此位階相同，但均隸屬於第三種法律規範之下。3.隸屬關係：則是指在同一法律秩序體系之內，同時存在有兩種法律規範，而其中之一的法律規範優越於對方，並且由優越的一方來規定對方的適用條件及效力範圍。而作者認為國際法與國內法之關係就法律體系而言，應為同位性之互為隸屬關係。也就是說，在國際法與國內法進行建立「整合性法律體系」之「交融整合」之協調過程當中，國際法與國內法彼此是同位關係。但是在「整合性之法律體系」內，則視適用情形來決定彼此之隸屬關係。也就是彼此均有可能在適用上優越於對方或隸屬於對方。其次，如果從國際法之根據來論國際法與國內法之關係，又可分成兩方面來檢視：1.從形成之學說來研析，大致上有五種：(1)基本權利說；(2)聯帶關係說；(3)條約神聖說；(4)自我限制說；(5)共同意志說。基本上，作者認為，就形成「整合性法律體系」之「交融整合」的協調過程來看，應該是以「共同意志說」為主之「自我限制說」來得比較切實際。2.從形成之理論來研析，大致可以有二元論與一元論兩種理論。首先，一元論者認為：世界上只有一種法律制度，國際法與國內法均同屬於此法律制度，問題只是應以何者居上。其次，二元論者認為：國際法與國內法為兩種不同的法律制度，雖然每一個之中可以包含另外一個的一部分，但基本上它們是兩個分別獨立的法律體系。而作者認為國際法的根據是由國際

慣例為主之國際法律制度與國內法律制度所形成之「整合性法律體系」，原本就不是單一法律體系，卻也不是如二元論所指之兩個分立的法律體系。

而就國際法與國內法關係之實踐來研析，亦可從兩個方面來檢視。首先，從國際法的角度來審視，可以有三點認識：1.國際法之原則規定，須有國內法之相對應規定；2.國際法不能干預國家依據主權原則所制定之國內法；3.國家不得用國內法之規定來改變國際法之規範。其次，從國內法的角度來審視，也可以有三點認知：1.國際法被視為是國內法之一部分，而在國內具有法律效力；2.為使國際法得在國內加以實踐，有時有必要在國內法上對國際法之規範加以規定；3.在國際法與國內法的關係上，有可能發生國際法與國內法相衝突的問題。

另外，如果從效力上來研析國際法與國內法之關係，二元論者認為要使國際法在國內社會發生效力，只有透過國內之立法程序，制定成國內法之後，方能在國內發生效力。而且因為在國內社會，國家意志具有最高權力之地位，自然應該優先適用國內法。而一元論者對於國際法與國內法在適用時究竟何者優先的問題，意見並不一致。大抵上，具有代表性的有三派看法：1.國內法至上論；2.國際法至上論；3.國際法與國內法互為至上論。其中的立論各有缺失，不足為訓。如果按作者所提出之看法，當國際法與國內法經過「交融整合」的協調工作後，會形成「整合性法律體系」的「新社會」：此時，在新形成之「整合性法律體系」之下，就無須再鑽研在效力上究竟是優先適用國際法或國內法。

再就事實上來研析國際法與國內法之關係，學者間大致上提出三種學說見解：1.變質說：此說大抵上是根據實證法學派之主張，認為國際法與國內法嚴格分立，為兩個截然不同的法

律體系，國際法在未被國內法「變質」成為國內法以前，並未構成國內法，自然不能在該國國內生效；2.特別採納說或併入說：此說認為除非國內立法或判例中明白列有禁止國內法院適用國際法之規定，否則國際法自動併入國內法，或者可經由國內法的「特別採納手續」將國際法「特別併入」國內法，而可被國內法院適用；3.授權說：此說認為國際法之所以能夠在國內社會被國內法適用，乃是由於國際法「授權」各個國家根據自身的憲法，自行規定在何種情形下適用，以及以什麼方式或程序來適用：所以基本上國際法之適用僅是國內法的一個造法行為延續而已。另外有一派學者以英國的情形為例，提出所謂的「和諧作法」，作者在此因其影響力漸增將其擴大成「和諧說」。該說認為國際法與國內法本身，似乎不可能牴觸。所可能發生的情形是「義務的衝突」，而此「義務的衝突」必須被解決：在內的方面以國家機關所認定的方式，而在外的方面則藉由國際法規則。一方面藉著一個法律秩序的自動優越於另外一個法律秩序，強制國內法院的法官遵守國內法，另一方面又容許法官在某些情況下能夠使用國際法規範，來避免義務的衝突。

　　針對國際法與國內法之間的關係，難免會發生衝突。為了解決國際法與國內法之間相互關係的衝突，作者大膽地提出所謂的「暫時中止行使主權」的見解，來解決國際法與國內法關係之衝突的問題。所謂「暫時中止行使主權」即是於國際法與國內法在無可避免的情況下，發生「接觸」時，兩者的關係型態應該是「同位性的相互隸屬關係」，則其在「交融整合」的協調工作進行時，在事實上採取「和諧作法」之下所形成的「整合性法律體系」之下的「新社會」，不必去考量所謂的一元論或二元論的說法，亦無須考量「國際法優位論」、「國內法優位論」、抑或「同位平等論」的這些不具重要意義的爭議。然而如

果要形成「整合性法律體系」的新社會，最重要的就是在前述的國際法與國內法的「交融整合」時，國家的主權有必要在那特殊的「接觸」時刻「暫時中止行使」，方能順利完成那樣的協調工作；而建立一個兼有國際法特質與國內法特質的「新社會」。如果「新社會」是這樣形成的，國際法與國內法關係之衝突，自然就容易消滅於無形。

PART **III** 本 論

CHAPTER **03**　國家之國際責任

CHAPTER **04**　承　認

CHAPTER **05**　國際條約法

CHAPTER **06**　國際海洋法

CHAPTER **07**　國際人權法

CHAPTER **08**　國際人道法

CHAPTER **09**　國際刑事法

CHAPTER **10**　國際組織法

CHAPTER **11**　國際環境法

03 國家之國際責任

第一節　關鍵概念

壹、國際責任

「國際責任」(International Responsibility)係指一國在其管轄之下，不法「損害」了外國或外國人，所應負擔之賠償或補救的責任。國際責任的目的在確使違反國際責任之國家，得以受到國際法之「制裁」。基本上，不論是在哪一種法律制度之下，任何不遵守其本國法規範的情況之下，必然會引起「責任」的發生；在國際社會也是一樣，國家如果不遵守國際法的規範，就會發生國家在國際法上的責任問題，此即為國家之國際責任。

貳、國際責任之構成條件

任何國家對於該國的每一國際不法行為應負國際責任，這是國際法上的一項基本原則。然而，任何國家的行為只有符合國際不法行為的構成條件，即必須具備其主觀要素和客觀要素，才可能在法律上引起責任之發生。所謂主觀要素，是指某一行為可歸因於國家；所謂客觀要素，是指該行為違背了該國的國際義務。如果一國的行為符合這兩方面的要素，就構成了國際不法行為，從而引起該國的國際責任。

一、構成國際不法行為之主觀要素

　　構成國際不法行為的主觀要素，是該行為可歸因於國家而成為該國之國家行為；而認定某一行為是否為該國之國家行為，又只能按照國際法而不是按照國內法來判斷。按照國際法，國際不法行為既有屬於一國之國家行為，也可能是一國參與或介入他國所犯的行為；對於前者，該行為所引起的國際責任，應由行為國負責，而在後者的特殊情況下，則可以例外地由另一國負責或由它們共同負責。

二、構成國際不法行為之客觀要素

　　一國的行為要能構成國際不法行為，還必須具備該項行為是違背國際義務這一客觀要素，即必須符合下列的要件：1.該國之行為不符合國際義務對它的要求；2.該義務必須是國際法所公認的合法的國際義務；以及 3.違反該義務之結果使得他國的利益遭受損害。

參、國家違反國際責任之後果

一、　受害國可以要求對其從事國際不當行為的國家（以下稱為責任國）停止此種行為、釋放和歸還有關人員或此種行為的標的；給予責任國國內法所規定的救濟；恢復原狀及保證不再重複此種行為。如果不能恢復原狀，則應給以金錢補償，其價值應相當於未違背國際義務前的狀況（第 2 部分第 6 條）。

二、　受害國得根據「相互原則」(Reciprocity)停止對責任國的相對義務或與被違反的義務直接有關的義務（第 2 部分第8 條）；但此一規定不適用於多邊條約，如任何締約國不履行該多邊條約會影響到其他締約國的權利或該條約的義務

是為保護所有締約國的集體利益（第 2 部分第 11 條）。此外，牽涉到外交和領事的豁免權或一般國際法強制規則，受害國也不得停止（第 2 部分第 12 條）。

三、 受害國以報仇的方式，可以停止對責任國的其他義務，但不得與國際不當行為的嚴重性有明顯的不成比例的情況（第 2 部分第 9 條）並且也受上述二、多邊條約的限制。此外，在用盡國際法上和平解決爭端程序後，才能採取報仇方式。但受害國可以採用臨時措施(Interim Measures)在其管轄範圍內以保護其權利，直到有管轄權的國際性法庭或和平解決爭端程序決定是否可以採取臨時性措施為止（第 2 部分第 10 條）。

四、 如果國際不當行為構成國際罪行，則責任國以外的國家均有義務不承認此種罪行所造成情勢的合法性；也不得協助或援助責任國，以維持此種罪行造成的情勢（第 2 部分第 14 條）。

肆、國際責任之免除

排除「國際不當行為」所引起之國家所應承擔之「國際責任」之問題，聯合國國際法委員會於 1979 年所通過的「國家責任條款草案」規定下列六種情形，責任國所應承擔之國際責任可以排除：一、同意；二、對國際不當行為之相應措施；三、不可抗力與意外事件；四、危難；五、必要情況及六、自衛。不過在此我們應該也要注意到，依同意、不可抗力與意外事件、危難、與必要情況，排除一個行為之不正當性時，不妨害由於該行為所造成損害賠償之任何問題。

茲將「國家責任條款草案」所列出之六種情形，分別說明如下：

一、同意

國家同意他國對其觸犯不符合對該國義務的行為，如一國同意他國派軍進入其領土。但如果有關的國際義務是基於一般國際法強制規則(Jus cogens)，則同意並不能排除國家行為的不當性(Wrongfulness)，因為此種規則不能由國家間合意來排除其適用。

二、對國際不當行為之相應措施

對國際不當行為可以採取相應措施(Countermeasures)。但此種措施不得包括武力的使用，通常在國際法上稱為報仇(Reprisal)。

三、不可抗力與意外事件

由於不可抗力或超過其所能控制的未能預見事件，導致的不符合其國際義務的行為，其不當性就被排除。但如有關國家促成對實質上不可能情勢的發生，就不能免責。

四、危難

由於構成國家行為的個人在並無其他辦法的極度危難之情況下，為拯救自己或委託其照顧的人之生命，所造成一國不符合其國際義務的行為，可以免責。

五、必要情況(State of Necessity)

如為維護國家基本利益所遭遇嚴重和立即危險的唯一方法之行為，且此行為對於應負義務的國家的基本利益，不造成嚴重損害，則此種行為可以免責。但在下列情況下仍應負責；「1.如果國家的行為不符合基於國際法一般強行規則下的國際義務；或 2.如果國家的國際義務是不符合一個條約明示或默示的

規定，而該條約排除了對該義務引用必要情況之可能；或　3.如果有關國家促成必要情況的發生」。

六、自衛

如果一個行為構成符合聯合國憲章下的合法自衛措施，就排除了一國不符合其國際義務之不當性。

伍、用盡當地救濟原則

一國在根據「拒絕正義」(Denial of Justice)為理由而向國際法院提出損害賠償要求之前，受害人必須「用盡當地救濟手段」(Exhaustion of Local Remedies)。國際法規定：任何國家非至其僑民用盡一切當地救濟手段而無效果時，不得逕以「拒絕正義」為理由，從事干涉或提出損害賠償之要求。此項規則的主要意義是：被害僑民非至向被告國的最高法院或主管機關提出請求而無結果時，尚不能構成「拒絕正義」。

關於「用盡當地救濟手段」有以下幾項例外之情形：

一、　如果當地法院顯然不能判決給予賠償，或當地救濟手段被認為是不適當的，可無須請求當地救濟；

二、　如果當地沒有公正的機關可以請求，亦可無須請求救濟；

三、　如果外僑所受的傷害，是由於當地政府的行為所造成，且顯然不受當地法院管轄，亦無須使用當地救濟手段；

四、　有關國家放棄「使用當地救濟」的條件，例如爭議國家同意將爭議交付仲裁，其本身是否就是默示地放棄「用盡當地救濟手段」尚不明確。

陸、卡爾伏條款

「卡爾伏條款」(Calvo Clause)為阿根廷法學家 C.Calvo 所創，為許多中南美洲國家接受，他們在與外國人或外國公司簽訂契約時，往往在契約中規定此項條款。根據該項條款，外國人或外國公司因契約所引起的任何問題，放棄本國政府的保護或協助。該條款之目的在使因契約引起之法律爭端，歸締約國法院審理，排斥「國際仲裁法庭」的管轄，並防止享有特許權的外國人或外國公司，向其本國請求外交保護。

卡爾伏條款之所以被中南美洲國家普遍接受，乃是因為 19 世紀末到 20 世紀初，「當地國」(Host State)內政治情勢不穩，時常發生侵害外國人之事件，由於對當地司法制度缺乏信心，外國人時常拒絕利用當地國法律所提供的救濟辦法，而向本國政府請求保護。在卡爾伏看來，外交保護制度不宜成為強國侵略弱國的武器，因而提出限制外交保護與利用當地救濟辦法的學說。其次，自由與獨立的主權國家，在平等的基礎上，享有不受他國任何形式干預的權利；以及外國人無權主張本國人未享有的權利和特權；因此，他們在當地所受之損害，只能向當地國法院尋求救濟。

關於卡爾伏條款的檢視，可以歸納如下：

一、　該條款的目的若是規定外國人在損害發生後，必須利用當地救濟辦法，則正合於國際法上用盡當地救濟的原則，應該是有效的。

二、　該條款的目的若是在於企圖停止一國行使外交保護權，或規定外國人放棄其請求本國保護的權利，則是無效的。

三、　該項條款目的若是在規定一國不得干預，明顯是違反國際法的案件，則亦為無效。

　　總而言之，卡爾伏條款既不能限制國家保護在外僑民的權利，也不能免除國家保護境內外國人的義務。

第二節　專題研究：研析國家國際責任之承擔[*]

壹、前言

　　一般而言，國際社會中各國的法律制度，各國有可以享有之權利，也自然有應履行之義務，權利與義務對於各國而言，是不論其國土的大小、人口的多寡，及其國力之強弱，享有權利者，自然有應該履行之義務；不是只享有權利而未盡義務之履行，若此，則各該國家自然必須承擔其國際責任。聯合國國際法委員會於 2001 年所通過之「國家對國際不法行為之責任條款責任草案」(Draft Articles On Responsibility of States for Internationally Wrongful Acts)就明白指出：「一國之每一國際不法行為即引起各該國家之國際責任。」因此，國際社會當中，一國對於另一國從事國際不法行為時，二者之間即產生國際責任；而任一國際義務之違反，即會引起賠償之要求。

　　進一步而言，國家之行為，造成了有可能承擔國際責任時的相關國際法原則性之規範加以探討研析。針對國家承擔國際責任之構成條件、國際責任如何承擔、承擔之方式以及國際責任之各種排除情形加以研究，而且更對 1979 年所通過之「國家責任條款草案」加以釋析。然而，我們固然不能忽視理論上之研究，而國家在國際社會中所承擔之國際責任，亦不可忽略，理論與實踐必須互相配合，萬萬不可偏廢。因此，對於國家在國際社會中之「不當行為」、「不法行為」與「違法行為」，所造

---

[*] 本文參酌拙著，國家之權力與國際責任，五南圖書出版股份有限公司，1999 年。

成之國際義務之違反，並因而導致國家之國際義務之承擔，必須要加以確實探討。而國際社會中所發生的最常見之國際責任問題，乃是在於：一、外國人待遇之問題；二、徵收外國人財產之問題。在這兩大類問題之下最易形成國家之國際責任承擔問題。為什麼要承擔？理由安在？如何承擔？以什麼樣的方式承擔？如果不承擔，其後果為何？有無任何補救的措施？各國是如何將國家之國際責任之國際法原則、理論……付諸實踐的？這些都是相當重要的問題。可以將上述這些問題來驗證前面所述的國家之國際責任的各項原理與理論。現在分別對外國人之待遇；即徵收外國人財產這兩大類問題，加以分析探討如後。

貳、外國人之待遇

一、外國人之入境與出境

　　對於在國家境內並非其國民的外國人之入境的問題，國際社會中有四種主要的看法[1]：

1. 國家有義務允許所有外國人之入境。

2. 國家有義務允許所有外國人之入境，但在一定的前提條件之下，可以拒絕某些種類的外國人入境。例如毒品癮者、患病者及其他不受歡迎者。

3. 國家必須允許外國人入境，但對此允許可以附加某些條件。

4. 國家可隨其自由意志而完全隨意地拒絕外國人入境。

　　就目前的國際實踐而言，可說第一種看法從來就沒有被接受為國際法的一般規則。就國際法理論而言，大部分國家都主

---

[1]　Malcolm N.Shaw. Int'l Law 2nd ed. (Cambridge, England Grotitos Publication, 1980), p.134.

張其可隨意拒絕外國人之入境，宣稱這種不合資格的決定權乃是國家主權行使之結果。英國及美國法院也認為拒絕外國人之入境，為「領域主權」之下的一項重要附屬權力，除非一國受到條約的拘束，否則該國在國際法下並沒有允許外國人入境之義務，也沒有任何不能驅逐他們的權利。國際法也並沒有就允許入境之外國人的停留期間，對國家予以任何限制[2]。

國際法中未規範各國允許外國人入境的義務，受到各國移民法的支持；它顯示出任何國家都可以自由的允許外國人入境。但大部分國家在實踐上，也都保留了以某些特定的理由，來驅逐被該國視為不受歡迎之外國公民的權利[3]。例如大部分國家也要求所有入境者或某類入境者，在抵達邊境前，事先取得在其護照上加蓋核准入境之印章，稱之為簽證；以證明該護照業已被抵達國之海外代表所核簽，且該護照持有人符合入境之資格。然而，在各國實踐上，縱使是簽證持有人也有可能被驅逐出境，簽證並不必然地代表著當然允許入境的保證。各國經常與他國協議對該國公民取消簽證之要求，或對旅行者允許免簽證入境，簽證及入境許可通常都會附加一些條件或限制，例如：像對於允許停留期間之長短及有關當地聘雇薪資等。

二、外國人之法律地位

當一個外國人一旦進入一個國家的領域範圍之內，原則上，他當然是與該國之公民享有相同的法律地位及法律管轄。但是，往往在大多數的情形之下，外國人幾乎都被當地國放在一個「不平等」的地位，或者會受到當地國對他們加諸於某些限制的情形。最通常的例子是，他們會被限制擁有房地產之權

---

[2] 同前註。

[3] 同前註。

利、職業選擇的限制以及某些方面之投票權的限制。國際聯盟之經濟委員會(The Economics Committee of the League of Nations)就對於外國人之待遇依照下列幾個方式，加以分類[4]：

1. 財政待遇，例如課稅方面。
2. 關於執行專業、工作或財產的權利。
3. 關於像定居、擁有財產及公民特權和豁免權等事項的待遇。
4. 允許入境及移民的條件。

關於第一點，除非具有外交豁免權的情形，否則定居之外國人不能免於一般的公民稅賦或關稅義務。先前的英國及美國判例，也確認所有國家在國際法下，都有權對在其管轄權範區內屬於其外國人的資產課稅。

關於第三點，外國人免於在其定居國內任何強制性的軍役義務，除非是他們聲明放棄這種免服役特權。但是，這個規則並不使他們免於在當地警方的強制服務，或顯然為了維持公共秩序或鎮壓突發暴動為目的之強制服務。在第二次世界大戰期間，大部分交戰國家都會要求定居當地的外國人從事某種對戰爭有幫助的強制服務，甚至將自願加入戰備軍當作執行公民責任義務之另一選擇。

當然，我們都同意外國人可以享有其國籍所屬國外交保護之權利。因此，大致上來講，一旦外國人在當地國遭受不合理的待遇或歧視性之待遇，外國人可以因此而向其國籍所屬國，請求救濟或保護。雖然如此，但是從國際實踐上來審視，一個國家未必盡然會輕易地出面，行使對其國民之「外交保護」或是以其他方式對當地國進行干涉。

---

[4]　見陳錦華譯，Stark's 國際法書，頁 442。

三、外國人待遇一般原則之適用

　　國家一旦准許一個外國人入境，外國人即和當地國之人民一樣在其管轄權之下，享受權利及履行義務。以上是從外國人的角度來看。如果從該當地國之角度來看，該當地國即對該外國人所屬之國家負有義務，須對此人之人身、財產或其他利益給予一定之待遇或相當之保障。此一義務乃是就該國之國家行為而言，而並非就該國之私人行為對該外國人之待遇所作之處理。因此，當地國可能對其直接影響該外國人之行為（例如：徵用該外國人之財產）負責，或是對某一私人行為正常運作之反應，作為或不作為而負責（例如：保護該外國人對付罪犯；而該外國人國籍所屬之國家，可以行使外交保護或一切合法手段強迫該國履行此一義務）。理論上雖然如此，但是，在國際實踐上仍然有許多國家對於外國人之權利與義務會有所規定，國際法上也作出特別的規定，大體上來說，常見的約有下列幾種情形[5]：

1. 除非有外交豁免權、條約或協定另有規定外，外圈人必須繳納當地的稅捐或關稅，對於外國人在當地的財產（不論他是否常住在當地國），也可以課稅。這當然可能發生雙重課稅(Double Taxation)的問題，即外國人的本國也可以基於國籍的原則，向該外國人課稅。發生此種情況時，有關國家只有以條約解決。

2. 當地國可以限制外國人從事某種行業，如律師、醫生、公務員等。

3. 不得強迫外國人服兵役，除非外國人的本國同意。但有國家認為地方性的警察或維持公共秩序的服務則可以。

---

[5]　丘宏達，現代國際法，臺北，三民書局，2021 年，頁 117。

　　關於外國人的待遇，主要有以下幾個原則[6]：

（一）國民待遇

　　所謂國民待遇是指給予外國人的待遇和給予本國人的待遇一樣，即在同樣條件之下，所享受的權利和承擔的義務相同。有些國際協定對國民待遇下了定義，以免產生解釋上的分歧。例如，1953 年「日美友好過商航海條約」第 22 條規定：「國民待遇一辭係指在締約一方的領土內所給予的待遇，不低於對該方的國民、公司、產品、船舶或其他物品在相同情形下所給予的待遇」。

　　從國際實踐來看，給予外國人以國民待遇是有一定範圍的，而不是在一切方面都與本國人的待遇相同。首先，對外國人，一般都不給予政治權利，外國人在居留國不享有選舉權和被選舉權，不得擔任公職，也不承擔服兵役的義務。1928 年的美洲國家間「關於外國人地位的公約」第 3 條規定：「外國人沒有服兵役的義務，但是設定住所的外國人，除非他們寧可離開該國，可以強制其在與本國公民同樣的條件下執行警察、消防或民警的任務，以保護其住所地免受非因戰爭而產生的自然災難或危害。」許多國家都在國內立法中規定，外國人不享有政治權利和不擔任政府職務。

　　除政治權利外，根據國內立法和國際實踐，一般都在互惠基礎上給予外國人以國民待遇。如 1955 年的「歐洲居留公約」第 4 條規定：「締約各方國民在其他各方領土內關於民事權利的享受和行使，無論是個人方面或財產方面，事有與國民待遇同等的待遇。」

根據有關國家間之協議，在互惠原則基礎上，還可以就某些方面的便利和照顧採取特別的規定，例如，為了避免兩國公民的雙重稅收，1973 年 7 月 20 日美蘇兩國簽訂了關於稅收問題的條約，規定對在締約國對方領土上居留的國家職員、教師、科研人員、船員、飛行人員、大學生、實習生、專家、通訊員、新聞記者以及其他人員，相互提供稅收優惠。除一般民事權利外，在國際條約中，還經常規定對個人或法人在訴訟權利方面，給予國民待遇，即居住國不得對外國人或外國法人在訴訟時採取訴訟保全或其他限制措施。在這方面，外國人和法人也不能要求比本國公民或法人有更多的權利。

（二）最惠國待遇

所謂最惠國待遇是指給予某個外國的個人或法人的待遇，不低於或不少於給予任何第三國的個人或法人的待遇。聯合國國際法委員會關於最惠國條款的條文草案第 5 條規定：「最惠國待遇是授予國給予受惠國或與之有確定關係的人或事的待遇不低於授予國給予第三國或與之有同於上述關係的人或國的待遇」。給予最惠國待遇，一般都是透過簽訂雙邊或多邊條約，規定在哪些方面給予締約國的公民和法人最惠國待遇。

（三）差別待遇

所謂差別待遇是指外國公民或法人的喪失權利，在某些方面少於或小於本國公民或法人，某種待遇只能自本國人享有，某種企業只能由本國人經營，某種職業只能由本國人擔任，某種財產只能由本國人占有；另一種情況是對不同國籍的外國公民或外國法人給予差別待遇。由於歷史、民族、地理等方面的原因，有些國家或國家集團之間的關係更密切一些，因而根據條約或習慣，給予對方國民或法人在某些方面以較優惠的待

遇。例如，歐洲共同體的成員國對成員國的國民或法人和對非成員國的國民或法人的待遇就有一定的差別。相鄰國家間在關稅、人員往來和邊境貿易等方面，也常有一定的優惠待遇。但須指出的是，合理的差別待遇與根據種族、民族、性別等原因而作的差別待遇是不同的，後者是違反國際法原則的歧視待遇是應該受到譴責的。

（四）關於「國際標準」問題

在某些西方國際法著作中為一種主張，認為外國人的待遇應該符合「文明世界」的「國際標準」或「最低標準」，即是說如果當地的標準低於所謂「國際標準」致使外國人的人身和財產受到損害，他的本國就可以要求他的所在國負責。

所謂「國際標準」就是近代歐洲文明的標準，而近代歐洲文明的標準，就是西方資本主義獨家的標準。隨著國際關係的發展，國際法的領域早已超越了歐洲的範圍，而包括世界上各種不同的政治制度、不同的文化、不同的種族及不同的意識形態的國家。國際法本身已超出了所謂近代歐洲而成為世界公認的國際法。在現代國際社會中，主權國家在對外國人的待遇上有權按照本國的法律行事，而不能憑所謂的「國際標準」觀念來追究它的國際責任。1933 年 12 月 26 日的關於國家權利和義務的「泛美公約」第 9 條即已提出：「國家在本國領土範圍內的管轄權適用於一切住民。本國國民受到法律和本國當局的同樣保護，外國人不得要求不同於或更多於本國國民所享有的權利。」傳統的習慣法對於國家之國際責任，大致上可以認定是以美國為代表之西方工業化的國家為主，他們的觀點如下：「每一個國家有權期盼外國人應該遵守它的法律，他的行為不應該與所居住或停留的國家或社區的良好秩序不能匹配。一個國家有義務來給予他個人及財產上相當程度的保護；以致他所在的

關家才有權期盼他依照當地的法律、國際法及他的國與居住國之間的國際條約或國際公約來行事。如果外國人或者外國人所在之當地國未能遵守這些要件，或許就會引起各種不同程度的責任；外國人應有服從當地國法律之義務，否則就會受到被該國驅逐出境的情事，或者兩者均有可能，而當地國則應該對該外國人負責，或者是對他國籍所屬的國家負責」(The state has the right expect that the alien shall observe its law and that his conduct shall not be incompatible with the good order of the state and of the community in which he resides or sojourns. It has the obligation to give him that degree of protection for his person and property which he and his state have the right to expect under local law, under international law, and under treaties and conventions between his state and the state of residence. Failure of the alien or of the state to observe these requirements may give rise to responsibility in varying degrees, the alien being amenable to the local law or subject to expulsion from the state, or both, and the state being responsible to the alien or the state of which he is a national.)[7]。而傳統國際法對於國家所應承擔之國際責任，究竟是如何來認定，則以下列之標準為依歸：「國家所可能承擔之國際責任，不會因為一個外國人在其領域內受到身體上的傷害或金錢上的損失就引起。如果一個外國人因為受到當地個人之原因而受到傷害，對於他的救濟，通常是直接針對那個個人；而在缺乏家本身針對那個傷害，有任何怠忽其責任的情事發生時，例如，國家未能提供一個救濟或是未能適用一個既有的救濟辦法，那麼，國家立國際責任並不發生。在當地救濟是可以使用的情形下，外國人除非是用盡了所有可供使用的救濟辦

7　Louis Henkin, etal. Int'l Law, 3[rd](St. Paul, Minno; West Publish, 1993), pp.679-680.

法，否則外國人是不能請求他的政府介入……這是假定存在有一個有秩序的司法及行政程序之國家。在理論上來說，對於一個外國人之未受到補償的傷害，構成了對他的國家之傷害，就因此會導致國際責任之產生」(We are here concerned primarily with responsibility of the state.... It does not arise merely because an alien has been injured or has suffered loss within the state's territory. If the alien has scuffed an injury at the hands of a private person his remedy usually is against that person, and state responsibility does not arise in the absence of a dereliction of duty on the part of the state itself in connection with the injury, as for example by failure to afford a remedy, or to apply an existing remedy....When local remedies are available the alien is ordinarily not entitled to the interposition of his government until he has exhausted those remedies. This presupposes the existence in the state of orderly judicial and administrative processes. In theory an unrepressed injury to an alien constitutes an injury to his state, giving rise to international responsibility.)[8]。所以我們可以這麼說，如果一個外國人在當地國所享受到的法律上的保護、傷害的救濟……均與當地國之國民完全相同，那就沒有什麼正當化的理由，來讓外國人尋求其本國政府以外交保護或任何其他方式，來對該外國人給予額外的管道加以救濟。除非有其他任何實質的證據，證明當地國政府所給予外國人之待遇，低於國際法所認可立「國際最低標準」(International Minimum Standard)。但是，問題存在於如果當地國所給予外國人之待遇與其給予其本國國民之待遇相同；亦即該國家對外國人之待遇所採用者為「國民待遇原則」(National Treatment Principle)。理

---

[8]   同前註，頁 680。

論上來說該當地國並未歧視外國人，因此，原則上而言，讓外國人國籍所屬之國家似乎沒有足夠之理由，以此為藉口而行使「外交保護權」。

當然，真正的問題是存在於當地國政府所給予其本國國民的待遇，在正常的情況下，似乎不應該低於「國際最低標準」。然而，如此一來，我們必須檢討何以當地國政府所給予其本國國民之待遇會低於「國際最低標準」是國家經濟發展在事實上確實落後？抑或是當地國所給予其本國國民之公民權利及政治權利在法律上有所不足？這些都應該加以確實分析檢討，尋求補救之道。如果是經濟發展落後則應協助其經濟發展；但是如果是公民權利及政治權利之未充分給予，則應敦促該國促進民主化之發展。蓋人權無國界，各國人民所應享受之人權，不應該因其國籍所屬之不同而有不同。如此一來，一旦經濟發展達到國際一般標準，則國際社會之成員，不論哪一個國家其所採之「國民待遇原則」必然不會與「國際最低標準」原則有所衝突。

四、卡爾伏條款之適用

「卡爾伏條款」(Calvo Clause)或可稱之為「卡爾伏學說」。是旅居於歐洲之阿根廷歷史學家兼法律學家卡爾伏在目睹拉丁美洲各國與歐美各國之間，因為外國人或外國公司在南美洲各國內之投資，以及相關權利或待遇問題，經常引起歐美各國依據「外交保護」之名，向南美洲各國提出交涉，而引起拉丁美洲各國認為其內政上行使主權之結果，反而遭受歐美列強之「干涉」(Intervention)，而發生「國際衝突」(International Conflicts)或是「國際責任」之嚴重問題。為了避免這類「國際衝突」或「國際責任」之一再發生，卡爾伏乃因此而提出所謂的「卡爾伏條款」。「卡爾伏條款」即是指：「任何一個外國人在

與一個國家『接觸』(Contact)（例如外國人在一國有投資或者一個外國人與當地國簽訂有契約時）的時候，如果一旦有『爭執』(Disputes)發生時，該外國人必須同意將所有的爭執提交當地國的法院去解決，而放棄向該外國人國籍所屬的國家，以外交介入的方式，來解決他們之訴求」(In every state contact with an alien, the alien must agree to submit all disputes to the courts of the host state and renounce all claims to diplomatic intercession by the state of which the alien is a national.)[9]。

　　拉丁美洲各國在卡爾伏推動之下，開始接受「卡爾伏條款」。因為很顯然的，在「卡爾伏條款」的運作之下，其結果是對拉丁美洲各國相當地有利。因此，拉丁美洲各國政府在與外國公司或外國人簽訂契約常列有此一條款。拉丁美洲各國政府依此條款獲得若干特權。同時，使外國人民拋棄因該契約所引起之任何問題，而請求其本國政府保護或援助的權利。此項條款的締訂具有各種不同的方式，美墨求償委員會裁決「北美凌河公司案」(North American Dredging Company Case)中，列舉下列一例，頗具代表性「在墨西哥境內，為履行本契約之一切有關事項，締約當事人、僱工或其他職位的所有人員，依此契約工作，得直接或間接的被視為墨西哥人民。除墨西哥共和國法律賦予其本國人民之權利外，他們對有關本契約之利益與工作，不得要求享有任何特殊之權利。因此他們被剝奪了外國人民所可享有的任何權利，且無論在任何條件下，亦不容外國外交人員干涉有關本契約的任何事項」(The contractor and all persons who, as employees or in any other capacity, may be engaged in the execution of the work under this contract either directly or indirectly, shall be considered as Mexicans in all matters, within the

---

[9]　同前註，頁701。

Republic of Mexico, concerning the execution of such work and the fulfillment of this contract. They shall not claim, nor, shall they have, with regard to the interest and the business connected with this contract, any other rights or means to enforce the same than those granted by the laws of the Republic of Mexico, nor shall they enjoy any other rights than those established in favor of Mexicans. They are consequently deprived of any rights as aliens, and under no conditions shall the interventions of foreign diplomatic agents be permitted, in any matter related to this contract.)[10]。在「北美凌河公司案」中，該公司以墨西哥毀約而要求賠償 23 萬餘美金，後來經過美國政府提出交涉而成立之「美墨仲裁委員會」(U.S.-Mexico General Claims Commission)，在其裁決書中決定不受理該案，其理由並非在於承認「卡爾伏條款」之效力，而是基於該公司並未符合國際法所要求之「用盡當地救濟原則」(Exhausion of Local Remedies Rule)。

　　「北美凌河公司案」對於荷蘭「卡爾伏條款」之適用的相關問題，相當的具有代表性。該「仲裁委員會」在其裁決書中指明「在審閱本條款（如前所引第 18 條）之整體來看，那是相當具有證據性的，就是它的目的在於拘束申請者，要使申請者受墨西哥法律之拘束，以及使用在它的法律所能提供的救濟辦法⋯⋯但是，此一條款不會，而且也不能夠剝奪申請者的美國公民的資格，以及所有那些根據資格所能掌有的所有的權利。而且也不能夠剝奪它在向墨西哥的法院及其他權責當局可供尋求救濟，而被拒絕或在國際法所用的『拒絕正義』之餘，同其本國政府請求保護的權利。而在那樣的情形，申請者之請求權就不是基於它的契約被違反而是它被『拒絕正義』」[11]。

---

[10] 見北美凌河公司案規定第 18 條。

[11] 同前註。

　　然而，該「仲裁委員會」最後還是拒絕了申請求償的公司。在裁決書中，「仲裁委員會」說：「如果必須要來證明某些國家對於濫用保護權之害怕的合法性，以及那些國家在它們自己疆界內主權受到損害之嚴重性，這在此種權利被承認及執行的一些極端概念下即可顯示出來，而本案正好可以提供作為說明的例子。……本案申請者是根據契約的第18條作為其申請求償之基礎，就是申請者被排除了任何有解決以及履行此契約的向他的本國政府請求救濟之權。如果他有一個『拒絕正義』、『遲延正義』、重大之不公平或任何墨西哥違反了國際法之行為而導致他的損害；他或許就可以向他的政府提出請求，繼而他就可以向本委員會主張並呈現給本委員會。……雖然提交給本委員會的申請是基於條約第1條第1款所提起而主張是在本委員會之管轄權範圍內，但是，因為本案不是一個可以向他本國政府合法的提出申請救濟之請求案，因此在這裡，本案不得受理」[12]。

　　「卡爾伏條款」之在拉丁美洲被廣泛採行，其結果多半引起各國抗議；而各國抗議之主要理由，卻在於此種條款之被引用，其主要目的不僅在企圖剝奪外國人在「用盡當地救濟辦法」後，請求其本國予以保護之權利。而且，事實上主張公民個人（外國人）得以放棄尋求本國保護其在外國之權利；而此種在契約中放棄向本國尋求保護之條款，實際上即是一種變相的被剝奪原本在傳統國際法中，所賦予每一個人向其本國尋求「外交保護」之基本權利。從國際實踐來看，在涉及「卡爾伏條款」之相關國際案件當中，除了少數案例外，在通常之情形下，國際法院或國際仲裁法院之許多判決或裁決，均認為：「排除外國人向其本國尋求保護之契約，不具有法律上的效力」[13]。

---

[12] 同前註。

[13] 見 Von Glahn, Law among Nations, 1986, p.246.

　　對於此一爭議性相當高之「卡爾伏條款」國際法學者史塔克(J.G Stark)認為「1.只要那樣的條款是企圖要來全面性的放棄一個國家保護其境外公民的主權權利，則應該在此範圍內無效；2.但是，來引用英國政府的段陳述『並沒有任何法規來禁止在契約中納入一些規範與契約所有相關事務之條款，規定當地法院之管轄權是完全的與獨享的』換句話說，外國人的對待應該尋求救濟之當地國為一個比較低下及不值得信賴之國家，而去請求他們自己政府的介入，而未能先在當地的法院提出任何請求，那是明顯的不妥當的；3.如果那樣的條款其規範之間的是在有關於當地國顯然違反國際法時，受害人的本國政府亦不得出面干預時，該條款應屬無效」[14]。(1. Insofar as such clause attempts to waive in general the sovereign right of a state to protect its citizens, it is to that extend void.2.But, to quote a statement of the British Government, there is no rule to prevent the inclusion of a stipulation in a contract that in all matters pertaining to the contract, the jurisdiction of the local tribunal shall be complete and exclusive! In other words, it would be obviously improper for individuals to treat the state against which they seek redress as an inferior and　untrustworthy country, and to apply for their government's intervention without making any claim in the local　court.3.Where　such　a　stipulation　purports　to　bind　the claimant's government riot to intervene in respect to of, clear violation of international law, it is void.)因此，可以這麼說，依史塔克教授之看法，「卡爾伏條款」之使用於契約當中的目的，如果是要來禁止一個國家來保護它的海外國民，或者是要來解決當地國保護其領域內外國人之義務，則該條款無效。

---

[14] 見前揭註12。

　　最後，研析「卡爾伏條款」我們可以發現，「卡爾伏條款」之目的是立基於下列兩個基本要素上：「第一，卡爾伏主張，由於平等原則的理由，一個主權獨立的國家，應該可以享有免於任何形式的外國干預的自由從其他國家之外交或武力之干預。第二，外國人並不能享有提供給本國人更多的權利及特權。」(First，Calvo maintainted that a sovereign independent State was entitled, by reason of the principle of equality, to complete freedom from interference in any form, whether by diplomacy or by force from, other States. Second, aliens were entitled to no greater rights and privileges than those available to nationals.)[15]因此，僅就「卡爾伏條款」之文義來看，它是要使當地國之國內法院能夠對於所有牽涉到外國人之爭執案件享有「專屬管轄權」(Exclusive Jurisdiction)，而外國人如果有任何損害也只能夠向當地國的法院尋求救濟。再者，我們回顧「卡爾伏條款」所引起國際社會相當大的爭議，其爭議的背景乃是在於拉丁美洲各國對於那些歐美之「已開發中國家」(Developed Countries)之要求有關「外國人之待遇」問題，應符合「國際最低標準」的回應，是以「國民待遇原則」來對抗。而以「習慣國際法」(Customary International Law)之觀點來審視「國民待遇原則」之適用，拉丁美洲國家也並沒有錯。總括的來說，「卡爾伏條款」對於拉丁美洲各國的法制傳統所具有的影響，是反映在下列四項建議上[16]：「1.國際法要求當地國必須給予外國人『國民待遇』；2.本國法給予本國人之權利與特權，對於外國人也一體適用；3.當地國法院對於牽涉到外國人之爭執案件有專屬管轄權，因此，外國人不得尋求以外交保護的方式，作為其權利之救濟；4 對於解決與外國人之間的爭執事件，國際判決是不被准許的。」(1.

---

[15] 見前揭註 7。

[16] 見前揭註 10。

International law requires the host state to accord national treatment to aliens；2.National law governs the right and privileges of aliens；3.National courts have exclusive jurisdiction over disputes involving aliens, who may therefore not seek redress by recourse to diplomatic protection；4.Intemational adjudication is inadmissible for the settlement of disputes with aliens.)而拉丁美洲國家也確實在它們的國家實踐上拒絕「解決投資爭端際公約」(International Convention for Settlement of Investment Disputes)之適用，而且，在它們與其他國家所簽之「雙邊投資條約」(Bilateral Investment Treaty)中也多半堅持加入「卡爾伏條款」。

五、應受特別保護之外國人

1973 年 2 月 14 日聯合國大會通過了關於防止和懲處侵害應受國際保護人員，包括外交代表的罪行的公約，對於具有特殊身分而應受特別保護之外國人包含外交官員，有特別的規定。在該公約中指出「應受國際保護人員」是指[17]：「1.一國元首、包括依關係國憲法行使國家元首職責的一個集體機構的任何成員、政府首長或外交部長，當他在外國境內時，以及他的隨行家屬；2.在侵害其本人或其辦公用館舍、私人寓所或其交通工具的罪行。發生的時間或地點，按照國際法應受特別保發，以免其人身、自由或尊嚴受到任何攻擊的一國的任何代表、官員或政府間性質的國際組織的任何官員或其他代理人，以及與其構成同一戶口的家屬」[18]。其次，依該公約第 2 條之規定每一締約國應將下列「故意」之罪行定為國內法上之罪行，以便對於觸犯者予以適當之懲處，阻遏此等罪行之發生[19]：

---

[17] 見 UNTS, Vol.1035, p.167.

[18] 國家元首之認定。

[19] 攻擊外交代表被認定為罪犯。

1. 對應受國際保護人員進行謀殺、綁架或其他侵害其人身或自由的行為；

2. 對應受國際保護人員的公用館舍、私人寓所或交通工具進行暴力攻擊，因而可能危及其人身或自由；

3. 威脅進行任何這類攻擊；

4. 企圖進行任何這類攻擊；

5. 參與任何這類攻擊的從犯。

　　所以每一個締約國應採取必要措施，以確定其在下列情況下對第 2 條所列舉的罪行的管轄權：

1. 所犯罪行發生在本國領土內或在本國登記的船隻或飛機上時；

2. 嫌疑犯是指本國國民時；

3. 所犯罪行是對因代表本國執行第 1 條所規定的職務而享有應受國際保護地位的人員所犯時[20]。同時，為了防患於未然，本公約亦規定了各締約國應特別以下列方式進行合作，以防止第 2 條所列舉的罪行[21]：

   (1) 採取一切切實可行的措施，以防止在各該國領土內策劃在其領土以內或以外實行這些罪行；

   (2) 交換情報，並協調為防止這些罪行發生而採取的適當行政或其他措施。

　　而針對觸犯本公約之嫌疑犯立處理，於公約第 5 條、第 6 條及第 7 條均有明文規定。本公約第 5 條規定：

1. 境內發生第 2 條所列舉的任何罪行的締約國如有理由相信嫌疑犯已逃離其領土，應將有關照發生罪行的一切適切事實及

---

[20] 界定享有國際保護地位之人。

[21] 見公約第四條。

可能獲得的一切關於嫌疑犯身分的情報，直接或經由聯合國祕書長送達所有其他有關國家。

2. 遇有對應受國際保護人員發生第 2 條所列舉的任何罪行時，擁有關於受害人和犯罪情況的情報的任何締約國應設法按照其國內法所規定的條件，充分和迅速地將此情報遞送該受害人代表執行職務的締約國。(1. The State party in which any of the crimes set forth in article 2 has been committed shall, if it has reason to believe that an alleged offender has fled from its territory, communicate to all other States concerned, directly or through the Secretary-General of the United Nations, all the pertinent facts regarding the crime committed and all available information regarding the identity of the alleged offender.2. Whenever any of crimes set forth in article 2 has been committed against an international protected person, any State which has information concerning the victim and the circumstances of the crime shall endeavor to transmit it, under the conditions provided for in its intimal law, fully and promptly to the State Party on whose behalf he was exercising his functions.)

　　而於第 6 條中規定：

1. 嫌疑犯所在地的締約國確信情況有此需要時，應採取其國內法所規定的適當措施保證嫌疑犯留在其領土內，以便進行起訴或引渡。這種措施應該立即直接或經由聯合國祕書長通知：(1)犯罪地國家；(2)嫌疑犯隸籍的一國或數國，如為無國籍人士時，其永久居住地國；(3)有關的應受國際保護人員隸籍的一國或數國，或其代表執行職務的國家；(4)所有其他有關國家；(5)有關的應受國際保護人員充任官員或代理人的國際組織。

2. 對任何人員採取本條第 1 款規定的措施時，此種人員有權：(1)立即與其隸籍國，或有權保護其權利的其他國家，或如為無國籍人時經其請求而願意保護其權利的國家距離最近的適當代表取得聯絡；(2)並由該國代表前往探視(1.Upon being satisfied that the circumstances so warrant, the State Party in whose territory the alleged offender is present shall take the appropriate measures under its intimal law so as to ensure his presence for the purpose of prosecution or extradition.2. Any person regarding whom the measures referred to in paragraph 1 of this article are being taken shall be entitled： (l)to communicate without delay with the nearest appropriate representative of the State of which he is a national or which is otherwise entitled to protect his rights or, if he is a stateless person, which her requests and which is willing to protect his rights；and (2) to be visited by a representative of that State.)

更在本公約第 7 條中規定：「締約國於嫌犯在其領土內時，如不予以引渡，則應毫無例外，並不得不當羈延，將案件交付主管當局，以便依照本國法律規定的程序提起刑事訴訟」(The State Party in whose territory the alleged offender is present shall, if it does not extradite him, submit, without exception whatsoever and without undue delay, the case to its competent Authorities for the purpose of prosecution, through proceedings in accordance with the laws of that State.)。

參、徵收外國人財產

關於「徵收」(Expropriation)的國際法規範，一直是在「已開發中國家」(Developed Countries) 與「開發中國家」(Developing Countries)之間存在著相當大的「尖銳的分歧」

(Fierce Division)。它之所以會成為二者之間的極端對立，這中間當然存在著一項嚴肅的主題，那就是一個國家主權的行使，會影響到另一個國家主權的行使。舉例來說，當一個國家將其領域內之自然資源、金融機構或者公用事業予以「徵收」或「國有化」(Nationalization)的時候，它與外國人在當地國投資所簽訂之「特許合約」(Concession Contract)，會發生尖銳而敏感的國際法問題。1964 年的美國聯邦法院在「古巴國家銀行對訴薩巴提諾」一案中所說的話，至今三十餘年，卻仍然反映出這個問題之嚴重性，該段陳述適用在今天之情形，一如適用在三十五年前一模一樣。該判決文是這樣說的：「在今天對於限制一個國家的權力來徵收外國人財產方面的爭議，看起來似乎是那麼樣的分歧」[22]。

　　而在進一步探討「徵收」的相關國際法問題之前，似乎是有必要將容易被一般人混淆的「徵收」與「國有化」兩個概念加以釐清較為妥當。當然，很多人將其交互使用，並不特別加以區別，似乎也無大礙。但是，不論怎麼說，將「徵收」與「國有化」釐清，總是對問題的了解會有所助益。1962 年的第十七屆聯合國大會之第 1803 號決議：關於天然資源之永久主權(Permanent Sovereignty over Natural Resources)。表明了在此二者之間可能是有所分別的。但是，遺憾的是該聯合國大會決議並未進步的清楚解釋二者之間的差別究竟何在？大致上來說，二者都是將財產立所有權自個人移轉給國家，但是其先決條件則是其目的必須與公共利益有關。除了此一共同點外，一般而言，「徵收」僅涉及一項具體財產（如在一塊土地上建立一座公園），而其用途則很有可能與其在私人擁有時不一樣。

---

[22] 見 376 U.S. 398, 424(1964).

　　「國有化」則是將整個同類的財產加以「徵用」(Taking)，而其原來之用途並不改變；僅僅在受惠者方面由原來之所有人變成了社會大眾。也許區別二者之間的最重要關鍵乃是在於「徵收」與「國有化」所發生的政治與經濟背景有關。「國有化」大概是一個國家整個經濟制度的全面經濟改革或政治制度的全面政治改革的一部分。簡單的說，從國際實踐來看，在「國有化」的一些案件中，外國人要來證明一個國家的違反國際法，比在純粹的「徵收」案件中來得更為困難。

一、徵收與國有化之區別

　　一個國家可以「徵收」其領域內人民或公司之財產，當然也可以「徵收」外國人或公司之財產。但是，所經常引起之問題是「補償」(Compensation)的問題；而這裡所論及之「財產」應該包括「有形及無形之動產或不動產」以及「勞動、文學及藝術財產、財產立權利及利益等」[23]。再者，「徵收」除了通常的「財產接管」(Take Over)以外，任何的其他方式，使得財產所有人在事實上無法使用其所有之財產也構成「徵收」1961 年「哈佛國家侵害外國人立責任公約草案」(Harvard Draft Convention on Responsibility of States for Injuries to Aliens)第 10 條第 3 項第 1 款規定「財產之徵收……尚包括不合理之干擾其使用、享受或處分其財產」[24]。

　　前面所提及的 1962 年之聯合國大會第 1803 號決議案，建立了國家對於自然資源之永久主權，並且明確指出：「收歸國有、徵收或徵用應以公認為遠較純屬本國或外國個人或私人利益為重要之公用事業、安全或國家利益等理由為根據。遇有此

---

[23] 見丘宏達書，頁 740。

[24] 同前註。

種情形時，採取此等措施以行使其主權立國家應依據本國現行法規及國際法，予原主以適當之補償。倘補償問題引起爭執，則應盡量訴諸國內管轄。但如經主權國家及其他當事各方同意，得以公斷或國際裁判辦法解決爭端」[25]。不難看出，這裡對於國家行使國有化的權利的承認是一種有條件的承認，即一個主權國家實行「收歸國有、徵收或徵用」措施應符合以下三個條件：其一，採取這些措施的動機只能是為了「公共事業、安全或國家利益」；其二，採取這些措施的國家應該「依據本國現行法規及國際法予原主以適當之補償」；其三，倘補償問題引起爭議時，「應盡量訴諸國內管轄」或經當事各方同意的公斷或國際裁判辦法解決爭端[26]。從國際實踐中可以看出[27]：當今國際社會中國有化的權利作為國家對自然資源的永久主權的一種體現已得到普遍承認；尚有爭論的是：一種觀點認為這一權利是排他的、絕對的權利，故其法律適用只限於國內法。而另一種觀點認為，國有化權利就其享有權利而言是絕對的，而就其使用權利而言是有條件的，除了符合國內法外，還必須符合國際去規定的條件。換言之，爭論之所在，反映出開發中國家與已開發國家，對國有化權利承認上存在著差異，對國際法在國有化問題上的地位及作用看法不一。

　　然而，在國際投資的實踐中，開發中國家與已開發國家為了促進經濟、合作，共同創立一個良好的投資環境，對於涉及外國投資的國有化往往通過簽訂雙邊協議加以必要的限制，在此基礎上雙方對涉及外國財產的國有化問題採取同等態度。

---

[25] 見 1962 年聯合國大會第 1803 號決議案，第 4 條。

[26] 黃炳坤編著，當代國際法，臺北，風雲出版社，民國 78 年，頁 152。

[27] 同前註，頁 154。

二、徵收之起源及歷史發展

因為在 20 世紀之前有關於徵收之情事發生得相當少,因此,對於「賠償」的法律標準,並沒有引起太多的討論與爭辯。從國際實踐來看,針對徵收的案例,其結果都像是例行公事一樣,主張國家在為了「公共使用」(Public Use)的目的之下,可以徵用私有財產。但是,在那樣的情形一旦發生時,國家有義務要作「全額的補償」(Full Compensation)。

事實上,這個原則是建立的相當完備,也很健全。幾乎在高度發展的西歐國家之間,所簽訂的條約,對於徵收土地而必須賠償,均被視為理所當然,而沒有在條約中提及。而在二次世界大戰之前所發生的有關於「徵收」的國際法案例,最有名的當屬「邵作工廠案」(The Chorzow Factory Case)[28]。它是起因於波蘭政府徵收一家在「上西里西亞」(Upper Silesia)的一家德國人所有的工廠,德國向「常設國際法院」(Permanent Court of Justice)提起訴訟。「常設國際法院」宣判,波蘭的徵收行為違反了「德國波蘭於上西里西亞日內瓦公約」(German-Polish Geneva Convention Concerning Upper Silesia)。關於賠償的問題,因為是起因於「違法的徵收」(Illegal Expropriation),法院表示:「賠償應該儘可能的清除掉所有違法行為的後果,並且在所有的可能情況下,再建立起一個情況就如同該違法行為從來就沒有發生過一樣『恢復原狀』(Restitution in Kind)(即實物退還)或是在不可能時,則付出一筆款項等同於『恢復原狀』所必須支付的價值」[29]。而在判決文中,「常設國際法院」也特別說明:所謂的「合法的徵收」(Lawful Expropriation),並不必須是實際的「恢復原狀」(則歸還徵用的財產),僅僅需要支付

---

[28] Factory at Chorzow(1928).

[29] 對恢復原狀之說明。

「公正的價金」(Just Price)，而其「公正的價值」(Just Value)之決定標準，是以在徵用的時候，被徵用財產的價值為基準，再加上到「支付日」(Day of Payment)之利息[30]。這樣的「賠償」或「補償」在本質上即是肯定了下述之原則「適當補償」縱使是在合法徵收的情形之下，是指徵用財產價值，也就是說，「完全補償」(Full Compensation)是對「合法的」與「違法的」徵收，都必須負責支付的。

　　「邵作工廠案」之前與之後，在國際案例與國際仲裁的多起案例，均可證實與支持下述論點，在「徵收」之後的適當而妥善的補償程度就是被徵用財產立「全部價值」(Full Value)。在 20 世紀之初，被法院所判決必須支付「完全的補償案例」不勝其數，較著名的就有「德拉高灣仲裁案」(Delagoa Bay Arbitration Case)[31]、「摩洛哥西班牙屬區索償仲裁案」(Spanish Zone of Morocco Arbitration Case)[32]、「高登堡案」(Goldenberg Case)[33]、「底薩巴對訴巴拿馬案」(De Salba v. Panama)[34]、「沙文家」(Selwyn Case)[35]、「挪威船主索償案」(Norwegian Shipowner's Claims Case)[36]以及「李娜戈菲仲裁案」(Lena Goldfield Arbitration Case)[37]。「完全補償原則」(Full Compensation Principle)在國際社會曾經一再的被各國法院、「國際仲裁法院」乃至於「常設國際法院」所判決認定或證實為妥當的補償標準。在一份研究報告中指出，在 1840 年到 1940 年

---

[30] 對被徵用財產價值之計算基準。

[31] 案例說明。

[32] 案例說明。

[33] 案例說明。

[34] 案例說明。

[35] 案例說明。

[36] 案例說明。

[37] 案例說明。

期間，有六十個國際索償案件發生，其爭執事件起因於當地國對於外國之損害，其中有許多都是因為當地國徵用外國人的財產所造成之損害；但是，這六十件提交「國際索償法庭」(International Claims Tribunals)的案件中，沒有一件案子「法庭」認為「補償的適當標準」(Appropriate Measure of Compensation)是少於「徵用財產的全部價值」(Full Value of the Property Taken)，而且有相當多的法院確認了「完全補償」之必要性[38]。

「完全補償原則」由美國國務卿赫爾(Secretary of State Cordell Hull)所強力主張。在 1938 年致墨西哥政府的一封信函中，國務卿赫爾對於墨西哥政府「國有化」某些美國人在墨西哥所投資的「農業用地」(Agrarian)以及石油財產，相當堅持的主張「對於外國所擁有的財產之徵收，必須伴隨著給付迅速的、足夠的與有效的補償」(Expropriation of foreign owned property must be accompanied by "prompt, adequate, and effective" compensation)[39]，而這一段陳述已被國際社會的相關人士習以為常的只為「赫爾公式」(The Hull Formula)。在國際實踐上的實際計算的補償金額則是指一項投資之「繼續營業價值」(Going Concern Value)的「全部公正市場價值」(Full Fair Market Value)[40]。此「赫爾公式」經常被美國列入它與其他國家訂立條約之中[41]。而美國法學家的一般意見是要尋求所謂的「公正補償」(Just Compensation)之法律意義，在「美國外交關係法法律重述」中有作如下之說明[42]：「1.除有特殊情況，補償

---

[38] 案例說明。

[39] 案例說明。

[40] 案例說明。

[41] 案例說明。

[42] 案例說明。

應相當於徵收財產在徵收時的價值，通常是「公正市場價值」(Fair Market Value)，並應包括繼續營業的價值(Going Concern Value)及其他公認的價值；2.如不在徵收時補償，則應支付到支付時的利息；3.補償應付可以兌換的貨幣，如以債券補償則應付在經濟上合理的利息」。根據國際法，不但在徵收之後，當地國必須支付「被徵收財產所有人」之「完全補償」(Full Compensation)，而且如果那樣的補償沒支付，或不足之時「被徵收財產所有人」國籍所屬立國家（亦即投資國）往往會使用武力，以作為報復性之制裁。瓦德利教授(Professor Wortley)就指出：「在 19 世紀中葉，英國以及許多歐洲及美國的投資者，在他們的財產被徵收之後，都會期待在必要之時，他們的政府會採取一些措施，像禁運、和平封鎖或海軍示威，以及一般來說偶爾會使用相同的方式，來獲得『特定的恢復原狀』」(In the mid-19th century British and many European and American investors, following expropriation of their property, could expect their governments to make use, if need be, of such measures as embargo, or pacific blockaded, or naval demonstrations, and generally to use the same means as from time to time were used to obtain specific restitution.)[43]。所以由此可知，傳統國際法指出外國人在他們的財產被徵收之後，不但可以向「徵收國」（即當地國）請求「完全補償」，在必要時上允許外國人之母國可以使用武力，以保護外國人在「徵收國」（即當地國）之權利[44]。

三、徵收之現狀

許多國際法學者基於前面所論及之徵收之國際法規範之起源及其歷史發展，就作出了如下之結論：國家對於其領域內之

---

[43] B.A. Wortley, Expropriation in Public Int'l Law(1969), p.58.

[44] 美國在 1836 年即有案例。

外國人（即外國投資者）之財產，有權加以徵收；但是，如果
要讓那種徵收變得合法，那麼那樣的徵收不得對投資者加以歧
視，必須是為了公共目的，必須是伴隨著支付全部補償；而此
種補償必須是迅速的、足夠的以及有效的[45]。因此，一項徵收
如果是「非歧視性的」（Non-discriminatory），以及是為了公共
目的，原則上是合法的；但是，因為還有關於「補償」之規
範，使得僅合於以上之前面的兩要件之徵收成為「有條件約合
法」（Legally Conditional）。一項徵收不符合以上的三個條件之
任何一個條件，即會使得該項徵收成為違法的徵收。而在另外
一方面，一項徵收是具有歧視性的，或是並非為公共目的；那
麼，不論這項徵收是否有支付「補償」該徵收已經構成了「明
顯的本質上違法」（Illegal Per Se）。對徵收的這樣子的觀點，從
各國的國家實踐及國際法庭之法理之依據來看，已經受到了相
當大的支持。

　　所以根據習慣國際法，一個國家在其領域內，因為主權的
至高無上性質，使得它可以徵用外國人的財產。但是，不論怎
麼說，這個主權的至高無上性仍然是存在於國際法規範的架構
之下；因此，在此架構之下，國際法要求國家對於在其領域內
立外國人的財產之徵用，必須是不具歧視性的，必須是為了公
共目的，而且更要求國家支付補償所徵用之外國人的財產的全
部價值之金額。瓦德利教授就對此加以說明如下：「因為一個主
權國家可以對於在其領域內之財產加以控制及徵收，但是，這
並非就意味著它可以不必顧忌依國際法所提出之請求要恢復原
狀或公正補償；或者意味著它總是可以堅持它自己的私有財產
之概念」（Because a sovereign State may control and expropriate
property in its territory, this does not mean that it can, at will,

---

[45] 徵收如果違反了與其他國家所簽之投資契約，自然是違法的。

disregard the claims made, by virtue of public international law, to restitution or to just compensation, or that it may always insist on its own conception of private property.)[46]。

其次，習慣國際法對於有關國家徵收外國人在其境內之財產所應承擔立國際責任，可以從《美國外交關條法法律重述》第 712 節所述得知。該節指出：「一個國家必須對於因為徵用另一國家國民的財產所導致之損害，依照國際法來承擔責任：如果該徵用是：(1)不是為公共的目的；或(2)是具歧視性的；或(3)並未伴隨著支付公正的補償」(A state is responsible under international law for injury resulting from：A taking by the state of the property of a national of another state that (1) is not for a public purpose, (2) or is discriminatory, or (3) not accompanied by provision for just compensation.)[47]。所以我們可以了解，習慣國際法所指出的「公正的補償」，其「公正」乃是搭在缺乏例外的情形下，其補償金額必須是等於被徵用財產之價值，或者在合理的期間範圍內，仍須支付從徵用之日起的利息。

四、投資契約之違反

在一般情形之下，外國人與當地國政府所簽訂之投資契約，是受當地國立國內法的規範。當地國如果違反此種投資契約時，並不當然地引發「國家責任條款草案」之國際責任；必須要在某些情況發生時，此種契約關係才會導致國家之國際責任。此等情況，除了「國家責任條款草案」所指之應承擔國際責任的一般規範之「拒絕正義」(Denial of Justice)之外，尚有：
1.國家沒收「特許契約」(Concession Contract)所特別賦予外國

---

[46] 對於恢復原狀及公正補償之說明。

[47] 美國外交關係重編，第三冊所述。

投資人之權利；以及 2.國家違反「國際化契約」(Internationalized Contract)……等。

　　獨任仲裁員的杜樸教授(Professor Dupuy)在其審理「德土古海外石油公司對訴利比亞阿拉伯共和國」(Texaco Overseas Petroleum Company v. Libyan Arab Republic)一案中指出[48]：「個人或公司與外國人所締結的某些契約可以被國際化，其方式包括：（一）在約中引述國際法一般原則作為拘束該契約之規範；（二）約中規定利用國際仲裁方式解決契約爭端；（三）將契約歸類為對該國長期經濟援助的「國際開發協定」(International Development Agreements)，並受「穩定條款」(Stabilization Clauses)之保障。所謂「穩定條款」其目的在使契約超出國內法領域，以免被締約國片面終止其效力。其次，這種國際化的契約，受到國際法的規範，使參與契約的個人或公司得以在國際社會行使其契約權利；而締約國在這種契約下所承擔的義務則與在條約下的義務一樣，原則上可以免於被徵收；萬一被徵收，即構成「非法徵收」，其補償條件也因此較為優厚。

　　如前所述，對於一個國家徵收所導致外國人之損害，其救濟措施是支付所徵收之財產的全部價值之金額給投資者。因為如國際法院法官海根斯(Rosalyn Higgins)所指出的：「契約權利」依國際法來看也是一種財產權[49]。所以對於投資的外國人立所作之補償，就必須包括被當地國所拒絕承認之「投資契約」（即前面所及之「特許契約」）所賦予外國投資者之「契約權利之價值」，更進一步來說，對於被徵收之「資產」(Assets)或「企業」(Enterprise)，在衡量其「完全補償」之金額時，就有必要來考量「契約權利之價值」(The Value of Contract Right)。

---

[48] 俞寬賜，新世紀國際法，臺北，三民書局，1994 年，頁 335。

[49] 對於徵收之救濟措施說明。

同時，也有一些國際去學者就直接主張，一個「國際化契約」被一個國家所違反，就國際法而言就是一個「不當行為」(Wrongful Act)；更遑論徵收投資的外國人財產而未支付「完全補償之「不當徵收」(Wrongful Expropriation)之構成「違法徵收」(Illegal Expropriation)。國際法院法當海根斯是這樣作結論的：「對於僅是契約之違反與財產之徵收之間作出的區別，將會對於任何補償的決定具有相關性」(The distinction between mere breach of contract and a taking of property will have relevance for the determination of any compensation.)[50]。而對一個外國的投資者而論，他的「契約權利」的被徵收，就如同他的其他財產被徵收一樣，應該有權要求如同財產被徵收一樣的完全補償。

五、私人國外投資之保護

當地國對於外國人之財產得因非歧視性之公共目的加以徵收，而且如果同意給予迅速的、足夠的以及有效的完全補償，對於投資當地國的外國人就不必過於擔憂其財產等權利受損。但是，在國際實踐上，關於私人投資國外因為「徵收」或「國有化」的發生，所衍生出來的不愉快的國際案件，層出不窮，亦所在多有。使得我們不得不考慮如何對於投資國外的本國人加以保護，下列幾種途徑雖不能完全防止財產被徵收，但是，至少可以保證在被徵收時，能夠得適當的補償[51]：

1. 投資公司可以試將其投資契約國際化；

2. 投資公司可避免在投資契約中列入「卡爾伏條款」；縱然列入亦不能排除其國籍國之外交保護；

---

[50] 說明對於契約之違反及財產之徵收所作之區別。

[51] 見前揭註48，頁335-336。

3. 投資公司可謀求在契約中列入條款，規定當地區徵收其財產時須付給迅速、足夠和有效的補償；

4. 投資公司可在願意和有能力行使外交保護權的國家註冊，以取得其國籍。此之所「願意」乃因國家有權拒絕行使外交保護權——尤其為了要與他國維持良好關係時，更是如此；

5. 投資公司可試圖說服其本國與接受資本的外國締結條約，規定保障契約的條件，使該國一旦違反契約時，即構成對國際條約之違反，從而發生違約國的直接責任；

6. 如果公司國籍所屬國與徵收財產的當地國均為 1964 年「國際投資爭端之解決公約」(International Convention for the Settlement of Investment Disputes)的締約國，投資公司當可將契約爭端導人該公約體制內，利用其所規定之正式機制，解決該公司與外國間的投資爭端。因為該公約在世界開發銀行主導下，自 1966 年以來設立了「解決投資爭端國際中心」(International Center for Settlement of Investment Disputes)。各國應當可以善用其「投資爭端」之解決機制。

肆、結論

一、 國家會因為其應作為而不作為或不應作為而作為……等之結果而承擔及國際責任。此責任之發生可以是直接受到之損害，而生直接責任；或是間接的受到損害，而生間接責任。國家的這種對受害者應負起「賠償」之責任，在各國的國內法院以及國際法院的實力，均已確立了此國際法原則。例如：「常設國際法院」在 1928 年的「邵作工廠案」即已確認了此原則；「國際法院」也在 1949 的「哥甫海峽案」肯定了此原則。

二、傳統的國際法中，沒有規定國家必須允許外國人作為過客或永久居民入境。美國聯邦最高法院在 1892 年的「西村案」中即宣稱一國在其主權中，本來就具有為保護自己所必須的權利，可以禁止外國人進入它的領域，或者只能按照它所規定的條件進入。

三、國家一旦准許一外國人入境，就該對該外國人所屬之國家負有義務，必須對此人之人身、財產及其利益給予一定之待遇。此義務是就該國的國家行為而言，而不是就該國私人對該外國人之待遇而言。所以，國家可能對其直接影響該外國人的行為負責，例如：徵用該外國人的財產；或對其一私人行為正常運作之反應，作為或不作為而負責，例如：保護該外國人對付罪犯。該外國人國籍所屬之國家可用一切合法手段強迫該國履行此一義務。

四、各國給予外國人的待遇之基本原則是應該按照文明國家的一般標準。但是此基本原則會因各國對其本國國民待遇之不同而有所不同。因此，而有「卡爾伏條款」之出現。卡爾伏條款之精神在於堅持外國人應享受與當地國民相同之保護權，而認為對於外國人這樣的保護，是主權國家的內政。而該條款之主要目的是在使該外國人聲明今後決不請求其本國政府保護其權利，以防止外國干涉。但是，問題真正的解決其實是應該建立「國際最低標準」使各個國家對其本國人民之待遇，不論在政治方面抑或是經濟方面，均能超越「國際最低標準」則在此基礎上再做「國民待遇原則」給予外國人相同於本國人之待遇，問題應可化解不少。

五、關於徵收外國人財產與一個國家進行之國有化政策，二者之間是有區別的。雖然二者均是將財產之所有權強制個人

　　轉移給國家，且其目的必須是與公共利益有關。除此之外，一般而言，徵收指涉及一項具體財產，而用途可能和在私人擁有時不同。國有化是將整個同類的財產徵用，用途仍然不變，但受益人則從私人業主改為公眾。

六、　根據習慣國際法，一個國家在其領域內，因為主權的至高無上性質，使得它可以用外國人之財產。但是，此主權的至高無上性質，仍然是存在於國際法規範的架構之下，因此，國際法會要求對此項徵用外國人之財產，必須是為了公共目的，不具歧視的，而且徵收國必須支付補償所徵用外國人的財產之全部價值金額，以滿足「適當補償」的要求。

04 承 認

第一節　關鍵概念

壹、明示承認

「明示承認」(Express Recognition)是指通過明白語言直接和明白地以語言或文字表達承認之意思，如發表聲明，或向被承諾國家或政府發表照會或函電之方式，明白表示承認。明白承認是目前多數國家所使用的承認方式。

貳、默示承認

「默示承認」(Implied Recognition)則是不直接明白地以語言或文字表達承認之意思，而是藉由與新國家或新政府之交往，間接地表示對該新國家或新政府之承認，例如與新政府建立外交關係或簽署政治性的友好同盟條約、通商航海條約或和平條約等、提案或投票贊成特定國家成為聯合國會員國，亦可構成承認。

參、附條件承認

從承認的各個面向觀察，承認既非契約性協議，亦非「政治協議」(A Political Concession)，而是對特定事實存在之宣示。因而承認應該僅就特定社團是否已然該當得經承認為國家的要件、特定政府是否該當政府承認的要件、內戰中的叛亂團體是否該當可經承認的要件相關事實為考量，再加上其他條件是予以承認應該是不適當的。

肆、國家承認之效果

　　一個國家被承認後，它與承認國之間就享有國際法上一切國家的權利，如主權豁免、在承認國進行訴訟、它過去和將來的立法與行政命令在承認國均可依當地法津被認為有效，並繼承或處理在承認國的前政府的財產。國家承認有溯及既往的效力，即溯及到新國家開始建立之日，但限於當時在其有效管轄區域內的事務，並不能推翻在其有效管轄區域以外的前政府的行為。

伍、政府承認之效果

　　政府承認的效果與國家承認的效果相似，因為國家本身必須有政府，任何有關國家的事務均是由政府出面辦理、權利由其主張及義務由其承擔。

　　與國家承認的效果相似，政府承認有溯及既往的效力，即回溯到新政府成立之時為止。但是此種效力只對在新政府控制區內的人、事、物有效，在前政府控制的地區內，前政府在承認新政府前的一切對人、事、物的決定均仍有效。對在承認國境內或管理地區內，前政府在為新政府承認替代前，一切作為或決定均仍有效。

陸、流亡政府

　　由於國土被占領而使得該國的合法政府被迫遷到他國，就發生流亡政府(Government-in-Exile)的情況。因內戰失敗，原來的合法政府被迫逃亡到外國，如該外國繼續承認此政府，它也是一個流亡政府。例如 1939 年西班牙內戰後，共和政府先逃到法國，後來到墨西哥，到了 1975 年墨西哥才撤回其對共和政府的承認，結束了這個流亡政府。流亡政府與事實政府不同，它是合法政府但對領土失去控制的能力。

國家繼續承認流亡政府的前提是其國土被非法占領，而此合法政府將在可預見的將來恢復統治。流亡政府在承認它的國家有下列法律權利：

一、 在承認國中的流亡政府所屬國家的財產仍由其控制。

二、 承認國將認為流亡政府對其所屬國家的國外人民有管轄權。

三、 流亡政府對被占國土內所發布的若干法令，在承認國可被認為有效。

第二節　專題研究：承認之國際法檢視——兼論臺灣關係法[*]

壹、前言

　　承認(Recognition)是國際法上特有的制度，在國內法中並無相似的制度。在國內法上，一個自然人、法人或不具法人資格的會社，是否為國內法上的主體，均由法律規定；如有糾紛，由法院裁判解決，沒有什麼承認的問題；但在國際法上，一個「政治實體」(Political Entity)是否具有國家的資格，並無一個國際機構來作有拘束力的決定，而是由國際社會中的其他國家各自決定，而這決定的方式就是承認，因此國際法上有國家承認的問題。在國際法上，如果一國發生政府不經憲法程序更換的情況，如革命或政變，舊政府被推翻或流亡國外，並沒有一個國際上的機構來決定新政府是否有權代表該國，而是由國際社會的其他國家來決定，而決定的方式就是承認，因此國際法上有政府承認的問題。

---

[*] 本文參酌拙著《當代國際法（下）》，五南圖書出版股份有限公司，2008 年。

　　表面上來檢視，一國對另一國所作之「承認」的行為，當然會產生法律上的效果，而且在各該國家法院的適用國內法亦有相當程度的影響，特別是一個未被承認的國家或政府，在一個不承認它的國家，享有國際法上享有一個國家的外交官員的特別待遇或是在其國家作為原告或被告的訴訟能力，這都是信手捻來就會思考到的問題，而在臺灣的中華民國就因為美國卡特政府的「承認」中華人民共和國為代表中國的唯一「合法」政府。進而使得中華民國政府，面臨了以上諸多國際法上的問題，這就是寫作本文之主要動機，並且企圖透過美國聯邦國會所通過之「臺灣關係法」，來尋求在臺灣的中華民國在 21 世紀的今天，能否有一個務實而可行之出路。

貳、承認之意義與性質

　　國際法有關承認的規則，多半是國際習慣法，但也有些條約規定了承認問題。不過必須注意的是，雖然國際法上有關國家的要件已有共識，即人民、領土、政府及與他國建立交往關係的能力[1]；而國家在決定一個政治實體是否能被承認為「國家」時，在理論上應依是否符合此四要件來決定[2]，但在實踐上國家對是否承認一個政治實體為國家時，是以自己國家的利益及政策考慮為主[3]。

　　在政府承認方面問題更多，因為國家間對政府承認的要件並無共識；有些認為只要一個政府有效控制了一個國家的領土，就應被承認，但也有認為尚須有其他條件[4]。在實踐上，國

---

[1] 見 1933 年 12 月 26 日簽訂的美洲間國家權利義務公約(Inter-American Convention on Rights and Duties of States)，第一條。LNTS, Vol. 165. P.19，另請參閱 Henkin. 2nd ed., pp.229, 233; Starke, p.95。

[2] 如學者勞特派特就作此主張。H. Lauterpacht, Recognition in International Law, Cambridge, United Kingdom: Cambridge University Press, 1947, pp.32~33。

[3] 丘宏達，現代國際法，臺北，三民書局，2021 年，頁 314。

[4] 同前註。

家對一個新政府的承認，也是以國家利益與政策為主要考慮因素。對他國內戰時關於叛亂分子交戰地位等的承認，也是如此。

一、承認之意義

　　國際法上的國家或政府之「承認」(Recognition)，係指在國際社會裡還有新國家誕生或既存國家之政府發生更迭以後，他國政府對其存在及地位加以正式確認、並表明願意與之建立外交關係的行為；此一行為之決定雖然具有政治性質，但是產生法律的結果，直接影響被承認者在國際法及在承認國國內法下的、行為能力、權利和特權[5]。

　　任何此種變局，對國際社會的法律秩序和原有各國的利益都可能直接或間接發生相當程度的影響；因此在這種變局發生以後，依理宜由國際社會依一定程序來確認其法律地位，明定其在國際社會的法律關係，但由於國際社會尚無中央權力機構以司其事，因此對某種變局是否承認、何時承認及如何承認，均完全任憑各國政府自由裁量[6]。

　　「承認」問題乃由各國自由裁量；則在實踐上，其政策性質還超過法律性質。而承認國的政策，通常係以保障其自己的國家利益為考慮前提，因此，承認問題的處理便產生矛盾和缺乏制度化的理象[7]。

二、承認之性質

　　在討論國家和政府的承認之前，必須先就「承認」之目的、性質及有無承認之義務等分別加以說明[8]，首先就承認之目

---

[5]　俞寬賜，國際法新論，臺北，啓英文化公司，民國 91 年，頁 117。

[6]　同前註。

[7]　同前註。

[8]　同前註，頁 118。

的而言，本質上，「承認」並不只是就某國家或政府應具備的各項要素和條件加以「認知」(Recognition)。在國際實踐上，某國家或某政府在具備此等要素和條件之後，他國仍不予以承認。究實言之，承認之宗旨在於與被承認之國家或政府建立正式外交關係，一旦承認之後，就不得對被承認者之資格進行質疑，所以「承認」之給予必須審慎。

其次，「承認」之性質、功能和效果究竟如何？學者對這個問題所持之理論可分「構成說」(Constitutive Theory)和宣示說(Declaratory Theory)兩派[9]：前者認為唯有「承認」才能創造國家之國格(Statehood)，才能賦予一個新政府在國際社會的權威或地位。換言之，「承認」乃是國家或政府之構成要件，實際存在之國家或政府在未獲他國承認前，即不是國家或政府，反之，後者則認為國家之國格或政府之權威是先於「承認」而獨立存在的，「承認」只是對既存事實正式予以認知而已[10]。或者說：「承認」只是國家或政府存在之證據。所以宣示說又稱「證據說」(Evidenciary Theory)。此一宣示或證據說並曾在有關國家及政府承認之判例中獲得適用，例如「德波混合仲裁法庭」(The Geman-Polish Mixed Arbitral Tribunal)贊成大多數國際法學家之意見，認為「對於國家之『承認』沒有『構成』性質，而僅係宣示而已」。或者說，「承認」只是對國家之存在加以宣告而已，並不具備有被承認國是否是一個國際社會所認可的是不是一個國家的認定之國際法效力。只要合乎國家構成的那四個法律要素——領土、人民、有效統治的民主政府以及與其他國家建立交往關係的能力，那就是國際法上所認定之國家了。

---

[9] 同前註。

[10] 同前註。

　　尤有進者，關於「承認」的國際法規則也顯然支持「證據說」。例如[11]：

1. 在國內法院發生關於某新國家或政府成立之日期問題時，法院不必考慮該國家或該政府與外國所訂條約之生效日期，而是以該國或該政府開始取得國格或權威之日期為準據。

2. 對新國家或新政府之「承認」，其效力回溯自該新國家誕生或該新政府成立之日起。

　　此等法律規則之所以如此，主要法理在於國家的主權或政府的權威不得中斷；否則，凡對私人至為重要的各種契約、交易、法律地位之改變等，將因其係在新國家或新政府未被承認期間完成而歸於無效。美洲國家組織憲章明定：國家之政治體制之存在，與他國之承認無關。

參、國家承認與政府承認

　　國家承認是指針對新國家的承認，而政府承認則是指承認新政府為國家的正式代表。只有在有了國家的前提之下，才可能出現政府承認的問題，這是不難理解的。在國際實踐上，國家承認與政府承認，有時是一致的：當一個新國家出現時，總是同時會有新政府的建立；因此，承認新國家就意味著承認代表該國家的新政府。但是，在另外一種情況下，國家承認與政府承認又不盡相同。即當現存國家發生革命或政變而導致政權更迭；而此一國家的國際法主體不受影響時，則會發生政府承諾的問題，而不至於有國家承認的問題，這在法理上是不會有什麼問題的。

---

[11]　同前註，頁119。

　　有效和獨立政府之存在，乃是國家構成的要素之一，已如前述。因此，承認某國家，亦即承認該國之政府。這兩者之承認雖然是密切關聯，但非必然具有相同的性質。從理論上說，「政府承認」(Recognition of Govenment)與「國家承認」(Recognition of State)可從三方面加以區別[12]：

　　第一、兩種承認問題發生的時機不同：國家承認問題發生在新國家誕生之時，而政府承認問題則發生在既存國家的政體改變或元首更迭之時。當然，一國政府或元首的合法更迭，如美國依照聯邦憲法改選而產生新的總統，或如英王駕崩而由其長子（女）繼承等，對他國而言，並不發生承認的問題。只有經由革命、暴力、政變等非法程序而引起的政府更替，才導致承認問題。

　　第二，兩種承認的意旨不同：對國家之承認，是承認它具有國家構成的要素和國際法人的資格，有能力履行其參與國際社會的條件和義務。而對政府的承認則是承認該政府有資格代表特定的既存國家及有能力行使該國家的統治權力。

　　第三、對國家的承認，必然包括對該國政府的承認。因為政府是國家運作的代表機構，凡是受國際法規範的一切國家行為，都由政府負責推動。因此在邏輯上，既存國家如果承認某一新的國家，即自動承認了該新國家的政府，不可能只承認其國家而不承認其政府。也唯其如此，所以國際間對於新國家的承認特別慎重。反之，對某國新政府給予承認時，則並無重複承認其國家的意思。因為一國政府的改變，甚至其憲法的改變，並不影響其國家的繼續存在。此時，他國如果拒絕承認其新政府，該國也並不因此而失去其已獲承認之國際法人地位。如法國在 1791 至 1875 年間，其憲政體制發生一連串的改變：

---

[12] 同前註，頁 122。

由君主到共和、再到帝制、重返君主、最後到第三共和,但法國之為國家及其國際法人身分並未改變;其所享受的國際法權利及所負擔之國際法義務,也均維持不變。

肆、臺灣關係法之承認模式

美國的卡特政府之承認中華人民共和國為代表中國的唯一合法政府,乃是長久以來美國對中華人民共和國推行「關係正常化」(Normalization)外交政策的必然結果,只是卡特總統(President Jimmy Carter)完全出人意料地全面的屈服於中華人民共和國的建交條件之下,讓世人震驚;特別是美國參議院與眾議院的聯邦國會議員更是憤怒,認為美國總統卡特濫用了美國聯邦憲法所賦予的總統之「外交權」(Foreign Relations Power),美國聯邦參議員高華德(Barry Goldwater)甚至對卡特總統提起了有關憲法權限的訴訟。其後,美國聯邦參、眾兩院的議員,為了彌補美國與中華人民共和國建交之後的美國與臺灣之間的「關係」,乃有了「臺灣關係法」之產生。其制定過程與結果,大致如下[13]:

卡特總統於與北平達成協議後第 2 天,即 1978 年 12 月 15 日(臺灣時間 16 日)片面宣布自翌年 1 月 1 日起終止其與臺北之外交關係,更於 4 個月內撤退剩餘的全部駐臺美軍人員,及 1 年後廢止「中美共同防禦條約」。對於這一決定,美國高華德(B. Goldwater)等參議員向美國法院控告卡特擅自通告廢約的行為違法;臺北則提出嚴正的抗議和要求美國本照「持續不變、事實基礎、安全保障、妥定法律、政府關係」五項原則,重建雙方新關係。

---

[13] 同前註,頁 146-47。

　　卡特總統相繼採取多項措施，其中包括：一、派副國務卿克里斯多福(Warren Christopher)率團到臺談判；二、於 12 月 30 日頒布美國與臺灣「未來關係備忘錄」(Memorandum on the Future U.S. Taiwan Ties)，指示其政府各部門繼續維持和執行它們與臺灣的各種計畫、交易及其他關係(Programs, Transactions, and Other Relations)，並繼續執行雙方間原有一切條約和協定，以待國會立法授權；三、於 1979 年 1 月 10 日向哥倫比亞特區法院公證處登記設立「美國在臺協會」(American Institute in Taiwan)，負責處理雙方未來關係；四、要求國會立法授權政府與臺北建立非官方的關係。

　　國會參、眾兩院自 1979 年 1 月 15 日集會以後，卡特於同月 26 日向國會提出「維持未來中美關係綜合法案」（以下簡稱「綜合法案」(Omnibus Legislation Act)。兩院外交委員會隨即分別舉行聽證會，邀請學者專家和政府有關官員及民間領袖作證，然後於 2 月下旬進行廣泛討論，擬具法案初稿，交由參、眾兩院於 3 月上旬進一步辯論和修改；直到 3 月 14 日辯論結束後，參議院以 90 對 6 票及眾議院以 345 對 55 票的壓倒多數，分別通過法案。繼由兩院各推議員 8 人組成「協商會議委員會」(Conference Committee)，研擬統一的法律條文，再送眾議院於 3 月 29 日以 339 票贊成、50 票反對、5 票棄權通過，隨即送交參議院於 3 月 30 日以 85 對 4 票的壓倒多數通過。繼由國會於 4 月 2 日轉交白宮，由卡特總統於 4 月 10 日簽署成為法律；是即「臺灣關係法」(Taiwan Relations Act)，其全銜為「協助維持西太平洋和平、安全與穩定，並授權維持美國人民與臺灣人民商務、文化與其他關係，以促進美國外交政策與其他目的之法律」；其效力則優於美國哥倫比亞特區或任何一州或政治低層機構之任何法律、規章、條例或命令（第 6 條 C 項）。

　　具體而言，美國國會在 1979 年 3 月底通過「臺灣關係法」(Taiwan Relations Act)，在 4 月 10 日生效，將政府承認的效果在美國國內法上全部排除；換句話說，在美國國內法律上的地位方面，我國政府除了國家名義外，全部不受影響。該法第 4 條 A 項規定，缺乏外交關係或承認將不影響美國法律對臺灣的適用，美國法律將繼續對臺灣適用，就像 1979 年 1 月 1 日之前的情形一樣。而第 4 條 B 項則列出 A 項所訂美國法律之適用的情形，重點包括：

一、　當美國法律中提及外國、外國政府或類似實體、或與之有關之時，這些字樣應包括臺灣在內，而且這些法律應對臺灣適用（第四條 B 項第一款）。

二、　美國對臺灣缺乏外交關係或承認，並不消除、剝奪、修改、拒絕或影響以前或此後臺灣依據美國法律所獲得的任何權利及義務（包括因契約、債務關係及財產權益而發生的權利及義務）（第四條 B 項第三款 a 目）。

三、　為了各項法律目的，包括在美國法院的訴訟在內，美國承認「中華人民共和國」之舉，不應影響臺灣統治當局在 1978 年 12 月 31 日之前取得或特有的有體財產或無體財產的所有權，或其他權利和利益，也不影響臺灣當局在該日之後所取得的財產（第四條 B 項第三款 b 目）。

四、　當適用美國法律需引據遵照臺灣現行或舊有法律，則臺灣人民所適用的法律應被引據遵照（第四條 B 項第四款）。

五、　臺灣依據美國法律在美國法院中起訴或應訴的能力，不應由於欠缺外交關係或承認，而被消除、剝奪、修改、拒絕或影響（第四條 B 項第七款）。

六、　美國法律中有關維持外交關係或承認的規定，不論明示或默示，均不應對臺灣適用（第四條 B 項第八款）。

第四條 C 項則表示,「為了各種目的,包括在美國法院中的訴訟在內,國會同意美國和(美國在 1979 年 1 月 1 日前承認為中華民國的)臺灣當局所締結的一切條約和國際協定(包括多國公約),至 1978 年 12 月 31 日仍然有效者,將繼續維持效力,直至依法終止為止。」

伍、結論

「臺灣關係法」之制定,雖然在形式上屬於美國之國內法,但是「美國聯邦憲法」第 6 條說得很清楚,那就是聯邦法律(臺灣關係法即是)與國際條約及美國聯邦憲法的本身,三者均是美國「土地上的最高法」(Supreme Law of Land)。它的地位在美國政府與憲法上具有崇高的法律地位與效力,這一點是無庸置疑的。

總之,「臺灣關係法」實質上容納了國際法關於「承認政府」的主要法律效果,規定臺灣有權利用美國各級法院,有權保有和維護在 1978 年 12 月 31 日以前所擁有及此後所獲得或賺得的任何有形無形財產,其中包括雙橡園等駐美大使館的房地資產;並承認臺灣駐美新機構及人員享有優例與豁免權;承認雙方現有各種雙邊和多邊的條例、協定和公約繼續有效;並確認臺灣在任何國際金融機構和任何其他國際組織之會籍[14]。

不過,這一「承認」係由美國國會以立法方式給予的,因此也可稱為「立法承認」,以別於通常由政府行政部門給予的「行政承認」。學者在支持此一立法承諾之餘,強調前述「事實承認」和「法律承認」乃是傳統國際法的舊世遺跡(Relics of Past Centuries),常太僵硬,不能適應現代國際情勢之需要[15]。

---

[14] 可參閱俞寬賜,〈「臺灣關係法」之剖析和評議〉,《憲政時代》,第五卷第一期(68 年 7 月),頁 51~61。

[15] J. K. Javits, "Congress and Foreign Relations: the Taiwan Relations Act," Foreign Affairs, Fall 1985, p.51.

因此，「臺灣關係法」所隱含的「承認」乃非「事實」或「法律」承認所可比擬的另一種承認(Recognition Sui Generis)[16]。

　　因此，臺灣的百姓與政府在面對未來的複雜「外交關係」環境下，不必懷憂喪志，更無須怨天尤人；「臺灣關係法」的維持美國與中華民國政府與人民的關係是一個「立法承認」的創舉，雖然不比正式的外交關係，但是卻也相當程度的在國際法上建立了一個嶄新的「承認模式」。我們不必去忙著推動什麼「金援外交」或是什麼「烽火外交」。外交關係的建立與維持，必須要有信心，穩紮穩打，並作長遠的安排，一步一步的去推動，才會開花結果。在目前的國際現實環境之下，以「臺灣關係法」的模式去爭取無邦交國家的「外交關係」，不失為一個「雖不滿意，但是卻可以接受」的模式，去爭取與國尋求奧援的可行之作法。

---

[16] 可參閱俞賜寬(Steven K. T. Yu)."Republic of China's International Legal Status As Exemplified By the Taiwan Relations Act,"paper presented at the 24th Annual Convention of International Studies Association, held in Maxico, 1983; YU Wang(ed.), The China Question, Praeger, 1985, p.63.

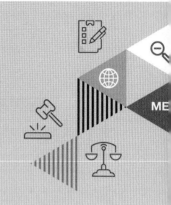

05 國際條約法

第一節　關鍵概念

壹、條約

依據「維也納條約法公約」第 2 條之規定：稱「條約」者，謂國家間所締結而以國際法為準之國際性的書面協定。凡是國家與國家之間為了規範彼此之間的權利與義務關係，而達成的任何類型的書面或口頭的協議；而不論其所具備的形式及名稱如何；亦不論其締結的情勢或背景為何，均為條約。「條約」一詞，是有關國際協定的一個總名稱。雖然「維也納條約法公約」規定：條約僅指國家與國家之間所締結的書面協定，但是實務上亦可包括國際組織相互之間或國際組織與國家之間所締結的協定。因此，可以認定條約是兩個以上的國際法主體，為了釐定相互之間的權利義務關係，依據國際法所締結的書面協定。

貳、條約之形式

條約之形式，在國際法的角度來看並無形式的規定。在實務上，國際條約的主要形式，大致上有下面七種：一、元首之間的條約；二、政府間的條約；三、國與國之間的條約；四、各國部長間的條約；五、各國行政部門間的條約；六、各國政府領袖間的條約；與七、軍事首長間的條約。國際條約採取的形式為何，正式條約或非正式條約，在法律性質上並沒有什麼區別。如果締約雙方對於影響其將來國家之間的關係之協定有

意遵守，則不論其所採取的形式為何，與該條約本身之存在無關。問題之核心乃是在於締約國的意思所在，至於將其意思載於一個條約、或公約、或議定書、甚或是列於會議紀錄的一個宣言中，均無關緊要。

參、條約之批准

條約或公約於簽署之後，如果在約文中有明示或默示之規定，尚待締約國批准者，締約代表必須將該條約送請其本國政府，完成其批准程序。國際法規行之批准制度，係在 19 世紀逐漸形成的。批准制度之形成，原先僅是一種正式而作用有限的手續，即由一國之君主在條約擬定之後，對其先前所發給條約談判代表的「全權證書」再次的予以確認或作最後的證實。當時，批准並非對條約本身之核可，而是「確認」奉有談判條約之權，且談判結果並未逾越其權限。在此情形之下，君主具有對其代表所持之合格全權證書，有「批准」之確認權利。其後，此項再次之確認權則演變成為立法機關或議會掌控行政機關訂約權力的手段，批准的意義即發生了根本上的實質變化。結果條約本身必須完成經締約國政府簽約後的批准，方始具有拘束力，遂成為締結條約的一個必須完成的程序。在理論上，批准係指締約國元首或政府對於其代表所簽署之條約所作的認可。然而，經過演進的結果，批准的意義已經不僅是締約國對於條約的簽署，所作出的最後認可行為；而被認為是締約國正式宣告其遵守條約義務的意思表示。所以，條約依「維也納條約法公約」第 2 條之規定，稱「批准」(Ratification)者，係指一國據以在國際上確定其同意承受條約拘束之國際行為。為了符合此項規定，「批准」不含有追溯既往之效力，僅自簽署之日實施條約之義務。

肆、條約之生效

　　對於條約之生效日期，國際法沒有統一的規定。一般國際常例是看條約本身是怎麼規定，或依談判國的協議。許多條約是在簽署之日即行生效，不過有些條約則需要完成批准立後，方始生效。一般均在條約的結尾部分寫明。長久以來，國際社會所奉行的一般方式是：一項條約於全體簽署國交換或存放「批准書」之後生效。

　　「維也納條約法公約」第 24 條就規定：條約生效之方式及日期，依條約本身的規定或是依談判國的協議。在國際社會的條約之實踐來檢視，雙邊條約之生效方式，大致上有下列三種方式：

一、　自簽字之日起生效：亦即簽字之當日生效，無須批准，亦無須交換「批准書」。此種條約多半是一些經濟、貿易或技術合作的協定，主要的是一些年度協定。

二、　自雙方批准之日起生效：也就是條約在簽字之後，尚需完成雙方有權機關的批准，方始生效。但不必交換批准書。如果雙方是在同一日批准條約，那麼條約即在該日生效。如果日期不同，有一前一後的情形發生，則自締約國一方最後通知的日期生效。

三、　自互換批准書之日起生效：亦即條約在簽字、批准以後，尚不能立即生效，還必須俟雙方互換批准書，自批准書相互交換之日起生效。此種方式是通常的方式。舉凡意義重大的條約、政治性的條約、或永久性的邊界條約……等，通常均會採取此種方式。

伍、條約之解釋

　　當任何條約適用於任何情勢時，該條約的條款都須經過某些解釋(Interpretation)，以期將清楚或合理清楚的條款適用於各種不同的事實。例如要決定某甲國有無違反「聯合國憲章」第 2 條第 4 項，採用了武力侵犯某乙國之領土完整或政治獨立，固須從事實層面決斷甲國曾否為此等目的而使用武力，尤須先決斷「領土完整或政治獨立」實際上的涵意為何。「維也納條約法公約」關於條約之解釋的規則即在針對第 2 項問題，探討條約名詞之意義和範圍。雖然在實踐上，這兩項問題常混淆不清，但條約之解釋比較著重在約文的客觀意義，而非條約對任何實際情勢之適用。而約文的客觀意義又須以締約主體的本意為準繩。因此，解釋條約之目的在於探求或發現締約主體在締結條約時對「約文」所持之意向、或合理推定它們當時所持之意向。為此目的而訴諸條約的準備文件和談判資料，當然乃是正確的解釋途徑。

　　締約主體如果為了避免條約在適用時發生解釋上的困難，而在約文內、或在條約談判期間、甚或在條約締結以後，正式發表宣言或簽訂議定書或補充條約，就約中用語加以界定，則這種界定直接表達了締約主體的意向，從而較任何解釋更具權威性。不過多邊條約如果僅由部分締約主體就約中用語達成界定，則由於它們也許未曾週延考慮其他主體的利益和意向，因此，其界定仍舊缺乏決定性。

　　無論如何，「條約」本身仍是締約主體的最新意向之表達。因此，「維也納條約法公約」規定：條約之解釋應以「約文」為準，其次才訴諸各種補充資料的。在該公約制定以前，負責解釋條約的法院或機構即可藉多種方法以考慮適合特定情勢的條約意涵。

陸、條約執行之分類

就條約的執行層面來看，根據美國聯邦最高法院的解釋，條約可以區分為「自動履行條約」(Self-executing Treaty)與「非自動履行條約」(Nor-self-executing Treaty)。唯有「自動履行條約」方能在美國讓法院直接加以適用，而「非自動履行條約」法院不能直接對其加以適用。所謂「自動履行條約」是指那些條約或其中之條款明白規定不須經過國會作補充立法或是依條約之性質不必經過國會採取立法的動作，就可以被法院直接加以適用，而在美國國內自動生效。反之，「非自動履行條約」則法院非經國會完成「補充」之立法工作，法院不得加以適用，而無法在美國國內自動生效。

柒、行政協定

美國總統羅斯福在二次世界大戰期間，為了迅速而有效的處理與盟國之間的「協議」；創造了跳過參議院的「諮詢與同意」權的行使方式，而有「行政協定」(Executive Agreement)的出現。此種協定與條約最大不同之處有三：一、無須經過參議院的批准；二、其內容不得牴觸聯邦的任何法律；三、行政協定的效力優於各州的法律。

第二節　專題研究：國際條約保留之研析*

壹、前言

隨著「地球村」的提早到來，國際社會的成員在彼此間的交往較以往更加的密切與頻繁。伴隨而來的是國際社會的變化

---

* 轉載自當代國際法（下），五南圖書出版股份有限公司，2008 年。

日益迅速，國際經濟活動亦日益活絡。以上的現象反映在國際社會的表徵上則是國際社會的成員，彼此之間的生存與發展走向相互需要與「相互依存」(Interdependent)的國際體制。國際社會之所以形成這樣的國際體制，無可避免的應可追溯到兩、三百年前的「工業革命」(Industrial Revolution)所帶來的結果；其中最重要的是在交通與通訊方面，自二次世界大戰以來，所展現的革命性的發展與進步，使得整個世界在時空上不斷的縮小，進而使得國與國之間，產生了更緊密的交往關係。

整個國際社會的狀況就像是從一個原本空曠的大草原，在短短的幾十年間蓋滿了高樓大廈，使得生活在內的國際社會成員，突然感到擁擠窒塞起來。在一個空曠的場所，其成員或許還能容許彼此之間，偶爾的或不經意的衝撞與磨擦；但是若彼此處於狹隘的空間裡，前述的偶爾的衝撞與磨擦或許就無法讓生活於其間的成員所容許或忍受。於是有人便警告：「國家必須循規蹈矩，小心翼翼的約束自己的行為，以免侵犯了其他的國家的權利。這種觀念所闡述的『相互依存』的意義與體認，被認為將有助於國際合作與和平」。更重要的是如果將此種觀念加以延伸並加以具體化，那麼國際社會的成員在彼此交往所自然形成的國際關係上，就必須要自願地或非自願地發生或處理一些「交涉」(Negotiation)行為。而這些「交涉」的結果，多半會產生一些約束國際社會成員其行為時的準據或規則。如果國際社會的成員彼此同意或取得共識而承諾願意遵從，則這些交涉結果所獲得的準據或規則，即會形成約束各個國家在國際社會行為的規範。而此等國際社會成員所作出的「承諾」經過彼此的認可與同意，即會成為國際條約（或可簡稱為條約）。換句話說：國際條約是國際社會成員在進行交往時所訂立的「協議」(Agreement)。

　　因此，可以這麼說：國際條約是國際法上規範雙邊或多邊的交涉行為，在國際法制中占有支配性的地位。因為國際條約是現時拘束國家行為之規則的主要淵源，同時也管理了大部分國際社會的交涉事務。再者，就現今大多數的國際社會成員而言，絕大多數均為聯合國的會員國，會員國有遵守「聯合國憲章」(United Nations Charter)的義務。而「聯合國憲章」第 33 條即明文規定，國家間有和平解決爭端的法律義務。因此，武力之使用，以解決國家之間彼此的爭端，便成為非法；而基本上，國際條約之簽訂則是解決國際爭端的主要法律途徑。條約既如此重要，國際條約的保留問題，長久以來即是一個在國際法上爭論較大的問題。縱使是在 1969 年所召開的聯合國第二次條約法會議上，日本代表鶴同(Tsuruoka)就曾經指出：「國際條約的保留問題是當代國際法最困難和最有爭議的課題之一，它已經引起了學術界的爭論並且成為國家實踐上的難題」。因此，對於國際條約的「保留」問題，有必要作一徹底之認識與了解以利國人及政府當局在對外交涉、談判條約時有一明顯的指針可資依循。此為作者研究本文立主要動機與目的。同時藉由分析的研究方法，期盼能達成以上的目的。

貳、保留之意義

　　國際社會的成員，針對某一國際爭端或事件，達成初步之共識或協議，於簽署、批准或加入條約時，或有希望不接受或限制條約中某一（些）條款的效力。欲實現此一目的，通常來說有下列三種方式：一、條約本身訂有關於保留的規定；二、締約國之間彼此有此協議；或三、加入國以適當之方式提出保留。原則上，國際條約中的所有條款對於全體締約國均有同等之國際法效力。而保留則是變更了以上的原則；基本上變動了締約國之權利義務關係，使條約的效力或多或少的受到限制或

變更。狹義的保留是指，締約當事國排除某一（些）條款之規定，使其不適用於該當事國，亦即不能拘束該國而言。而廣義的保留則尚包括，以「解釋宣言」(Interpretation Declaration)的方式，特別針對條約中的某一（些）條款或文字作特定意義之解釋，使其在適用時受到相當的限制或排除部分條文之適用於相關當事國；亦即條約之相關當事國不受該條約某些規定之拘束，此種方式亦被稱作「宣示性解釋」。此外，在國際實踐上，更應注意「維也納條約法公約」（Vienna Convention on the Law of Treaties：簡稱「條約法公約」）的規定。「條約法公約」第 17 條規定：一國同意承受條約一部分之拘束，僅於條約許可，或其他締約國同意時有效；一國同意承受許可選擇不同規定之條約之拘束，僅於指明其所同意之規定時有效。

依「條約法公約」第 2 條之規定：「稱『保留』(Reservation)者，謂一國於簽署、批准、接受、贊同或加入條約時所作之片面聲明，不論措辭或名稱為何，其目的在摒除或更改條約中若干規定對該國適用時之法律效果」。所以當事國在交涉、談判時所作的聲明、簽署、批准、接受、贊同、加入或存放條約時所作的聲明，乃至於在其他任何場合或情勢下所作的聲明，只要是沒有「摒除或更改條約中若干規定對該國適用」之目的者，無論是口頭的或書面的方式，均不是條約法公約所稱之「保留」。再者，簽署國或締約國所表示對條約中某文字的了解或對於某條款所作的解釋，或者對於條約如何適用所發表的聲明，如果並不改變簽署國之間的權利義務關係，則並非條約法公約所指之「保留」。

一般來說，在雙邊條約並不發生「保留」的問題。因為在談判條約時，雙方對於不同意的條款，可以不列入條約當中，或者可以透過繼續的談判、交涉，謀求雙方均可接受的解決之

道；如果到最後一直無法達成協議，則該條約基本上即不能成立，無庸「保留」。而在多邊條約方面，則因涉及國家較多，關係複雜；而各國對同一問題或爭端多半會有不同的立場及衝突的利益存在；因此，往往無法凝聚一致共識的約文，以致簽署時，會有談判國提出保留的情事。簽署後，非談判國在接受、贊同或加入條約時，更會有提出保留者。若干多邊條約，為了達到發起者的心願或者為了爭取最廣泛的參與，縱使不以明文表示准許保留，至少也避免規定禁止一切保留。

參、保留形成之緣起

一、保留形成之歷史軌跡

自 15、16 世紀民族國家興起至 18、19 世紀止，其間政治思想的主流為各國「主權」(Sovereignty)意識的高漲，而在法學思想方面則由實證法學家同時而且亦曾任常設國際法院法官安吉諾提(Anzilotti, 1867~1950)極力主張的「條約神聖原則(Pacta Sunt Servanda)逐漸成為國際法學的主流。此項原則被認定為國際法體系一項絕對的理論基礎；其主要意義即為各國必須遵守其相互締結的條約」。所有國際法規則的拘束力都是由此原則演繹而生；而此原則乃成為國際法的最高規範。因此在主權意識及「條約神聖原則」的相互激盪之下，國際社會普遍認為「合意」是締約國間成立條約的基礎，而國際法則是國家意志所接受的規則；因此，國際條約之締結乃是所有締約的當事國對於某些爭議的事項或彼此的爭端，為了尋求解決之道而自願的限制其主權所接受的條件。在這樣的理論之下，國際條約之締結，基本上亦是各國主權行為之意志表示。

「保留」在基本上雖然變動了締約國之間的「條約」上的權利義務關係；但是各國在行使「保留」時，依其行使之性

質，應可將之視為締約各國的主權行為。因為一個主權國家有權對國際條約中的某一（些）條款提出保留，就如同一個主權國家有權拒絕某項條約批准一樣，是國家主權的行使。因此，自 19 世紀以來乃至於 20 世紀中葉，國際社會所依循的傳統國際法規則一向都是：任何一個締約當事國對於國際條約所提出的保留，必須得到所有其他締約國的明示或默示的同意，方能成立、也才能生效。這就是傳統國際法對於條約之保留所採取的「一致同意原則」(Unanimity Rule)。其例證可由以前的「國際聯盟」(League of Nations)及現在的聯合國可看出；它們的祕書處在擔任許多國際條約的存放工作時，即是遵守所謂的「一致同意原則」。

但是在同一時期內「泛美聯盟」(Pan American Union)卻開始了一個嶄新的模式，它採用了一個創新的制度，就是：任何一個國家所提出的保留，卻未必要得到其他全體締約國的同意。在 1932 年 5 月 4 日，其理事會所通過的決議案，針對附有「保留」的條約，其效力規定如下：

1. 該條約簽訂時之約文，在不附保留而批准該條約草擬並簽訂時，原有約文之國家間有效。

2. 該條約在附有保留之批准國與接受該項可能變更該條約缺乏保留條款之簽字國間有效。

3. 該條約在附有保留之批准國與批准條約但不接受此項保留條款之另一國間無效。

另外，「國際勞工組織」(International Labor Organization)所通過的「國際勞工公約」，因其性質的不同，國際勞工組織認為：國際勞工公約不能給予附條件的批准或保留。因為國際勞工公約在制定時，有非政府的代表參加；如果在通過後可以由

政府單方作門面的保留，而排除某些條款的適用，將會使得非政府代表參與制定公約之事，成為名實不符。

　　至此，對於國際條約的保留在 1951 年以前，一般均認為任何一締約國所提出之保留，必須為其他所有締約國所接受或至少不反對。但是此一所謂的「一致同意原則」卻被「國際法院」(International Court of Justice)在 1951 年 5 月 28 日所打破。它在「防止及懲治殘害人群罪所附保留問題諮詢意見」（Advisory Opinion on Reservations to the Convention on the Prevention and Punishment of the Crime of Genocide；簡稱殘害人群罪公約）中首度提出了所謂的「和諧一致原則」(Compatibility Doctrine)，意即：條約的任何一締約國所提出之保留之容許，應視保留之內容是否符合條約的目的和宗旨而定；如果保留的內容對條約之目的和宗旨不生影響，仍得以使條約和諧運作，則可允許提出保留。雖然國際法院所提出的這一「諮詢意見」立意良好，亦屬空前創見；但是卻未獲得聯合國「國際法委員會」(International Law Commission)的認同。聯合國國際法委員會認為前述國際法院的諮詢意見，並不宜普遍適用於所有的多邊條約，而建議：各國於擬訂多邊條約時考慮可否於公約中增列關於是否准許保留及保留具有何種效力之規定；並認為應該維持保留必須獲得所有當事國同意之規定。

　　盡管如此，1952 年的聯合國大會卻作出了一項決議，否定了前述國際法委員會的意見。該屆聯合國大會決議要求聯合國祕書長僅擔任提出保留或反對保留文件之保存者，而不再如以往一樣還要審查此等文件之法律效果。但是應該將這些文件送交所有相關國家，由它們自行引出法律上的後果；這就是所謂的「伸縮性制度」(The Flexible System)，就這樣在將近二十年的時間流程，幾經折騰，才形成了 1969 年之條約法公約的保留

制度。此一保留制度之精神是：一個締約國所提出之保留是否有效，依其是否符合條約的目的和宗旨為標準，由其他締約國各自決定。這其實是對於 1951 年國際法院諮詢意見和 1952 年聯大會議決議的擴大綜合適用，是當代國際法的一個新發展。

二、保留形成之動因

（一）新獨立國家的大量興起

　　有學者認為這是促成保留制度的外在因素。自第二次世界大戰結束以後，一時之間民族獨立的浪潮蓬勃發展，在亞洲、非洲及拉丁美洲新生的獨立國家大量興起。這樣的情形使得國際社會結構，除了量變，更發生了質變。也就是說維持國際社會穩定的國際法規範受到了巨大的挑戰與衝擊；再加上國際法主體的迅速擴增，其結果是國際交流較以往更加頻繁、國際關係較以往更加複雜。如此一來，具有調整國際關係功能的國際多邊條約，也就大量的應運而生。其附加的效應則是對傳統的「一致同意原則」之保留制度，不得不加以修正與調整。國際間著名的條約法專家伊里亞斯(Elias)在 1974 年即指出：「自1951 年以來，形勢已經在諸多方面發生變化。國際社會已經正在迅速地擴大，它使得多邊條約的可參加者數目不斷地上升。因此也使得『一致同意原則』顯得越來越不合時宜且不合實際」。而著名的英國國際法學者布朗利(Ian Brownlie)也表示：「在 1962 年國際法委員會即已決定贊同「和諧一致原則」。多邊條約的夠資格的參加者數目的增加，使得『一致同意原則』變成較不實用」。以上兩位學者的觀點，足以證明在新的複雜的國際關係架構下，針對保留制度之適用情形；傳統的「一致同意原則」已經顯得不切實際、適應不良，不得不作調整，使得保留制度能夠有所彈性，以因應國際社會的需要。況且一項靈

活而有彈性的保留制度，可以使得國際條約獲得更為廣泛的締約簽署者。也因此可以促進國際社會的繁榮進步及友好合作的關係。

（二）多數表決制度的形成

亦有學者認為這是促成保留制度的內在因素。二次世界大戰之後，國際社會的顯著變化除了新興國家的大量增加之外，就是國際組織及國際會議的增多。更重要的是此等國際組織的會議及一般性的國際會議的表決制度，已經逐步的揚棄了過去一致通過的規則，而採用了多數通過的原則。這樣的表決制度的結果，對於國際社會有雙重的意義：1.它使得國際組織及國際會議對於國際社會的爭議及一般性事務，更具有積極的作用，因為採用多數通過的表決制度，使得決議較易通過，也更可使國際條約較易簽訂；2.它用多數通過的表決方式，使得國際社會的秩序能夠以少數服從多數的民主方式加以有效的維持，因而更能促進國際和平。國際社會因為沒有一個凌駕國家主權之上的超國家組織，可以統籌支配國際事務。因此，在國家實踐上，根據國家主權平等的國際法原則，國家完全有權對任何它認為不適宜的或有損於它自己國家利益的條約之條款提出保留。而且在實行多數通過的表決制度下，有完全地必要性的讓部分的少數國家，能夠提出一定的保留，以便能夠讓它們得到某種程序上的補償；若此，也可以讓少數國家的利益，不致於被不當的犧牲掉，以及獲得最低程度的保障。因此，可以這麼說：多數通過原則的表決制度乃是促成今日國際條約的保留制度，得以存在、形成與發展的一個相當重要的因素。

肆、保留之理論分析

英國大法官麥克奈爾爵士(Lord McNair)在 1961 年就對「條約」下了一個最具權威的定義。他說：「條約是一個書面協議，

是在兩個或兩個以上國家或國際組織之間成立的，目的在於創立或企圖創立一種符合國際法原則的相互關係」。所以條約的重要要素就是締約各方的相互同意；也就是說，條約必然是基於締約國的「合意」而成立的。而在此可以發現：締約國的「同意」是構成國際條約的最基本要素。締約國基於同意的一致，才能決定條約的內容與效力，所以任何一個締約國均不得任意的單方作出決定或修改或更動條約之內容與效力。而保留在實質上即是對條約的內容或效力有所變更；因此，原則上必須獲得其他締約國家的同意，方能生效。過去傳統國際法即是採取這樣的觀點，而對於國際條約的保留採用所謂的「一致同意原則」。換言之，一國要對條約的一部分提出保留，必須要獲得其他所有關係國家的一致同意，此「保留」方能對所有關係國家生效。而在國家實踐上，在條約未生效前，須經所有締約國的同意；而在條約已生效後，則須獲得所有已批准之當事國的一致同意，缺一均不可。因此，在這樣的情形下，所有締約國中只要有任何一個國家，對於「保留」持反對的態度，則提出保留的國家只有兩個選擇：一是撤回保留；另一則是退出條約。沒有任何其他的選擇。

　　然而，有些學者認為：傳統的作法將使條約之適用對象無法具有普遍性，有時亦會阻撓條約之成立或拖延生效日期；特別是在交涉階段時，若對條約內容之決定採取「一致同意原則」，或許將導致犧牲部分對條約內容「些許」不同意的國家之權益，或者使得此等部分國家，會因此無意成為條約之締約國。若此，只因一國的刻意反對「保留」而使得提出保留之國家無法成為締約國；毫無疑問的將使得條約之普遍有效性受到或多或少的影響，在國際事務的處理上，似乎有所不妥。尤其是有些國際條約在本質上是關係到人類全體之福祉、生存環境或國際和平安定的「國際性條約」，如關於禁止核子武器擴散條

約、國際人權條約或環境保護條約……等等，如果能夠使得絕大多數的國際社會成員參與，則當更容易實現國際條約之宗旨與目的。因此，傳統國際法所採用之「一致同意原則」似乎在面對今日錯綜複雜的國際關係上，的確有改弦更張之必要。

　　再者，從另外一個角度來審視傳統國際法針對保留制度所採用之「一致同意原則」，可以這麼認為：「一個主權國家有權對條約中某一（些）條款提出保留，正如一個主權國家有權拒絕某項條約的批准。因為在國際會議中欲覓取全體一致的締約基礎，極不容易；因而容許對於整個條約某些部分有不同意的國家，得於簽署或批准時，對其不同意之條款提出保留。」一般認為：對於條約中某些條款不接受的國家，允許它有限度的參加該條約，也比將其摒斥於條約之外為佳。因此，部分學者認為，在不影響國際條約的宗旨與目的之大前提下，針對任何一國提出之保留，採取「和諧一致原則」或有其必要性。其具體之作法即是：當締約國對國際條約之主要條款能夠獲得共識，取得協議，那麼應該容許對其他條款持有不同意見的國家，提出保留。

　　所謂「和諧一致原則」乃是指：保留之內容，如果在實質上對條約原來之精神、宗旨、目的或結果，並不相悖或不生影響，而且在容許保留後，仍可以使得條約和諧運作，則應該可以允許保留之提出；反之，如果保留的結果造成與條約原來的目的相對立或發生矛盾，或者使得條約的存在，因此而失去意義，則不應該允許保留立提出。換言之，「若有國家要求對部分條文加以保留，而保留的結果若不致與條約之目的相矛盾、相對立，且有當事國同意，則此項保留即得以成立，保留國亦可成為當事國。反之，則不得成為當事國。另一方面，當事國之所以反對保留，若是基於保留的結果將與條約之目的相矛盾，

則該當事國得主張保留國無法成為條約當事國。反之,當事國若認為保留結果仍可與條約之精神與目的相和諧,則不得拒絕保留國成為條約當事國」。

然而,不論是「一致同意原則」也好,亦或「和諧一致原則」也好,基本上均同意:關於國際條約應該可以容許「保留制度」的存在,問題只是在於如何讓保留制度存在?如何能配合國際條約的宗旨與目的?如何能讓保留制度對國際條約的締結,產生最大的正面效果?而近年來在國家實踐上,因為在「和諧一致原則」的採用下,使得締結國際條約的數目,明顯的增加;而若允許締約當事國無限制的提出保留或者各個不同的締約國針對條約中不同的條款提出保留,可以想見的是必然會引起相當多的問題,而且亦會使得問題更加複雜。例如:任何一個國際條約若是容許過多的保留,將會使得條約無法實施或是流於形式。甚至當一個國家在其批准條約時,難以知悉是否有其他國家會提出保留,甚或因此造成某些締約當事國無法或不願成為締約國。這些問題都是迫在眉睫而有待解決的棘手問題。

伍、國際法院對於保留之見解

在 1951 年以前,國際社會針對多邊條約的保留問題,一般均採用「一致同意原則」的表決方式。認為當締約國中的任何一個國家對於條約中的某一(些)條款提出保留時,必須為其他所有的締約國所接受或至少不反對,否則所提出之「保留」便成為不成立,而不生條約的效力。這樣的規則一直沿用到 1949 年至 1950 年期間,因為不少的國家在加入 1948 年「防止及懲治殘害人群罪公約」(Convention on the Prevention and Punishment of the Crime of Genocide)時,針對其中某些條款,提出了保留,但是受到反對。國際法院乃於 1951 年 5 月 28 日

特別就上述的「殘害人群罪公約」之特殊情形，發表「諮詢意見」(Advisory Opinion)，對保留須經所有締約國同意才能生效的「一致同意原則」提出異議。國際法院認為該公約是要達到最高的道德目的，在這種公約中，不可能有國家的個別利害問題，或保持權利和義務問題在契約上完全取得平衡的問題。「殘害人群罪公約」的目的和宗旨就包含了（聯合國）大會和通過此公約的國家之間的意見，那就是儘多的國家應該參加」。

為進一步對國際法院的前述公約所作的諮詢意見，有更透徹的了解，有必要對該公約發生的前因後果作一簡扼的背景說明如後：

一、事實

「防止及懲治殘害人群罪公約」是 1948 年 12 月 9 日由聯合國大會決議通過。該公約規定聯合國會員國為公約之締約國，而非會員國得經邀請簽署並批准公約後成為締約國，或加入為締約國。各締約國對這種（殘害人群）罪行，有防止及懲治的責任，失責者應受國際法院的強制管轄；於批准書連同加入書 20 份送達聯合國祕書處 90 天後，公約開始生效。1950 年 10 月 14 日，送達的批准書和加入書，達到上述數日，公約應於 1951 年 1 月 12 日生效。但是，蘇聯、保加利亞、匈牙利、波蘭與羅馬尼亞的批准書中，在責任和管轄方面附有保留。該公約未明文規定批准是否可以附有保留。而且另外有些國家則認為國際法院的此種強制管轄權為實現公約目的之不可或缺的必要條件，因此前述各國所附加之保留，顯與公約之宗旨不合；此等國家因此而反對前述各國對公約所提之保留。祕書長應依習慣辦理呢？或採取其他態度？他當然無權決定，便報告聯合國大會，大會於是決議請求國際法院就此公約之是否能夠附有保留之相關問題提出諮詢意見。

二、國際法院之諮詢意見

就「防止及懲治殘害人群罪公約」而言,如果某一國家於批准或加入或作須經批准的簽署時,下列三種情況之處理,應如何依循。

問題一:繼續維持其保留的保留國,於其保留遭受一個或一個以上的締約國之反對,其他締約國卻不反對時,則提出保留之保留國,能不能視為公約之締約國?

國際法院意見:若有該公約一個以上之當事國反對該國所提出並維持之保留,但其他當事國不表示異議時,以該項保留不違背該公約之「目的與宗旨」(Object and Purpose)為限,該國仍得視為該公約當事國;否則該國即不得視為該公約當事國。

問題二:如果問題一的答案是「能」那麼保留在:1.保留國與反對保留國間之效果如何?2.保留國與接受保留國間之效果如何?

國際法院意見:1.如該公約之某當事國(反對保留國)認為保留國所提出之某項保留與該公約之目的與宗旨相悖而表示異議時,該當事國可在事實上認為提出該項保留之國家(保留國)並非該公約之當事國(締約國);2.如該公約某當事國(接受保留國)認為該項保留並不違背該公約之目的與宗旨時,該當事國即可在事實上認為提出該項保留之國家為該公約當事國(締約國)。

問題三:1.如果簽署而未批准的國家對於保留國所提出之保留表示異議,其異議之法律效力為何?2.如果有權簽署或加入該公約但未簽署或加入之國家,對於保留或所提出之保留表示異議,其異議之法律效力為何?

國際法院意見：1.當未批准該公約之簽字國對於某項保留所表示之異議，必須在批准後始能發生問題而國際法院意見中所指之法律效力。在尚未批准以前，該項異議僅係簽字國對於其他國家預先表明其最後態度之一種通知；2.有權簽署或加入該公約但尚未簽署或加入之國家對於保留所表示立異議，並無法律效力。

三、國際法專家對本案之看法

國際法權威勞特派特(Lauterpacht)針對國際法院所發表之諮詢意見曾表示如下之看法，他認為：「這一意見雖未提供一個實際可行的法律規則，卻表示了一項日漸有力的觀點，就是說必須獲得全體同意的保留，已不太適合以一般國際公約為主的國際關係之需要。如果所有或大多數締約國認為某一國之保留與公約之目的並無不合，而一國（或少數國家）仍有權阻止這一國家成為締約國，也是不實際與不合理……而比較合理的辦法是授權國際司法或行政機關，或授權締約國本身，以決定保留之可否接受。締約國可成立一個機構加以處理，或自行決定除非經締約國大多數之拒絕，保留應視為被接受」。

四、小結

對於國際法院在「防止及懲治殘害人群罪所附保留問題諮詢意見」中所表達的立場，基本上應該可以體認到國際法院認為公約是國際社會成員針對某件國際議題，自由協商、取得共識的結果。因此任何公約當事國均無權以任何理由，藉著單方行為或特別協定排除某一（些）條款的適用，或附加任何條件，而因此違背了該特定公約訂定之目的和宗旨，或者使得該特定公約喪失存在或簽訂的理由。國際法院認為在決定是否容許公約當事國提出保留或對保留是否有法律上的效力時，公約

之目的與宗旨必須要列入考量。該公約乃是清楚的為了純人道與文明之目的而簽訂；公約之當事國本身並無任何自己的利益存在，僅有共同的利益，也就是實現一崇高之目的，此亦為公約之所以存在的理由。因此，此類公約完全談不上對國家之有利與否，而是在權利與義務之間來維持完全的契約均衡。

國際法院認為原則上公約當事國可以提出保留，但是不得違背公約之目的與宗旨。再者，由於國家未經其同意則不受公約拘束之主權原則的關係，在反對保留的國家與保留國之間並不建立條約關係。更重要的是如果所有或大多數的公約當事國認為保留並不違背公約之目的與宗旨時，仍應該給予保留國成為公約締約國的權利。反對保留的國家不得因此而將保留國排除在公約之外，因為如此做是不切實際也不正當的作法，也與公約之尋求「越多國家參加越好」的基本性質有所不合。從此一諮詢意見的本身來審視，雖然法院並未提到實際可行的普遍性法律原則；但是至少該意見對一般性的多邊條約具有其相當程度的影響。它修正了傳統國際法規則的「一致同意原則」，指出保留須經所有條約當事國一致同意之不符國際現實的需要。尤其在今天複雜的國際社會裡，針對攸關全體人類社會福祉的國際事務如環境保護、國際人權等議題，亟需越多國際社會成員成為多邊條約之一員，如此方能更加促進國際社會的和平與安定。因此改採不違背條約之目的與宗旨時，容許保留之提出及其所具有之法律效力，有其必要性。因此，國際法院之諮詢意見有其時代意義。

陸、條約法公約對於保留之規範

在雙邊條約之情形，因為必須參與的雙方針對特定的議題有意思之合致，條約方能成立，因此通常不會有保留問題之發生。因為在交涉談判條約的過程當中，任何一方如有任何新意

見或看法而意欲成為條約之內容時，可以隨時提出，爭取對方同意；在對方接受後，便可成為條約之一部分，而無須在簽署時提具保留。所以雙邊條約在理論上似乎是不應有保留的問題存在。但是在實踐上卻或有例外發生，因為有些國家如美國將國際條約（不論雙邊或多邊）之談判簽署工作交由行政部門，而將批准同意之權限賦予立法部門，如此則會有「保留」情事的發生。例如任何一個雙邊條約在行政部門與他國完成簽署之後，在送請國會或立法部門尋求批准同意時，國會或立法部門可能會有不同的看法，於是保留提具之情事自然就會發生。1977 年美國與巴拿馬所簽訂之新巴拿馬運河條約便是一例。但是不論怎麼說，在通常的情形下，保留的問題多半發生在多邊條約的情形，則是一般所公認的。「維也納條約法公約」（Vienna Convention on the Law of Treaties；簡稱「條約法公約」）在經過多年及多次的國際會議及機構的研議下，終於對國際條約之保留制度獲致具體的規範。

一、保留之提具

「條約法公約」第 19 條明白規定國際條約得准許保留。該條對「提具保留」(Formulation of Reservations)作如下之規定：一國得於簽署、批准、接受、贊同或加入條約時，提具保留，但有下列情形之一者不在此限：1.該項保留為條約所禁止者；2.條約僅允許特定之保留而有關之保留不在其內者；或 3.凡不屬於 1.或 2.兩款所稱之情形，該保留與條約目的及宗旨不合者。本條規定原則上除非條約本身禁止保留，否則保留可於簽署、批准、接受、贊同或加入條約時提出；其次，不在條約允許之特定範圍內之保留，以及凡屬違背條約之目的與宗旨所提具之保留，均非有效之保留。但是這裡要指出，本條並不意味或暗示保留可於談判時提出。談判時的保留是不許可的；因為談判

時條約的實質內容、形式、文字等均為未定，有特殊主張或要求的國家，可以提出作為談判事項而不必保留。而且其主張要求一經提出，就不能視為或稱為保留了。接受、贊同和加入，都是同意承受多邊條約拘束的表示方式，它們僅僅適用於多邊條約，而對於雙邊條約則無適用之餘地。

二、對保留國以外締約國之效果

當一國提具保留之後，自然會引起其他締約國之反應，而其反應，一般來說也只有接受或反對而已。針對接受或反對提具保留，「條約法公約」第 20 條有作如下之規定：1.凡為條約明示准許的保留，無須其他締約國事後予以接受，但條約規定須如此辦理者，不在此限。2.倘自談判國之有限數目及條約之目的與宗旨，可見全體當事國間適用全部條約，為每一當事國同意承受條約拘束之必要條件時，保留須經全體當事國接受。3.倘條約為國際組織之組織規章，除條約另有規定外，保留須經該組織主管機關接受。4.凡不屬以上各項所稱之情形，除條約另有規定外：(1)保留經另一締約國接受，就該另一締約國而言，保留國即成為條約之當事國，但須條約對各該國均已生效；(2)保留經另一當事國反對，則條約在反對國與保留國間，並不因此而不生效，但反對國確切表示相反之意思者，不在此限；(3)表示一國同意承受條約拘束而附以保留之行為，一俟至少有另一締約國接受保留，即生效力。5.就適用第 2 項與第 4 項而言，除條約另有規定外，倘一國在接獲關於保留之通知後12 個月期間屆滿時，或至其表示同意承受條約拘束之日為止，兩者中以較後之日期為準，迄未對保留提出反對，此項保留即視為業經該國所接受。

關於本條之第 1 項至第 3 項，條約法公約採納了國際法院對「防止及懲治殘害人群罪」之諮詢意見而其第 4 項及第 5 項

則有略為修改。按本條第 1 項至第 3 項之規定，其意旨：凡是條約中允許締約國提具保留，除條約中別有規定者外，一般來說都不必再經他國同意；除非因為從談判國的有限數目以及從條約之目的與宗旨來看，應經全體締約國同意外，可以不必再經他國同意。其次，對於國際組織的組織規章，除非條約另有規定外，保留必須經過該組織之主管機關接受，否則保留不成立。

而本條第 4 項則包括第 1 項至第 3 項以外之三種情形；在這些情形下，如果不受條約中的規定的限制，就會：1.只要有一國接受保留，而條約又已對保留國和接受保留國生效，接受國就得視保留國為條約當事國，兩國便發生條約關係；2.反對保留國必須明白表示否認條約在其與保留國間發生效力，條約才不致對其有拘束力，否則在其與保留國間發生效力，因為有些國反對某一（些）保留，只是基於政策或原則，而無意使條約不在其與保留國間發生效力；3.保留最初至少也要有一個締約國接受時才發生效力，不是在提出時生效；另一方面，保留只要有一個締約國接受就生效，無須有兩國以上接受才開始生效。而保留一經生效，保留國就應受條約拘束：這表示保留國受條約拘束的開始時間，和第一個接受國接受保留的時間相同。

本條第 4 項又准許締約國就條約中的某些規定只和某些國家發生條約關係不要求全體締約國就條約全部規定和其他全體締約國發生條約關係，所以甲締約國可就條約第 1 至 10 條的規定和乙丙丁三國發生條約關係乙締約國可就條約第 5 至 9 條的規定和戊己庚辛等國發生條約關係，戊己庚辛四國如果不願就第 1 至 4 條及第 10 條的規定和甲乙丙或丁國有這種關係便可於甲乙丙或丁國提出關於這五條的保留時，表示反對，並聲明條

約中這幾條不在其與甲乙丙丁國間生效。而本條第 5 項的主旨，則在訂明締約國表示接受或反對保留的期限，以免保留經提具後，長久不能確定有沒有締約國接受或反對；這一點不確定，便不能知道保留國已否成了條約當事國、條約已否在保留國與反對國間生效、何國已免除了條約所定的某項義務、以及何國已捨棄了條約所給予的某項權利。依本項規定，條約當事國必須在接獲關於保留的通知 12 個月期間屆滿以內，或是在表示同意受條約拘束的當天，表示是否接受保留國所提具之保留。而這兩個日期以時間較後者，作為截止日，逾越截止日，而仍未表不反對保留者，該締約當事國，視為已接受保留國所提真之保留。

三、保留及反對保留之法律效果

　　關於保留及對保留提出之反對的法律效果，「條約法公約」第 21 條有作明白的說明。該條規定如下：1.依照第 19 條、第 20 條及第 23 條對另一當事國成立之保留：(1)對保留國而言，其與該另一當事國之關係上照保留之範圍修改保留所關涉之條約規定：及(2)對該另一當事國而言，其與保留國之關係上照同一範圍修改此等規定。2.此項保留在條約其他當事國相互間不修改條約之規定。3.倘反對保留之國家未反對條約在其本國與保留國間生效，此項保留所關涉之規定在保留之範圍內於該兩國間不適用之。關於本條之規範乃是在指出保留的既然會有同意接受或表示反對的情形存在，有必要對同意接受及表示反對的這兩種情形所發生的法律效果加以說明。

　　在此可以針對以上兩種情形所發生的法律效果，簡扼的說明如下：

　　某當事國對條約的部分條文加以保留之後，使條約在保留國、承諾國、異議國之間，即可能會產生三種不同狀況的法律

效果：1.保留國與承諾國之間，除保留條項的相關部分之外，該條約的其他部分仍相互適用與生效。異議國若未堅持拒絕與保留國進入條約關係，則其效果亦相同；2.未作保留之其他當事國之間，該項保留不生任何法律效果，全部條約相互適用與生效；3.堅持反對與保留國進入條約關係的異議國，即使兩者同為條約之當事國，但相互之間並不存在條約之適用與效力。

四、保留及反對保留之撤回

針對保留之撤回及撤回對保留提出反對之撤回，「條約法公約」第 22 條有作指示性之說明。該條規定：1.除條約另有規定外，保留得隨時撤回，無須經已接受保留之國家同意。2.除條約另有規定外，對保留提出之反對得隨時撤回。3.除條約另有規定或另經協議外：(1)保留之撤回，在對另一締約國之關係上，自該國收到撤回保留之通知之時起方始發生效力：(2)對保留提出之反對之撤回，自提出保留之國家收到撤回反對之通知時起方始發生效力。

從以上對本條關於撤回保留及撤回反對保留的說明可以了解到：條約若未特別規定，則保留得隨時撤回，不須承諾國之同意。但是必須在承諾國確認撤回通知之後，才能使保留的部分生效。另一方面，異議國對保留國之異議，方可隨時撤回，不須保留國之同意。但依條約的「不溯及原則」雙方之間原來不存在之條約關係，其效力自互相確認開始。除此之外，撤回所產生之條約的權利與義務關係，若屬不能立即履行之部分（例如，必須調整國內法部分），則在確認撤回通知之後，應給予相當時間做為緩衝期，才能開始運用此乃有關保留撤回的一般原則，而實際狀況則依個別條約之規定及其性質與內容而定。

五、保留之程序

關於保留之程序,「條約法公約」第 23 條有所規定。該條規定如下:1.保留、明示接受保留及反對保留,均必須以書面提具並致送締約國及有權成為條約當事國之國家;2.保留須在簽署須經批准、接受或贊同之條約時提具者,必須由保留國在表示同意承受條約拘束時正式確認。遇此情形,此項保留應視為在其確認之日提出;3.明示接受保留或反對保留係在確認保留前提出者,其本身無須經過確認;4.撤回保留或撤回對保留提出之反對,必須以書面為之。

本條是對保留的程序加以規範。基本上是針對保留之程序加以細部的說明,問題集中在兩方面:1.保留之提具要如何為之?2.保留是否須要確認?何時確認?如何確認?此兩方面的問題,「條約法公約」第 23 條所列 4 項已清楚的訂明,條約的保留、明示接受保留、明示反對保留乃至於撤回保留或撤回對保留提出之反對,此五種態樣之作法,都必須以書面為之,口頭的方式,均不符合本條之規定。其次,針對保留提具之確認的問題,本條之規定認為保留之提具,如果是締約當事國國內的立法機關或國會之簽署必須要經過批准、接受或贊同之程序者,則必須由保留國在表示同意承受條約拘束時正式確認。若是非屬上述之情形者,解釋上則是在簽署時即應提具保留而無所謂確認之問題。而必須經過正式確認者,對於保留之確認應視為在其確認之日提出。至於明示接受保留或反對保留是在確認保留之前提出者,其本身自然無須經過確認。

六、條約法公約規範之效果

國際條約之簽訂由來已久,而且是國際法之重要淵源之一。但是一直要等到至 1960 年代的末期,國際法上關於條約的

種種相關問題才有正式的國際公約的規範。於此之前幾乎均是由國際慣例來規範國際條約的相關問題。回顧條約法演進的歷史，第一次以國際公約的方式來規範條約法可以認為 1928 年 2 月 20 日由美洲國家所通過的「哈瓦納條約公約」(Havana Convention on Treaties)。但是此為區域性的公約，並非國際性的公約規範。在此之後的 40 年期間國際社會對於有關條約的編纂工作，主要的是由聯合國的國際法委員會在推動。一直到 1969 年 5 月 22 日「維也納條約法公約」才正式被通過，而於 1980 年 1 月 27 日正式生效。而此「條約法公約」中爭議最多且最為複雜的部分，即是其中有關條約的保留問題。

雖然該公約的條文並不多，但是卻能夠對涉及保留制度的諸多問題，作出詳盡與具體的規範。舉例來說：公約第 19 條即明文規定每一個國家均有權提出保留；第 20 條指出每一個國家也有權接受或反對保留：又如第 22 條更明白規定保留得隨時撤回，無須經業已接受該保留國家的同意。而第 23 條更務實的將保留之程序加以規範，可以讓各國在了解「保留制度」的理念及內容之後，能夠在實踐上知悉如何來運作「保留」使這一制度不致流於空談而能夠真正的發揮其功能。「條約法公約」所確立的「保留制度」無疑的會有利於國際社會的穩定與進步。

關於國際條約的保留問題，長久以來一直是眾說紛紜，在理論與實踐上向來都是存在著相當混亂的現象。而 1969 年的「條約法公約」則第一次的將保留制度明確的加以規範。許多問題將之界定與釐清，也因此可以避免許多條約相關的無謂糾紛。可以因此而促進國際社會的安定與秩序，並進而可以增進國際合作與世界和平；單就此點而言，「條約法公約」之簽署及生效，其本身即居功厥偉，是國際社會劃時代的里程碑。

柒、結論與建議

　　簡單的說，保留是締約國在簽署、批准、加入或接受時，不接受或限制該條約中某一（些）條款的效力之正式的書面聲明。在國家實踐上保留國對於條約所提具之保留，不必明白說明它的理由。但是保留國對於某一（些）條款在效力上的限制，卻往往須作很詳細的說明。此類限制在性質上大致可以區分為下列四種：1.對於適用情勢的限制；2.對於適用時期的限制；3.對於適用地域的限制　4.對於適用締約國的限制。而保留制度之所以會存在或產生，其因素固然很多；其中最主要的是國際社會的成員，希望能夠藉著國際條約的簽訂來規範各國彼此間的關係，使各國的國際事務行為能夠符合一定的模式，方能促進國際社會的穩定與發展。然而國際條約涉及各國的國家利益相當廣泛，而各國的國家利益往往又相互矛盾，存有潛在性的利益衝突。因此，要冀望所有的締約國或加入國對條約的內容完全同意，常常不易做到，所以為了使國際條約的締約國或加入國盡量增加起見，在國際法上對於條約的規範，乃有保留制度之設計。

　　保留基本上是排除或改變一個條約的某一（些）條款的法律效果；在實質上就如同保留國提出了一個新建議或反建議。換言之，保留改變了同意的性質；因此有必要讓其他締約國針對保留作出相對應的改變，以取得「和諧一致」的合意。問題是有些締約國可能同意保留，另一些則可能反對。這樣的結果就容易使得條約的相關當事國彼此之間的條約關係變得相當混亂與複雜。而國家之作出保留又是司空見慣之事。所幸國際社會均同意：有關保留的規範只是以同意作為條約基礎這個總原則的特殊應用而已。此一原則允許締約的相關當事國得保留、接受保留或不接受保留。然而如此則對所有締約國的法律效果如何？仍然有待解決。

　　因此，國際法院乃在「防止及懲治殘害人群罪所附保留問題諮詢意見」中提出保留是否與條約之「目的和宗旨相符」作為保留是否有效之標準。「條約法公約」之第 19 條至第 23 條頗為詳盡地對於保留之提具、條件、方式、法律效果及保留程序作了具體的規範。原則上它依循了國際法院的意見，即一國所提之保留，並不一定使整個條約無效。在締約國彼此之間的法律效果則是保留除了必須與條約的目的與宗旨相符之外，仍須取得其他締約國中至少一個國家的同意。

　　從本章之分析可以發現「條約法公約」所認可而建立「保留制度」其優點至少有三：1.規範明確：明文規定在國家主權平等之下，各國均有權提具保留，也有權接受或反對保留，更可隨時撤回保留，無須經過業已接受該保留的國家之同意；2.彈性運用；在每個國家均可自由提具保留的大原則之下，只要有另外一個締約國接受，保留即可成立而有效；而無須所有締約當事國一致同意。僅就此點而言，保留既然容易，國際條約也就容易締結；如此則可促進國際合作，增進國際和平；3.簡明務實：條文規範簡明扼要、言簡意賅，適用容易。因而能夠確實應用、發揮功能，而不是流於陳義過高、不切實際的空洞內容。

　　「條約法公約」所規範的保留制度，雖然有以上三個優點，但是卻也存在著三個相關的嚴重的缺點：1.保留之是否允許與有效成立，必須要「符合」條約之「目的與宗旨」，然而國際法院以及「條約法公約」均未能解釋與釐清，在實踐適用上易生困擾；2.「條約法公約」對於「保留制度」認可的基本精神乃在於一個締約國所提具之保留是否有效，依其是否「符合」條約的目的與宗旨的標準，由其他締約國各自決定。如此一來，這樣的判斷權易流於專斷濫用，各國主觀的判斷，容易

使得「目的與宗旨」之標準,形同虛設;而沒有多大的實際意義;3.「條約法公約」對於保留之成立,規定只需另一個締約國同意接受,保留即為有效;這樣的規定會使「規定」成為具文而無實質效果。因為現今的國際社會超過 190 多個國家,在國家利益及其他政治或經濟乃至於外交利益的考量之下,任何一國所提具之保留,要取得僅僅一國之同意接受,絕對無困難之有。

　　針對以上的三個缺點,作者提出兩個建議即可解決:1.從「條約法公約」的條文上修正,釐清所謂的「保留」必須「符合」條約之目的與宗旨中的「符合」說明它的具體意義,方有客觀的標準,再者修正僅須「締約當事國」一國同意,保留即可成立生效的規定,可修正為兩個以上或過三分之一的締約當事國之同意接受,保留方可成立;2.建立一個公正客觀的國際性專責機構來審查所提出之保留是否「符合」條約之「目的與宗旨」。若此,建立一個有公信力的客觀機構,方能作出客觀的判斷。最後,針對整個國際條約的保留問題,作者建議:1.亦應可以在個別地國際條約本身訂明是否允許保留及其所具之法律效果,乃至於需要幾個締約當事國之同意接受,保留方可成立生效;2.對於任何一個國際條約之容許提具保留,保留國在數目上或許應有一定的限制。或是規範不得超過五分之一或四分之一的締約當事國可以提出保留。因為對於條約提出保留的國家過多,這樣的條約實際上並無多大的功能。而對於保留國數目的限制亦可由兩方面著手:1.修正「條約法公約」增列此條文;2.從個別的國際條約在草擬簽訂時加以註記即可。

　　最後我國「條約締結法」也有保留條款,第 10 條分別規定多邊條約保留,雙邊條約修正,和立法院審議不通過等三種情形。該條第 1 項規定,「立法院審議多邊條約案,除該約文明定

禁止保留外，得經院會決議提出保留條款。所以對於條約未明訂禁止保留的多邊公約，立法院院會得決議提出保留條款。」不過還是應當注意到「維也納條約法公約」第 19 條規定，即條約保留不得違反條約之目的及宗旨。

對於多邊條約提出保留條款時，主辦機關後續所應進行之程序，「條約締結法施行細則」第 7 條第 1 項表示「除條約另有規定外，主辦機關應於存放批准、接受、贊同或加入書時，一併提出保留事項。」第 2 項補充「前項保留事項得以納入批准、接受、贊同或加入書，或以其附件方式提出。」

關於雙邊條約，立法院在審議過程中，如「決議修正者，應退回主辦機關與締約對方重新談判。」雙邊條約如經立法院決議修正，「條約締結法施行細則」第 7 條第 3 項要求主辦機關接獲立法院修正決議後，「應視情況急迫性與必要性，擇期與締約他方重新談判，並儘速將談判情形向立法院說明。」

不論是多邊條約還是雙邊條約，如果條約案在立法院審議未通國，「條約締結法」第 10 條第 3 項規定，「主辦機關應即通知締約對方。」

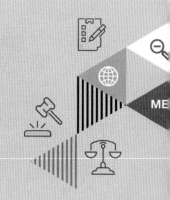

第一節　關鍵概念

壹、領海

有時被稱為領水，然而事實上，領水的範圍較廣，包括處在國家主權之下的任何水域，那就是涵蓋了內水及領海在內。因此用領水來代替領海並不妥當。領海一般被定義成那些毗連於沿海國的水域，從低於海潮線或其他選定的基線起往向海的方向延伸 12 浬為限。在此範圍內除了允許外國航舶的「無害通過權」(The Right of Innocent Passage)及「過境通行權」(The Right of Transit Passage)以外，沿海國可以主張完全的主權。

貳、領海之法律地位

一般來說，領海是處於沿海國的權力管轄之下的。此點在國際社會是獲得普遍承認的。但是這項權力是屬於什麼性質則有不同的主張。有些學者主張領海仍然是公海的一部分，基於「海洋自由原則」，國家對於領海並不享有主權，也並不行使整個的主權；沿海國只是因為「國家安全」(National Security)的緣故，才享有某些控制和幾種必要的管轄權。而多數的國際法學家則認為領海是領土的延長，國家對於領海享有整個的主權，也因此可以行使整個的主權。更具體的是 1958 年在日內瓦召開的領海及毗連區公約的決議明確地規定了國家的主權擴展及於它的領海。而且長久以來，在國際實踐上，國家對於它的領海享有完全的主權，是已經確定了的國際法原則。

參、 領海主權

　　國家所具有之領海主權及於領海的水域、上空、深海床及底土。國家對於領海內的一切人與物有排他的管轄權。此一觀念演變至今殆無疑義。國家的領海主權，主要包含下列的各項權利：

一、 開發和利用領海內的水域、海床和底土的一切生物和非生物資源的專屬權利，外國船隻在領海內的捕魚行為必須經過國之同意；

二、 對於領海上空的專屬權利，外國航空器一旦進入一國之領海上空，必須獲得該國之許可；

三、 沿海航行權，即從事本國各港口之間的航運和貿易的權利；

四、 制定有關航行、關稅、移民、衛生、水域保護、海洋生物資源養護，電纜、管道以及助航設備與設施的維修與保護、海洋科學研究與水文的測量，以及其他維護國家安全及經濟利益的法令，及採取相應執行的權利，對於不遵從者或違反者有相應制裁的權利；

五、 對於外國的非軍用船舶，沿海國得在其領海內採取必要措施，防止其「非無害」之通過，沿海國固得停止其通過；遇有違反沿海國法律者，沿海國更得加以拿捕；

六、 沿海國在戰時保持中立者，交戰國不得在該國領海交戰或拿捕商船。

肆、公海之意義

　　傳統國際法既已認定公海是「全體人類之共同繼承財產」(Common Heritage of Mankind)供全體國際社會的成員平等分享

與使用。公海並不屬於任何國家領域的一部分。因此，它不隸屬於任何國家主權之下，任何國家不得主張公海的任何一部分屬於其範疇。易言之，任何國家均不得將公海的任何部分據為己有，亦不得對公海的本身行使管轄權。因此，公海乃是對各國一律平等開放，不受任何國家權力的支配與管轄。

伍、公海自由原則

公海自由被認定為公海法律制度之基礎；公海自由之原意，即是指任何國家的船舶航行於公海之上，擁有不受他國干擾之航行權。然而，國際法上對於公海自由原則的行使，卻也絕非毫無限制的。公海自由絕不是認為公海處於「無法律狀態」；公海自由的本身，即是一種法律狀態。所謂「公海自由」，根據 1982 年「海洋法公約」第 87 條的規定，公海自由包含下列各項意義：公海絕對不受任何一國主權的管轄；所有國家的船舶，不論商船或軍艦，在公海航行，享有絕對自由。就一般而言，任何國家不得對於在公海上航行而未懸掛其國旗的船舶行使管轄權；按照一般規定，一國唯有對於懸掛其國旗的船舶，始得行使其管轄權；每一個國家及其國民均有權利用公海，以鋪設海底電纜及管道、從事漁捕及科學研究；任何國家的飛機享有飛越公海上空的絕對自由。每一國家享有在公海建造國際法所容許的人工島嶼和其他設施的自由。

陸、鄰接區

鄰接區或稱毗連區，鄰接區制度並非習慣法所承認，而係條約法所創設。鄰接區是指介於領海與距離領海基線 12 浬之內的海域；因此，主張領海寬度 12 浬的沿海國即不能享有鄰接區。沿海國對於它的鄰接區享有「鄰接區權」；亦即沿海國為了預防或制裁第三國人民或船隻在其領域（鄰接區）中，有違背

關稅、財政、緝私、衛生及移民……等方面法令之行為，得在其鄰接區中行使管制或採取適當之措施；此等管制或措施僅限於「防護性」(Preventive and Protective)。

柒、專屬經濟區

第三屆聯合國海洋法會議創制「專屬經濟區」(Exclusive Economic Zone)法律制度，並使其充分發生效力，此為國際法歷史上之一項重大發展。專屬經濟區係指經濟區制度之空間效力範圍，乃位於領海以外並鄰接領海之一個區域，其外界由各沿海國自行確定，惟不得超越距領海基線 200 浬之距離（「海洋法公約」第 55 條）。我國於民國 68 年 10 月 8 日經總統令：中華民國之經濟海域為自測算領海寬度之基線起，至外側 200 浬之海域。

專屬經濟區為一立體概念，包括海域與海域下之陸地，沿海國對其享有經濟區權，惟此權利並不等於領土主權，亦即沿海國雖享有以探勘、開發、養護及管理屬經濟區內上覆水域、海床和底土之天然資源為目的之主權性權利，並對人工島嶼和設施之建造使用，海洋科學研究，以及海洋環境保護和保全具有管轄權（「海洋法公約」第 56 條），但應不影響傳統上原為公海航行、飛越、鋪設海底電纜和管道之自由。換言之，專屬經濟區中之海域部分，根本上並未喪失其公海地位，第三國國民或船隻雖必須容忍沿海國基於上述目的在專屬經濟區中所實施之特定行為，而不得有與其權利相牴觸之行為；惟沿海國之權利應受上述目的限制，凡與該目的不符之行為均不得實施，且不得干預第三國國民或船舶基於公海自由法則而來之公海使用權，如沿海國和其他國家之間在專屬經濟區內因權利與管轄權之利益發生衝突時，應在公平之基礎上參照一切情況加以解決（「海洋法公約」第 59 條）。

　　海岸相向或相鄰國家間專屬經濟區之界限，應在國際法之基礎上協議劃定，以便得到公平解決，若有關國家在合理期限內未能達成協議，應訴諸「海洋法公約」第 15 部分所規定之爭端解決程序（詳見第八章）。在達成協議以前，有關各國應盡一切努力作出實際性之臨時安排，參與開發同一區域之沿海國專屬經濟區內生物資源之適當剩餘部分；此種安排應不妨害最後界限之劃定（「海洋法公約」第 74 條）。

捌、大陸架

　　大陸架（Continental Shelf，或稱之為大陸棚；亦有稱之為大陸礁層）的概念是源自於地質學及地形學上所指之大陸塊沉降於海中的邊緣部分之所謂的「大陸緣」(Continental Margin)中的自海岸開始向海方向坡度甚緩的海底部分，被稱作「大陸架」。

　　1958 年「大陸礁層公約」第 1 條明定，大陸礁層為：一、鄰接海岸但在領海以外之海外區域之海床及底土，其上海水深度不逾 200 公尺，或雖逾此限度而其上海深水深度仍使該區天然資源有開發之可能性者；二、鄰接島嶼海岸之類似海底區域之海床及底土。從本條文義可知，不僅大陸海岸外可有礁層，島嶼海岸外亦可有之。大陸礁層(Continental Shelf)原為地質學名詞，係指自海岸到水深逾 200 公尺處為止之海底，因許多海岸邊緣之海底，並非突然深陷下去，而係陸地自然的向海裡延伸，至入海相當遠之地方始有懸崖般之地形。此延伸部分之海底像灘、像架又像棚，故又稱為大陸灘或大陸架或大陸棚。前述公約係以鄰接性(Adjacency)及開發可能之水深為基準，明定大陸礁層為「200 公尺深」之「鄰接」海底，而給予沿海國開發天然資源之主權性權利。惟其後國際法逐漸認為大陸礁層係沿海國領土向海底地域之繼續，從而不再以鄰接性或近接性

(Proximity)為規定沿海國權能之唯一適當基準，而改採自然延長(Natural-Prolongation)之基準。1982 年「聯合國海洋法公約」中將大陸礁層定義為：超越沿海國領海至其領土自然延長所及之大陸邊緣(Continental Margin)外側為止之海底及地下（但不能超過從測算領海寬度之基線量起 350 浬或連接 2500 公尺深度各點之 2500 公尺等深線 100 浬），若其外側境界線位於 200 浬以內者，則以至 200 浬為止之海底區域為準（「海洋法公約」第 76 條）。然而，各國之間的大陸礁層境界之劃定問題，仍不斷發生紛爭，一般而言，境界劃定紛爭多發生於適用等距離、中間線原則或適用衡平原則，「大陸礁層公約」採納前者，但國際法院判例則較傾向於適用後者，而「海洋法公約」對此並未明定特定之基準，只是為使境界劃定能達到衡平之解決，乃規定應以基於國際法之合意進行，即在國際法之基礎上以協議劃定（「海洋法公約」第 83 條）。

1958 年「大陸礁層公約」第 2 條第 1 項規定：「沿海國為探測大陸礁層及開發其天然資源之目的，得對大陸礁層行使主權性權利。」此即表示沿海國所具有的並非領域主權或所有，而係主權性之權利，亦即管轄或管制之權利。因此，大陸礁層在國際法上被視為沿海國之固有權利，無須實效占有，或明示宣言，亦無須他國承認，即可以沿岸領土之自然延長而擁有此項權利。且此種權利係專屬的，沿海國如不探勘大陸礁層或開發其天然資源，非經其明示同意，任何人不得從事此項工作或對大陸礁層有所主張。

大陸礁層在國際法上雖被視為沿海國之固有權利，但沿海國並非擁有領域主權，亦無立體性與概括性管轄權，而僅可行使無差別之屬地管轄權故其對大陸礁層所行使之主權性權利受有某種程度之限制，亦即屬於沿海國之義務、其主要者有下列

五項：一、不影響上覆水域或上空之法律地位；二、不得對其他國家航行和公約規定之其他權利與自由，有所侵害或造成不當干擾；三、沿海國除為探勘大陸礁層，開發其自然資源，並防止、減少和控制管道造成之汙染有權採取合理措施外，對於他國鋪設或維持此種海底電纜或管道，不得加以阻礙；四、沿海國有規制許可實施海洋科學調查之權利，但對以和平為目的且為增加全人類利益之海洋研究者，負有同意之義務；五、對超越 200 浬以上之非生物資源開發，沿海國應繳付費用或實物，再由國際海底機構(International Seabed Authority)依衡平原則分配給締約國。

玖、無害通過權

無害通過制度，傳統上自從海洋自由原則盛行之後，即已存在之權利，因此，基本上而論，國際社會多數國家認為無害通過權乃是習慣國際法中對於沿海國所享有之領海主權行使之限制，沿海國應有容忍之義務。這樣的觀點亦為多數學者之主張，就是所謂的「主權限制說」。而實際上「無害通過權」(The Right of Innocent Passage)係指他國的船舶在不妨害沿海國的和平、良好秩序與安全的條件下，得在領海內航行，用以保護沿海國之權益。而實際的通過行為是實施無害通過的船舶必是對沿海國的現在及未來的利益，不得有所損害；同時，船舶的通過，其本身應是以合理的速度及路線；繼續不停的「迅速」航行。另外，行使此項權利之外國船舶，必須符合「無害」之規定，同時遵行沿海國航行之規章。

所需注意者，飛機並不享有無害通過的權利，任何飛機飛越沿海國領海上空，必須取得沿海國之同意。根據 1944 年 12 月所簽署之「國際民用航空公約」（又稱「芝加哥公約」）的規定，國家之領空及於領海之上空，因而國家之航空器，如果未

經沿海國之同意，不得飛越或降落；至於從事定期航運之私人航空器，則必須事先取得沿海國之同意，始得飛越沿海國之領海。

至於潛水艇或「其他潛水器」，於行使無害通過權時，「必須在海面上航行並展示其旗幟」(are required to navigate on the surface and to show their flag)。違反者，或經請求其離開，無任何理由仍拒絕離開，則沿海國可以將之擊沉或擊傷，或是將該船艇帶回本國港口或扣留該船艇。

壹拾、過境通行權

「過境通行權」(Right of Transit Passage)基本上是一種妥協之後的結果，一方面要顧及海峽沿岸國對於領海的權利，另外一方面又要顧及國際社會海洋強權國家所主張的「海洋自由原則」的適用利益。從實質上來檢視，這樣的一個制度的建立，乃是「海洋法公約」創制出來的全新制度，與傳統國際海洋法之間有相當大的區別。它是介於公海的完全航行自由制度與領海無害通過之間的規定。

過境通行制度的建立，適用於連接公海或專屬經濟區的一個區域和公海或專屬經濟區的另一區域之間的用於國際航行的海峽。但是，如果海峽是由海峽沿岸國的一個島嶼和該國大陸形成的，而且該島向海一面有在航行和水文特徵方面同樣方便的一條公海航道或專屬經濟區內的航道，則不適用此種制度。

1982 年的「聯合國海洋法公約」對於無害通過權的規範，主要有八點如下：

一、　在用於國際航行的海峽內，外國的船舶與飛機，均享有繼續不停與迅速過境而不應受到阻礙的過境通行之自由。

二、 此種「繼續」與迅速過境之要求，並不排除「在沿岸國入境條件限制下，為駛入、駛離該國或自該國返回之目的而通過此種國際海洋之情形」。

三、 行使此種過境通行權的船舶與飛機，均須遵守海峽沿岸國的相關規章與法令的義務；例如，除因不可抗力或船難而有必要外，不得從事與「過境通行」無關之活動；同時，不得對海峽沿岸國主權、領土完整或政治獨立進行任何武力威脅或使用武力。

四、 外國船舶行使「過境通行權」時，非經海峽沿岸國事先之許可，不得進行任何研究或測量活動。

五、 海峽沿岸國得與主管國際組織（如國際海事組織）合作協商，指定航道以及規定「分道通航制」，並在海圖上清楚標示與公布，以利航行安全。

六、 海峽沿岸國得制定法律規章，用以規定航行安全、海上交通管理、防止海上汙染、違法捕魚、裝卸商品……等行為，但沿岸國應將此等規定公布，並且無歧視地公平實施；行使「過境通行權」之外國船舶，有義務確實遵守。

七、 享受主權豁免之船舶的船旗或飛機之註冊國，應就其船舶或飛機之不遵守海峽沿岸國之法律規章，所造成沿岸國之損失或損害，擔負起國際責任。

八、 海峽沿岸國有義務不得妨礙或停止「過境通行權」的外國船舶或飛機；並應將所知之海峽內或海峽上空的對於航行或飛越之危險，妥為公布；以利「過境通行權」之正常行使。

壹拾壹、接近權

「接近權」(Right of Approach)係指軍艦為了維持公海之秩序，執行國內法與國際法之規定，於公海上發現可疑之船舶時，得駛近該船舶，以查明其船籍、旗號及其在公海上的目的；而所謂「可疑之船舶」乃是指船旗不明及航行目的不明之船舶。

壹拾貳、臨檢權

當軍艦在公海上實施「接近權」時，軍艦通常先升示自己國旗，即係「警告」該可疑船舶，該船舶在遇見軍艦時，通常應先立即升起自己國旗，如果在軍艦先升國旗後，該船舶至此應迅速升旗表明國籍，如有犯罪嫌疑時，軍艦可進一步行使「臨檢權」(Right of Visit)。此處「臨檢」係指索閱各種文件或派人登船執行此臨檢任務。惟此處之「臨檢」必須有「超越合理懷疑」(Beyond Reasonable Doubt)之「證據」(Evidence)顯示該船舶有犯罪之嫌疑。

壹拾參、登臨權

基本上，「登臨權」(Right of Boarding)與「臨檢權」，在實質上，並無多大差異，均指「登船臨檢」之意。即指軍艦如果發現外國船舶形跡可疑，而有「合理」之懷疑有進行海盜、販奴或其他海洋公約所認定之不法勾當，可以登船檢驗船舶文件外，尚得在船上進行檢查。因之，有些學者亦習稱為「臨檢權」(Right of Visit)。一般認為「登臨權」似乎較為正式，而臨檢權僅是舊時之稱謂。

依據「海洋法公約」第 29 條的定義，軍艦是指「屬於一國武裝部隊、具備辨別軍艦國籍的外部標誌，由該國政府正式委

任並名列相應的現役名冊或類似名冊的軍官指揮和配備有服從正規武裝部隊紀律的船員的船舶」。第 95 條規定軍艦在公海上有完全的豁免權；第 96 條規定「由一國所有或經營並專用於政府非商業性服務的船舶」，在公海上也有完全的豁免權。但依第 102 條，如果軍艦、政府船舶或政府飛機由於其船員或機組成員發生叛變而從事海盜行為，則視同私人船舶或飛機，而喪失其豁免權。

在公海上船舶雖然只受船旗國的專屬管轄，但軍艦、軍用飛機與政府船舶，如有合理根據認為外國不具豁免權的船舶，有下列嫌疑，依公約第 110 條可以登臨檢查：

一、 該船從事海盜行為。

二、 該船從事奴隸販賣。

三、 該船從事未經許可的廣播而且軍艦的船旗國依據第 109 條有管轄權。

四、 該船沒有國籍。

五、 該船雖懸掛外國旗幟或拒不展示其旗幟，而事實上卻與該軍艦屬同一國籍。

壹拾肆、緊追權

沿海國之「緊追權」(Right of Hot Pursuit)，源起於 19 世紀的海洋強國的實際作法，長久以來，習以為常；未遭重大爭議，而成為習慣法的一部分。1958 年之「公海公約」及 1982 年「聯合國海洋法公約」，均納入此項習慣法之規定，而正式的法典化成為現行國際海洋法的規範。基本上，緊追權的行使，自然成為海上航行自由原則的又一例外。且為國家行使管轄權之特殊延伸。此乃因緊追權行使之結果，被緊追之船舶，有被

拿捕或擊毀之危機，當然不具有航行之自由；且二者之國籍，又不隸屬於同一國家，緊追權之行使者，自然是將其本國之管轄權，延伸及於另一國家之船舶。如果無此緊追權之便宜行事，違法犯罪之船舶，儘可以公海為庇護所或逃脫處；如此則沿海國之安全可慮，公海秩序亦將無法維持。但緊追權亦不得濫用。公海公約與聯合國海洋法公約均規定甚嚴。

所謂「緊追權」乃是依據傳統習慣法或更正式的國際慣例所形成之沿海國管轄權的行使。沿海國如果認為外國船舶在其內水或領海內違反法令，並具有充分理由時，沿海國之軍艦、飛機或其他政府授權的船隻，可以在內水或領海下令該船隻停船受檢查，如果該船不聽命令，則可以對該船進行追逐，直至公海而將其拿捕。

第二節　專題研究：公海法治之建構與規範[*]

壹、前言

人類對於海洋之利用，相當悠久，可以溯自人類社會形成之時，沿海民族為了日常生活起見，早就開始以海洋中的生物，作為維生之計。歐洲人之循海線航行，更是有不少記載，北歐的民族像「維京人」(Vikings)早就在北海與北大西洋捕鯨；而南歐的地中海沿岸的住民也早有貿易與航運的活動，史書上亦早有記載。更有許多生意上的作法是後世海商法的慣例法源。然而，如果論及最早而能越洋遠航者，則首推亞洲人，早在西元前 300 年，即有印度人遠航至巴比倫從事貿易行為。而中國人更在西元前，航行至印度洋與東南亞水城，有生意上的往來。

---

[*] 本文參酌拙著，當代國際法（下），五南圖書出版股份有限公司，2008 年。

中世紀之時，歐洲大陸的國家開始對其周邊的海域主張管轄；然而，當時各國所主張的海域，有異於今日領海的觀念。當時各國主張海域時，大都缺乏「鄰近」的觀念；因為當時各國的主張，並非放眼在「與其鄰近的海域」，而是依據本身的特殊需要或基於國家本身的利益，而作出主張。例如，有些國家對於通航船舶的課稅權利，有些則主張對於從事於海盜等犯罪行為的刑事管轄權。自中世紀以來，對於海域的各種不同的伸張本身利益的主張，不能務實的反映國際社會整體的利益。因此，如果要讓各國均能共同分享整個海洋的資源與利益，顯然就不能將海洋置於單一國家的「管轄」之下，而必須保持海洋的自由。基於此種認識，海洋自由的思想乃應運而生。

荷蘭法學家格勞秀斯(Hugo Grotius)之所以被後世尊稱為國際法之父的很大的一個原因，就是他在 1609 年所出版的《海洋自由論》，駁斥了當時所盛行的海洋可以自由的讓各國所分占的理論。這在當時來講相當的震撼了國際社會。雖然他的主張在當時也只是在維護荷蘭在海洋世界的貿易與航運的利益；同時也未要求各國應該「完全」放棄對海域的主張。但是，不論從哪個角度來檢視格勞秀斯的主張，均可以嗅出「海洋自由」或「海洋不可分割」的味道。雖然他的主張仍然認為沿海國可以對於海域為管轄之主張，但是重要的是各國所主張管轄的海域「不得漫無限制」，而應僅以與海岸相鄰近者為限。這樣的主張或者說這樣的觀念，在海洋法制的發展上，可謂是一個重大的「里程碑」(Milestone)。因為它可以說是當代「領海制度」的濫觴。

自此而後，各國開始逐漸修正或放棄了以往對於海域的誇大主張。到 18、19 世紀，各國在實踐上已經逐漸呈現了相當一致的主張，各國大致上也僅對其「鄰近」之海域提出管轄之主

張。相對之下，在各國所主張的海域之外的廣大海域則成為得自由使用之「公海」(High Seas)。如果進一步去探討「海洋自由」的主張之所以會被各國所接受，其原因不外：一、海上航行的頻繁與海上貿易的遽增，一個開放的與自由航行的海洋，實際上對各國均有利；以及二、實際上各國亦無法有效地去控制或管轄其所主張的廣大海域。

　　基於以上的認識，到了 20 世紀，各國間產生了一個共同的法律信念，那就是公海不得由各國所分占或取得，而應開放給全體人類共同使用。基於這樣的信念，各國因而產生了「共識」(Consensus)，而進一步地產生了「公海自由原則」(Freedom of High Seas Principle)。並在 1958 年的「公海公約」以及 1982 年的「聯合國海洋法公約」正式的加以「法化」。

貳、公海之概念與其意義

　　公海概念的產生，比較海洋的航行、利用與貿易來說，相當的晚；這個概念的形成亦是逐步地因為各國實際上的需要，才發展出來的習慣法制的運作制度。具體的來說，公海概念的產生，大約是在 16 世紀末到 17 世紀。各國原本對海洋的想法並不具有什麼「公海」的概念，或者可以這麼說，人類社會對海洋並沒有什麼特定的看法，也沒有想要去了解它，而把它當作是空氣，是人類的公有物，或者是把它看作是人類共有之物；它是開放給任何人的，也就是說，任何人都可以在海洋上自由航行，不受任何拘束。就是所有的海洋均是公海。然而，這樣的認知到了中古時期的後半段，就有一些國家隨著主權意識的興起，而提出管轄某一部分公海之要求。當「國際法」逐漸成形之後，大部分的國家開始深信它們可以把主權設定在公海上。這種情形造成歐洲海權國家彼此爭奪海洋的控制權，彼此之間也毫不相讓。國與國之間爭奪海洋的情形相當緊張。直

到格勞秀斯提出「海洋自由論」之後，情況才有所改變；在沒有任何單一國家能確實主導或管轄海洋上的權利之後，「海洋自由」的開放給所有的國家，不失為雖不十分滿意，卻也勉強可以接受的一個「妥協」之下的產物。至此，各國開始接受：「公海不得被各國所取得而應開放給全人類共同使用」的信念。也就是因為如此的信念，海上航行的自由，也就逐漸成為各國所接受的原則。

待領海的觀念形成之後，「公海自由原則」就適用在領海以外的海域，這就是所謂的「公海」，換言之，公海即是指領海以外的海洋。它不得成為任何國家設定主權的對象或客體。質言之，公海不隸屬於任何國家，它獨立於國家主權之外。1958 年的「公海公約」就將公海定義成不包括一國領海和內水的全部海域；其後，由於海洋強權的沿海國對海洋權利及管轄範圍的擴大，出現了專屬經濟區、群島水域等新的海洋法上的概念，也因此而改變了公海範圍。實際上這是縮小了公海的範圍，更因此，在實質上限縮了「公海自由原則」適用的範疇。當然，公海自由原則，立意良好，也在事實上減少了國際之間的紛爭，更符合各國的國家利益。因此，而有必要在了解公海法制之建構時，也同時去了解它的相關內容。另外，更須去了解當今所指之「公海」為何？

1982 年「聯合國海洋法公約」第 82 條明定：「公海的規定適用於不包括在國家的專屬經濟區、領海或內水或群島國水域內的全部海域。」其定義十分明確，較之過去 1958 年「日內瓦公海公約」第 1 條，減少了專屬經濟區及群島水域二部分。依據上開「公海公約」之規範，公海的範圍可以擴展至外太空之下的水域及海床及底土，然而隨著大陸礁層觀念的出現及國際海底管理局對於深海底的管轄，已使公海的範圍縮小許多。

參、公海之法律地位

公海是人類的共同財產，供所有國家共同、平等地使用，任何國家都不得將公海的任何部分置於其主權管轄下。在公海上，實行「公海自由」這一國際習慣規則。「公海公約」規定的公海自由主要包括以下六項：

一、航行自由；二、習慣自由；三、鋪設海底電纜和管道的自由；四、建造人工島嶼和設施的自由；五、捕魚自由；六、科學研究的自由。所有的國家，不論沿海國還是內陸國，在公海上都可以享受這六項自由。當然，公海自由並非是毫無限制的自由，為了確保公海自由權能得到充分和廣泛的行使，也為了維護公海上的正常秩序，「公海公約」和「聯合國海洋法公約」為公海建立了一套完整的法律制度：各個國家在行使公海自由權的同時，應嚴格遵守這些法律制度而「聯合國海洋法公約」規定的公海法律制度主要包括：航行制度、鋪設海底電纜和管道的制度、捕魚及養護生物資源的制度等。

公海是對所有國家開放，任何國家不得對公海主張任何部分有其主權，此為習慣國際法。正如 1982 年「聯合國海洋法公約」第 89 條所明定：「任何國家不得有效聲稱將公海的任何部分，置於其主權範圍之下。」第 87 條明定：「公海對所有國家開放，不論其為沿海國或內陸國，公海自由是在本公約和其他國際法規則所規定的條件下行使的。」

公海對各國一律開放，任何國家不得有效主張公海任何部分屬其主權之下，公海自應依 1958 年「公海公約」、1982 年「聯合國海洋法公約」及國際法其他規則所定之條件使用。因此，從這個原則來看，沒有一個國家得於公海主張其主權或者管轄權，亦即沒有一個國家有權去阻止其他國家，以合法的目地使用公海，這個習慣法已於第一次及第三次聯合國國際海洋法會議中法典化，此乃國際法上重要之里程碑。

公海之法律地位，基本上是建築在公海自由原則的基礎之上。公海自由原本就是指公海不屬於任何國家主權之下，各國的船舶有在公海上不受別國干擾的自由航行之權。此外，海洋強權往往把「公海自由」解釋成無限制的絕對自由。然而，公海自由絕不是指公海處於無法律狀態。公海自由使用本身即是一種法律狀態。聯合國海洋法公約即明白指出，所有國家在行使這些自由時，就應考慮到其他國家行使公海自由的利益。

肆、公海自由原則

一、公海自由之意義

海洋為人類的共同財產，絕非一國所可獨占；公海不應屬於任何國家，而應對各國一律開放，平等使用。任何國家均不得主張公海的任何部分屬於它主權的範圍。早在 1958 年的「公海公約」第 2 條即明文規定：「公海自由，應以公海公約之條款及國際法其他規則所定之條件行使之。」公海自由，並非謂公海之完全放任，陷於無法律秩序之狀態，或是任由海權大國所支配；仍應由國際社會的各種慣例或相關法規，予以規範，使利用海洋者，共同遵守。國際社會之所以要對「公海自由」加以規範其內容及意旨，其目的並不是在限制「公海自由」，而是在保障公海自由權之行使，合於整個國際社會之利益。

因為每一個國家對於公海上的外國船舶，原則上不能加以控制，是故各國間對於公海之自由，希望能有一個新的限制規則，然隨著海洋新科技不斷的開展，公海自由原則是不能以列舉的方式規定，而於 1958 年「公海公約」的第 2 條列出了航行自由、捕魚自由、鋪設海底電纜及管線自由、公海上空飛行之自由，同時也做了以下的陳述：「各國行使以上自由及國際法上一般原則所承認之其他自由，應當顧及其他國家行使公海自由

之利益。」這說明了不論是否沿海國都有權利自由地使用公海。

1982 年「聯合國海洋法公約」第 87 條規定：「公海對所有國家開放，不論其為沿海國或內陸國。公海自由是在本公約及其他國際法規則所定之條件下行使的。公海自由對沿海國和內陸國而言，除其他外，包括：1.航行自由；2.飛越自由；3.鋪設海底電纜及管線之自由，但受第六部分之限制；4.捕魚之自由，但受第二節規定條件之限制；5.科學研究的自由，但受第六和第十三部分的限制；6.人工島嶼設施及其他設施的自由」，「這些自由應由所有國家行使，但須適當顧及其他國家行使公海自由之利益，並適當顧及本公約所規定的同『區域』內活動有關的權利。」

二、 公海自由原則之內容

公海自由原則的內容為何，見解不一，但是，一般都一致認為，公海自由原則應包括一項禁止規定，即：禁止領土主權，析言之：公海不得被置於國家領土主權之下。基於此項規定，則各國顯然不得占領公海全部或部分或採取其他任何措施，以取得公海全部或部分。另一方面，此項禁止規定的目的，是在於保障各國得使用公海。因此，各國即使無取得公海的意思，但也不得任意占領或控制公海，致他國無法使用。

基於前段所述，公海自由原則除了包括禁止領土主權之規定外，尚應進一步涵蓋另一項規定，以期能直接保障各國對於公海的使用。此項規定可稱之為「禁止妨害使用」規定。此項禁止規定的內容應是：一國不得對於他國之使用公海為阻礙或其他的不良影響。基於此項規定，則使用國享有使用公海之權利，而第三國則負有不得侵害此項使用的義務。

　　公海自由原則包括消極與積極二方面的規定：積極規定是：公海應開放給全體人類使用；消極規定則是：1.各國不得依國際法中領土取得方式或其他理由，取得公海全部或部分；2.各國不得占領公海全部或部分；3.各國不得以其他任何方法，防阻公海的使用。

　　公海的使用方式，並無任何限制。1982 年「聯合國海洋法公約」曾例示各種傳統的使用方式，並稱之為「公海自由」(Freedom of the High Seas)，如：航行自由、飛越自由、鋪設管線及電纜自由、漁捕自由、科學研究自由以及設置人工島之自由。除了這些使用方式之外，尚可有其他使用方式。

　　基本上，各種使用方式皆為公海自由原則所許可。但是，各種使用方式之間，則不可有不合理的妨礙：各種使用方式之間在基本上必然會相互妨礙，但是各種使用方式間應有合理的協調，使得妨礙維持在合理的範圍之內。此項基本原則亦被納入於 1958 年「公海公約」及 1982 年「聯合國海洋法公約」之中。

　　公海自由是國際法上早已確立的慣例，其具體內容據「海洋法公約」第 87 條的規定，包括：

1. 航行自由。

2. 飛越自由。

3. 鋪造海底電纜和管道的自由：但依公約第 79 條的規定，應適當顧及已經鋪設的電纜和管道，特別是不應妨害修理現有電纜和管道的可能性。如電纜或管道經過公海下他國的大陸架，則其路線的劃定須經沿海國的同意。

4. 建造國際法所允許的人工島嶼和其他設施的自由：但依第 80 條，應適當顧及已建造的人工島和其他設施，特別是不應影

響修理此等人工島或設施的可能性。且在公海下的他國大陸架上建造人工島或其他設施，應得沿海國的同意。

5. 捕魚自由：但受公約第 116 條至 120 條有關公海生物資源的養護和管理之規定的拘束。

6. 科學研究的自由：但依公約第 246 條規定，在大陸架（包括公海下他國的大陸架上）進行科學研究，應經沿海國同意。

　　以上這些自由不論是沿海國或內陸國均可以行使，但行使時須顧及其他國家行使公海自由的利益。

　　海洋法公約上未列舉的自由，也可以行使，其標準應是此等自由是否「合理」(Reasonableness)；這方面有時會引起爭執。一般認為在海上舉行海軍演習或傳統武器試射，並未違反公約第 89 條的為和平目的使用公海之規定；但在海上試驗核子武器則有爭執。

伍、公海上之管轄權

　　公海自由是被國際法認定是公海法律制度的基礎。而公海自由更是植基在公海自由原則之上。因此，從這個觀點來檢視，公海自由原則才是公海法制之基石，這一點是無庸置疑的。易言之，依據公海自由原則，公海不得置於任何國家的主權之下；也就是沒有任何一個國家得以對公海之全部或一部主張主權，進而在公海實施管轄。如果完完全全依據公海自由原則，來解決公海上發生的事情，公海將形成「無法的真空狀態」。這是脫離國際現實的。因此，國際社會亟需訂定一套客觀的標準，來公平地解決公海上的紛爭事務，而這樣的標準就是要來決定，糾紛發生了之後，不能不加以解決；然而，又要如何公平、客觀及迅速而有效地解決呢？這其實就是要來解決紛爭發生後，應由哪一個國家來管轄的問題。

　　理論上，公海中事項應由何國管轄，端視該事項與何國有關連性而定。若事項僅與一個國家有關連性，則由該國管轄；若事項與多數國家有關連性，則由多數國家管轄。在後者情形中，發生管轄競合。

　　船舶進入公海，基本上應由船籍國為管轄。因為，透過船舶國籍之連繫，使船籍國與船舶間產生關連性。因此、船籍國得對於在公海中船舶為規範及對之實施執行。基於相同理由，船籍國得對於在公海中船舶內事項為規範及在船舶內實施執行。所有這些情形，即所謂的船旗管轄權。

　　除了因船舶國籍而產生的管轄之外，國際法尚進一步針對各種情形，明定公海中的管轄歸屬。不可否認的，前者的管轄與後者的管轄有可能發生競合。在下文中，將就公海中各種管轄情形加以說明。

一、 航行之自由

　　根據公海自由原則，依照公海公約和海洋法公約的規定，任何沿海國和內陸國，都有權在公海上行駛懸掛本國國旗的船舶，而且其船舶得隨時在公海上任何部分停留，船舶利用這一權利時，應符合下列要求：

　　第一、公私船舶都應依法登記以取得國籍，但必須與登記國有真正連繫。它們有權懸掛其國旗，而且必須懸掛；但一船應僅懸掛一國國旗航行，不得多於一國國旗。懸掛甲國國旗的船舶，具有甲國國籍。船舶除其所有權確實移轉或變更登記者外，不得於航程中或在停泊港內更換其國旗。船舶如懸掛兩國以上國家之國旗航行，權宜換用，不得對他國主張其中任何一國之國籍，且得視同無國籍船舶。

第二、船舶須受其本國管轄。依照舊的理論，公私船舶在公海上應受而且只受船旗國(Flag State)的法律管轄，是由於傳統的「浮動領土說」的援用，視公海上的船舶為船旗國的「浮動領土」，既是領土，船旗國行使的便是領土管轄權，而領土管轄權應由船旗國行使，也只有船旗國才能行使。現在的理論則認為，船旗國行使的是對人管轄權，當它的商船於公海上時，等於它的國民在公海上，而且不受他國的管轄，它於是應延伸管轄權至公海上。

公海公約和海洋法公約都規定，船旗國得對其在公海上的船舶行使的管轄權，還有下列各種：1.規定給予船舶國籍、船舶在其境內登記及享有懸掛其國旗權利的條件，並對懸掛其國旗的船舶在行政、技術及社會事宜上確實行使管轄及管制；2.核發懸掛國旗許可證書；3.為下列事項訂立辦法：(1)信號的使用，通訊的維持及碰撞的防止；(2)船舶人員的配置和船員的勞動條件；(3)船舶的構造、裝備和適航能力。

第三、應遵行或責成其船舶遵行下列要求：1.採取有效措施，以防止並懲治懸掛其國旗的船舶販運奴隸，並且防止非法使用其國旗從事這種行為；2.責成懸掛其國旗的船舶船長在不甚危害船舶、船員或乘客時，救助在海上有被淹沒危險者；3.據告有人遇難亟需救助時儘速前往援救；4.於碰撞後，對於他方船舶、船員及乘客予以救助，並於可能時將其船舶名稱、船籍港及開往的最近港口告知他方船舶。

二、捕魚之自由

各國人民得隨時在公海任何區域捕魚或探採各種海產，除於其國家受條約或特殊義務限制外，不應遭受任何國家阻撓或干擾。但是，為了養護公海生物資源，並使海產利益均沾起

見，各國曾簽訂關於限制捕魚的條約，例如英、法、丹、比、德、荷等六國，曾於 1882 年簽訂「北海領海外漁業管理公約」(Convention for the Regulation of the Police of the Fisheries in the North Sea Outside Territorial Waters)，法、義、挪、葡、西、丹、加拿大、冰島等八國，於 1949 年簽訂「西北大西洋漁業公約」(Northwestern Atlantic Fisheries Convention)，美、日、加等三國，於 1952 年簽訂「北太平洋公海漁業公約」(North Pacific High Seas Fisheries Convention)，以及 1958 年的「捕魚及養護公海生物資源公約」(Convention on Fishing and Conservation of the Living Resources of the High Seas)。

　　1958 年「捕魚及養護公海生物資源公約」和 1982 年「海洋法公約」都訂明：各國國民有權在公海捕魚，但須遵守條約義務和公約的規定；各國都應盡力並和他國合作養護公海生物資源（包括海洋哺乳動物），並於適當情形下設立區域性漁業組織，使這種資源最適當又能持久，以求能夠取得食物和其他海產的最大供應量；各國應在其國民事實上獨占的海域內，採行養護有關生物資源的措施。兩國國民在同一海域採捕一種或數種魚源時，有關各國應舉行談判。各該國國民協議規定養護有關生物資源的必要措施；各國應經常提供並交換科學資訊及漁獲量統計，限制漁捕量，不歧視外國漁民。總之，各國國民在公海捕魚或探採其他海產，應顧及公海生物資源的培養，並須接受必要的約束，捕魚自由並不是漫無限制的。

三、飛越之自由

　　公海上空之法律地位和公海一樣，不屬於任何國家的主權管轄範圍。因此，無論沿海國或內陸國的航空器都有在公海上空飛越之權利和自由。此項國際法習慣規則值得析論之處有二：

　　第一、就飛越自由之範圍言：公海雖不包括國家管轄範圍的各種海域，但除領海以外，專屬經濟海域及大陸礁層雖然不是公海，但其上空和公海上空一樣，屬於各國航空器自由飛越的空間。至於大陸礁層延伸到距領海基線 200 浬以外的部分，沿海國雖然對之享有管轄權；但這種權利之行使並「不影響上覆水域及水域上空的法律地位」。因此，無論大陸礁層的寬度是否超過專屬經濟海域的寬度，均不影響任何國家航空器的飛越自由。

　　尤有進者，「國際航行用的海峽」之上空及群島水域的海道上空，各國航空器亦均享有飛越之權利。不過，這種權利與公海上空的飛越自由相比較，除了兩種飛越均須遵守「芝加哥國際民用航空公約」規範（包括國際民航組織制訂的適用於民用飛機之「航空規則」）外，尚須繼續不停、迅速和無障礙地飛越；國有飛機在飛越時亦應遵守安全措施、顧及航行安全。行使「群島海道」上空的飛越權時，航空器更不得偏離「海道中心線」25 海里以外、或距離海岸不得「小於海道邊緣各島最近各點之間的距離的 10%」，並遵守沿岸國或群島國所制訂之關於「過境通行」或「群島海道通行」的法律規章。

　　第二、民用航空器必須在一國登記，取得該國之國籍，並在機身外清楚標示這個國籍以資識別。至於國有的軍、警、海關航空器之飛航規則，則由其所屬國制訂。國家在制訂此等規範時，應當注意民用航空的安全。

　　總而言之，公海既為全人類共有，則其上空也不歸屬任何國家，沒有任何國家可以主張有那上空的主權，或在那上空行使專屬管轄權。所以各國的航空器，只要沿著一定的航線，就可以定時在那上空飛行，或於安全的情況下，隨時飛越那上空的任何部分，飛行時僅受其國籍所屬國管轄，他國不得過問。

這一自由在「公海公約」第 2 條明定確認,「海洋法公約」第 87 條再次規定而確認。

四、鋪設電纜管線之自由

1858 年「公海公約」訂明:「一、各國均有權在公海海床鋪設海底電纜及管線。二、沿海國除為探測大陸礁層及開發其天然資源有權採取合理措施外,對此項電纜或管線之鋪設或維護,不得阻礙。三、鋪設此項電纜或管線時,當事國對於海床上原已存在之電纜或管線應妥為顧及,尤其不得使原有電纜或管線之修理可能,受有妨礙。」(公約第 26 條)該約又訂明,各國應以法律規定:懸掛其國旗的船舶與其管轄的個人,於故意或過失,破壞或損害公海海底電纜,以致電報或電話通訊停頓或受阻;故意或過失破壞或損害海底管線或高壓電纜時,都是應受處罰的罪行,但個人基於保全其生命或船舶的正當目的,曾盡力避免這種破壞或損害者,不在此限(同約第 27 條)。此外,各國又應以法律規定:受其管轄的公海海底纜線所有人,因鋪設或修理纜線,而破壞或損害他人纜或線時,應賠償修理費用(同約第 28 條);船舶所有人為避免損害海底電纜或管線,雖已採較一切合理預防措施,仍要放棄其錨網或其他漁具,而能證明時,得向電纜或管線所有人索取賠償 。

1982 年「聯合國海洋法公約」第 113 條、第 114 條及第 115 條對於相關問題亦提出下列規定:

1. 凡船舶或特定人故意或過失破壞或損害海底電纜,以致電報或電話通訊停頓或受阻,則應受刑事制裁。此外,凡船舶或特定人因故意或過失破壞或損害海底管線或高壓電纜,則亦應受刑事制裁。惟在前揭兩者情形中,若為保全生命或船舶之目的,且經採用一切必要的預防措施仍不免破壞或損害發生者,則免受制裁。前段所揭之有關制裁之法規制定權屬於

船籍國及特定人之國籍國。換言之：各國應針對其船舶及國民，就破壞或損害海底電纜及管線之行為，為制裁的規定，並依其規定而為執行。

2. 凡因鋪設或修理海底電纜或管線致破壞或損害他人所有之電纜或管線者，應負損害賠償責任。各國應針對其國民就破壞或損害海底電纜或管線所生之損害賠償責任制定法規，並依其規定而為執行。

3. 船舶因避免損害海底電纜或管道致犧牲錨、網具或其他漁具時，電纜或管線所有人應負損害賠償之責任，但以船舶所有人已採取一切預防措施，仍不免損害發生者為限。

五、海洋科學研究之自由

　　就「公海自由」言，1958 年「日內瓦公海公約」第 2 條所列舉的項目中，並沒有「海洋科學研究」。不過根據草擬該公約的「聯合國國際法委員會」之評釋，該條文所列舉的公海自由項目並非全部的；而且特別指出「海洋科學研究」就是未被列入該條文的實例。事實上，在那以前的差不多一個世紀之間，各國船舶在公海從事海洋科學研究之例，不一而足，而並沒有遭遇任何抗議。

　　影響所致，1982 年「聯合國海洋法公約」則在第七部分明白將「海洋科學研究」列舉為「公海自由」的一個項目。但是此項自由的行使，須受該公約第六部分及第十三部分之限制。

　　與日內瓦制度相比較，「聯合國海洋法公約」將公海海床及其底土明定為「人類共同繼承的產業」，受新創立的「國際海床管理局」(International Seabed Authority)之節制。各國除在公海海域享有科學研究之自由外，在這種國際海床區域雖也有權從事海洋科學研究；但是受到較多的限制，其中除須專為和平目

的及為全人類的利益和促進國際合作，及經由海床管理局或其他適當途徑有效傳播研究成果外，海洋科學研究進入探測階段(Prospecting)以後，就須受到管理局的限制，包括：

1.將其探測的區域通知管理局；2.以書面保證其探測活動遵守海洋法公約規定之關於海洋環境保全的規則，及關於訓練開發中國家的人員之合作計畫。除此以外，任何在國際海床區域進行之探勘(Exploration)和開採(Exploitation)，更必須獲得「國際海床管理局」的明確授權；為此，合格的申請者必須向該局提出工作計畫。綜合言之，日內瓦制度下的公海「海洋科學研究自由」雖未被列舉為「公海自由」的項目，但這種自由不僅獲得默認，而且廣大公海海域及其海床和底土，都是「海洋科學研究自由」的行使範圍。反之，在 1982 年「聯合國海洋法公約」制度下，「海洋科學研究」雖然是法定的「公海自由」項目，但其行使的範圍不僅受新創立的專屬經濟海域及擴大後的大陸礁層之影響，而且受「國際海床管理局」之各種限制。

陸、結論

「聯合國第三屆海洋法會議」1982 年制訂、自 1994 年 11 月 16 日開始生效的「聯合國海洋法公約」將「公海」界定為「不包括在國家管轄之專屬經濟海域、領海或內水或群島國家的群島水域的全部海域」。

不過公約特別規定：此一條文並不減損各國在「專屬經濟海域」內依法享有的自由，包括航行和飛越的自由、鋪設海底電纜和管線的自由，以及與這些自由有關的海洋其他國際合法用途(other internationally lawful uses of the sea related to these freedoms)。

　　在法律上，公海因不屬於任何「國家管轄海域」，所以開放給一切國家（無論沿海的或內陸的國家）為和平目的而使用；禁止任何國家在公海的任何部分建立主權或管轄權。例如任何國家不得以任何自稱「合法之目的」而阻止他國船舶使用公海，或無條約根據而對公海上的外國船舶行使管轄權。

　　基本上，公海法制是建立在公海航行自由原則之上。公海公約建立了初步的公海法制規範，而 1982 年的「聯合國海洋法公約」才是建構了完整的公海法制。這兩個公約基本上並不相牴觸，而是適度的相輔相成。

　　回歸到公海法制之本質，原本就是要為廣大的海洋建立一套有效的規範，公平地讓各國來遵守，用以維持公海上的良好秩序。因此，為了要檢視公海法制，我們大致從公海的航行制度來著手。現行的航行制度，從「法制面」來檢視，上述的兩個公約可以說規範的相當完備，例如：所有的國家均享有在公海上「自由」航行的權利。每一個國家，不論大小、強弱，亦不論是沿海國或內陸國均有權在公海上行駛懸掛其國旗之權利。但船舶航行只能懸掛一國的旗幟，視方便而換用國旗。此外，軍艦和由國家所有或經營並專用於政府非商業性服務的船舶，在公海上享有不受船旗國以外，任何其他國家管轄的完全豁免權。

　　海上航行的船舶負有救助的義務。船長在不嚴重危及其船舶、船員或乘客的情形下，要救助海上遇有生命危險之人；如果得悉有遇難而需要救助時，應該在可能的情況下，儘速的前往救助；船舶碰撞後，應對另一艘船舶，其船員與乘客立即地給予救助。更重要的是船旗國對船舶在公海上碰撞或發生其他航行事故，享有專屬管轄權。至於對船長或船上其他工作人員的刑事或紀律責任，只能向船旗國或此等人員之所屬國的司法

或行政當局，提起刑事或紀律的程序，而依各該國國內法的規定加以處理。

　　為了維持公海上的和平與良好秩序，各國有權對公海上的一些違反國際法的活動進行干涉。海洋法公約沿襲公海公約的作法有下列一些規定：一、制止海盜行為；二、制止販賣奴隸；三、禁止販賣毒品；以及四、禁止非法廣播……等規定。因此，以目前的公海法制來檢視，雖然不是那麼的完備與周延，然而，這樣的公海法制剩下來的問題，似乎要注意的是如何確實的去執行的問題，這當然不是可以輕易忽視的。

07 國際人權法

第一節 關鍵概念

壹、人權

關於人權之定義，至今仍然是相當紛歧，不同的社會制度以及不同意識形態的國家，也都會講人權，然而人權就如同民主、自由……等一樣，往往有各種不同的詮釋，無法達成「共識」(Consensus)，從此一情形來看，作為思想內容的人權就像許多觀念一樣，傳播的越廣泛，其內容就越模糊。人人均在談人權，實際上卻是在談不同的東西。這個問題如果不解決，則有關人權的研究就會受到嚴重的影響，至少就會是「盲人摸象」的結果。

大部分的人權專家在人權的定義上，大概有下列幾種看法：一、人權就是做人的權利；二、人權就是得到社會所承認的權利；三、是「人格」或「資格」及能夠提出之有效的要求權；四、人權就是國家法律所認可並加以保障而能實現的人身權利及民主權利；五、與集體權利全然不同之言論、出版結社集會的個人權利；六、人權即是個人所可享有之自由權與平行權。事實上，隨著時間的演變，人權從洛克所提出的「人類天生就是自由、平等與獨立的。」與盧梭也明白指出：「每個人都是生而自由平等的。」這些大儒所提出的主張來檢視，將人權定義成自由權與平等權是為大多數人權學者所能接受的。也就是如果強調人權是平等權與自由權，並不單純地意味著人權是人們對於權利本身的渴求，它更重要的提出了人權需要什麼樣

的制度，或是在國家實踐中如何給予具體的保障。易言之，人權並不是一個抽象的子虛烏有的論點而已，它是的的確確地存在於人類社會之中，無論社會制度為何，人權均應該屬於人的真正的權利範疇之內。即使有些人權的具體內容不同於法律上的權利，這些權利亦應與法律權利一樣受到一樣的保護。也就是說，即使有些人權並不是法律所規定的「特別權利」，一旦它們受到損害，任何受害者，均有提出請求補償或賠償的請求權。

貳、世界人權宣言

「世界人權宣言」(Universal Declaration of Human Rights)乃是「聯合國憲章」有明定保障個人人權之條款規定而由「聯合國經濟暨社會理事會」自 1946 年起以其所屬之「人權委員會」(Commission On Human Rights)為起草機關，擬定之多邊人權公約，結果乃有「世界人宣言」的宣言在 1948 年 12 月 10 日由聯合國大會一致通過；將個人的人身、公民、政治、工作、財產與社會權利等列為所有人民與國家努力實現的共同目標。由於宣言之主旨在於詮釋及發揚「聯合國憲章」之人權條款。因此，該宣言之通過法律上的意義自非聯合國大會所通過之其他決議能相提並論。

具體而論，世界人權宣言之通過即是要求各國基於「聯合國憲章」之義務，要來促進所有人類對於種族、性別、語言或宗教的普遍尊重人權與基本自由而不得有差異件的對待。其制定之原因如下：一、基於人類一家，對於人人之固有尊嚴及其平等不移權利之承認；二、基於人權之被忽視，而自由言論、自由信仰、得免憂懼、得免貧困為一般人民之最高企望；三、人權須受法律規定之保障；四、促進國際友好關係；五、促進社會之進步及較優之民主；六、促進人基本自由受到普遍尊重

與遵行；以及七、基於此等權利自由之共同認識對於是項誓願之實現至關重大。

這項宣言原本不認為具有法律上的拘束力；然而，自其通過以後，該項宣言在全世界的推動下，行使的相當有力量且具有相當程度的影響力；不論是從國際面或國內面來看，該宣言均發揮了極大的效果。宣言的各項條文規定業已被聯合國所採取的各種不同行動作為「正當化」(Justification)的理由，而且也促成了許許多多在聯合國之內或之外的國際會議的召開並作成了有關人權提升的各種決議。並不僅於此，世界人權宣言對於各國的憲法及司法方面有相當程度的重大影響。舉例而言，世界人權宣言的內容被各國的立法機關在修正或制定相關的法律時納入。

參、國際人權盟約

由於世界人權宣言並非國際條約，因此並不具有「維也納條約法公約」所賦於之法律上的拘束力。如果要使得世界人權宣言中有關人權具有法律上的拘束力，則必須另行訂定條約。於是聯合國 1966 年 12 月 16 日通過了第 2200(XXI)號決議，訂立了二個國際人權盟約(Covenant)，也就是「公民權利與政治權利國際公約」(International Covenant on Civil and Political Rights)及「經濟、社會、文化權利國際公約」(International Covenant on Economic, Social and Cultural Rights)。這兩個公約均在 1976 年生效。更重要的是以上二約連同世界人權宣言，被統稱為「國際人權憲章」(International Bill of Human Rights)。1966 年聯合國大會所通過的兩大公約與世界人權宣言，最大的不同點乃是在它並未提到「自決權」(Self-Determination)。同時，此二國際公約亦均未提及世界人權宣言所指之財產權。所必須注意的是兩個國際公約提及之「自決權」並不是指一群人

在一個國家領域內得以隨時主張分裂國土。自決權之行使，有其一定之條件必須先行滿足。大致上來說，國際公約比人權宣言中所提及之各項權利更為具體。

就「公民權利與政治權利國際公約」而言，該公約賦予個人的權利包括生命權、人身自由與安全、宗教信仰、言論、結社、選舉、在平等條件下參與公職等的自由與權利，以及禁止不人道的待遇及非法逮捕、拘禁，保障公平審判，保護少數民族等關於個人尊嚴之權利。此外，該公約在執行機制方面規定設立「人權委員會」(Human Rights Committee)。其職責主要在於就締約國所提出之有關執行本公約的措施及進展報告，加以評釋及提出檢討報告。

就「經濟、社會、文化權利國際公約」而言，該國際公約之內容主要在於規定各締約國應個別或透過國際合作之方式，採取立法等一切適當之措施，充分實現本公約所承認之權利；並保證男女經濟、社會、文化權利平等。此種權利包括個人之工作權，婚姻、家庭、母親及兒童的福利及衣食住行等權利，受教育個人之智慧財產權等。為期保障此等權利之有效，公約要求各締約國承允就遵行本公約中所採之措施及其進展之情形，向聯合國祕書長提出報告；後者則將報告副本轉交「經濟暨社會理事會」審議，並分別轉交相關專門機構：該理事會並依公約規定將各國及相關專門機構所提出之人權報告轉交「聯合國人權委員會」(UN Commission on Human Rights)加以審查；其後，於 1987 年「經濟、社會及文化權利委員會」(Committee on Economic, Social and Cultural Rights)專責審查此等報告並研提一般性建議，使得「經濟暨社會理事會」可隨時向聯合國大會提出建議及報告，用以督導相關國家之人權進展。

　　總之，在兩個人權保護國際公約的簽訂及生效之後，加上原先的世界人權宣言這三者已經被國際社會公認為「國際人權憲章」；配合聯合國之下的「人權委員會」的確實督導運作，可以說至此全球性的國際人權法體系，業已臻於完備。

第二節　專題研究：個人在國際法上地位之研究[*]

壹、前言

　　國際社會在傳統主權觀念的影響之下，使得國家在對其他國際社會成員的國家或國際組織等具有獨立權、自主權與自衛權，而對其本國人民則擁有至高權，本國社會內的最高權威者。前者或可稱之為國家之「對外主權」，而後者則可稱之為「對內主權」。幾世紀以來，國家在如此的主權意識形態之下，不容許個人在國際社會內與國家競爭，無法在國際社會中擁有一席之地；個人無法在國際社會內透過國際法之規範，直接享有自己的權利。雖然國家彼此之間在相互交往的現實需要下，大致上均願賦予彼此平等地位的權利與義務，但是卻從未給其本國人民或他國人民在其管轄領域內任何平等對待之權利。個人在國家主權觀念之下，從來就被忽視的、被遺忘的，而且是不被尊重的。

　　自從工業革命發生之後，歐洲列強成為以民族國家為基礎之帝國主義家，各個國家都曾利用其國民在國外受到不當之待遇作為藉口，以外交保護為名，對外國進行干涉，以遂行其海外殖民之實。而自 19 世紀以來，以人道主義為名對其他國家進

---

[*] 本文參酌拙著，當代國際法（下），臺北，五南圖書出版股份有限公司，2009 年，頁 129-145。

行政治干涉，更是所在多有、屢見不鮮。此種政治干涉通常以停止援助某一國家或派遣部隊進入該國，用以支持該國少數民族之自決權或某一群體之人權為名進行干涉。簡單地說，在國際法上未賦予任何法律主體地位之個人，便經常成為國家為了實現其政治目的的方便工具。所幸，自 19 世紀以至 20 世紀中葉，要求改進個人在國際法上地位之聲浪，在國際社會之中蔚為風潮，使得各國似乎願意對其本國人民所享有之主權做出讓步。但是，一般來說，幾乎所有國家雖然在原則上均同意對個人的地位加以「改進」；然而事實上，各國政府所願做出之讓步，僅是表面上的，並不是實質上給個人權利確實的保障。因為各國只是同意在其國內立法給個人某些權利，並未直接授予個人任何權利直接來對抗其本國和國際社會中的任何其他國家。

　　二次世界大戰以來，已經有無數的個人的尊嚴、人權與人類福利的國際化宣言的出現。雖然如此，無論如何，個人仍然處於他們所屬國家的主權管轄之下，既不能獨立地建立與形成國際關係，也無法獨立地承受與履行其國際法上的義務與責任。但是，一般認為傳統國際法學者的上述觀點，在面對當前國際法演進的趨勢，尤其「人權」問題的國際化，已經形成了國際法中重要的議題之一：個人在國際法上的地位，必然會受到保護與提升，乃提出除了國家外，個人亦可成為國際法上主體之見解，此為本文核心論。為了建立此立論之基石，乃以分析的方法，分別從個人地位之演進、傳統國際法中個人之地位、近代國際法中個人之地位、當前國際法中個人之地位及國際實踐上來證實個人可以成為國際法之主體。

貳、個人地位之演進

國家已經是眾所周知的國際法主體，國際組織與交戰團體可在某規範或限定下成為國際法主體，這些都是傳統國際法學者所認定的國際衣會中的「傳統主題」(Traditional Subjects)。因為它們從一開始在國際會的場面出現時，即已經被如此地認定，在一定條件之下它們具有所「國際人格」：如同國家一樣，國際組織在國際社會具有「戲劇化人格」(Dramatic Personality)特別是在二次世界大戰以後，特定的國際組織，如聯合國以及從事「解放運動」(Liberation Movement)的「巴勒斯坦解放組織」(Palestine Liberation Organization)……等均已在一定的條件下，獲得國際社會的認可，可以獲得國際法上主體之地位。唯獨個人之國際法地位，卻一直未能被國際社會所肯定，也一直於爭議性的狀態。這種情形可以從國際社會中，個人地位演進的歷程看得出來。

經過一段相當長時間的發展，特別是在整個國際社會發展的第一階段（從 1648 年至 1918 年期間），不必論及個人之權益，即使是全體人類之權益，都是在國家的羽翼之下苟且偷生，毫無獨立之地位可言。個人在國際社會的權益，如果要受到國際法的尊重與考量，唯有透過他所隸屬的國家——以國家之國民的身分——來尋求保障。如果個人之權利受到挑戰，他們的權利如果要獲得完整的保障，也只有由他們所隸屬的國家作出以「外交保護」(Diplomatic Protection)的決定之後，個人的權利方有可能得到保障。換句話說，個人本身並沒有任何資格與權利在國際社會或在國際上獲得保障。不論是在實體法方面，抑或是在程序法方面，對於個人權利的保障，都必須經由國家基於保護其本國國民的利益為理由，向侵害者提出補救或救濟的要求。這樣的作法，實際上是個人所屬之國家，享有向

他國請求救濟的權利：而且國家在國際社會負有國際法上的義務。而從另外一個角度來看，國家在國際法上的義務，僅在國內法必須予以個人某些基於國際公約或國際習慣法上所產生的權利。國家是否履行其國際法上的義務，個人是無法置喙的。如此一來，個人的地位仍然是各國之間的一個法律問題，個人仍然不具有國際法人格。直截的說，如果個人能夠在國際事務上享有任何「關聯利益」(Relevant Interests)，那也僅是個人成為國際條約之「客體」(Objects)或在最好的情況下，也只是國際條約之「受益人」(Beneficiaries)而已。而在大部分的情況下個人權利之保障，幾乎是完全依賴「國家權力」之發揮而已。例如：依照習慣國際法的規範，國家對於其國民有行使外交保護之權。同時，根據國際條約的規範，國家對於其國民的權利遭受到外國的侵害時，可以給予其國民「司法保護」(Judicial Protection)。

在第一次世界大戰以後，國家開始允許個人在它們的管轄領域內扮演一點小角色。雖然這種微不足道的小角色，整個國際社會裡似乎沒有什麼，但是它卻開啟了個人在國際法上地位的新頁。而國家的策略在於管轄領域之措施，最主要的仍是將重心放在國際組織在國際社會之功能及地位：而個人或許可以被認為是間接的受益者而已。而策略為開放其管轄領域，主要的它許個人在國際社會中可以受到侵害而向「國際聯盟」(League of Nations)體系下的「國際勞工組織」(International Labor Organization)提出申訴並請求救濟。而個人之所以能夠獲得這樣的待遇，探究其中最重要的因素，應該就可以把它功於國際勞工組織所作的努力。國際勞工組織之得以成立，就國際組織的發展而言，乃是國際法上的一大突破從傳統國際組織的發展進程來看，通常僅是由國家來派遣代表，參加國際組織所召開的會議，而且國際法多為規範國家的利益：也就是以國家

為單位的整體的利益，並非在維護或保障任何單一族群或團體的個別利益。而國際勞工組織則首創由政府、勞工與僱主三方面的代表，來共同組成一個國際組織；國際勞工組織的此種特性，很顯然的是國際法上的一個特殊的發展。

個人在國際法上的地位之所以能夠首度受到重視與改善，國際法學者不得不承認，國際勞工組織之得以成立，居功厥偉。國際勞工組織之成立宗旨即在促進國際間工業與勞工之合作、改善各國之勞工待遇。這樣的目的就是在尋求對個人權益，要加以適當的保障與提升。尤其重要的是，這樣的宗旨及目的早在國際勞工組織的倡議者的構思中，他們決定要賦予由勞工與雇主所組成的「工業會社」(Industrial Association)相當的申訴權利。也就是說，當此等勞工團體益受到損害或其權利未受到尊重時，有向國際勞工組織下的行政機構「國際勞工局」(International Labor Office)提出控訴。指出某一國際勞工組織的會員國未能確實遵守「國際勞工公約」(International Labor Convention)的規範；此時，個人可以請求將會員國違約事實，提交「調查委員會」(Commission of Enquiry)或採取其他法必使得未能履行「公約」義務之會員國，能確實奉行「公約」或給予適當之補救措施。

以上的規範與作法在當時來說，實在是一項重大的突破與重要的創新。「國際勞工公約」的規範，提供了個人權益受到侵害時，有一個明確的投訴機制與管道。它開啟了個人在國際社會中的地位受到基本的尊重與保障的新頁。然而，如同其他國際事務一樣，理論與實務有落差，就像理想與現實經常不一致。勞工與雇主所組的「工業會社」在實際上並未能向「國際勞工組織」提出什麼投訴。當然其中的因素固然很多，而探究其主要原因，仍然可以測知：整個國際社會的大環境下，對於

個人權益的保護似乎仍然未臻成熟。歷史發展過程當中，偶然爆出的火花，尚不足以形成「法律機制」(Legal Mechanism)，一切仍然在黑暗中摸索。個人在國際法上的地位，理論上已開啟了新頁，但是在實際上，其權利之能夠受到尊重與保障，仍需延至第二次世界大戰之後。

　　個人權利的國際保障，在第二次世界大戰之後有了明顯的進步，雖然進步的腳步是相當的蹣跚。但是，從另一個角度來看，卻是在本質上有明顯的改進。對於在國際社會裡的個人權利之保障，不必再像以往的以在某一群體中的一份子的身分方才可以享有。個人在國際社會裡的權利之保護，可以用個人本身之為人類一份子的身分，而受到保障。為什麼會有如此大之轉變呢？主要的理由就是所有的戰勝國彼此堅信世界大戰之所以會爆發，乃是由於納粹等侵略國不顧人類「尊嚴」的「邪惡思維的結果」(The Fruit of a Vicious Philosophy)；而意圖避免回歸戰爭之再度發生的其中之一的方法，即宣稱在所有的社會層次內賦予人類一些最基本的尊重。這樣的原理被西方國家強而有力的提出國際社會的成員正式的考量：而這其中最簡單的原因，即是這些國家體制下之政治哲學及基本法律架構就奠基於「人權法案」(Bill of Rights)的基礎上；所以對於它們很容易將這樣的國內性理念及精神引進國際社會。因此，當蘇聯能夠分享西方的這些關於「人的尊嚴」(Human Dignity)的觀念時，很快地在 1945 年於舊金山籌備聯合國成立時，成為「聯合國憲章」(The United Nations Charter)中的基本條款的一部分。如此一來，個人之基本權利開始在國際社會受到重視；個人之地位也在國際法上以國際條約的方式受到保障。

參、個人在傳統國際法上的地位

　　盡管當前有關人權的國際法保護的呼聲響徹雲霄，一時之間，有關人權的國際法規範，相當地受到國際間的重視。但是國際法的人權是學者仍然未能體認到個人在國際社會中所應享有的「規範性地位」(Normative Status)。傳統的國際法理論仍然是將重心放在國家的權利與義務上面，而拒絕了那些主張國家的權力僅僅是源自於居住於其領域內的個人權益與利益之衍生。因此，才有將國際法之國內釋法性及國家主權的最高性之認定，放在政府是否能夠有效地在政治的層面上控制了它的人民，而不是以政府是否能夠公正地代表了它的人民為基準。而國家主義者所主張的國際法概念即是主張一種「雙重模式」(Dual Paradigm)來規範個人之順位次序：其中之一為國內位階，另一則為國際位階；公平正義與適法性就成了分開來的概念，使得在國內制度上努力提升公平正義，而在國際制度上僅僅尋求建立秩序及遵守秩序而已。這是傳統國際法學者對於國際社會中個人與國家間之區隔概念，也因此而形成之現象。

　　而關於個人在傳統國際法中的地位，前國際法院法官傑賽普(Philip C. Jessup)在其 1948 年的名著《現代國際法》(A Modern Law of Nations)中即有明確的說明，他指出：「國際法應該被定義成是用在國家，在它們相互之間的法律或是適用在個人，在它們與國家之間的法律。在這樣的假定之下，國際法也可以適用在個人他們之間的某些相互關係上，而那些相互關係是包含國際性層面所考量的問題上。但是只要國際社會是由國家所組成，那麼法律的規範要變成對個人具有約束力，就只有經由國家意志的表現；透過條約或協定或是藉著國家授權的國際權責機構予以表現出來，以便對個人能夠有所約束。當某些種類的國際組織議會或世界議會被創造出來，用以代表全世界

的人民而且有權制定法律，然後才有可能主張國際法之權威是來自於國家以外之淵源」……「一個無法逃避的事實是今天的世界，其組成仍然是基於國家間的共存，而基本的改變，唯有透過國家之行動才會發生」。所以，可以這麼說，在最基本的意義上，傳統國際法長久以來一直是奠基在「領域主權」(Territorial Sovereignty)為主的法理概念上；而個人在這樣的情形下就成了擁有權利及權威的國家體制下，無條件的受制於政府的統治。而在另外一方面，國際社會裡還缺乏一些「國際機構」(International Institution)來有效執行「傳統國際法規範」(The Norm of the Traditional International Law)所賦予個人最低限度保障的權益；也沒有任何政府自動自發地對其本國人民做出類似的個人權益的保障。

在傳統國際法逐漸發展的同時，「國家主權學說」(Doctrine of State Sovereignty)一直是自然法(Natural Law)下共存共生的一個概念。而此概念的潛在意義是它限制了包含政府決策者在內的「政治行為者」(Political Actor)的「自由裁量權限」(Discretionary Power)。使得個人權益的保障，在「自然法」的庇蔭之下，得以獲得最低限度的、比較客觀的「普遍標準」(Universal Standards)。然而自從文藝復興與宗教改革之後，基於主權平等之「民族國家」(Nation-State)逐漸形成，主張由習慣或條約方才構成國際法的主要內容之實證國際法學派，漸次取代了日漸式微的自然法學派在國際社會中的主宰地位。而「習慣國際法」(Customary International Law)的逐次形成，與國際條約的簽訂，使得個人的權益越加受到習慣國際法與國際條約的保障；個人的地位也因此能夠在國際社會中，逐漸地比以往要受到相當程度的尊重。尤其重要的是習慣國際法與國際條約更創造了國家對「自然人」(Natural Person)與法人(Judicial Person)的「義務」(Obligation)。在「國家責任」(State

Responsibility)的習慣法下，一個國家對於在其管轄領域內之外國人所遭受到的某些侵害或權益上的損失，負有保護與賠償的責任。但是此一「實證法學派」(Positivists)的主要理論觀點，並不能直接適用在外國人的身上，而是適用在外國人所屬的國家。因為根據 19 世紀實證法學派的理論，國家固然是國際法的主體；但是，就個人而言，個人仍然僅是國際法上的客體而已。個人之所以能夠享受國際法上的權利、履行國際法上的義務，都必須透過國家而來；基本上，個人與國際法並不發生直接的關係。舉例而言，外國人在僑居國應該受到相當的保護，此為傳統國際法所認定之一項原則，固然沒有問題；但是，根據實證法學派的主張：如果一個外國人在僑居國遭受損害，則應請求其本國政府，依循外交途徑，向僑居國政府交涉，尋求「外交保護」(Diplomatic Protection)的方式，以獲得救濟。

以上之國際法規則，逐漸形成為國家之「國際責任」的傳統國際法規範。而其具體的形諸於文字，則可見於「常設國際法院」(Permanent Court of International Justice)在 1924 年 8 月 30 日「瑪落美蒂斯巴勒斯坦讓與（管轄）案」(Marrommatis Palestine Concessions [Jurisdiction])的判決中所認定：「當一國人民受到他國違反國際法的損害，而無法依循通常途徑得到賠償時，受害人的本國有保護他的權利，此為國際法上的一項基本原則，一國代表其人民向國際法庭提起訴訟時，在國際法庭的眼中，該國是唯一的申訴國……」。由本案之判決可知：國家如果直接損害到外國的國家利益，對方可直接要求責任國賠償，不必先向責任國的機構尋求救濟，固無問題；但是如果國家對外國人或公司造成損害而應負起國家之國際責任時，該外國人或公司必須「用盡當地救濟」(Exhaustion of Local Remedies)的辦法，而仍無法獲得賠償時，該外國人或公司的本國，才能對責任國從事外交保護或提出索償要求。此種由國家為其本國人

民僑居國外所受的損害，向僑居地責任國行使補償的行為，演變成所謂的「國際索償」(International Claim)之國際法原則。它是國家對其人民行使外交保護的方式之一。所應注意者是國家並無必須為其人民在僑居國或其本國管轄領域外所受到之損害，行使「外交保護」或提起「國際索償」之國際法上之必要義務。因為就性質而言，此為國家在國內法上的義務，國際法的規範原則對國家並不課以這類的國際法義務。而且從國際法的角度而言，國家代表其人民向責任國提起「國際索償」的請求行為時，國家是唯一的索償者，索償者並非是直接受到損害的人民。尤有進者，國家可以自行中止「國際索償」的程序；收到責任國的賠償金後，也無國際法上的義務將其交給受害的人民。而在國際法上，責任國對索償國支付賠償金後，其義務就了結；至於責任國的受害人是否收到賠償金，在所不問。由此可見，傳統國際法上，個人之地位雖然較自然法時期的數千年來有其相當的提升，但是，基本上仍有其不足之處。主要的是傳統國際法，仍然認定唯有國家方是國際法之主體，而對於個人權利之保障及個人地位之提升，個人仍然得仰賴或藉助國家出面，方能實現。

肆、個人在近代國際法上之地位

按照傳統國際法的規範，國家對於其人民所採取之「外交保護」之「國際索償」責任，其賠償基礎並非在於「個人權利」(Individual Right)，而是以「國家權利」(State Right)——確保其人民之權利之被侵害的請求救濟權。簡言之，此處之「國際索償權」(Right to International Claim)是基於「國家對國家」(State to State)之訴訟權，在性質上已經從個人權利之保障，轉變成國家權利之維護。所以，個人權利之保障及其地位之提

升，在傳統國際法的理論支配下，並未能建立於其本身的法律機制的架構。

　　一直要等到第二次世界大戰之後，針對所有在國家管轄領域內的自然人，「國際人權條約」(International Human Rights Agreement)為國家創設了實質上的國家義務與國家責任；而「習慣國際人權法」(Customary International Law of Human Rights)也同時跟著發展。這樣的發展趨勢是一項對個人基本權利保障的里程碑。人權法的發展之得以在國際社會中繁衍而生，其中不可忽視的一個原因，即是國際社會的組成分子——國家，開始了解到它們對國際社會的整體，有其不可逃避的義務，用以維持國際社會的穩定與秩序；同時，它們也注意到了對國家內部成員——個人，亦有其無法迴避的責任。尤其是國家之逐漸體認到它們對於其管轄領域內的所有人類，有其無可旁貸的責任，而不是僅僅對於其管轄領域內的「外國人」而已。這樣的整體情勢的發展，反映出國際社會的普遍認可與接受每一個單一的個人，所應該享有的某些基本權利；該等權利應受到國際社會中所有國家的尊重，並且予以保障。如此一來，關於個人人權保障的問題，就不再如以往的被歸類成或被認定為在各個國家本身之國內事務性問題，也不僅僅是各國國內法上管轄領域範圍以內的問題。「個人人權」(Individual Human Rights)的問題，已經發展成為國際社會所要考量到的國際法上的問題，而應該能夠作為國際法規範下的一個「適切的主題」(Appropriate Subject)。

　　自從第二次世界大戰結束以後，由於聯合國的建立，「國際人權法」產生了戲劇化的進展。其中最顯著的就是個人已被國際社會中的部分國家以及部分國際法學者接受為國際法的主體，而其權利與義務由國際法予以規範。當然，個人之被接受

為國際法之主體，仍未臻至於「放諸四海而皆準」的地步。但是這一概念的形成於國際社會，該國際社會的部分成員能夠接受之事實的本身，即有其重大的意義。而這一概念之形成，20世紀中期的一些國際法學家的努力實在是功不可沒。其中如勞特派特(Hersch Lauterpaht)更是所有學者中的佼佼者，居功厥偉。他是20世紀中期迄於今的英國最負盛名的國際法學者。雖然他是奧本海(Lassa Francis Lawrence Oppenheim)的崇拜者而且是奧本海的弟子。但是他卻能毫無顧忌的把奧本海關於「主權國家是唯一的國際法主體」的論斷修正為「國家是最主要的，但卻不是唯一的國際法主體」。至少在1970年，勞特派特即已明白的指出：「在過去的25年來，國際法主體的問題已不再是僅具純粹的理論上的重要性而已；現在，有可能在某些方面，它需要權威的國際法規定。國家是國際法上獨一無二的權利與義務主體的學說，在實務上已經被揚棄。雖然『國際法院規約』(Statute of the International Court of Justice)仍然恪遵傳統觀點的認為——唯有國家才能做為國際訴訟秩序的適法當事者；許多其他的『國際文件』(International Instrument)如：國際公約、國際宣言……等，已經承認個人在訴訟法上的『程序資格』(Procedural Capacity)，不僅僅『凡爾賽條約』(Treaty of Versailles)有關於『混合仲裁庭』(Mixed Arbitral Tribunal)管轄權的條款，是這樣的情形；而且在其他的條約，例如：1922年5月15日所簽訂的關於『上西里西亞』(Upper Silesia)的『德波專約』(German Polish Convention)在之後的『上西里西亞仲裁庭』(Arbitral Tribunal of Upper Silesia)中，個人作為申訴者在國際機構之前『獨立訴訟地位』(Independent Procedural States)的被予以承認，而且更能夠適用在個人所屬國籍之本國。至於在實體法之領域上，『常設國際法院』(Permanent Court of International Justice)在『但齊格』(Danzig)郵政服務一案的『諮

詢意見』(Advisory Opinion)中認定:『只要是條約簽訂國的意圖,國際法並不阻止個人獲得條約的直接權利』(There is nothing in International Law to prevent individuals from acquiring direct rights under a treaty provided that this is the intention of the contracting parties.),在此之後,有相當多的各國國內法院也表示了如同上述『常設國際法院』的看法」。勞特派特之所以敢公然地修正奧本海的傳統國際法關於國際法主體的認定,實在是基於如下的信念:隨著國際法實踐的發展,權威學者的權威見解,也不得不在實踐面前失去其正確性;理論家主要的職責不在於維護師道的尊嚴,遵循師長的訓誨,而在於不斷地根據實踐的發展,檢驗其理論之是否正確,是則堅持發揚,否則修正完善,從而把握盡可能接近真理的學說介紹給廣大群眾,造福人類,這正是勞特派特之所以格外受人推崇尊敬之處。

　　另外,澳洲的國際法學家奧康耐爾(Daniel P. O'Connell)在1970年所出版的《國際法》一書中也有類似勞特派特相同的看法。他也大膽地指出:「個人是社區的目標、是社區的一個成員,而既是成員就有他的地位而不是客體⋯⋯理論與實務建立了個人擁有法律上所保護的權益,個人能夠履行法律上所規範的行為;他能夠享受權利,因而可以做為國際法所賦予國內法下責任的主體⋯⋯個人不能獲得領土、他不能簽訂條約、不能享有交戰權利;但是他能從事戰爭罪行、海盜行為、不仁道罪行以及侵犯外國主權行為,然而他能夠擁有基於國際法保護的財產;而且他能夠對契約行為及其他法律上應盡義務之不履行,提起賠償的請求權。個人也許無法在沒有他自己國家的介入下,追訴他自己的請求權和對於他自己財產的保護,採取行動;但是那些仍然是他個人的請求權,也仍然是『執行機制』(Machinery of Enforcement)設計出來提供保護的個人權益」。以上奧康耐爾針對個人在國際法上的地位所作的觀察,與前述勞

特派特的論點，相互輝映，有異曲同工之效。兩位權威學者對於個人在國際法上地位的見解，對於個人在國際法上地位的提升，有著突破性的認識，更具有其劃時代的意義。

伍、個人地位之國際法制規範

一、聯合國憲章對於個人地位之規範

國際社會歷經兩次世界大戰的洗禮，世人鑑於極權國家之殘暴，對於人性之尊嚴，人權之價值，肆無忌憚的摧殘，國際社會開始覺醒。一時之間，關於人權保障之呼聲，響徹雲霄。所以在舊金山國際組織會議中，就有人主張在「聯合國憲章」(The United Nations Charter) 中專列「國際人權法典」(International Bill of Rights)一章，此一建議雖未成為事實，但是「聯合國憲章」中卻處處可見保障人權的條款，使此一憲章成為國際人權法的第一個重大文件。在憲章中的「序言」部分，開宗明義地指出聯合國成立之主要任務乃在於保障人權。序言是如此陳述的：「我聯合國人民同茲決心欲免後世再遭今代人類兩度身歷慘不堪言之戰禍，重申基本人權、人格尊嚴與價值，以及男女與大小各國平等權之信念……」，其後在第 1 章宗旨及原則中之第 1 條第 3 項規定有：「聯合國之宗旨為促成國際合作，以解決國際間屬於經濟、社會、文化及人類福利性質之國際問題，且不問種族、性別、語言或宗教，增進並激勵對於全體人類之人權及基本自由之尊重……」，在第 4 章大會之第 13 條明文規定：「大會應發動研究，並作成建議，以促進經濟、社會、文化、教育及衛生各部門之國際合作，且不分種族、性別、語言或宗教，助成全體人類之人權及基本自由之實現。」在第 9 章國際經濟及社會合作之第 55 條又再次強調：「為造成國際間以尊重人民平等權利及自決原則為根據之和平

友好關係所必要之安定及福利條件起見，聯合國應促進：全體人類之人權及基本自由之普遍尊重與遵守，不分種族、性別、語言或宗教」。更於第 56 條規定：「各會員國擔允採取共同及個別行動與本組織合作，已達成第 55 條所載之宗旨」。在第 10 章經濟暨社會理事會中之第 62 條第 2 項規定：「本理事會為增進全體人類之人權及基本自由之尊重及維護起見，得作成建議案」。在第 11 章關於非自治領土之宣言中之第 73 條規定：「聯合國各會員國……於充分尊重關係人民之文化下，保證其政治、經濟、社會及教育之進展。予以公平待遇，且保障其不受虐待」。在第 12 章國際託管制度之第 76 條又特別規定「按基本憲章第 1 條所載聯合國之宗旨，託管制度之基本目的應為不分種族、性別、語言或宗教，提倡全體人類之人權及基本自由之尊重。」以上「聯合國憲章」中有關人權的規定，雖然只是基本原則的規範，在國際實踐上或許未必有強制拘束力；但是，基本上卻顯示聯合國會員國被附加了尊重及遵守人權與基本自由的國際法義務。其在國際法上的意義及影響是相當深邃的。正如同勞特派特所指出：「此等條款之規定並非僅是一項歷史文件的點綴而已，它們也不是後見之明或一件偶然起草的結果，它們是在舊金山會議之前或會期中經過詳細思慮及冗長的討論之後而通過採納的；是新的國際制度哲學思想的一部分，也是從舊的國際制度的不足與危機經驗中所獲得的最懇切的教訓」。

二、世界人權宣言對於個人地位之規範

國際法中有關人權及基本自由法規之擬議，是晚近國際立法的一種新導向，然而在聯合國憲章中卻未說明「人權與基本自由」所指為何？其內涵為何？因此，在 1948 年 12 月 10 日由聯合國大會通過第 217 號決議，宣布「世界人權宣言」。此為聯合國在人權方面之最早與最大的貢獻。它成為日後聯合國為人

權努力的方向與奮鬥的目標，也是世界各國所共同接受的保障與尊重人權制度的基準。雖然，在「聯合國憲章」中，多次提到對人權的尊重，但是這些都僅限於概念與原則，至於有關人權的定義、內涵、範圍，以及如何去推動與實踐，則有賴於世界人權宣言的界定與規劃。此一世界人權宣言代表著在達到「國際人權法案」之計畫三個階段的第一步：國際人權法案是以普遍拘束各國義務為基礎，由法院或行政機關予以有效執行；這三個階段是：第一個階段，將應行尊重之各種人權，用宣言加以列舉；第二個階段，由各國訂立若干拘束性的規約，訂明尊重所列舉之人權；第三個階段，採取措施及成立機關加以執行。

或有學者認為世界人權宣言缺乏訂定執行機關的條文，或是認為它不是一種具有強制執行力的法律文書，此等看法與批評對於此一宣言或有誤解之虞。因為此一宣言之原始目的即在於列舉出國際社會所普遍可以接受人類不可或缺的基本權利，對於國際社會及各國國內人權之發展與保護有其深遠的影響。世界人權宣言之意旨在揭櫫人類的理想與保障人類之尊嚴及權利所應採取的步驟；如就其意旨而言，世界人權宣言可謂已完成了其預期的效果。如今國際社會普遍認為，關於保障人權，不是屬於國家絕對管轄範圍之國內法事務，國際相關機構及其他國家在相關權益上方可過問。更進一步而言，世界人權宣言最重要的貢獻，除了它重申：「全人類生而自由，並享有相同的尊嚴與權利。」(All human beings are born free and equal dignity and rights.)及「所有人民與國家要在人權的實踐上，採用相同的標準。」(A common standard of achievement for peoples and nations.)外，就是它將每一種人權的範圍，用 30 條條文分別予以定義。

　　世界人權宣言中所宣告的人權，基本上分為兩大類型：1.公民權與政治權；2.經濟、社會及文化權。第一類型的公民權與政治權是一個來自於傳統西方文化下所具有的個人公民自由權利與政治權利；而且仔細的來說，它們很清楚的源自於 1689 年的「英國權利法案」、1789 年的「法國人類與公民權利宣言」、1790 年的「美國民權法案」以及其他類似的關於人民權利的文件。僅就此第一類型的公民權與政治權而言，世界人權宣言指出：每一個人應該可以享有下列的權利：第 3 條之生命、自由及人身安全；第 6 條之不論何處被承認法律前的人格；第 7 條之法律的平等保護；第 8 條之違反法律所賦予之基本權利的有效救濟；第 10 條之公平及公開的聽證會；第 11 條之在依法證實有罪之前被假定為無罪；第 13 條之在國內有遷徙之自由，並有權離開任何國家（包括他自己的）及返回其本國；第 14 條之在其他國家尋求與享受庇護，以避免遭受迫害；第 15 條之享有國籍；第 16 條之婚姻及建立家庭；第 17 條之擁有財產；第 18 條之思想、良心及宗教自由；第 19 條之主張與發表意見之自由；第 20 條之和平集會與結社之自由；第 21 條之參加他的本國政府。同時任何個人有權免於下列各條之迫害；第 4 條之成為奴隸；第 5 條之遭受凌虐酷刑；第 9 條之遭受獨斷之逮捕、拘禁或放逐；第 11 條之遭受法律未生效前之有罪處罰；第 12 條之遭受獨斷式的干預隱私；第 15 條之遭受獨斷式的剝奪國籍或拒絕改變國籍之權；第 17 條之獨斷地剝奪財產；第 20 條之強迫隸屬社團。

　　第二大類型之經濟、社會與文化之權利之所以被列在世界人權宣言之中，反映出了 1940 年代的自由與社會主義者的政治。英國及美國原本只希望世界人權宣言，僅僅局限於西方的公民及政治權利；但是最後之所以又同意接受這些增加的權利，乃是因為這些權利僅是以期待或希望的文句表達出來。前

蘇聯及其社會主義的國家集團，均為這些權利的堅強擁護者。而東歐集團及非西方國家也曾試圖增加一些在一般性的「非歧視性原則」(Principle of Nondiscrimination)之外的保障少數民族權益的條款，但是沒有成功。包含在世界人權宣言之內的經濟、社會及文化權利的條款明白列舉個人所享有之權利如下：第 22 條之社會安全權利；第 23 條之工作權、同工同酬權、公平與優惠待遇權、組織及加入工作權；第 24 條之休閒娛樂權；第 25 條之享受為維持個人本人和家屬的健康和福利所需的生活水準的權利、母親及子女應享有特別照顧及協助的權利；第 26 條之受教育的權利；第 27 條之自由參加社區的文化生活、享受藝術並分享科學進步及其所產生之福利的權利；第 28 條至第 30 條為結論，確認每一個人生於社會與國際秩序中，應賦予上述所列舉的各項人權，並保障該宣言的充分實現。

　　除了前述的第一大類型的公民權與政治權及第二大類型的經濟、社會與文化權之有關個人權利的保障規範外，世界人權宣言也偏離了一般法律傳統而同時宣示了個人的責任規範。就如同該宣言第 29 條所指：1.人人對社會負有義務，因為只有在社會中他的個性才可能得到自由和充分的發展：2.人們在行使他的權利和自由時，只受法律所確定的限制，確定此種限制的唯一目的即在於保證對其他人的權利和自由給予應有的承認和尊重，並在一個民主的社會中適應道德、公共秩序和普遍福利的正當需要；3.這些權利和自由的行使，無論在任何情況下均不得違背聯合國的宗旨和原則。

陸、個人在當前國際法上地位之確認

　　個人在國際法上的地位應該從個人在國際社會裡是否能夠享受權利、履行義務及負擔責任來著手研究。是一種「資格」(Capacity)的認定問題。而且此種「資格」的認定，應該由國際

社會的整體來檢視，而不是由國際社會中的成員——國家來認定。必須由客觀存在的事實來決定，而不是由主觀既成的理念來判定。因此，對於個人在當前國際法上的地位問題，應該是從權利主體、義務主體及責任主體三方面來檢視，較為允當。本章即擬從此三方面來加以剖析論斷。

一、 個人具有國際法權利主體之國際實踐

1. 1899 年及 1907 年國際間在俄皇尼古拉二世(Nicholas II)的提議及推動下召開了兩次海牙「國際和平會議」(International Peace Conference)，其中的第二次海牙和平會議共有 44 國參加，簽訂了 13 個公約。依照其中的一項公約之規定設立了「國際捕獲法庭」(International Prize Court)作為各國「捕獲法庭」(Prize Court)的上訴法庭。該公約特別規定，個人如果因為外國捕獲法庭之不公正判決，而導致個人財產遭受損害時，有權依規定直接上訴於該法庭尋求救濟；國際捕獲法庭得依情況受理並判決各國捕獲法庭所屬之國家對該個人給予賠償。此為國際公約內容中首次規範個人可以用當事人之身分，向國際性的法庭在個人自身權益受到他國法院不當判決而致損失時，提起上訴的權利，無須經由個人所屬之國家代為提起上訴。

2. 1907 年中美洲五國簽訂一項公約，決定在哥斯大黎加設立中美洲法院，以掌理締約國之間關於索償的訴訟案件，而尤其重要意義的是該中美洲法院同時有權受理簽約國國民之個人對任何一締約國所提出之索償要求的案件。此為個人可依據公約之規定以權利主體之身分，直接取得訴訟之權利。

3. 結束第一次世界大戰的「凡爾賽和約」(Treaty of Versailles)等相關國際和約均有類似凡爾賽和約的規定，設立「混合仲裁庭」；並且規定原協約國之國民，如果因為「可歸責於」

(Attributable)德國之事由，致使其個人之財產蒙受損失時，得以向所設立之「混合仲裁庭」提出申訴，請求德國予以賠償，而該仲裁庭亦有權對此類請求作出判決。由於該「混合仲裁庭」之設立，是依據國際條約而來，且其組成是相關國家，各自選任其代表作為仲裁員，在性質上，此種仲裁庭顯然是具有國際性之機構。而個人依據「凡爾賽和約」向此國際性機構所能提出申訴之權利，自然是國際法上的權利。

4. 1919 年「凡爾賽和約」第 304 條 B 款規定：在「凡爾賽和約」簽訂以前，協約國公民與德國公民所簽訂之契約，如有糾紛發生時，除依協約國國內法，案件應由協約國國內法院管轄者仍按原規定外，其餘均由「國際混合仲裁庭」(International Mixed Arbitration Tribunal)受理，而非由德國法院受理。個人得以依國際條約之規定，向國際性機構提起申訴，自是個人在國際法上作為權利主體地位之顯著實例。

5. 第一次世界大戰之後的德國與波蘭 1922 年簽訂「波德專約」針對「上西里西亞」問題，設立「上西里西亞混合仲裁庭」，承認個人有權在該仲裁庭之提起申訴的「獨立訴訟地位」。亦即依該專約之規定，個人之既得權受侵犯時，對於侵犯其權利之政府，不論是其本國政府，抑或是締約之對造當事國政府，個人均有權向「上西里西亞混合仲裁庭」提起申訴。本次「波德專約」之規定成立「上西里西亞混合仲裁庭」賦予個人得向國際性機構，提起申訴要求仲裁之權利，乃至於控訴其本國政府之權利，此為個人在國際法上地位之重大提升。

6. 常設國際法院在「但齊格郵政服務」一案的諮詢意見中承認：「只要是條約簽定國的意圖，國際法並不阻止個人獲得條約上的直接權利」，勞特派特也支持此項論點，他說：「習

慣國際法和條約皆得直接賦予個人某項國際權利；而且個人之此項權利，並不會因為沒有反映在國內法上而不能行使」。

7. 1873 年在比利時成立的「國際法協會」(Institute of International Law)在 1929 年通過了一項決議，承認個人有權在國際性的法庭上，控訴其所屬的國家，以保障其個人之權利。其決議文如下：「在某些情況下，准許個人在國際法庭上，直接向一個國家提出損害賠償的要求是值得可取的」。

8. 1950 年 11 月 4 日歐洲議會會員國，在羅馬簽訂「歐洲保護人權與基本自由公約」(European Convention for the Protection of Human Rights and Fundamental Freedoms)，此一重要性之區域性人權憲章，是由「歐洲議會」(European Council)所發起，其在下列各方面，無疑地均較世界人權宣言有所進步：(1)就世界人權宣言中所列舉之若干權利，規定各國承諾提供國內補救辦法；(2)將世界人權宣言中所包括之權利賦予確切之定義，以及每種權利的限制及例外情形；(3)設立「歐洲人權委員會」(European Commission of Human Rights)，得應當事國之申請，或（在被指控國接受下）應個人或「非政府組織」(Non-Governmental Organization)之訴願，調查違反人權案件並提出報告。至 1955 年 7 月，依照公約規定，有 6 個國家已經接受個人申訴權；該公約並規定：具有強制管轄權之「歐洲人權法院」(European Court of Human Rights)，只要有 8 個以上的國家接受此種管轄，便可成立；而至 1958 年 9 月已達到此項規定，該法院遂於 1959 年 1 月成立。因此，歐洲人權委員會的設立以及歐洲人權法院的開始受理個人提起申訴的案件，使得個人人權的保障更向前邁進了一大步。

9. 1965 年所簽訂之「消除所有形式之種族歧視國際公約」
   (International Convention on the Elimination of All Forms of
   Racial Discrimination)擁有與「公民權利與政治權利國際公
   約」(International Covenant on Civil and Political Rights)所建
   立之「人權委員會」(Human Rights Committee)相同的「聽訴
   權」(Hearing Complaint)、製作報告權以及成立「臨時諮商
   委員會」(Ad Hoc Conciliation Commissions)，以處理有關國
   家與國家之間及個人與國家之間違反該公約所引起之糾紛；
   但是在處理個人控訴國家違反「消除所有形式之種族歧視國
   際公約」之前，必須該被訴國預先宣布承認「消除種族歧視
   委員會」有權審理該項訴訟事件。

10. 1984 年 12 月 10 日聯合國大會通過「禁止其他殘忍、不人
    道或有辱人格的待遇或處罰公約」（Convention against
    Torture and Other Cruel, or Degrading Treatment or
    Punishment 或簡稱「禁止酷刑公約」）之第 4 條第 1 項規
    定：「每一締約國應保證，凡一切酷刑行為均應訂為觸犯刑
    法罪。本規定也適用於有施行酷刑之意圖以及任何人合謀
    或參與酷刑之行為」。同條第 2 款規定「締約國必須採取必
    要措施對不能引渡到其他國家的觸犯禁止酷刑規定的人
    犯，確立管轄權」。舉凡此類規定均已建立了個人身體權益
    之保障；在國際社會裡，是不容許受到侵犯的。再者，本
    「禁止酷刑公約」，如同前面所述之「消除所有形式之種族
    歧視國際公約」一樣，會建立一個「反酷刑委員會」
    (Committee Against Torture)，擁有與「公民權利與政治權利
    國際公約」所建立之「人權委員會」一樣的「聽訴權」、製
    作報告權以及建立「臨時諮商委員會」，以處理有關國家與
    國家之間及個人與國家之間的違反該「禁止酷刑條約」所
    引起之糾紛。然而，在處理個人控訴國家違反該公約時，

必須滿足一項先決條件，即必須該被訴國預先宣布承認
「反酷刑委員會」有權審理該項控訴事件。

二、個人具有國際法上義務主體與責任主體之國際實踐

1. 1945 年 8 月 8 日美、英、法、蘇四個同盟國簽訂「起訴及懲處歐洲軸心國主要戰犯協定」(Agreement on the Prosecution and Punishment of the Major War Criminals of the European Axis Powers)所附之「國際軍事法庭憲章」(Charter of the International Military Tribunal)，成立了「國際軍事法庭」(International Military Tribunal)，其中第 6 條明白指出：

     下列行為，或其中的任何一項行為，均屬本法庭管轄權範圍內之犯罪行為，而犯有此等罪行者，則應負其個人責任：

     (1) 違反和平罪：就是計畫、準備、發動或從事侵略戰爭或違反國際條約、協定、或保證的戰爭或參與前述任何一項行為的共同計畫或同謀。

     (2) 戰爭罪：就是違反法律或習慣的戰爭。此等違反行為應包含，但並不局限於，對屬於占領區或在占領區內之平民進行謀殺、施虐或強行運出以及從事奴隸勞動或其他目的；謀殺或虐待戰俘或海上人員；殺害人質；掠奪公私財產；恣意破壞城鎮或鄉村，或並非因為軍事之必要而毀害地方。

     (3) 違反人道罪：就是在戰爭之前或戰爭期間對平民百姓犯有謀殺、滅絕種族、奴役、強制遷移他處以及其他非人道行為，或假借執行本法庭管轄權範圍內，或者與本法庭職權內相關聯而進行政治、種族或宗教原因之迫害而不論此等迫害行為是否違反行為地國家的國內法。前項規定，由於是在倫敦所簽訂，一般均簡稱其為「倫敦協

定」(London Agreement)：而因該協定所成立之「國際軍事法庭」，因為是在紐倫堡所成立之故，即被簡稱為「紐倫堡法庭」(Nuremberg Tribunal)，其因此而訂定之憲章，即稱之為「紐倫堡憲章」(Nuremberg Charter)。而紐倫堡法庭所作的判決，對於個人在國際法地位上之提升與保障，更具有另一番特別的意義及在個人人權保障方面有相當作用之存在。其中最重要的是該判決文明確地指出了個人行為的結果在國際法上所應付之責任。易言之，紐倫堡法庭之判決明白無誤地確定了國際法上的個人責任；在國際實踐上首次明白承認個人在國際法上作為責任主體之地位。針對個人責任的問題，紐倫堡法庭的判決文是這樣的指明：「……憲章的真實主旨即是個人負有國際責任，而此國際責任超越了個別國家所加諸於個人服從國家的義務。如果國家的授權個人之行動逾越了國際法上國家的授權能力，那麼個人遵照國家授權之行為，違反了戰爭法是不能夠獲得豁免的」(... the very essence of the charter is that individuals have international duties which transcend the national obligations of obedience imposed by the individual State. He who violates the laws of war cannot obtain immunity while acting in pursuance of the authority of the State, if the State in authorizing action moves outside its competence under international law.)

2. 1946 年 12 月 11 日聯合國大會全體一致通過了第 95（一）號決議，確定了紐倫堡憲章及紐倫堡法庭判決所承認的個人在國際法上所應負之國際責任的國際法原理。其後，聯合國大會又將紐倫堡法庭決議文所承認的如同聯合國大會所通過而採納之前述國際法原理交予「聯合國國際法委會」

(International Law Commission of the United Nations)納入「國際法法典草案」。此等原則可分述如下：

(1) 從事構成違反國際法行為之個人，應負起個人責任，而受到懲罰；

(2) 個人不得以其行為並不違反其所屬國國內法為藉口，而免除其在國際法上之責任；

(3) 個人不得以其被告之身分（如：國家之元首、政府首長……）而豁免其國際法上之責任；

(4) 個人不得以執行政府的或上級的命令為藉口，以免除其在國際法上之責任。

　　以上聯合國國際法委員會所採納之國際法原理，明白指出：個人從國際法之層面而言，負有國際義務，不得從事違反國際法之行為，如：違反和平罪、戰爭罪及違反人道罪……等，否則即應負起國際法上之責任而受到懲罰。

3. 1948 年 12 月 9 日聯合國大會更以全體一致同意的方式通過了「防止及懲治種族滅絕罪公約」(Convention on the Prevention and Punishment of the Crime of Genocide)，明白確定了將個人做為國際法義務主體及責任主體之地位。該公約明文規範了個人在國際法上的「直接責任」(Direct Responsibility)。根據該公約之規定，締約國同意：從事種族滅絕者、陰謀或意圖從事者應該受到締約國法院或國際刑事法庭的懲罰。而該公約之所以比紐倫堡法庭所建立之關於個人在國際法上對其行為應負之國際責任，更為明確與進步，即在於該公約第 4 條特別地強調了個人責任的部分。公約第 4 條指出：個人從事違反公約之規定者，不論他們是憲法賦予的統治者、政府官員或平民百姓，均應該受到懲處。此處有關該公約的締結及個人責任的認定，在在都朝著向國際法

規範的指針去發展。因為如果是個人犯了違反公約的罪行，則除了個人所屬國家之法院可以根據國內法之違反而懲處；個人固然是國內法上的主體，但是根據本公約之規定，個人之行為，如果違反了本公約之法律規定，則國際刑事法庭亦可對該個人加以懲處。如此，個人因為違反本公約之規定即成為違反國際法而應受到懲罰。個人即成為國際法上的義務主體，因而成為國際法上的責任主體，依此邏輯推論，個人即成為國際法上的主體。

4. 再就人權在「習慣國際法」的演進與發展來看，一般或許可以注意到國際社會內對於個人人權的保障，除了在訂定的國際公約或雙邊條約內的條文中有所規範外，從各國的實踐來看，某些特定的人權規範已經被國際社會視為具有「習慣國際法」的地位。舉例而言，1987 年版之「美國外交關係法整編」(Restatement of Foreign Relations Law of the United States)第 702 節明白的列舉出人權之習慣國際法的認定及範疇如下：就國家政策而言，一個國家如果從事、鼓勵或縱容下列行為，那麼該國即違反了國際法：

(1) 種族滅絕；

(2) 奴役或奴隸交易行為；

(3) 對於個人之謀殺或使其失蹤；

(4) 酷刑或其他殘酷、不人道或有辱人格的對待或懲罰；

(5) 擅自延長拘禁隔離；

(6) 制度化的種族歧視；

(7) 一再重大的違反國際承認的人權。

　　以上所列舉的各項行為是當然地未必完整，也不僅限於所列出者；關於個人權益所受到的保障，其範圍及內容正在不斷地擴大之中。只要那些權益已經達到國際社會所認可的地位，

那就會被習慣國際法所承認為應被國際社會所保障的個人人權。如此，執行國家政策之個人即會被認定成為國際法上所認定之義務主體與責任主體而對於其他違反習慣國際法對於人權保障之個人亦可對其加以制裁。例如：海盜罪一向被認為是習慣國際法上個人亦需負擔其法律責任的一種罪行，國際法授權任何國家均有權對觸犯海盜罪的個人加以管轄與處罰。

柒、結論

經過本章之分析，大體上。我們對於個人在國際法上的地位，約略可以獲得下面三點認識：一、國際法對於個人人權的保障在國際社會的層面，主要是依據 1966 年的聯合國公民權利與政治權利公約，該公約承認民族自決權及禁止歧視權，並規定公約簽訂國設立人權事務委員會，負責審議各締約國所提出的關於各國對於其本國人民所享有之公民權利與政治權利之報告，並應將它自己的一般建議，交各締約國及聯合國經濟暨社會理事會。除此之外，並可要求各國制定相關的法律，實際賦予其人民一般國際社會所認可之公民權利及政治權利；二、國際法對於個人人權的保障在區域社會的層面上，主要是依據 1950 年的「歐洲人權公約」，該公約設置了最先進及有效的保護個人人權的機制來保護個人人權，避免遭受「國家」的違反國際法或不當的侵害。該公約明文規定個人在人權方面受到侵害時，可以向歐洲執委會祕書長直接提起申訴，乃至於在必要時向「歐洲國際法院」控訴侵害其權利的任何締約國，並且包括其本國在內；三、個人或個人的集合體亦可根據聯合國大會及聯合國教育科學文化組織的決議，向聯合國相關機構提起申訴。例如，個人可以根據聯合國教育科學文化組織 1967 年的 1235 號決議，向聯合國人權委員會控訴侵害個人人權的國家，而該人權委員會可以因此而展開調查、決議，並可因此向聯合

國大會建議，採取適當措施，或者更可根據 1970 年的 1503 號決議，自行採取適當之方案，作為對個人人權的保障。

最後，關於個人在國際法上的地位，從本文之分析及所提之論點，亦可得到下面兩點結論：一、從國際法理論來檢視個人在國際法上的地位，可以發現傳統國際法之將個人排除在國際法主體之外的理論，似乎已經過時而有所動搖；當代的國際法學家也多傾向於承認國家雖然是最主要的，但卻不再是唯一的國際法主體；二、從國際法實踐來檢視個人在國際法上的地位，也可以發現雖然在事實上個人在國際法上所獲得的權利保障，主要的仍然在「程序權利」(Procedural Rights)——有權向國際機構提起國際訴訟。但是，雖然如此，個人已經可以用自己的名義（不再必須以個人所屬之國家為名）提起訴訟，而且可以控訴侵害自己權利的任何國家（包含其本人所屬的國家）。由此可見，在現代的國際社會裡，個人不但得主張或行使其國際法上的權利、履行其國際法上的義務，更必須負擔其怠於履行其義務時所應負擔之國際法上的責任。所以，個人在當前國際法體系中應可認為是取得了國際法主體的地位，或者，至少是正在取得國際法主體之地位。

08 國際人道法

第一節　關鍵概念

壹、國際人道法之意義

「國際人道法」(International Humanitarian Law)乃是現代國際法把舊日的「戰爭法」的不合時宜之傳統以「武裝衝突法」(Law of Armed Conflict)或「國際人道法」加以取代。其主要原因有二：一、以往認為戰爭是國家解決爭端之合法手段；但現代國際法已視戰爭為「非法」手段，國家在理論上不可以從事戰爭；二、傳統國際法認為戰爭是兩個以上國家之間的「武裝行為」以及因此而產生的法律狀態。二次世界大戰之後，由於武裝衝突之產生的法律狀態在事實的討論下逐漸擴及到國家與國家或非國家主體之間的武力使用行為，使得許多法律文獻用「武裝衝突」(Armed Conflict)取代「戰爭」一詞。

因此，直截的說，國際人道法即是規範戰爭或武裝衝突的法律。其目的即在於降低或減緩個人在戰爭或武裝衝突中所受到的「傷害」，亦即欲使戰爭或武裝衝突「人道化」。二次世界大戰以後，隨著「人權」觀念之演進，國際人道法已經逐漸取代了傳統的戰爭法或武裝衝突法。但這並不等於國際人道法即是國際人權法。因為國際人權法主要適用於平常時期的「人權保障」；而當國家處於戰爭或其他危難時期，個人的權利或自由即有可能受到停止或限縮。反之，國際人道法則是適用於戰時或武裝衝突時的法律。

貳、國際人道法之原則

一、紅十字國際委員會規範

　　為有助於對國際人道法之解釋與適用，「紅十字國際委員會」列入了下列幾項原則為國際人道法之原則：

1. 人道原則(Humanity)：出現在「海牙第四公約」序言，以及「一九七七年第一附加議定書」「馬爾頓」條款，即是此一原則的體現。「一九七七年第一附加議定書」第 1 條第 2 款表示，「在本議定書或其他國際協定所未包括的情形下，平民和戰鬥員仍受來源於既定習慣、人道原則和公眾良心要求的國際法原則的保護和支配。」

2. 需要原則(Necessity)：武力使用不能超過為完成合法軍事目的所需要的程度。

3. 比例原則(Proportionality)：作戰的方法和手段的性質與程度應和所要達成的軍事利益成比例，過分使用武力、超過為達到軍事目的之所需，則被認為是非法。

4. 禁止使用造成不必要傷害原則 (Prohibition on Causing Unnecessary Suffering)：依此原則，有些武器會被考慮禁止使用，如核生化武器。

5. 區分原則(Distinction)：武裝衝突中，平民和戰鬥人員應加以區別，平民應當在衝突中受到保護，不可以被攻擊和被當作敵人對待。

6. 戰時法獨立於訴諸戰爭權原則（戰爭法和武力使用各自獨立存在原則，independence of jus in bell of rom jus ad bellum）：此一原則說明，不論武裝衝突和武力使用的原因是否合法，但交戰人員和戰爭受難者只要遵守國際人道法，都會一律平等的受到保護。

二、日內瓦公約規範

　　此外，紅十字國際委員會同時指出下列七項基本原則是「日內瓦公約」，及其「附加議定書」之基礎。

1. 失去戰鬥能力的人，已退出戰鬥的人及未直接參與戰鬥的人，其生命及身心健全，均有權受到尊重。在任何情況下，他們都應受到不加任何不利區別的保護與人道對待。

2. 禁止殺害或傷害投降或已退出戰鬥的敵人。

3. 衝突各方集合在其控制下的傷者和病者，加以照顧。保護對象還應涵蓋醫務人員、醫療設施、醫務運輸及醫療設備。紅十字或紅新月標誌，即為此種保護的符號，必須予以尊重。

4. 在敵對一方控制下的被俘戰鬥員和平民，其生命、尊嚴、個人權利與信念，均應受到尊重。他們應受到保護，免受各種暴力與報復行為的傷害。他們應有權與家人通信，以及接受救援。

5. 每個人都有權享受基本的司法保障。任何人都不應為他所沒有做的事情負責，也不應遭受肉體上或精神上的酷刑、體罰，或殘酷或侮辱性的待遇。

6. 衝突各方及其武裝部隊成員選擇戰爭的方法與手段均受到限制。使用具有造成不必要損失或過度傷害性質的武器或戰爭方法，均受禁止。

7. 衝突各方在任何時候均應將平民居民與戰鬥員加以區分，以避免平民居民及平民財產受到傷害。不論是平民居民還是平民個人，都不應成為攻擊的目標。攻擊應只針對軍事目標。

第二節　專題研究：國際人道法執行之研究[*]

壹、國際人道法之確立

國際人道法之源起及其發展，在很長的一段時間是在依習慣規則之步調而演進；其中大概可以分為以下五個階段演進而生[1]：

第一階段：在十九世紀之前的大部分時間順著國際法演進之橫而進行，例如交戰雙方致力於被俘軍人及平民生命之保護及其可以享有之基本待遇以及對於戰俘交換協議之訂定規範。

第二階段：從十九世紀中葉到首次世界大戰期間，國際間進入締約時期，一方面試圖將既有的習慣規則加以編纂，另一方面發展新的規則。例如 1864 年 8 月 22 日由外交會議在日內瓦簽訂的「改善陸戰傷者情況公約」(The Convention for the Melioration of the Condition of the Wounded in Armies in the Field)、1899 年在海牙締結的「海戰傷、病溺者公約」(Convention on the Melioration of the Condition of the Wounded, Sick, and Shipwrecked at Sea)、1907 年的海牙「陸戰法律與習慣公約」(Convention with Respect to the Laws and Custom of War on Land)等，都是顯例。

第三階段：在兩次世界大戰期間更有國際紅十字會主導簽訂的 1925 年關於禁止特定化學及細菌武器的「日內瓦議定書」，和 1929 年簽訂的關於改善陸戰傷者、病者待遇公約及戰俘待遇等的「日內瓦公約」。以上發展過程所產生的各種公約及議定書等，構成所謂「海牙法體系」(The Hague System)，其內

---

[*] 參酌俞寬賜，國際法新論，臺北，啓英文化公司，2002 年。
[1] 俞寬賜，國際法新論，臺北，啓英文化公司，2002 年，頁 306-308。

容不僅在限制和改進戰爭方法及手段，而且著重保護受到戰爭影響的個人和藝術科學品及建築。1919 年同盟國與德國間的「凡爾賽和約」(The Peace Treaty of Versailles)及與土耳其等其他戰敗國間的和約更規定了審判及懲罰個人刑事犯的條款。

　　第四階段：第二次世界大戰證明平民也需要國際人道法的保護。因此，1949 年日內瓦外交會議遂以修改和進一步發展國際人道法為宗旨，通過了四種「日內瓦公約」。其中除第一至三公約分別處理：1.陸戰武裝部隊之傷、病者待遇，2.海戰武裝部隊之傷、病、溺者待遇，及 3.戰俘待遇外；第四公約則明定戰時平民之保護——特別是交戰一方領土上的平民和被占領區的平民之保護。在適用範圍方面，一般戰爭法僅適用於國際武裝衝突，但日內瓦四公約共有的第 3 條則規定在某些情況下亦適用於非國際性的武裝衝突。1974 至 1977 年由瑞士政府召開的國際會議更以「國際紅十字委員會」(International Committee of the Red Cross)提出的草案為基礎，通過了兩種「議定書」(Protocols)。其中第二議定書則適用於國內武裝衝突中受難者之保護，第一議定書則不僅規定國際武裝衝突中受難者之保護，並且將日內瓦四公約延伸適用於殖民地人民為行使自決權而對抗殖民國的戰鬥、對抗外國占領者之戰鬥、及對抗異族政權之衝突等。

　　這樣完成的日內瓦四公約體系並且規定：「嚴重侵害人權」(Serious Human Rights Violations)相等於「嚴重違反日內瓦公約體系」。此之所謂「嚴重違反」(Grave Breaches)，在四公約中被界定為涉及對本公約保護下的個人或財產所做之下列任何行為：惡意殺害、刑求或不人道待遇（包括生物實驗、惡意引發身體及健康的嚴重傷害）、和對財產做非軍事上所必須的廣泛毀滅或奪取。

　　同時，四個日內瓦公約規定各締約國有義務制訂必要的法律，對觸犯或命令觸犯上述任何「嚴重違反」行為的個人給予有效的刑事懲罰，包括交由本國的法院審判，或交由另一締約國審判。

　　第五階段：為了保護個人，使其免受過度慘烈的殺傷，海牙及日內瓦兩法律體系發展期間，國際社會一直著重武器之禁止，先後簽訂了一連串的宣言、議定書、和公約。其中包括：1868 年聖彼得堡會議的「戰時放棄使用四百公克以下的爆破性彈藥宣言」(Declaration Renouncing the Use, in Time of War, of Explosive Projectiles Under 400 Grammes Weight)，1899 年第一次海牙和平會議的「禁止有毒武器決議」(Resolution Codifying the Prohibition on the Use of Poisonous Weapon)，1925 年日內瓦會議通過的「禁止戰時使用有毒及細菌武器議定書」(Protocol for the Prohibition of the Use in War of Asphyxiating, Poisonous or Other Gases and of Bacteriological Methods of Warfare)，1993 年在聯合國教育科學文化組織總部簽訂的「禁止化學武器公約」(Convention on the Prohibition of Chemical Weapons)等。美、蘇等超強一連串談判並相繼簽訂的關於禁止核子武器之文件，更達六種之多，其中包括美蘇 1991 及 1993 年的第一、二兩階段核武裁減條約(US-USSR Arms Reduction Treaty；STARTI and STARTII)。

貳、國際人道法之法源

　　除了國際習慣法外，國際人道法包含了許多國際公約。從這些條約制定發展的歷史傳統來看，國際人道法的條約規則一般可以分為二個系統：「海牙法系統」(The Hague Law System)和「日內瓦法系統」(The Geneva Law System)。前者顧名思義，除了 1868 年的「聖彼得堡宣言」(Declaration of St.

Petersburg)外，還包含 1907 年海牙和會所通過的一系列公約，規範的重點包括戰爭的開始、進行和結束；作戰的方式和方法；武器使用的限制等，主要是以戰爭行為為對象。至於「日內瓦法系統」的重要核心條約是 1949 年的四個日內瓦公約和 1977 年的二個附加議定書，它們是從人道的角度出發，目的在保護未參加或已退出戰爭的人。國際法院 1996 年「以核武器相威脅或使用核武器的合法性諮詢意見」(Advisory Opinion on Legality of the Threat or Use of Nuclear Weapons Advisory Opinion)指出，「海牙法」即是傳統被稱為「戰爭法規和習慣」(Laws and Customs of War)，「日內瓦法」則是有關保護受武裝衝突影響的人員。

　　「海牙法系統」和「日內瓦法系統」的內容本來就不是截然區分的，由於 1977 年的二個議定書也涵蓋了「海牙公約」中有關作戰方法和手段的規定，因此一般以為隨著第一及第二附加議定書的生效，二個系統已逐漸合而為一。國際法院也認為，由於二者關係如此密切，所以正逐漸形成一個單一的複合體系，即國際人道法[2]。

　　就現代國際法言，任何國家均負有在其對外關係上不得使用武力之義務。

　　惟事實上，國際法在禁止戰爭及使用武力的同時，承認了若干重要的例外。其中包括[3]：

一、　為行使自衛權而使用武力：聯合國憲章承認「自衛」乃是國家的固有權利(Inherent Right)，並且承認「集體自衛」的同樣合法性。國際法院更在上述判例中確認這種權利。

---

[2]　此為一般之分類。

[3]　同前註，頁 306。

二、　「集體安全」(Collective Security)所引起之戰爭或武裝衝突：聯合國憲章為了維持國際和平與安全，授權安全理事會(Security Council)代表全體會員國判定有無任何威脅和平、破壞和平、或侵略行為之存在；如果有，即可在非軍事制裁無效時，集體使用武力以對抗侵略。1950 至 1953 年的「韓戰」和 1990 至 1991 年的「波斯灣戰爭」都是這種集體安全的表現。這種被憲章稱作「執行行動」(Enforcement Action)的集體安全措施，也可由安全理事會授權給「區域組織」執行。

三、　內戰：一國境內若有部分人民企圖經由違憲手段控制該國政府或另組新的國家，於是該國境內便可能發生武裝衝突；這種衝突就是「內戰」(Civil War)。自 1945 年以來，國際社會有許多戰爭都屬「內戰」性質。

　　由此可知，在當前國際法下，國際人道法的「需要」仍屬顯然。

參、國際人道法之執行基準

　　國際人道法之演進與發展，證明了國際社會為了建立一套公平正義之國際秩序，一直在尋求建立一套能夠滿足各個單一國家的需要之可長可久的規範。然而這樣的一套法制規範的建立，固然有其必要；但是更重要的是這樣的國際人道法要如何有效加以執行，才是更重要的作法而來加以追尋。

　　比較有效的一種執行機制是以「個人責任原則」為基礎加以改善。詳言之，即在就違反國際人道法的行為課予「個人責任」(Individual Responsibility)的前提下，不是由交戰一方將相關個人交由自己的法院審判或引渡給交戰他方法院審判，而是由國際軍事法庭依戰爭法及國際人道法予以審判；並規定凡是

承擔個人責任的被告，不得因官職地位或「執行上級命令」等任何理由而豁免國際法庭的管轄。這種制度在第一次世界大戰後未曾獲得實現；待至第二次世界大戰後才獲得正式採行，以審判國際戰爭的戰犯。茲依比較分析的方法，研究這種制度發展和實踐的本質，並剖析其對國際人道法發展之貢獻。

二次世界大戰爆發之後，各國對德國與日本等國殘暴的屠殺行為興起了「懲罰戰犯運動」導致了國際社會中的幾個主要國家於 1942 年發表「聖傑姆斯宣言」(Declaration of St. James)，宣示審判和懲罰戰犯的決心。其後的非正式「倫敦會議」更改變了美國在巴黎和會時所持之立場，全體一致同意三項基本理念：一、戰爭罪犯無論其階級和地位如何高，均不得享有豁免權；二、下達命令的高級官員應和執行命令的次級人員一樣承擔「個人責任」；三、僅懲罰不確定的部屬人員、而不懲罰制訂刑事犯罪政策的高級人員，那是不合邏輯的。

以此等理念為基礎，英、美、法、蘇等國乃於 1945 年 8 月 8 日簽訂「起訴及懲罰歐洲軸心國主要戰犯協定」（Agreement for Prosecution and Punishment of the Major War Criminals of the European Axis，以下簡稱「倫敦協定」）及其附件「國際軍事法庭憲章」(Charter of the International Military Tribunal)，在德國紐倫堡設立「國際軍事法庭」，以審判歐洲軸心國的主要戰犯。翌年，即 1946 年 1 月 19 日，「遠東國際軍事法庭」基於同一理念，依盟軍最高統帥頒佈之組織條例而成立，負責審判及懲罰日本的主要戰犯，以追究他們在第二次世界大戰期間違反國際戰爭法及人道法的個人責任。

紐倫堡法庭的審判庭由英、美、法、蘇各任命審判官及助理各一人組成；檢察單位則由英、美、法、蘇各派主任檢察官一人組成「委員會」，以多數決提出被告名單及公訴狀；亦可以個別或會同調查證物，詢問證人、及出庭執行檢察官任務。

　　東京軍事法庭的法官及檢察官則均由盟軍最高統帥麥克阿塞元帥令派英、美、法、蘇、中、澳、加、荷、紐、印、菲等十一國各一名擔任；另設庭長及檢察長各一人，均由盟軍最高統帥指派或委任。檢察長在其他檢察官協助下進行戰犯之調查及起訴。

　　至於兩法庭的管轄範圍及對「個人責任」之追訴，分別由紐倫堡法庭憲章及東京法庭組織條例加以規定，不過其內容並無重大區別。茲從兩方面析述如下[4]：

　　第一、　在對「罪行」的管轄方面，兩法庭均將被審判的戰罪內容區分為下列四項：

1. 違反和平罪(Crimes against Peace)：包括（甲）計畫、準備、發動、或從事一項侵略戰爭或一項違反國際條約、協定、或保證的戰爭；（乙）參與共同計畫或陰謀，以圖完成甲項所列之任何行為；

2. 戰爭罪(War Crimes)：即違反戰爭法或戰爭慣例，包括（但不限於）：（甲）對占領區的平民予以謀殺、虐待、或放逐以充勞奴或為其他任何目的而放逐；（乙）謀殺、虐待戰俘或海上人員(Person on The Seas)，殺害人質、掠奪公私財產，濫毀城鎮村莊，或從事非軍事所需要的破壞(Devastation Not Justified by Military Necessity)；

3. 違反人道罪(Crime against Humanity)：凡當觸犯上述違反和平罪或任何戰爭罪時，或關涉此等犯罪時，對任何平民的謀殺、奴役、滅絕(Extermination)、放逐、及其他不人道行為；或基於政治、種族、或宗教理由的迫害(Persecution)等；

---

[4]　多數國際法學者之分類說明。例如俞寬賜教授即在其書，第 310 頁至 311 頁之說明。

4. 同謀罪(Complicity)：凡參與上述任何一項犯罪之共同計畫或陰謀之決定或執行之領導者、組織者、教唆者與共犯者，亦為國際法罪行。

　　第二、　凡是此等罪犯均應負起「個人責任」(Individual Responsibility)；不得以個人之官等地位豁免法庭之管轄；或以「上級命令」作為解除戰罪責任的辯詞。惟兩法庭憲章在這方面的最大不同點有三：1.就豁免權言，「國家元首」在「紐倫堡憲章」下，不得享有豁免權；而在「東京憲章」下，日本天皇未被列為法庭審判的對象。2.就減刑考量言，「紐倫堡憲章」規定國家元首和政府部會首長既不得因其地位而豁免法庭管轄，亦不得因其地位而減輕其應受之懲罰；然而「東京憲章」則規定部會負責官員得因其地位而獲減懲罰。3.就審判與執行的程序言，紐倫堡法庭的判決具有終審效力；而東京法庭的判決宣布後，尚須將審判之筆錄卷宗逕送盟軍最高統帥「核辦」，該統帥對法庭之判決雖不得加重其刑責，但有權減輕判決或加以修正。這種「核辦」雖非嚴格意義的「上訴」，但卻成了判決必經的最後程序。

肆、結論

　　綜上所論，可知紐倫堡及東京兩憲章之主旨在課個人以戰罪責任，作為國際軍事法庭審判歐洲及遠東主要戰犯的法律準則。惟這種準則既非當時已存的國際習慣規則，亦非當時既有的條約規範；而是該兩憲章新設的法律。該兩國際軍事法庭經憲章之授權，將這種新法律回溯適用於戰犯在第二次世界大戰期間的犯罪行為，從而激發出關於該等法庭之判決是否違反「刑法不溯既往」的法律原則等爭議。

　　聯合國大會為了保證延續並擴充紐倫堡及東京憲章及國際軍事法庭判決之效力，乃於 1946 年 12 月 11 日通過決議，確認該等憲章及法庭所承認的國際法原則，並交由國際法委員會進行編纂。後者努力編纂的成果便是所謂「紐倫堡原則」(The Nuremberg Principles)。其內容包括下列五項要點：

一、　從事國際刑事犯罪行為或其同謀犯都應對此行為或同謀罪負責，並接受懲罰。

二、　國內法不懲罰國際犯罪行為之事實不能使犯罪者免除其在國際法下的責任。

三、　以國家元首或官員身分觸犯國際刑事罪的個人，不得以此身分而免除其在國際法下的義務或減輕其應受之懲罰。

四、　個人遵從其政府或長官命令而行為之事實，不能使他免除在國際法下的責任；不過可依正義之要求，減輕其應得之懲罰。

五、　被控觸犯國際法罪行的任何個人，有權就事實和法律受到公平審判。這些「個人責任」法律原則之確立對國際人道法之進一步發展和實踐，發生極重大的影響。

09 國際刑事法

第一節 關鍵概念

壹、國際刑事法之界定

國際刑事法(International Criminal Law)是指防止與懲治個人國際性犯罪行為之法律規範的總稱。它與國際人道法在本質上是屬同一類型的範圍內。只不過其主旨在於對涉及國際或國內的武裝衝突之個人課以「遵守國際人道法的義務；如有違反，則不論其個人之官職地位，亦不論其行為是否在執行上級命令或國家政策，一概須接受國際軍事法庭之審判與懲罰，藉以保護武裝部隊之傷病者和戰俘，以及未參與武裝衝突之平民百姓」。

簡言之，國際刑事法則係指國際社會為了防止與懲罰個人在平時從事各種國際性之非法行為而制定或承認之法律規範。事實上，國際法在這方面的規範，其主旨即在於對平時之個人課以「不得從事特定的國際性非法行為」之義務。如有違反，則不論其地位或官銜乃至於國籍，均應被確認為國際犯罪行為，而受到國際法（即國際刑事法）之制裁，藉以維持國際社會的和平、秩序與安全，用以促進人類共同的福祉。

貳、國際刑事法之內涵

國際刑事法體系之建立乃係由國際社會的成員，共同的認識而相繼締結的一系列國際規章與約章，就個人的各種國際性

犯罪行為，分別課以刑事責任。具體而言，在此等約章之規範下，個人不得從事傷害人群、國際恐怖活動、種族歧視、海盜、戰爭行為、國際非法販毒行為及侵略行為，否則即構成國際刑事罪犯，必須接受國內法院或國際法院的管轄與制裁；同時，相關締約國也負有防止與懲罰此等犯罪行為之義務。

綜合言之，國際刑法體系係由國際社會相繼締結的一系列國際約章，就個人的各種國際性犯罪行為，分別課以刑事責任。具體言之，即在此等約章下，個人不得從事海盜、殘害人群、國際恐怖活動、歧視種族、侵害受國際保護之人員、劫持人質、危害海上航行安全、危害大陸礁層固定平臺安全、或國際非法販毒的行為；否則便構成國際刑事罪犯，必須接受國內法院或國際法院的管轄。

參、海盜罪

過去長久以來，習慣國際法，將「海盜」視為人類之公敵，而任由各國得加以逮捕及懲罰。直到 1958 年的「公海公約」(Convention on the High Seas)明白訂有「海盜條款」，而至1982 年的「聯合國海洋法公約」(UN Convention on the Law of the Sea)更明白的成為其中的重要條款。

根據此等條約之規定，構成「海盜罪」的行為至少包括下列三種，即：

一、 私人船舶的船員或私人飛機之機組人員或乘客為私人目的，對在公海上或在任何國家管轄範圍以外的地方之另一船舶或飛機、或此種船機上的人員或財物，從事任何非法的暴力或扣留行為、或任何掠奪行為；

二、 明知某船舶或飛機成為海盜船、機之事實，而自願參加其活動的任何行為；

三、 教唆或故意使用上述一或二項行為的任何其他行為。

除私人外，軍艦及其他政府船舶或飛機上的人員叛變而控制該船或該機以從事上述任何海盜行為者，視同私人在船舶或飛機上之海盜行為。

由於個人負有不得從事海盜行為的國際法義務，因此公約規定「在公海上或在任何國家管轄範圍以外的地方，每個國家均可扣押海盜船舶或飛機或被海盜奪取並在海盜控制下的船舶或飛機，和逮捕船上或機上的人員，及扣押船上或機上的財物。扣押國的法院可判定應處的刑罰，及決定對該船舶、飛機、或財產所當採取之行動。」所有國家亦應盡最大可能進行合作，以制止任何人在公海或任何不屬於國家管轄範圍的其他海域或地方從事海盜行為。

肆、殘害人群罪

在「戰爭法官方文件」(Document on the Law of War)界定「殘害人群罪」是指「毀滅一個民族或種族」。其後最重要之發展乃是聯合國大會於 1946 年 12 月 12 日，確認「殘害人群罪」之行為乃是一種國際法罪刑，不符合聯合國成立之精神與聯合國憲章之宗旨。其後聯合國大會於 1948 年 12 月 9 日通過「防止及懲罰殘害人群罪公約」(The United Nations Convention on the Prevention and Punishment of the Crime of Genocide)，以下簡稱「殘害人群罪公約」。其重要規範如下：

第一、 在定義方面，將「殘害人群」界定為「全部或部分毀滅某一民族、人種、種族、或宗教群體之任何行為」，包括：1.殺害該群體之成員；2.使該群體成員之肉體或精神受到嚴重傷害；3.故意造成該群體之某種生活環境，以圖消滅該群體的全部或一部；4.採取措施，以圖阻止該群體成員之生育；5.將該群體之兒童強迫遣送往另一群體。

　　第二、就懲罰的對象而言，凡本人從事或陰謀從事上述任何行為、或直接公開唆使他人從事或陰謀從事上述任何行為、或任何此等行為之未遂者或同謀者，均應受懲罰。觸犯任何此等行為之個人，無論其為國家之統治者、負責官員、或私人，均應受懲罰。

　　第三、就管轄權之歸屬而言，任何從事殘害人群之正犯、未遂犯、教唆犯、同謀者，均應在行為地國之有管轄權的法院或在經相關締約國接受為有管轄權的國際刑事法庭接受審判。這種國際刑事法庭所執行之法律必須是「殘害人群罪公約」所確認的法律，亦即國際法。尤有進者，由於該公約第一條即明白確認：無論平時或戰時所犯之殘害人群行為，皆為國際法下的罪行；締約國擔允予以懲罰。因此，就此等範圍言，該公約直接課個人以不得從事任何殘害人群行為之義務。

　　第四、此種殘害人群罪與上述違反人道罪相比較，在本質和適用範圍方面有顯著的區別。即殘害人群罪不以違反和平罪或戰爭罪時所作之行為為限，也不必與違反和平罪或戰爭罪相涉。

伍、「國際恐怖主義」罪刑

　　基本上，與劫機等空中暴行有密切關係，而造成國際社會的安全、和平與秩序受到威脅或干擾之「犯罪行為」，就是我們所說的「國際恐怖主義」罪刑。

　　廣義言之，凡是實際或意在危害生命、摧毀財產（包括飛機等交通運輸工具）、或劫持人質等的刑事犯罪行為，都是恐怖行為。這種行為之未涉及國際因素者，為國內法下的刑事犯罪，屬於國內法適用的範圍。反之，這種行為之影響國際關係、及受國際社會關切者，則為國際恐怖行為，屬於國際法適用的範圍。

國際恐怖主義在 19 世紀後半期已經開始出現；20 世紀以來日益猖獗。1960 至 1980 年代，全世界各種形式的國際恐怖行為更是每年以千計。為了因應這種情勢，國際社會遂全力發展法律規範，使國際恐怖行為者不致逍遙法外。聯合國大會在這方面的立法運動是遲至 1970 年以後，亦即在國際民航組織主導締結關於制止和懲罰劫機等空中恐怖行為的公約之後，才積極進行。首先是聯合國大會於 1972 年決議設立「恐怖主義特別委員會」(Ad Hoc Committee on Terrorism)研擬恐怖主義公約；繼又於 1985 年 12 月 9 日以該委員會之工作續效為基礎，通過決議，譴責一切恐怖主義的行為、方法、和作為；並確認從事此等行為者為「刑事犯」。

陸、劫持人質罪

劫持人質的犯罪行為，不僅造成被劫持者個人生命之危害，而且會影響國際社會的和平、秩序與安全遭受威脅，影響國際關係至鉅；引起國際社會中各國的極度關注。聯合國大會更於 1979 年 12 月 17 日通過了「禁止劫持人質國際公約」(International Convention against the Taking of Hostage)。

根據此一公約之界定，「劫持人質罪」係指「任何人劫持或扣押另一人作為人質，企圖逼迫第三者（即國家、政府間國際組織、自然人或法人、或一群人）從事或不從事某一行為，作為釋放人質之明示或默示的條件」。凡是觸犯這種罪行的人以及意圖劫持人質之未遂犯、及參與劫持犯或未遂犯之同謀犯，皆觸犯本公約下的罪行。

依上述的界說，「劫持人質罪」之構成要素可以剖析為下列三項：

一、 「劫持或扣押人質」：這一要素係指以非法使用武力或以
　　武力為威脅作為劫持或扣押人質之方法。

二、 「以殺死、傷害、或繼續扣押人質為威脅」：這是伴隨上
　　述劫持或扣押而來的必有的要素；若無此一要素則無以強
　　迫第三者做出一定的行為，從而也就沒有劫持人質罪，而
　　是 1973 年公約下的「侵害受國際保護人員罪」。例如前述
　　1979 年美、伊人質案中，伊朗好戰分子若未要求美國歸還
　　遜位伊王，則也不屬人質罪公約適用的範圍。

三、 「迫使第三者做一定行為」：此一要素即指罪犯第一、二
　　項行為之目的在於產生一定的結果。這種結果之期待和要
　　求乃是英、美普通法中所注意的犯罪者的動機或意念之表
　　示。

　　此外，依劫持人質罪國際公約之規定，劫持人質罪乃是海
盜罪、劫機犯罪等一連串國際罪行的一種，屬於可以引渡的普
通犯罪；凡該公約之締約國均得以不同理由對這種犯罪行為行
使管轄權。分析言之，即劫持人質的罪行的發生地國、劫持人
質罪犯的國籍所屬國或習慣住所地國、被強迫從事或不從事任
一行為的第三國、被劫人之國籍所屬國、以及罪犯出現地國，
均有義務「採取必要措施」以建立管轄。

柒、種族隔離罪

　　「平等主義」乃是「聯合國憲章」及其他關於人權與公民
自由等國際文獻所揭示的一項重要原則。為此，聯合國大會曾
於 1965 年 12 月 21 日通過「消除一切形式種族歧視國際公
約」；其宗旨與制度已如前述。「種族隔離」(Apartheid)乃是種
族歧視的一種現象；意即某一族群為支配及壓迫另一族群而採

行的某些虐待行為。南非白人政府在 1990 年以前採行的「種族隔離政策」堪稱典型的例子。

安全理事會通過了譴責南非的「種族隔離政策」，此外，聯合國大會也採取了一連串的「決議」採取了具體制裁之措施；並且確認了這種政策違反了國家及個人的法律義務，並且將推行此種「種族隔離政策」的作法定為「違反人道的犯罪行為」(Crime against Humanity)。為此，聯大更於 1993 年 11 月 30 日通過「禁止和懲罰種族隔離罪公約」(Convention on the Suppression and Punishment of the Crime of Apartheid)，正式確認「種族隔離」乃是一種「國際刑事犯罪行為」，個人、組織的成員、或國家的代表均有可能成為從事這種犯罪的主體。

捌、傭兵罪

聯合國大會認為傭兵制度不僅對國際和平與安全具有負面影響，而且違背有關國家主權平等、政治獨立和領土完整、及人民自決等國際法原則，因此於 1989 年 12 月 4 日通過「禁止募集、使用、支援和訓練傭兵的國際公約」(International Convention against the Recruitment, Use, Financing and Training of Mercenaries)；確認凡直接參與敵對或協力從事暴力行為的傭兵，募集、使用、支援和訓練傭兵的任何人，以及這種罪行之未遂犯或同謀犯都是「刑事犯」。本公約締約國不僅本身不得從事募集、使用、支援和訓練傭兵，而且應與他國合作防止募集、使用、支援和訓練傭兵的犯罪行為，及依此等犯罪行為之嚴重性質給予適當的刑事懲罰。

為此目的，每一締約國對於在其領土上、船舶上、或航空器上從事募集、使用、支援或訓練傭兵等的任何罪行，固應採取必要措施建立管轄；對於該國國民或在其領域內有習慣住所

的無國籍人從事此類犯罪行為者，亦應採取必要措施建立管轄。對於在該國境內出現之傭兵罪嫌，應將之收押和詢問、或採取其他措施以建立刑事管轄或引渡程序。

玖、國際非法販賣毒品罪

此之所謂「毒」，乃指鴉片、嗎啡、古柯鹼等多達數十種的麻醉藥品(Narcotic Drugs)及「影響精神物質」(Psychotropic Substances)，此之所謂「非法販毒」，係指違反國際法從事這種毒品或物質之種植、製造、提煉、調整、持有、供給、兜售、分配、購買、販賣、交割、發送、過境寄發、運輸、輸入、輸出等行為；也不論發生在一國之本土或海外領土或海上、船上、飛行器上、甚至在自由貿易區內、自由港等任何處所。

聯合國大會於 1985 年 12 月 14 日決議要求「經社理事會」著由其所屬之「麻醉藥品委員會」(UN Commission on Narcotic Drugs)草擬法案，以解決日益嚴重的國際性非法販運麻醉藥品的活動。

聯大根據該麻醉藥品委員會特別會議之建議，於 1988 年 11 月 25 日至 12 月 22 日在維也納舉行「全權代表會議」，就該委員會歷時三年研擬出來的公約草案詳加討論，最後通過「禁止非法販賣麻醉藥品及影響精神物質公約」(Convention against Illicit Traffic in Narcotic and Psychotropic Substances)，再次，確認非法販運毒品及是國際間所共同承認之犯罪行為。務期將國際非法販毒罪犯加以制裁與懲罰。

第二節　專題研究：懲治恐怖主義之國際法規範*

壹、國際恐怖主義之界定

在西元 2000 年之時，美國國務院的年度報告書中指出：在 2000 年那年，全球有 405 人被恐怖分子的恐怖活動所殺害。特別是到了 2001 年的 911 事件在美國歷史上所造成的讓「世界貿易中心」(World Trade Center)被摧毀，及讓五角大廈也受到了嚴重的損害，這些都是因為恐怖分子劫持了商用航空公司的飛機所造成的結果。

此等恐怖分子的活動本身對於任何一個國家。地區及國際社會所造成的組織、結構及規模……只有過之而無不及，也因此引起了專家學者及各國政府官員乃至於聯合國等國際組織的重視而欲消除這樣的恐怖活動而以國際社會的和平、秩序及安全的角度來加以解決恐怖主義所帶給人類社會的不安與紛擾。

「9・11」恐怖襲擊事件後，現代恐怖主義又步入了一個新的階段。在這一時期，宗教極端主義與恐怖主義快速合流，並在全球範圍內迅速蔓延，重大恐怖襲擊事件相繼在世界各地頻繁發生，而且近年來越演越烈。新世紀以來國際恐怖主義表現出一些新的特點：一、從動機上來看，雖然恐怖主義普遍具有政治性、社會性目的，但 20 世紀的恐怖主義主要是出於反殖民統治、霸權主義之目的，而 21 世紀的恐怖主義則大多屬宗教、政治意識型態與地緣政治的混合產物。二、從行為方式上分析，當今信息時代互聯網的發展與普及給社會和人們生活帶來便利的同時，也為 21 世紀的恐怖主義提供了更多也危害更大的

---

*　參酌俞寬賜，國際法新編，臺北，啓英文化公司，2002 年。

手段。世界各地的恐怖主義組織和恐怖主義分子利用互聯網進行資金募集與轉移、宣揚恐怖主義主張、招募成員、進行培訓和傳授犯罪方法等，網絡恐怖主義犯罪活動與日俱增，危害廣泛而嚴重。三、從危害結果上考量，21 世紀的恐怖主義更注重殺傷性。20 世紀，特別是冷戰時期的恐怖主義奉行的是「以行動進行的宣傳」之理念。其目標具有針對性與象徵性，一般會避免過多無關群眾死傷。但 21 世紀以來，恐怖襲擊所波及的無辜民眾越來越多，恐怖組織與個人為了造成恐怖氣氛及迫使有關國家和國際社會讓步已不惜一切代價。四、威脅更大的新型恐怖主義已初顯端倪。近年來，恐怖主義出現的一些新的類型和苗頭更是對國際社會造成了新的極其嚴重的威脅，這些新型恐怖主義或苗頭主要表現是，在當代大規模殺傷性武器（核武器、生物武器、化學武器、放射性武器）廣泛擁有的背景下，生物恐怖主義威脅、化學恐怖主義威脅這兩類恐怖主義活動已經出現，放射性（髒彈）恐怖主義、核恐怖主義威脅活動已有苗頭。

有些論著把「9‧11」恐怖襲擊事件之後全球恐怖主義犯罪呈現出的顯著有別於普通犯罪的新趨勢、新特定概括為五點[1]：一是恐怖襲擊地域的重點化；二是恐怖襲擊主體的政權化；三是恐怖襲擊手段的多樣化；四是恐怖襲擊對象的平民化；五是恐怖襲擊背景的複雜化。這一見解有其客觀根據作支撐，值得參考和研究借鑑。當然，這些特點也會隨著國際恐怖活動犯罪暨國際反恐鬥爭形勢的變化而變化，例如隨著強有力的國際反恐鬥爭導致「伊斯蘭國」這類政權化的恐怖組織的瓦解乃至不復存在，上述「恐怖襲擊主體的政權化」之特點也就要隨之消失，但也許假以時日又會捲土重來。

---

[1] 此為一般學者之認定。

貳、國際恐怖主義興起之背景

　　現代意義上的恐怖主義最早出現於 20 世紀初期。這一時期的恐怖主義開始不再是針對一國之犯罪行為，而是出現了區域化、國際化的趨勢。這一變化使得世界各國逐步開始意識到恐怖主義危害的嚴重性，並且已經不能單靠一國之力與之對抗。於是，世界上的各個國家開始聯合起來、互助互利，共同抗制恐怖主義。在世界反恐的進程中，一系列的國際反恐公約、區域性反恐公約都起到了不可或缺的作用；而聯合國作為世界反恐的主導與核心力量，在主持制定了多項反恐條約的同時，其下屬的聯合國大會以及安理會這兩大機構更是作出多項反恐決議為世界各國共同反恐指導道路。而這些具有法律性與倡議性的國際反恐文件，又進一步推動了各國反恐立法（包括反恐刑法）的發展與完善，使得國際公約與各國國內的反恐立法相互連結，形成了一道道懲治恐怖活動犯罪的嚴密法網[2]。

　　隨著第二次世界大戰與戰後冷戰的先後結束，世界大局逐漸穩定，進入和平發展時期。恐怖主義給世界各國帶來的危害日趨明顯，逐漸成為阻礙社會進步的重要問題。近年來，針對恐怖主義之治理，除各國所制定的國內法外，國際與區域性反恐公約也越來越多，並在防止與懲治恐怖主義罪行中起到了重要作用。

參、聯合國主持制定之國際反恐公約

一、保護外交代表公約

　　20 世紀 60 年代，國際恐怖活動的日益加劇，在聯合國的主導與推動之下，為了保護國家元首、政府首腦、外交代表以

---

[2]　基本上懲治恐怖活動的法制之建立，乃是以聯合國為主要的推手。

及其他應受國際保護之人員，且對從事於此類活動之犯罪行為人，進行懲處。乃於 1971 年 12 月 14 日訂定了「關於防止和懲處侵害應受到國際保護人員包括外交代表的罪行之公約」（以下簡稱「保護外交代表公約」）。

「保護外交代表公約」是聯合國自成立以後主持制定的首部反恐國際公約。該公約共計 20 條，對「應受國際保護人員」的範圍、「侵害應受國際保護人員罪」的認定、管轄權、引渡、司法協作以及保障犯罪嫌疑人的權利作了明確規定。該公約的主要貢獻在於以下幾個方面：

首先，首次以國際公約的形式明確了應受各國關注與懲治的一項國際恐怖主義罪行。盡管此前的一些不同級別的國際會議中，各國也曾多次討論過國際恐怖主義的相關問題，但「保護外交代表公約」的制定標誌著對外交人員及其他應受到國際保護人員的侵害被國際社會正式肯定為一種國際恐怖主義罪行。此後，該公約也多次作為其他國際反恐公約的附件以說明所要懲治的恐怖活動範圍。

其次，確立了國際反恐公約的藍本。該公約所採取的「犯罪概念一國家責任一管轄原則一國際司法協作一人權保護的條款」之設立順序和模式，被作為基本框架為日後的其他國際反恐公約所繼承。即便一些國際反恐公約增加了其他方面的內容，其基本架構仍是以「保護外交代表公約」為基礎的。

再次，初步確立了管轄規則與反恐國際合作模式。該公約第 3 條第 1 款確立了各締約國對公約所涉罪行之屬地、屬人、保護管轄權；而其第 3 條第 2 款則明確了普遍管轄原則。該公約在引入「或起訴或引渡」原則的同時（第 7 條），還要求各締約國必須將「侵害應受國際保護人員罪」作為「應該引渡之罪」（第 8 條）。

最後，在嚴厲懲治恐怖主義的同時，也注重對嫌疑犯權利的保護。該公約第 6 條第 2 款明確了犯罪嫌疑人的聯絡與被探視權：犯罪嫌疑人有權：「1.立即與其隸籍國，或有權保護其權利的其他國家，或如為無國籍人時經其請求而願意保護其權利的國家距離最近的適當代表取得聯絡；2.並由該國代表前往探視。」公約第 9 條規定了犯罪嫌疑人在司法過程中應受到公平待遇：應保證任何犯有本公約所規定罪行的嫌疑人在訴訟的一切階段中受到公平待遇。對犯罪嫌疑人權利的保障是司法文明進步的體現，這一原則也在其後的反恐國際公約中被普遍採納。

二、反資助公約

反資助公約全名為「制止向恐怖主義提供資助之國際公約」。該公約乃是在 1999 年 12 月 9 日，在第 54 屆聯合國大會第 76 次全體會議以第 54/109 號大會決議之形式所通過。

「反資助公約」共 28 個條款，依次規定了該公約所涉術語、資助恐怖主義罪之概念、法律實體之責任、沒收等相關問題、管轄權問題、引渡問題、其他國際合作以及保障嫌疑人權利。該公約之重要意義主要體現在：

其一，首次將恐怖主義經濟犯罪納入反恐國際公約。正如「反資助公約」序言部分所言：國際恐怖主義行為的次數和嚴重性很大程度上取決於恐怖分子可以獲得多少資助。以往我們對恐怖主義暴力罪行的打擊實際上是一種治標不治本的方法。沒有切斷其經濟基礎，即便搗毀了整個恐怖組織，也難免其「野火燒不盡，春風吹又生」，來日東山再起。20 世紀末，各種恐怖組織遍布全球，其中不乏一些跨國大鱷。這樣龐大的恐怖組織系統需要大量的資金進行運作，「9・11」事件的始作俑者哈利德・謝赫・穆罕默德就曾於 1993 至 1996 年間輾轉於多

國募集進行恐怖活動所需的資金。「反資助公約」一方面將為恐怖主義提供和募集資金的行為確定為犯罪，另一方面要求各成員國通力合作嚴密防控涉恐資金流動（第 18 條），正式消除恐怖主義的經濟基礎，以從根本上打擊國際恐怖主義犯罪。

其二，「反資助公約」首創性地規定了法律實體（法人）的責任。鑑於各國對法律實體承擔責任之規定有較大的差別，該公約並沒有直接作統一規定，而是要求各締約國對應當承擔責任的法律實體實行有效、相稱和勸阻性的刑事、民事及行政制裁（第 5 條）。同時，該公約第 5 條第 2 款還強調：法律實體承擔這些責任不影響實施罪行的個人的刑事責任。

其三，「反資助公約」進一步補充了一些管轄權規則。該公約是首個以懲治資助恐怖主義犯罪為目標的國際反恐公約，其所涉及的管轄與國際司法合作問題都較以往更為複雜。從管轄方面來說，20 世紀末時互聯網金融模式已開始出現，這一模式的高效率、高匿名、低稅率等特點受到恐怖組織和恐怖分子之青睞，然而網絡的空間虛擬性也給管轄權問題帶來巨大的挑戰。為此，「反資助公約」在第 7 條第 1 款規定了一些基本的管轄原則外，又在該條第 2 款增加了更多的管轄規定。

肆、國際民航組織主持制定之國際反恐公約

國際民航組織成立於 1947 年 4 月 4 日，成立後該組織主持制定了一系列的旨在遏止危害民用航行安全的國際公約，主要的有七個國際公約與反恐有關，其中最重要的則是 1991 年 3 月 1 日的「可塑性炸彈中添加識別標誌以便偵測之公約」（以下簡稱「可塑炸彈公約」）：

「可塑炸藥公約」從名稱上看雖然並不像是民航組織制定的公約，但其制定的原因確實是為了預防與懲治危害民航飛行

安全的犯罪。導致該公約誕生的導火線即是著名的 1988 年洛克比空難。該事件又名泛美 PA103 航班爆炸案，是「9・11」事件以前最為嚴重的恐怖主義事件，機上 259 名乘客及 11 名機組人員無人生還。曾經的航空界巨頭泛美航空公司也因此受到重創，陷入空前的財政危機並於 1991 年宣告破產。據事後調查，該事件中恐怖分子所使用的炸藥就是定時式可塑性炸藥。

「可塑炸藥公約」正文共計 15 條，並附有「技術附件」作為公約的組成部分。需要強調的是，該公約雖為民航組織所制定，但公約內容並不僅限於國際民用航空領域適用，還包括其他運輸工具以及其他目標。

伍、國際海事組織主持制定之國際反恐公約

國際海事組織，原名政府間海事協商組織（1982 年 5 月改為現名），成立於 1959 年 1 月 6 日，是聯合國負責海上航行安全和防止船舶造成海洋汙染的專門機構。迄今，國際海事組織共制定了二個與反恐有關的國際公約以及二個與之對應的議定書：

「制止危及海上航行安全非法行為公約」制定的目的，是為了懲治各種暴力危害航海安全的犯罪行為及傳遞虛假情報等非暴力罪行。該公約共 22 條，依次規定了術語之解釋、危害海上航行安全罪之概念、司法管轄、引渡、國際刑事司法合作及保障嫌疑人之權利等內容。

「制止危及大陸架固定平臺安全非法行為議定書」雖名為議定書，實際上也具有公約的性質。該公約所針對的是破壞大陸架固定平臺之犯罪，正文僅有 10 條。然而，這並不意味著該公約有所疏漏，依據該公約第 1 條之規定，「制止危及海上航行安全非法行為公約」第 5 條、第 7 條以及第 10~16 條同樣視為「制止危及大陸架固定平臺安全非法行為議定書」之內容。

陸、國際原子能機構主持制定之國際反恐公約

國際原子能機構成立於 1957 年，總部設立於維也納，是一個與聯合國建立關係並由世界各國政府在原子能領域進行科學技術合作的機構。自 20 世紀 40 年代核武器誕生以來，其巨大的破壞性給人們帶來震撼的同時，也埋下了深深的恐懼。1979 年 10 月 26 日，在國際原子能機構的主持下，多國政府於維也納簽訂了「核材料實物保護公約」：

「核材料實物保護公約」是旨在避免核材料被非法使用，以致給人類社會帶來毀滅性災難的國際公約。該公約正文共有 23 條，主要規定了術語之含義、非法獲取和使用核材料罪之概念、國際核運輸及管理問題、司法管轄、引渡、國際司法合作及保護嫌疑人權利等內容。

為適應當今國際社會預防與懲治核恐怖主義犯罪的新需要，在國際原子能機構的主持下，多國政府又於 2005 年 7 月 8 日在維也納簽訂了「核材料實物保護公約修訂案」。

柒、國際刑事法院羅馬規約

一、規約之目的

對於整個國際社會關注的最嚴重犯罪，絕不能聽之任之不予處罰，為有效懲治罪犯，必須通過國家一級採取措施並加強國際合作。

決心使上述犯罪的罪犯不再逍遙法外，從而有助於預防這種犯罪。

憶及各國有義務對犯有國際罪行的人行使刑事管轄權。

重申「聯合國憲章」的宗旨及原則，特別是各國不得以武力相威脅或使用武力，或以與聯合國宗旨不符的任何其他方法，侵犯任何國家的領土完整或政治獨立。

強調本規約的任何規定不得解釋為允許任何締約國插手他國的武裝衝突或內政。

決心為此目的並為了今世後代設立一個獨立的常設國際刑事法院，與聯合國系統建立關係，對整個國際社會關注的最嚴重犯罪具有管轄權。

二、國際刑事法院之管轄權

規約第 5 條明白規定國際刑事法院之管轄權如下：

1. 滅絕種族罪；
2. 危害人類罪；
3. 戰爭罪；
4. 侵略罪。

三、滅絕種族罪

規約第 6 條對滅絕種族罪說明如下：

為了本規約的目的，「滅絕種族罪」是指蓄意全部或局部消滅某一民族、族裔、種族或宗教團體而實施的下列任何一種行為：

1. 殺害該團體的成員；
2. 致使該團體的成員在身體上或精神上遭受嚴重傷害；
3. 故意使該團體處於某種生活狀況下，毀滅其全部或局部的生命；
4. 強制施行辦法，意圖防止該團體內的生育；
5. 強迫轉移該團體的兒童至另一團體。

四、危害人類罪

規約第 7 條對於危害人類罪，有如下之說明：

為了本規約的目的，「危害人類罪」是指在廣泛或有系統地針對任何平民人口進行的攻擊中，在明知這一攻擊的情況下，作為攻擊的一部分而實施的下列任何一種行為：

1. 謀殺；

2. 滅絕；

3. 奴役；

4. 驅逐出境或強行遷移人口；

5. 違反國際法基本規則，監禁或以其他方式嚴重剝奪人身自由；

6. 酷刑；

7. 強姦、性奴役、強迫賣淫、強迫懷孕、強迫絕育或嚴重程度相當的任何其他形式的性暴力；

8. 基於政治、種族、民族、族裔、文化、宗教、第三款所界定的性別，或根據公認為國際法不容的其他理由，對任何可以識別的團體或集體進行迫害，而且與任何一種本款提及的行為或任何一種本法院管轄權內的犯罪結合發生；

9. 強迫人員失蹤；

10. 種族隔離罪；

11. 故意造成重大痛苦，或對人體或身心健康造成嚴重傷害的其他性質相同的不人道行為。

五、戰爭罪

規約第 8 條對戰爭罪作了如下之說明：

為了本規約的目的，「戰爭罪」是指：

1. 嚴重破壞 1949 年 8 月 12 日「日內瓦公約」的行為，即對有關的「日內瓦公約」規定保護的人或財產實施下列任何一種行為：
   (1) 故意殺害；
   (2) 酷刑或不人道待遇，包括生物學實驗；
   (3) 故意使身體或健康遭受重大痛苦或嚴重傷害；
   (4) 無軍事上的必要，非法和恣意地廣泛破壞和侵占財產；
   (5) 強迫戰俘或其他被保護人在敵國部隊中服役；
   (6) 故意剝奪戰俘或其他被保護人應享的公允及合法審判的權利；
   (7) 非法驅逐出境或遷移或非法禁閉；
   (8) 劫持人質。

2. 嚴重違反國際法既定範圍內適用於國際武裝衝突的法規和慣例的其他行為，即下列任何一種行為但不以此為限：
   (1) 故意指令攻擊平民人口本身或未直接參加敵對行動的個別平民；
   (2) 故意指令攻擊民用物體，即非軍事目標的物體；
   (3) 故意指令攻擊依照「聯合國憲章」執行的人道主義援助或維持和平行動的所涉人員、設施、物資、單位或車輛，如果這些人員和物體有權得到武裝衝突國際法規給予平民和民用物體的保護；
   (4) 故意發動攻擊，明知這種攻擊將附帶造成平民傷亡或破壞民用物體獲致使自然環境遭受廣泛、長期和嚴重的破壞，其程度與預期得到的具體和直接的整體軍事利益相比顯然是過分的；

(5) 以任何手段攻擊或轟擊非軍事目標的不設防城鎮、村莊、住所或建築物；

(6) 殺、傷已經放下武器或喪失自衛能力並已無條件投降的戰鬥員；

(7) 不當使用休戰旗、敵方或聯合國旗幟或軍事標誌和制服，以及「日內瓦公約」所訂特殊標誌，致使人員死亡或重傷；

(8) 占領國將部分本國平民人口間接或直接遷移到其占領的領土，或將被占領領土的全部或部分人口驅逐或遷移到被占領領土內或外的地方；

(9) 故意指令攻擊專用於宗教、教育、藝術、科學或慈善事業的建築物、歷史紀念物、醫院和傷病人員收容所，除非這些地方是軍事目標。

六、侵略罪

2010 年 6 月 11 日國際刑事法院對侵略罪修正案如下：

1. 為了本規約的目的，「侵略罪」是指能夠有效控制或指揮一個國家的政治軍事行動的人策劃、準備、發動或實施一項侵略行為的行為，此種侵略行為依其特點、嚴重程度和規模，須構成對「聯合國憲章」的明顯違反。

2. 為了第 1 款的目的，「侵略行為」是指一國使用武力或以違反「聯合國憲章」的任何其他方式侵犯另一國的主權、領土完整或政治獨立的行為。根據 1974 年 12 月 14 日聯合國大會第 3314(XXIX)號決議，下列任何行為，無論是否宣戰，均應視為侵略行為：

(1) 一國的武裝部隊對另一國的領土實施侵略或攻擊，或此種侵略或攻擊導致的任何軍事占領，無論其如何短暫，使用武力對另一國的領土或部分領土實施兼併；

(2) 一國的武裝部隊對另一國的領土實施轟炸，或一國使用任何武器對另一國的領土實施侵犯；

(3) 一國的武裝部隊對另一國的港口或海岸實施封鎖；

(4) 一國的武裝部隊對另一國的陸、海、空部隊或海軍艦隊和空軍機群實施攻擊；

(5) 動用一國根據與另一國的協議在接受國領土上駐紮的武裝部隊，但違反該協議中規定的條件，或在該協議終止後繼續在該領土上駐紮；

(6) 一國採取行動，允許另一國使用其置於該另一國處置之下的領土對第三國實施侵略行為；

(7) 由一國或以一國的名義派出武裝團夥、武裝集團、非正規軍或僱傭軍對另一國實施武力行為，其嚴重程度相當於以上所列的行為，或一國大規模介入這些行為。

捌、結論

此一常設國際刑事法院之法制意旨，不僅在重申國際人道法和國際刑法下的個人義務和違反此等義務時的個人刑事責任，而且確認個人在國際法庭的被告主體地位與能力；同時，由於該法院之「常設」性質，因此國際社會今後遇有殘害人群、違反戰爭法、從事侵略、或違反人道等犯罪案件時，得以逕交該法院審理，而不須像第二次世界大戰後籌設「紐倫堡」及「東京」兩國際軍事法庭、或 1993 年及 1994 年創立「前南斯夫」及「盧安達」等國際刑事法庭那樣，另組臨時性國際法庭，以審判特定罪犯。

回顧聯合國成立之時，在「聯合國憲章」的序言部分，即開宗明義的指出，聯合國成立之主要任務即在於要「保障人權」(Protection of Human Rights)。其原文很清楚的表明：「我聯合國人民同茲決心欲免後世再遭今代人類兩度身歷慘不堪言之

戰禍，重申基本人權、人格尊嚴與價值，以及男女與大小各國平等權之信念……」。此等文字在在說明在聯合國憲章中有關人權的規定，但其中各條款均顯示出雖然只是基本原則的規範，在國際實踐上或許未必有強制拘束力，但卻因此為日後國際人權法奠定了法治規範的基礎，更是日後國際人道法的原始法源依據。

至於國際刑事法院誕生於 2002 年 7 月 1 日的「國際刑事法院羅馬規約」則是為國際社會明確也對個人在國際社會中所從事的國際犯罪行為，分別課以應負擔之刑事責任，必須接受國內法院或國際法院的管轄、審判、刑罰，乃重於執行法院所定之審判之執行，凡此足以證明國際刑事法院的建立及其運作為國際刑法的運作最大的里程碑。

10 國際組織法

第一節 關鍵概念

壹、國際組織之定義

依據國際法委員的報告，國際組織是依條約和受國際法所制約之文件而成立，並具有自己的國際法律人格的組織，其成員除了國家以外，也可以包括其他實體。學者一般也同意，國際組織是指國家間根據條約所組成，以追求共同目標，並且有特別機關來執行其任務的團體。

一般所稱的國際組織是指國家間依條約組成的政府間組織(Inter-Governmental Organizations)，以別於不由各國政府或條約組成的民間性國際團體，即所謂「非政府間組織」（Non-Governmental Organizations，簡稱 NGO）。只有國家間根據條約組成的團體之政府間國際組織，才具有國際法主體之資格。

貳、國際組織產生的先決條件

國際組織的產生，絕非一種偶然的產物；它是受到各種時空與人文歷史的影響而產生。美國學者克勞德(Inis L. Claude, Jr.)就聲稱國際組織的產生有下列四個先決條件：

一、 世界由國家所構成，各自獨立為一政治單位；

二、 國家間存在著相當程度的接觸；

三、 國家間對彼此相互存在，所產生的問題，有解決的必要性；

四、　由於問題的產生，必須創立機構及訂定程式，用以規範彼
　　　此間的關係。

參、國際組織的功能

　　因為成立國際組織的主要目的是在於建立與維持國家間的
秩序；因此國際組織的存在肩負起下列四種功能：

一、　必須建立一個機構用以接收與傳遞訊息；

二、　必須能夠統合其次級單位；

三、　對整體組織具有忠誠觀念，用以將「概念」形成；

四、　具有足夠的自覺以形成一種集體的記憶，來分享共同的價
　　　值與經驗，而形成共同的目標。

肆、國際組織在國際法上之地位

　　原則上，國際法的基本主體是國家，因為國際法上的主
體，所指的是能夠直接參與國際體系、獨立享有與負擔國際法
上的權利與義務者。基於此，當國際組織出現後便成為國際法
上的特殊主體，且隨著國際關係的日益密切，國際組織也就成
為了國際法上的一個非常重要的主體。

　　然而，各個國際組織的基本法或憲章對其職權均會有明文
規定。因此，每個國際組織均有其活動的範圍，也受到它的基
本法或憲章的限制。就是因為這樣的不同，國際組織與主權國
家之間就產生了差異性。諸如涉及國家主權或國家管轄權的這
一類問題，在國際組織便不會發生。是以，舉凡與國際法相關
的各項規定，幾乎均與國家權限有關，但是對於國際組織的通
用，則有待高權或更進一步的釐清。所幸，依目前國際實踐的
慣例來檢視，凡是國際組織的基本法或憲章所未明文規定的事

項，均不在該國際組織的職權範圍內，是以對該組織即不具有規範性。

至於聯合國這樣的國際組織，在其憲章中亦無明文規定該組織為國際法人，不過，從憲章的全文來檢視，聯合國確實具備國際法人的資格。而且依據「聯合國憲章」第 104 條之規定：聯合國於每一個會員國境內，享有執行其職務及達成其憲章宗旨所必須具備的法律行為能力。

伍、國際組織的種類

國際組織的種類可以大體上分為二類，第一類是依地域，分為全球性組織與地區性組織：全球性的國際組織，如聯合國、萬國郵政聯盟等，會員分布全球各地區。地區性的國際組織則只包括某個地區，例如北大西洋公約組織。地區性國際組織由於其會員在同一地區，具有相同的利益與政治立場，所以組織較為密切與權力較為集中。

第二類則是依功能，可以分為政治性組織與非政治性組織：政治性的國際組織主要指集體安全、維持和平、和平解決爭端、同盟等組織，例如聯合國。非政治性國際組織主要目的在處理一些技術性或功能性的問題，頗像國內的一些行政機構，例如萬國郵政聯盟。政治性的國際組織有時也有些非政治性的功能，而非政治性的國際組織有時也會被國家運用來從事一些政治性的工作。

所有國際組織均可以用地域或是功能來區分，例如美洲國家組（Organization of American States，簡稱 OAS），是一個地區性的組織，但同時是一個政治性的組織。

陸、超國家組織

國際組織的決議或其他決定通常都要透過國家去執行，不能對會員國內的個人或法人直接生效。但超國家組織(Supranational Organization)情形不同，出席這種組織的代表，不一定全由國家任命，且其投票不受派遣國政府的訓令拘束。這種組織的某些決議或決定，可以直接對會員國內的個人或法人生效。歐洲聯盟(European Union)中的歐洲共同體（European Community，簡稱 EC）和歐洲原子能共同體（European Atomic Energy Community，簡稱 Euratom）就具有種性質。其所制定的法律可以對會國本身、政府及其境內的自然人及法人直接生效，並且在原則上優於各會員國國內法的適用。

柒、國際組織的國際責任

國家違反國際法要負國際責任，國際組織也是一樣。

國際組織的組織憲章對其機構的職權均有規定，如果國際組織的機構逾越其權限，或因為未依據組織憲章的規定行使其職權，以致造損害，國際組織對第三者而言，仍應負責。1962年 7 月 20 日國際法院在「若干聯合國費用諮詢意見」(Advisory Opinion on Certain Expenses of the United Nations)中就表示，國內法及國際法均預期法人組織的團體或政治團體，對於它的代理人對第三人的越權行為，仍受拘束。

捌、國際組織為國際法主體的地位及其豁免問題

國際組織為國際主體地位問題及國際組織之豁免問題，已在本書相關章節中研析過，因此不再贅述。此處僅強調下列關於國際組織特權與豁免問題值得注意之處：首先，國際組織能享有特權與豁免的理由是功能論，而不是代表論；其次，國際

組織的豁免與特權問題除了與組織本身有關外，還會涉到該國際組織的職員，以及各國派駐在該國際組織的代表地位問題；最後，目前考察有關國際組織的法律制度主要是參考該國際組織的基本法律檔，例如「聯合國憲章」第 105 條規定聯合國本身、其職員，和會員國代表所享有的特權；或是參考多邊公約，例如 1946 年的「聯合國特權與豁免公約」和 1947 年「聯合國專門機構特權與豁免公約」都是；或是國際組織與地主國所簽的雙邊協定，例如 1947 年聯合國和美國所簽訂的「聯合國總部協定」。

第二節　專題研究：國際組織與國際法交錯之研究[*]

壹、前言

　　國際組織之濫觴應可追溯自 1815 年為了重整拿破崙帝國瓦解後的歐洲局勢而召開的「維也納會議」(Congress of Vienna)，雖然沒有什麼具體組織的建立，但是透過「歐洲協調」(Concert of Europe)的理念、大國運作的原則，使得歐洲大陸的局勢，從 1815 年到 1914 年第一次世界大戰的爆發，維持了百年的和平與均勢的穩定，這在歷史上是相當難得的現象。就因為這樣的背景，國際社會中，特別是歐洲大陸伴隨而生的各種名義與功能性的組織亦如雨後春筍般的興起，也同時能夠發揮一些專業化的角色扮演。一時之間，國際社會中的活動，除了國家以外，各種不同的國際性組織、區域性組織與專業性組織紛紛出籠。

---

[*] 參酌 1.梁西，國際組織法，臺北，志一出版社，1996 年。2.拙著，國際貿易法論，臺北，一品文化出版社，2019 年。

迨自第一次世界大戰之後「巴黎和會」(Corgress of Paris)
成立的「國際聯盟」(League of Nations)，作為國際社會集體安
全的保障。可惜的是美國聯邦國會的未予通過以及歐洲列強的
操控；基本上，無法發揮它創始的目標。然而，國際聯盟有關
經濟與社會方面的附屬組織也確實發揮了不少功能，被日後成
立的「聯合國」所繼續保留。到了第二次世界大戰後，國際組
織的發展與成長更是進入高峰期，其中更是以聯合國的成立，
最具代表性。雖然，它的功與過，或者說對於它的評價或許是
見仁見智而毀譽參半。一方面，它在經濟、社會與殖民管事，
相當的成功而且有具體的貢獻。然而，在另一方面，它在維護
世界的和平與安全上，如眾所知的囿於冷戰時期，美國與蘇聯
兩大集團的對峙格局。聯合國本身沒有常備武力，再加上它的
權力中樞——安全理事會的強國享有「否決權」(Veto Power)得
設計，無法有效得運作，而為世人所詬病。

雖然如此，聯合國在二次世界大戰之後，在國際社會中所
扮演，卻不至於是那麼樣的負面；平心而論，即使是在國際和
平與安全方面，它的建樹或許不是那麼的令人滿意，但是最起
碼也能夠讓人接受。試想，二次世界大戰結束後，如果沒有聯
合國的成立，韓戰的結果會是怎樣呢？兩次的波斯灣戰爭的結
果又會是怎樣呢？另外，如南斯拉夫的解體，對於南歐地區的
穩定與秩序的維持，不敢說聯合國的努力居功厥偉，但是貢獻
絕對不在話下。就是因為這些事實的具體呈現，再一次的燃起
國際社會對於國際組織的肯定與重視。國際社會的成員，從國
際法的角度來看，原先僅有國家才是國際法的主體，至此因為
國際組織在國際社會中所扮演的角色與它所具有的功能，逐漸
的被了解與接受它的國際法主體的身分與地位，也因此而取得
國際法人的資格與能力。當然就此點而論，原則上，國際組織
可以被國際社會接受為國際法人；但是，國際組織之是否得為

國際法之主體，還必須要看它本身的規約（基本法）而定。如果國際組織成為國際法之主體，則其所能享受之權利能力及行為能力就應受其成立的目的及所賦予之職權的限制。此外，如果國際組織成為國際國際法之主體，則國際法中有關國際責任、制裁及爭端解決之規定，亦均適用於國際組織。

現代社會的國際組織，名目繁多。各種全球性的與區域性的、政府間與非政府間的組織，其總數據統計不下萬餘個。隨著新興獨立國家的不斷地增加，以及政治、經濟與科技的迅速發展，國際組織有日漸增加之勢，包括人類生活的許多領域，都有相關的國際組織存在。國際組織已經構成了今日國際生活的重要組成部分。今天的國際關係已經不再局限於國家與國家之間的關係，它已經擴大到了國家與國際組織之間的關係以及國際組織與國際組織之間的關係。各國政府及國內的若干團體與不少的國際組織彼此之間交往頻繁，對於國際社會的和平、秩序，具有相當程度的影響力。就因為如此，研究國際法就不能忽略對國際組織與國際組織法的研究；否則就有不夠周延及務實的感覺。

貳、國際組織法與國際組織之概念

由於國家與國家的交往，乃由國際社會的形成。又透過國際社會中的成員活動，有了「國際組織」(International Organization)的參與，使得國際活動變得更為頻繁與密切；隨著而來的國際組織的角色與地位，在國際社會中日益重要。本身也因而形成了一套規範；用以調整國際組織內部及其對外關係的各種法律原則、規則與制度，這樣的一套法律規範的「總稱」就是「國際組織法」(International Institutional Law)。國際組織是現代國際法的一個非常重要的新的分支。

　　「國際組織法」定義中所說的國際組織，是指政府間國際組織，即若干國家為特定目的以條約(Treaty)建立的一種常設機構。這是指嚴格國際法意義上的國際組織。但是，若廣泛地從一般意義上說，凡是兩個以上國家或其政府、人民、民間團體基於特定目的，以一定協議形式而建立的各種機構，都可以稱為國際組織。雖然，國際組織，不論是政府間的還是非政府間的，都是一種越出國界的跨國機構，但兩者在國際法上的性質顯然是不同的[1]。

　　「國際組織法」中的「國際」，乃是指超越國界，介於國家之間，立於國家之外；但卻不是凌駕於國家之上。也因此我們可以注意到國際組織的成員，各依自由意志加入，可按自由意志選擇退出，在組織裡可以自由表示意見，享受平等地位，不隸屬任何其他任何成員，再一次要強調的是國際組織中的國際，就是「國際」。

　　顧名思義，國際組織這個名稱恰當地反映了這種組織的性質：它是介於國家之間(Among Different Nations)的組織，而不是凌駕於國家之上的組織。因此，國際組織一般不能超越成員國政府對其地方機關、法人或人民直接行使權。某些歐美學者所鼓吹的世界政府，固然不是國際組織，以若干邦國所組成的聯邦(Federation)也不是國際組織。所謂世界政府，按人們的設想將是超國家的：而聯邦本身則已經是統一的主權國家，它對各邦及其人民可以直接行使權力。至於邦聯(Confederation)，雖然有人主張應屬於國際組織的範疇，但這是值得商榷的。聯邦雖然是若干主權國家為維持其安全與獨立，以國際條約組成的聯合體但這種聯合體一般也有個中央機關，能對各邦行使某些

---

[1]　梁西，國際組織法，臺北，志一出版社，1996年，頁3。

權力。各邦的某些對外關係須由邦聯協調。因此，按其屬性來說，邦聯似乎也不宜視為國際組織。

廣泛意義上的國際組織，既包括若干國家或其政府所設立的國際電信聯盟(International Telecommunications Union, ITU)、歐洲共同體(The European Communities)等，也包若干國家的民間團體及個人所組成的機構，如國際紅十字(International Red Gross, IRC)組織、國際奧林匹克委員會(International Olympic Committee, IOC)和國際律師協會(International Bar Association)等。但是國際法所著重而研究的是嚴格意義上的國際組織，即若干政府所屬的國家機構。近代，特別是在第一次世界大戰後，國際法學者越來越重視對各種政府間組織的基本檔(Basic Instrument)和實踐的研究，主要是探討它們所調整的各種國家間的關係。現在，在這方面已經形成了現代國際法的一個重要部門即國際組織法。

各國為了達成一定目的而建立某種國際組織，並授予某些權力。國際組織的權力，來源於組成該組織的成員國，其權力最終為了成員國所規定的共同目的服務的。各種國際組織有其特定的任務，並享有不同範圍和不同程度的權利。例如，聯合國為了維持國際和平與安全，可以採取強制措施(Enforcement Measures)，但國際電信聯盟就無權這樣作。國際組織由於職能上的差別而形成為各種不同的類型。

國際組織是以政府的協議作為其存在的法律基礎的。這種協議的正式檔，一般就有關國際組織據以建立組織機構和進行活動的基本文件。

綜觀國際實踐，國際組織在國際法上具有如下之特性[2]：

第一，國際組織的主要參加者是國家。雖然有些國際組織，如世界衛生組織等，於對經濟、社會、文教等部門負有廣泛國際責任而允許某些非獨立國家的政治實體參加為準成員(Associate Member)，但是這種組織的主要參加者仍然是國家。而且，這種準成員的權利往往受到一定的限制。

第二，組成國際組織的國家，是國際組織的主體，是國際組織所有權的授予者。國際組織不能凌駕於國家之上，不能違反國家主權原則而干涉本質上屬於任何國家國內管轄的任何事項。國家為了使國際組織實現其宗旨，需在一定範圍內約束國家本身的行動而賦予國際組織若干職權，但是國際組織並不要求成員國放棄在國際範圍內反映國家主權主要屬性的那些東西。參加國際組織同國家主權並不矛盾，國際組織所享有的權利正是國家主權在國際範圍內作用的結果。成員國根據有效的國際協議所相互承擔的國際義務，不僅不損害國家主權的主要屬性，而且是國家主權得以維護的必要條件之一。在主權國家林立的國際社會裡，國家間的權利與義務不可能是相互割裂而孤立存在的。

第三，國際組織最基本的原則所有成員國主權平等。國家是主權的，因而是平等的在國際組織內，各成員國不論大小與強弱，也不論其社會、政治與經濟制度如何，在國際法上的地位應一律平等，不得有任何歧視。

第四，國際組織是以國家間的正式協議為基礎而建立的。這種協議的基本法所規定的宗旨與原則，均應符合國際法。國際組織的主要機構、職權、活動程式以及成員國的權利與義

---

[2]　同前註，頁6。

務，都應以基本法為根據，不能超越基本法所規定的範疇。國際組織所據以進行活動的這種基本法，其性質仍然是國家間的一種多邊條約，不是世界憲法。它的效力原則上只及於成員國，非經非成員國同意不能為其創設權利或者義務。

參、國際組織之國際法地位

　　一般我們所指之國際組織，即使是最具有權威性的國際組織，像「聯合國」或是「世界貿易組織」(World Trade Organization)，也僅是一種介於國家之間的法律組織形式，而非國家實體；因此，它並不具備國家的屬性。它不具有構成國家的四個法律要素，因此，不論從哪個角度來檢視，國際組織與主權國家來比較，不管它的組織有多龐大，它所取得的法律人格，顯然是相當有限的。欠缺了主權國家的授權，任何國家組織在法律上的權利能力與行為能力，均是不可能存在的。這種法律人格的局限性是國際組織法律地位的一項重要特徵[3]。

　　平心而論，不論哪一種類型或性質的國際組織，即使是聯合國或世界貿易組織，均無法取得像國家那樣的地位。因為它們都不是「超國家」(Super-State)、「世界政府」(World Government)、國家、邦聯、聯邦或「複合國」(Composite State)。沒有對會員國行使立法行政和司法權的地位，不能稱為超國家；它不能直接統治各會員國的人民，不能稱為世界政府或國家；它沒有釐訂或協調各會員國國防外交政策的功能，不能稱為邦聯；它不能取消各會員國的獨立、主權和國際法人地位，不能直接對各會員國人民執行法律，不能稱為聯邦。它沒有各成員共戴的君主或政治領袖，所以不是複合國。

---

[3]　同前註，頁9。

現有的國際組織中，聯合國最具普遍性，規模最大，其宗旨最廣泛，其憲章序言用「我聯合國人民……」等字開頭，其最高權力機關是大會，由各會員國的代表組成，可以作成決議，但是決議不能直接對各會員國人民實施，對各會員國的拘束力也受極大的限制，與國內最高權力機關的決議，不可同日而語，所以就是聯合國，也不是超國家、世界政府、國家、邦聯、聯邦或複合國。它只是國際性的結合體，是許多國際組織之一而已。

可是就法律來說，聯合國在各會員國裡，具有國內法人的地位，因為憲章第 104 條規定：「本（聯合國）組織於每一會員國之領土內，應享受於執行其職務及達成其宗旨所必需之法律行為能力。」所謂法律行為能力，是指依法享受權利並負擔義務的資格，而在國內具有這種資格者，包括公民和法人，所以聯合國在批准憲章的國家裡，已取得法人的地位。1946 年 2 月 13 日，聯大通過「聯合國外交特權豁免公約」。該約第 1 條訂明；「聯合國應有完整之法律人格，具有行為能力以：一、訂立契約；二、取得及處置動產及不動產；三、從事訴訟。」現在許多國家已以立法方式，確認聯合國的完整法律人格 。

聯合國在國際社會中，也是法人，是國際法主體，其有享受權利負擔義務的行為能力，又有獨立的外交權，包括締結條約、派遣使節、接納使節、行使能保護、提出賠償請求等權力。它曾和美國、荷蘭、瑞士等國簽訂關於其會所的條約，曾派遣和平使節，經常接納會員國常駐聯合國會所的代表。1949 年，國際法院宣告：聯合國有權給予為其服務人員「職能的保護」(Functional Protection)，其服務人員遭受不法損害時，得向加害國提出損害賠償的請求。法院又說，依據憲章規定，聯合國雖然不是國家，卻具有國際法律人格，即令在和非聯合國會

員國的關係上，也有這種地位。這已充分承認聯合國為國際法主體了。

肆、國際組織與國際法之交互影響

國際組織的大量出現，比國際法晚了幾個世紀，但國際法對國際組織的形成、發展和鞏固，從「法」的角度產生了積極影響：國際組織的建立不可能沒有成員國之間的協議，國際組織的活動也不可能不受國際法的調整；建立國際組織的基本法是基於一般國際法而締結的一種多邊作條約，它是在一般國際法的範疇內起作用的。一般國際法承認各主權國家有權締結建立國際組織的條約，這條約並不使其成員國的一般國際法主體資格受到限制，建立某些普遍性際組織的基本法本身，往往包含著重要的國際法規範，因而使國際組織有可能發揮更大的作用。

國際組織對國際法（特別對現代國際法）的發展，也產生了巨大影響：國際組織是現代國際生活中促成各國合作的一種有效法律形式。因此，國際組織的發展，就國際法本身的一種發展。進入現代以後，各種全球性與區域性的、綜合性與專門性的國際組織，以加速度逐年增加。它們所管轄的事項，涉及人類生活的各個方面。成千上萬的組織，現已形成一個以聯合國為協調中心的巨大國際組織網。這個國際組織網的蓬勃發展，是現今國際社會兩個端點的折衷：一端是各獨立國家在主權的「皇冠」下，無法將其權力融合為一體：另一端是國內管轄事項日益越出國界，需要國際協作。因此，這個組織網的存在，是現代國家既獨立又相互依存的一種特殊的國際現象，它深深地影響著國際法[4]。

---

[4] 同前註，頁 10。

　　國際社會，以享有獨立主權的國家為組成分子，與國內社會相比，是一個高度分權的社會：這個社會的基本結構顯示，在各國之上不可能有一個超國家的統一權力存在；以這個基本結構為前提的國際法體系，也不可能有一個具有獨立權力的中央立法機關或司法機關。因此，國際法規範只能通過各國的自由協議才能產生。國家既是自己本身應遵守的國際法規範的制定者，又是這些約束它們自己的規範的解釋者和執行者。與國內法相比，在傳統國際法中有所謂對國際侵權行為的「自動裁決」、訴諸戰爭的「自助原則」、重視既成事實的「實效原則」等。這些特點，集中說明國際法帶有很大的鬆散性和任意性。但是，隨著國際社會的日趨組織化，世界增加了凝聚力，而在歐洲聯盟這類新型的區域性組織中，還出現了某些「超國家」的明顯因素。這不僅對國際社會結構、國際政治及經濟有所影響，也對現代國際法的形成與發展有巨大的促進作用[5]。

　　政府間國際組織的建立，是以國家間的正式條約為基礎。條約有關組織的宗旨原則、法律地位、權力結構、活動程式、成員國間的權利與義務。隨著國際組織的大量出現，這種條約和有關法規已發展成為現代國際法的一個特殊體系——國際組織法。那些建立普遍性國際組織的條約，往往規定有國際社會需共同遵守的一般性規則。加入這種組織的國家越多，接受這種規則的國家就越普遍，從而使某些重要規則有可能產生一般國際法的效力[6]。

　　「聯合國憲章」第 2 條，在規定「本組織及其成員國」應遵行的各項原則時，特別規定：聯合國在維持國際和平與安全的必要範圍保證「非聯合國會員國」遵行上述原則。因此，「憲

---

[5] 同前註。

[6] 同前註，頁 11。

章」雖然形式上是基於一般國際法而制定的一個國際組織的組織章程，只對成員有拘束力，但就其實質來說，卻是一項對全球所有國家產生普遍影響的最大公約。它是現代國際法最重要的淵源。「憲章」所載各項宗旨和原則及其相關規定，是世界各國公認的國際法基本原則。其中一些帶根本性的條款（如主權平等、和平解決國際爭端、禁止使用武力、不干涉內政及民族自決等），被認為具有「國際社會全體接受並公認為不許損抑」的強行法(Jus cogens)的性質[7]。

國際組織的急劇增長，在國際關係方面還引起了許多其他的新問題：如國際組織成員的資格、國際組織基本檔的簽訂程式及其效力與解釋、表決程式的變化，以及國際組織的法律地位等。這些問題必然影響到整個國際法的發展，都需要從國際法的角度加以研究[8]。

綜上所述，可見國際組織與國際法彼此有相輔相成的作用，關係甚為密切：國際法的發展，為國際組織的產生提供了法律前提；國際組織的不斷增加，將對國際法產生越來越深遠的影響。國際社會組織化，和發展中國家的興起及科學技術的進步，已成為推動現代國際法發展的三大動力。就國際組織這一方面而言，下列趨勢值得注意：國際組織數量的日益增長，使適用國際法的國際社會由高度分權狀態向較為有組織的狀態過渡；國際組織職能的逐步擴大，使早先強調規範的國際法迅速向國際社會延伸；聯合國作為世界國際組織中心的協調作用的加強，使鬆散的國際法體系有可能進一步協調發展[9]。

---

[7]　同前註。

[8]　同前註，頁 15。

[9]　同前註，頁 15-16。

伍、聯合國之國際法制

一、聯合國之成立及其角色

　　20 世紀的國際法制體系大致上來說是被兩次世界大戰的發生及其結果而受到重大的影響。第一次世界大戰的結束，國際社會在重建世界和平的呼籲下，一個以建立新歐洲循序的和平解決方案，國際社會的主要國家所接受。在國際法制體系的建立過程中，「民族自決」(Self-Determination of People)的要求，首次被承認；而且尋求在「中歐」(Central Europe)加以適用這樣的主張。其結果是在該地區一時之間建立了許多新興國家而不時的產生一些種族之間的緊張狀態。此種種族之間的緊張局面也成為日後爆發第二次世界大戰主要導火線形成原因之一。而在二次世界大戰之前，以「武力之使用」(Use of Force)作為進行各國外交關係之工具，似乎在論證上仍然被視為是「合法的」(Legitimate)。而各國經常以簽訂「相互防衛協定」(Mutual Defense Agreement)的方式，來尋求它們安全的保障。而此類「相互防衛協定」之簽訂，有多半以少數約兩個或三個國家完成，以致在 1939 年德國侵犯了波蘭之後，英國與法國之所以對德國宣戰，即是基於「相互防衛協定」之理由，而有所行動。這些「相信這些原始的締約國寄望於新成立的聯合國，能夠為國際社會中所有的國家，不論它們面積的大小人口的多少及國力（政治力量）的強弱，負起維持國際和平與安全的責任。」在未來，唯一的可以合法使用武力的情形只有在「聯合國安全理事會」(The United Nations Securities Council)為了維持或回復國際社會之和平與安全為目的的考量下，明白之授權下，方得合法使用武力。除此之外，合法的由各個國家自行使用武力的情形，只發生在「自衛」(Self-Defense)情形是可以被允許的。事實上，聯合國是被國際社會視為一個最後的掌控國際社會中

各國不法或違法活動之駕馭機構,使得國際社會中沒有一個國家能夠恣意胡為的使用武力,乃至於使用武力以保衛自身的利益與安全。不論怎麼說,聯合國的表現或許未能滿足當初國際社會對於他成立所寄的期待。但,如果從另一個角度來看,對於國際法的發展,卻不得不承認它扮演了一個很重要的樞紐角色。在過去半世紀的時間流程裡,它多多少少也能夠在冷戰的陰影籠罩之下,維持了國際社會的和平與安全而且使得在它成立之下所建立之「法制機構」(Legal Regime),進一步的加強了它在這方面的功能。其影響之所及乃是聯合國及其所屬機構成為國際事務及國際法發展之主要重心之所在,而對於聯合國及其相關機構之了解相當地有助於了解國際法及國際法制體系結構之發展及形成。

二、 聯合國之宗旨

聯合國之宗旨載於「聯合國憲章」第 1 條,分為四項[10]:

(一) 維持國際和平與安全

「維持國際和平與安全」是聯合國的基本目的。為了達到這一目的,「聯合國憲章」規定了兩個步驟:1.採取有效的集體措施,以防止和消除對和平的威脅,制止侵略行為或其他破壞和平的行為;2.用和平的方法與依正義及國際法的原則,調整或解決可能導致破壞和平的國際爭端或情勢。「聯合國憲章」序文也提到「欲免後世再遭今代人類兩度身歷慘不堪言之戰禍」。把這一宗旨放在第一項的突出地位,說明維持國際和平與安其有特別重要的意義。它所指出的預防與制止破壞和平行為的集體措施以及解決爭端的和平方法。在「聯合國憲章」第 7 章與第 6 章中進一步分別作出了具體的規定。

---

[10] 同前註,頁 76-78。

　　本項規定特別提到解決國際爭端中應「依正義及國際法原則」這反映了應在戰後國際關係中尊重正義和加強國際法作用的普遍要求。「聯合國憲章」序言第 3 段也強調這一精神。序言第 2 段、第 1 條的第 1、2 項，和憲章的其他條款，都規定「各國平等權利」、「人民平等權利自決」、「全體人類之人權及基本自由」等國際法原則。在歷史上，國聯行政院曾通過決議承認義大利併吞衣索比亞，這是犧牲正義以求苟安一時。同樣，將蘇臺德區送給希特勒，也未能獲得歐洲的和平與安全。可見，捨棄正義，犧牲弱小國家來求和平，不僅是違反國際法的，而且和平也根本不可能實現的。

（二）發展各國的友好關係

　　「聯合國憲章」規定：發展各國間以尊重人民平等權利和自決原則為基礎的友好關係，並且採取其他適當措施，以增強普遍和平。各國人民平等及民族自決的原則，是發展各國友好關係的基礎。沒有這個基礎，就談不上維持國際和平與安全。各國人民都有權自願選擇自己的政治、經濟和社會制度，都有權獲得民族獨立。只有如此，各國間的友好關係才能真正得到發展，全世界的和平才能有所保障。一切鎮壓民族解放運動、實行種族歧視的行為都是違反國際法的規定。

（三）促進國際合作

　　「聯合國憲章」規定：促成國際合作，以解決國際間屬於經濟、社會、文化或人道主義性質的問題，並且不分種族、性別、語言或宗教，促進和鼓勵對於一切人的人權和基本自由的尊重。「聯合國憲章」序文也宣告了這一宗旨的要義。要維持國際和平與安全，除前述和平解決爭端、制止侵略行為、發展友好關外，還有另一個重要方面，即必須在平等基礎上廣泛地促

進經濟、社會、文化等的合作，尊重全人類的人權和基本自由，不進行任何歧視，以消除引起戰爭的經濟及其他諸種原因。這維持國際和平所不可缺少的條件。「聯合國憲章」第 9 至 13 章的有關條款，為實現這些要求作了具體規定。

（四）協調各國行動

「聯合國憲章」規定：聯合國作為協調各國行動的中心，達到上述並共同的目的。這裡強調聯合國應當為協調一切國家的行動並使之進行合作的重要場所。其主要活動方式在於通過彼此協商，取得有關各國行動的協調；以實現上述各項規定。

聯合國的宗旨，可以用「聯合國憲章」序言的精神歸納為「維持國際和平及安全」、「促成全球人民經濟及社會之發展」。這是建立聯合國的最高綱領。

三、聯合國之原則

為了實現聯合國的宗旨，「聯合國憲章」第 2 條規定了聯合國本身及其會員國在一切行動中應作為法律義務而遵守的若干原則。這些原則是[11]：

（一）會員國主權平等

該條第 1 款規定：聯合國組織是基於所有會員國主權平等的原則。「聯合國憲章」序言也申述了這一信念。主權平等是傳統國際法的一個重要原則。「聯合國憲章」在這裡把它列於各項原則之首，作為聯合國的一項基本組織原則。其他原則是以這一基本原為出發點的。根據每個國家不論大小和政治、經濟制度如何，都有平等的主權。各國只有互相尊重主權，才有可能持國際和平與安全按照舊金山會議第一委員會第一專門委員的

---

[11] 同前註，頁 78-83。

起草報告，主權平等的涵義是：一切會員國，在法律上平等，享受主權所包含的一切權利，其國家人格、領土完整與政治獨立受到尊重，均應履行所承擔的國際義務。據此，聯合國的所有會員國都是平等的，對內完全自主，對外完全獨立。國家主權平等原則，計有保障中、小國家權力的意義，也起約束聯合國行動的作用。

（二）善意履行「聯合國憲章」的義務

第 2 款規定：各會員國為了保證全體會員國得享有由於加入本組織而產生的權利與利益，應善意履行依照本「聯合國憲章」所承擔的義務。序文第三段從更廣泛的意義上宣告了這一點。條約義務必須信守，作為傳統國際法的一項重要原則，無論在理論上或實踐上都是早為國際社會所確認的。上述規定的前半段是申述信實履行「聯合國憲章」義務這一原則的理由，說明會員國的權益與義務是互相聯繫的。國家必須履行國際義務的國際法原則同國家主權原則並不衝突，因任何國際義務都只有在依國家主權原則自願承擔的情況下才具有法律效力的。

「聯合國憲章」第 103 規定，會員國在依本「聯合國憲章」所承擔的義務同依其他國際協定所承擔的義務發生衝突時，應以依「聯合國憲章」所承擔的義務為優先義務。這「聯合國憲章」優先原則適用，既可能涉及到會員國與會員國之間的義務衝突，也可能涉及到會員國與非會員國之間的義務衝突。既可能涉及到「聯合國憲章」生前既有的協定也可能涉及到「聯合國憲章」生效後締結的協定。但是根據「聯合國憲章」本身的條約性質，原則上它是不可能對非會員國發生效力的。因此，會員國對非會員國所承擔的協定義務也難由於同「聯合國憲章」義務相衝突而無條件地予以廢除。

（三）和平解決國際爭端

第 3 款規定：所有會員國應該用和平的方法以不使國際和平與安全以及正義遭受危險的方式，解決它們的國際爭端。這一原則是「聯合國憲章」解決國際爭端各條款，特別是第 6 章和第 14 章等有關條款的基礎。國際爭端，不論是政治上的、法律上的，還是事實上的，如果長期得不到解決，都有可能發展成為武裝衝突。因此，和平解決爭端，一向被認為是維持國際和平與安全的一個極其重要的方面。1928 年的「巴黎非戰公約」第 2 條也對此作有類似的規定。聯繫「聯合國憲章」第 33 條，這裡所指的和平方法，包括談判、調查、調停、和解、仲裁、司法解決、利用區域機構或區域協定等。

（四）禁止以武力威脅或使用武力

第 4 款規定：所有會員國在它們的國際關係中，不得以武力相威脅或使用武力侵害任何國家的領土完整或政治獨立。序言亦強調指出，「非為公共利益，不得使用武力」。這一原則是「聯合國憲章」第 7 章的基礎。「國聯盟約」第 10 條規定，國聯成員國保證尊重並維持所有成員國的領土完整與政治獨立，使之不受外國侵略。「聯合國憲章」沒有作出如此明確的直接保證，聯合國會員國在安全理事會作出有關決定之前沒有義務採取措施來維持任何國家的現狀。但「聯合國憲章」關於禁止「武力威脅」和「武力」的規定，則比「國聯盟約」關於禁止「戰爭」的規定要廣泛的多。「聯合國憲章」所強調的是不得武力相威脅或使用武力，這表明「聯合國憲章」不僅在原則上採取禁止侵略戰爭的立場，而且更進一步確認一切武裝干涉、攻占的行為，都是違反國際法的。因此，「聯合國憲章」進一步展了「巴黎非戰公約」關於「為實行國家政策之工具」的原則。擴大了禁止的範圍，使國家的國際責任發生了重大變化。「聯合

國憲章」第 33 條無條件地要求任何以和平方法解決爭端，這也從另一方面排斥了任意使用武力的權力。但是，「聯合國憲章」並不否定會員國在依訂條件下行使「單獨或集體自衛」之權。

前半段著重指出這一項原則在國家領土完整或政治獨立方面的任何國家侵犯別國的領土完整和獨立，是維持國際和平與安全的重要保證。而後半段則規定這一原則在其他方面的適用。

（五）集體協助

第 5 款規定：所有會員國對聯合國依照本「聯合國憲章」而採取的任何行動，應給予一切協助。聯合國對任何國家正在採取防止或強制行動時，所有會員國對該國不得給予協助。這一原則從積極與消極兩個方面來加以措辭的，總的精神在於規定會員國對聯合國組織所應採取的行動。很明顯，這項規定中所說的防止行動或強制行動，應作嚴格解釋，即只限在「聯合國憲章」第 7 章範圍內所採取的行動。因為本項所規定的採取行動的對象，是包括非會員國在內的「任何國家」，而聯合國唯有「在維持國際和平及安全之必要範圍內」才能對非會員國採取行動。

此外，根據本項原則，並聯繫「聯合國憲章」第 7 章關於強制措施的規定特別是第 43 條第 1 項的規定來分析，可以看出：在原則上，聯合國任何會員國均無權自行決定維持其中立地位。在這方面，聯合國與國聯對待「中立」的態度是不一致的。國際允許會員國瑞士保持其中立地位，而中立國瑞士則迄今尚未成為聯合國的會員國。

（六） 確使非會員國遵行「聯合國憲章」原則

　　第 6 款規定：聯合國組織在維持國際和平及安全的必要範圍內，應確實非聯合國會員國的國家遵行上述原則。這「聯合國憲章」中一項重要而頗為特殊的規定。這意味著在一定範圍內，聯合國對非會員國有某種干涉權。當波蘭代表於 1946 年 4 月 9 日要求安理會把西班牙問題列入議事日程時，就是以本項規定為其依據的。

　　這一原則在國際法中爭論頗多，有的西方學者認為：如果聯合國在創建的當時已經打算實現這項原則的話，那只有基於下列兩個假設之一才有可能做到這一點。一個假設是，如置國際習慣法於不顧，那麼作為戰勝國的聯合力量，聯合國是足以使它的意志強加於任何非會員國的。另一個假設是，如果遵守國際習慣法，那麼這一原則就只能在非會員國的同意下才能適用於同它們的關係。

　　「國際聯盟盟約」第 17 條也作了類似這一原則的規定，其立法要旨在於：確使未加入國際聯盟的任何國家，不會由於它未加入國際聯盟而比假如它加入了國聯而保有更多的從事侵略的自由，這實際上是主張，在影響國際社會一般利益的情況下，對於非成員國也可以採取行動。不過，如前所述，創建國際組織的基本檔，包括「國際聯盟盟約」與「聯合國憲章」在內，均屬條約性質，除其中已被整個國際社會普遍接受並公認為一般國際法原則的那些規定外，對於非締約國盡管可能發生某種影響，但很難說有何法律約束力。

（七） 不干涉內政

　　第 1 款規定：「聯合國憲章」所載的任何規定均不得認為授權聯合國干涉在本質上屬於任何國家國內管轄的事項或者要求會員國將此等事項提請依照「聯合國憲章」解決。但有一重要

例外，即此項原則不得妨礙第 7 章所規定的強制措施的應用。此項規定的立法意圖，在於給聯合國的管轄範圍劃出一個界限。它是聯合國活動的一項重要指導原則，是從主權平等原則衍生而來的。

不干涉任何國家內政，是維持國際和平及安全的重要條件，是著名的和平共處五項原則之一，也是國際法向來所公認的。國際聯盟把純屬國內管轄的事件排除在行政院和解權力範圍之外，「國際聯盟盟約」第 15 條之規定：「如爭端名當事國之一方，對於爭端自行聲明並為行政院所承認，根據國際法純屬該方國內管轄之事件，則行政院應據情報告，而不應作解決該爭端之事議」。與「國際聯盟盟約」比較，「聯合國憲章」所規定的不干涉內政原則已有若干發展。「聯合國憲章」不僅將這項原則載入第 1 章作為約束聯合國組織本身及所有會員國行動的一般原則，而且還將「國際聯盟盟約」定的「純屬國內管轄」(Solely with the domestic jurisdiction)之事件改為「本質上屬於國內管轄」(Essentially within the domestic jurisdiction)的事項。「本質上屬於」顯然比「純屬」的涵義要廣泛得多，這就大大加強了這一原則的地位和它適用的範圍。此外，「聯合國憲章」也沒有把類似「為行院所承認」及「根據國際法」這樣一些條件寫入條文，這都進一步放寬了是否為「國內管轄事項」的衡量標準。所有這些發展，均從不同角度反映了現代國際關係演變中的一種動向。

「聯合國憲章」的這一規定，在聯合國實踐中曾經引起不少爭論。「國際聯盟盟約」關於「國內管轄事件」的規定比「聯合國憲章」的條件多，它提及了「根據國際法」，但「聯合國憲章」卻未規定這一判斷問題標準，所以對「聯合國憲章」的解釋較「國際聯盟盟約」更為困難。從國際法的角度看，所謂國

內管轄事項，一般是指國家可以不受依國際法而產生的那些義務的限制而能自由處理的那些事項，例如一個國家的政體、內部組織、同其國民的關係。但是，即使從嚴格的國際法角度來解釋，某些問題的界限，仍然不無爭議。在理論上或在實踐中，不少主張對「國內管轄」作狹義理解，但遭到了很多人特別是被干涉者的反對。

陸、世界貿易組織之國際法制

一、世界貿易組織之成立及其角色

由於國際貿易關係的日益複雜化，以及「關稅暨貿易總協定」先天性的對於國際貿易規範的力不從心；再加上貿易保護主義自 1970 年代以來的重新興起，使得「關稅暨貿易總協定」之原則與宗旨，不斷地遭受到侵蝕與破壞。有鑒於此，經過了自 1986 年來所進行的「烏拉圭回合」(Uruguay Round)7 年半的談判，與會各國終於達成了「建立世界貿易組織協定」的簽訂，世界貿易組織而得以正式成立。世界貿易組織在 1995 年元旦的成立，代表著一個國際貿易新紀元的開始。世界貿易組織的成立，從根本上改變了「關稅暨貿易總協定」在法律性質上，不具有正式地國際組織地位之尷尬局面。這也表示著「關稅暨貿易總協定」的「臨時性」之多邊交易體制的正式宣告終止。以世界貿易組織「協定」為核心將近 30 個協議，所組成之國際貿易「法規範」(Legal Norm)的建制，使得國際貿易法制體系日益強化；也因此構成了當代國際貿易領域中，所能發現的最有效之法律制度，絕非以往任何時代所能比擬。

縱觀世界貿易組織之「問世」，主要之背景乃是二次世界大戰之後，市場自由競爭擴大，乃至於 20 世紀末「經濟全球化」(Economic Globalization)的催生之下，才有調整國際貿易體質呼

聲的產生。而國際貿易的法制規範，也從國內法的制定，走向國際法化的路程。世界貿易組織之成立，如果從組織架構及管理功能的角度來切入，可以發現它是「關稅暨貿易總協定」之延續；但如果將世界貿易組織與「關稅暨貿易總協定」來加以比較，很明顯地可以注意到世界貿易組織地機制更為完善、各個機構之間的職能劃分地更為縝密、職能範圍更為廣泛。「關稅暨貿易總協定」之貿易規範，及其在過去幾十年在實踐中所形成的法律制度，在世界貿易組織成立之後，適度地納入到世界貿易組織的體系之中。可以這麼說，世界貿易組織的法律體系之建立，乃是在「關稅暨貿易總協定」的國際貿易法制基礎上，更進一步地因應國際貿易環境的需要，所發展出來的結果。

　　依據多數學者的看法，具體地來分析「世界貿易組織之特質」，如果說它是「關稅暨貿易總協定」的繼承組織，主要的是可以從下面幾方面來找到蛛絲馬跡：1.世界貿易組織是具有獨立的及完備的法律人格之正式的國際組織；2.世界貿易組織之宗旨是在實現國際社會所需要的，具有時代意義之國際經濟發展與國際社會互助合作之目標 3.保障開發中國家的自由貿易與經濟成長；4.世界貿易組織的宗旨肯定了擴大貨物生產與貨物貿易的目標，並進而規範到國際社會所重視的服務貿易；5.世界貿易組織建立了多邊貿易體制；6.世界貿易組織建立了更完善與更權威之爭端解決機制；以及 7.世界貿易組織的法律制度及其規範體系比之各國國內規範來得更加周延與完備。

　　最後，大家不得不承認：世界貿易組織所建立的貿易規範乃是國際社會中締約各方之間，發展經貿合作與市場自由競爭之國際貿易「遊戲規則」(Rule Of Game)。它構成了當今國際社會中經法律核心。不僅如此，具體的來說，世界貿易組織所建

立的法律制度，乃是一個廣大的「條約群」所組成的規則體系。不論是實體法的內容，抑或是形式上的程式規則，均具有本身的特色。

二、世界貿易組織之宗旨

依照「建立世界貿易組織協定」(The Agreements Establishing the World Trade Organization)的序言中所述如下：此協定之成員認知到在它們彼此之間的貿易與經濟的領域關係上，其進行應該努力於提高生活水準、確保充分就業，以及在實際收入與有效需求的大量與穩定之成長，與擴大產品及服務之生產和貿易為目標；在根據永續發展作為目標來對世界資源作最大利用之時，應該要尋求對於環境的保護，及保育與提升在從事這方面工作的方法，用以配合他們各自的需求及考量到經濟發展的差異程度。因此，從其前言中所述可以發現，世界貿易組織之設立宗旨，乃在於為了達成自由貿易下的永續發展之目標，要提高各國人民之生活水準，與充分就業之確保。而且在擴大各國資源之最大化的充分利用之餘，更應注意到環境保護方面措施與保護工作。除此之外，因為國際經濟與貿易的工作，側重於比較利益法則之作用，應在生產最大化之原則下，注意到環境保護方面的工作，意圖在貿易與環保兩方面取得適當之平衡點[12]。

三、世界貿易組織之原則

欲了解世界貿易組織，似宜由《關稅暨貿易總協定》著手進行。首先，貿易總協定即為其盟約國，建立了下列七個原則或目標，用以規範它們彼此之間的「貿易關係」(Trade Relations)應該如何進行與維持，以詳細地說明如下[13]：

---

[12] 參酌拙著，國際貿易法論，臺北，一品文化出版社，2019 年，頁 31。

[13] 同前註，頁 33-47。

（一）最惠國待遇原則

　　「最惠國待遇原則」(Most-Favored-Nation Treatment, MFN)乃是「關稅暨貿易總協定」之基石。它規定於「關稅暨貿易總協定」之第 1 條第 1 項後段：「……任何盟約國對於來自或輸往任何其他國家之任何產品，所賦予之利益、優惠、特權或豁免，應立即地與無條件地給予來自或盟約國領域之產品。」其中所的「利益、優惠、特權或豁免」本條所謂的「最惠國待遇」的實質內容，約略地涵蓋了所有國家在「貿易關係」中全部的特別優惠權利。然而，「關稅暨貿易總協定」卻也能夠預期到，對於「最惠國待遇」必須預留特別情形出現時，之例外處理的彈性空間，在它的第 24 條及第 25 條就明白列有例外的規定。第 24 條定即允許「關稅聯盟」(Customs Union)或「自由貿易區」(Free-Trade Area)建立。只要它們的建立能夠讓各盟約國對內得以「降低或消除」(Lower or Eliminate)，不必要之關稅及貿易障礙，而且對外得以不致讓各盟約國及貿易法令，造成貿易上之障礙及關稅之提高。第 25 條則透過個盟約國的「聯合行動」(Joint Action)，盟約國得授權某一負擔關稅協義務之盟約國的「不遵守」(Non-Compliance)某義務，而此義務在解釋上應該包括「關稅暨貿易總協定」第 1 條之最惠國待遇之適用在內。另外，「關稅暨貿易總協定」之第 20 條及第 21 條亦有可能被援引為基於公共政策（第 20 條）及國家安全（第 21 條）之必要，而得以作為暫時不履行最惠國待遇之除外規定。而有關適用國家安全之除外規定，就在 1982 年英國與阿根廷之間有關福克蘭群島戰役時，「關稅暨貿易總協定」之盟約國對於阿根廷所實施之「禁運」即是最適當之例子。

（二） 國民待遇原則

根據「關稅暨貿易總協定」第 3 條約文的規定，就內地稅及其他內地規費來考量，任何一個盟約國的產品，輸入另一盟約國境內，應該以對待國內同產品，同樣的立足點一樣對待。本條適用的範圍相當廣泛，它適用於各種類別的稅捐之課徵以及其他一切內地銷售之支付方面。它考量到相關的法律及法規，以及任何會影響到國內市場產品的銷售、購買、運輸、配銷或使用的要件。國民待遇的規範以上述的方式，所給予進口產品的待遇；如此一來，便提供了源起於任何一國的國內行政與立法措施，所造成之保護主義，做出了防衛的作法。至於海關之進口稅及邊界措施則不在國民待遇相關條款之規範內。據此規定可知，對於相同產品之進口，在課徵海關稅賦或內地的各種規費，不論本國或外國之產品均應一視同仁，不得有任何「差別待遇」的處理。同時必須注意的是，為了落實「關稅暨貿易總協定」之最基本的「不歧視原則」(Non-Discrimination Principle)，各盟約國不得以法律或命令的方式，要求進口產品混合、加工、或使用特別數量或比例，影響其內地之銷售。同時，任何盟約國不得對產品之混合、加工或使用，制定或維持任何內地數量上之規定，而要求該產品的任何指定數量或比例，必須由國為源加以供應。這些規定的目的，均是在「降低或消除」貿易障礙的人為因素。

（三） 數量限制之普遍禁止原則

「數量限制」(Quantitative Restriction)即一般所之「配額」(Quota)。通常將其指為對於進口貨品數量上所給予之限制。亦通常被定義成下文所示：在國際貿易上進口國與出口國之間，對輸出入貨品之數量設限，而達成之履行協定或協議，或者政府基於管理需要所為之輸出數量的管制，而由政府分配予廠商

在規定之額度內，利用之特定數量或價值之產品，一旦額度達到規定之限度，即不准進口或出口。簡單地是指在一定的期間內（通常為 1 年），對於特定的貨品僅准許一定數量或價值之進口或出口的政府規定。基本上，「關稅暨貿易總協定」禁止盟約國在進出口貿易上，採行任何數量上的限制措施。回顧在 1948 年關稅協定生效時，國際社會透過數量限制的方式，來保護本國的產業，情形相當普遍。因此乃有「關稅暨貿易總協定」第 11 條規定之出現，目的即在於普遍性的消除數量配額的限制，以及防止對使用這些保護措施，價格機制的扭曲，並藉此檢視在國際貿易上市場經濟的功能。第 11 條第 1 項規定：「任何盟約國對於來自任何盟約國領域的任何產品之進口，或輸往任何盟約國領域的任何產品之出口，除了課徵關稅、內地規費外，不得藉由配額或輸出許可證或其他措施，來創造或維持任何禁止或限制。」如此規定，即在揭示對於數量限制之禁止。

（四） 關稅作為保護手段之規範原則

「關稅暨貿易總協定」之成立宗旨乃在於消除所有的不必要的「貿易障礙」(Trade Barriers)，特別是人為的貿易障礙。但是現實世界各國因為主權的行使及籌集財源之必要，一時之間難以立即消除所有的貿易障礙。所幸，關稅因為「透明化」要求的結果，各國易於透過談判等機制，加以作適度的處理。因此，關稅之徵收乃成為「關稅暨貿易總協定」下，所唯一允許或容忍的保護方式；其所附加的要求乃各國仍然必須要朝向減讓的方式去執行。換句話說，一國雖然有關稅、配額及其他非關稅貿易障礙等措施之規定，用以作為保護國內產業工具，但是關稅仍然是在「關稅暨貿易總協定」之下，唯一合法的保護國內產業之邊境措施或工具。

其實，基本上「關稅暨貿易總協定」因為一則要保護國內的弱勢產業，再則為了國內財政稅收的補助，所以原則上並不全然的禁止一國使用關稅保護其國內產業之工具。但是，這樣並不意味著關稅暨貿易總協，其盟約國家對於其關稅事務，有完全之自主權或有其自由裁量之空間。查考相關文獻即可知「關稅暨貿易總協定」之設立目的，即是意圖透過關稅減讓之諮商談判完成「貿易自由化」(Trade Liberalization)目標。不過，有趣的是「關稅暨貿易總協定」自始至終並未提及所謂的「自由貿易」(Free Trade)，此可由其前言之文字中可以發現，足見「關稅暨貿易總協定」自始即了解到，各國之間欲達成完全無關稅之目標，在預見之未來，是件不可能之事。這是「關稅暨貿易總協定」於其締訂之時，即考量到的相當務實之作法。

雖然「關稅暨貿易總協定」在關稅減讓方面，採取了以上所述的朝向「貿易自由化」的務實作法。基本上，「關稅暨貿易總協定」減讓方面，仍然有一些基本原則的規範。例如，「關稅暨貿易總協定」第 2 條即規定各盟約國應該給予其他盟約國的商務對待，應該不低於該協定所附之適當「減讓表」所列出的待遇。其次，第 28 條就有關減讓表非依協定相關條文之規定，不任意修正或撤回其減讓，其條文指出：每三年，盟約國在提供適當的補償作為前提之下，得與參與原始談判之盟約國，或有重大利害關係之盟約國從事談判或協議，以修正或撤回列於有關列表中之減讓。最後，為了達成各盟約國之關稅的大幅減讓，「關稅暨貿易總協定」更在其第 28 條第 1 項指出：「關稅暨貿易總協定」鼓勵各國舉行關稅減讓談判。至於關稅減量談判之機制，大體上，從歷年的各年次的談判審視，未發現有任何單一而且能夠被各盟約國所接受的模式；而減讓關稅的方式，

亦多所變化。綜合而言,「關稅暨貿易總協定」時代的各回合之貿易談判即在追求一個各國均能接受之關稅減讓模式,以達成各國之間無關稅障礙之目標;而此一最後目標之達成,在各國面臨「全球化」(Globalization)時代之來臨,是難以避免之趨勢。

(五) 互惠原則

雖然「互惠原則」(Reciprocity Doctrine)在各國的國際貿易政策當中,被制定成一項基本原則;用以指導各國在彼此之貿易行為上的基本綱領,這是一個不可否認的事實。但是,將它當作一個「法律概念」(Legal Concept)來看,則尚未被盟約國家所定義,但是它的重要性,特別是它被「關稅暨貿易總協定」的重視,從它被放在「關稅暨貿易總協定」中的各個條文中之基本立法意旨來看,可以想見一般。特別是從「關稅暨貿易總協定」的序文中,就很清楚的提及,足見它作為關稅貿易總協定的「基本原則」(Fundamental Principle),具有它核心地位的重要價值。實務上,各國基於國際法上之平等地位原則,所從事之國際貿易行為,在彼此互蒙其利之下,鮮少有反對心理,這也就是「互惠原則」之所以在國際社會中,越來越受到普遍重視原因之一。

而有關互惠原則的適用與界定,則必須參考「關稅暨貿易總協定」第 28-2 條第 2 項(a)款之規定:「依本條定下之談判,其實質乃是基於選擇性的產品逐項談判作為基礎,或是適用相關盟約國所接受的那些多邊程式來進行。此等談判的目標得指向關稅之削減,關稅拘束在當時之既存水準上、或是使盟約國接受對於所指定類別產品之個別關稅或平均關稅,不得逾越所指定之水準。原則上,對於低關稅或免稅對待之不增稅的拘束,應該被認為與高關稅之減讓有同等之價值。此處規定對於

互惠原則之規範與界定，有相當程度的國際貿易實務上的助益。」

所以，可以不避諱的指出這乃是互惠原則之作為一個法律概念的原則，雖然尚未被國際社會中的主要貿易大國，在相關的國際組織中，作出明確的定義；但是，一個無可否認的明確事實，呈現在世人面前是自國際貿易盛行以來，各國在實務上均或多或少的在彼此之間，以「互惠」或「互利」的各種不同名義，進行彼此間的交易行為。這樣的彼此「互惠」方式進行貿易，長久以來即未曾止歇過。舉例來說，到「關稅暨貿易總協定」的時代，互惠原則更被放在「關稅暨貿易總協定」的核心位置，把它當作是基本原則之一。由此可見互惠原則之被重視。前述「關稅暨貿易總協定」第 28-1 條第 2 項(a)款之規定，就是一個最明顯的範例。此外，在「關稅暨貿易總協定」的各回合的談判當中，其中關稅減讓的談判即是以「互惠」為基礎，即使有關的入會談判中，在涉及到關稅減讓方面，亦是以「互惠」為要求的基本對待。

（六）不歧視原則

「不歧視原則」在國際社會之中形為國際貿易實務上的一個重要原則，也是經歷過長時期的演進而產生。到了二次世界大戰之後，更是被國際社會中的主要貿易大國拿來規範彼此。待「關稅暨貿易總協定」簽訂後，更成為它的幾個基本貿易原則之一，要求各國奉行不悖。茲將其中的幾項規定，加以分析如下，有利於進一步了解其內容之意涵。

1.「關稅暨貿易總協定」下之不歧視原則

「關稅暨貿易總協定」第 11 條第 1 項規定：「任一盟約國對來自任何其他盟約國領域之任何產品，除課徵關稅、稅捐或其他規費外，不得以配額、輸入或輸出許可證、或其他措施，

新設或維持禁令或限制。」該項規定則上排除了任何非關稅貿易障礙。不過由於「關稅暨貿易總協定」本身就開放了無數的例外，使得「數量限制」仍然不可或缺，因此該項協定第 13 條又規定了「數量限制之不歧視適用」(Non-Discriminatory Administration of Quantitative Restrictions)。

2. 不歧視原則之內涵

(1) 不歧視原則不同於最惠國待遇原則

由表面觀之，似乎「關稅暨貿易總協定」第 13 條第 1 項規定：「任一盟約國對來自其他盟約國領域之產品，不得實施禁令或限制；但對來自所有第三國領域同類產品之進口，或輸往所有第三國領域之同類產品，同樣禁止或限制者，不在此限。」此與最惠國待遇原則並無不同。實則就智利與歐洲聯盟就蘋果進口限制一案，智利主張歐聯對智利所採取的數量性保護措施具有歧視性。因為該項措施只影響了原產於智利的蘋果，違反了「關稅暨貿易總協定」第 1 條規定的最惠國待遇原則。「關稅暨貿易總協定」「爭端解決小組」則指出：「小組審查了歐聯的措施與『關稅暨貿易總協定』第 1 條規定之最惠國待遇原則的相容性，認為就此問題更宜依據『關稅暨貿易總協定』第 13 條關於數量限制之不歧視規定來審查。」由此觀之，顯然有關於「數量限制」並不屬於「關稅暨貿易總協定」「最惠國待遇原則」之適用範疇。

(2) 不歧視原則是在不同條件下有不同待遇

依據「關稅暨貿易總協定」第 13 條第 2 項規定，「對某一產品實施進口管制，各盟約國對此一產品之貿易分配，應盡可能符合若無此限制原可期待不同之盟約國取得之市場占有率（若此限制時）」，為達成此一目的，則必須遵守以下規定：

① 如配額可行時，應核定代表進口總量之配額（不論是否在供應國之間進行分配），且該項額度應依本條第3項第(b)款之規定予以公布。

② 如配額不可行時，得不用配額，而改核發「輸入憑證」或「許可證」之方式實施管制。

③ 除另有規定外，原則上各盟約國不得要求對自某一特定國家或來源之進口產品必須使用「輸入憑證」或「許可證」。

④ 如配額在供應國之間進行分配時，實施限制之盟約國得與該產品之供應，有重大利益之各盟約國，就配額之分配尋求協議。如此一方式不可行時，則再妥善考慮可能已經影響或正在影響該產品之貿易的一切可能之特殊因素後，該盟約國應根據前一代表性期間內，供應該項產品之各盟約國在該產品總進口量或總進口值中所占之比例，將配額分配對該產品之供應有重大利益之各盟約國。不應設立條件或手續，用以限制任一盟約國充分利用其在總量或總值中所獲分配之份額，惟該份額應於配額所定期限內進口。

（七）諮商原則

世界貿易組織之諮商規定，則規定於第4條：

1. 會員茲重申強化及改進會員所採行諮商程式效率之決心。

2. 任一會員對其他會員抗議其於本身領域內所採行之措施影響內括協定之實施，應予以審慎考量並提供充分機會進行諮商。

3. 諮商之請求，應由請求之會員通知爭端解決機構與相關之理事會及委員會。諮商之請求，應以書面為之，並說明請求之理由，包括指明引起爭端之措施及請求之法律依據。

4. 諮商應予以保密，且不損及會員於任何後續程式之權利。

5. 如未能收到請求諮商後 60 日內解決爭端，指控國得要求設立小組。於上述 60 日期間內，如當事國均認為商無法解決爭端時，指控國得要求設立小組。

6. 遇有緊急案件，包括涉及易腐敗產品，會員應於請求後 10 日內召開諮商，如諮商未能於收到請求後 20 日內解決爭端，指控國得要求成立小組。

7. 遇有緊急案件，包括涉及易腐敗產品，爭端當事國、小組上訴機構應盡全力加速諮商程序之進行。

8. 於諮商過程中，會員應特別留意開中國家會員所遭遇之特別問題與利益。

　　第 4 條規定大體上乃承繼「關稅暨貿易總協定」諮商相關決議之精神及原則發展而來，並再做補充而使實體及程式義務更加完備、明確，有利於世界貿易組織會員自行進行諮商，以解決貿易爭端。世界貿易組織諮商規定與「關稅暨貿易總協定」不同者僅是時間期限有些微調整，程序上諮詢請求須以書面為之，並說明理由，及應注意保密等規定。

　　易言之，若任何盟約國認為：

1. 其在「關稅暨貿易總協定」下所直接或間接應獲得之利益遭受到「剝奪或減損」(Nullified or Impaired)；

2. 或是「關稅暨貿易總協定」目的達成遭受阻礙。則該盟約國得向有關之其他盟約國提出書面之意見或提議，以尋求獲得滿意之調整。任何盟約國接獲此種意見或提議，均應予以認真的考量。若相關盟約國無法在合理期間內達成協議，或其問題涉及下述之「有任何其他情形存在」之情形，該事項得提交盟約國整體審理。盟約國整體應立即調查該事項，並應

作成適當之建議或裁決。若盟約國整體認為情況嚴重，而有採行動之正當性時，得依情況，授權盟約國暫停其對特定盟約國適用其減讓或其在「關稅暨貿易總協定」下之義務。

　　總之，「諮商原則」之建置乃是「關稅暨貿易總協定」為了解決盟約國彼此之間的貿易爭端，所規劃出來的一項符合聯合國憲章所建立起來的國際法原則──各盟約國應該以和平方法解決其國際爭端。此諮商原則在世界貿易組織成立之後，亦被沿用至今，基本上說，應是相當的成功。

柒、結論

　　在 19 世紀以前的國際法，只承認國家才是國際法上的唯一具有「法律人格」(Legal Personality)的地位者。傳統國際法是經由國家彼此之間的交往，所發展出來的一套規範國家之間關係的規範。但是自從二次世界大戰之後，國際組織已經是比比皆是的情況；而國際組織也逐漸取得「國際人格」(International Personality)，在合乎一定的條件之下，可以成為國際法的主體。可以這麼說，國際組織是一種國際合作的法律情形，它具有與其成員國相區別的法律人格，因此，是一種自成一類的國際法主體。所以，在現代國際社會中，除國家間的關係外，國家與國際組織之間以及國際組織彼此之間的關係，也能形成國際法的新規則。由於國際組織的發展，國際主體和國際法淵源的範圍進一步擴大了。

　　國際組織的發展，經歷了一個長期而緩慢的過程，但是進入 20 世紀，特別是經歷兩次世界大戰之後，其發展速度迅速加快，並且具有如下特點：

一、國際組織的數量在爆炸性地增長：戰後國際關係的重要特
　　徵之一是，第三世界和發展中國家的興起。現在世界上一

百八十多個獨立國家中，有一百四十多個屬於發展中國家。最近 40 年來，民族獨立和解放運動高漲，帝國主義殖民體系基本瓦解。戰後新獨立的國家，已大大超過全世界國家總數的一半。新興的發展中國家所成立的國際組織，特別經濟方面的區域合作機構，大量增加。另一方面，由於海洋、宇宙等科學技術及交通工具和通訊設備的巨大進步，使得地球上的空間距離相對縮小了，各國之間的相互影響進一步加深。從而使各種組織，特別是國際性的科學、技術及行政機構有增無減。戰後形勢的這些變化，大大促進了國際組織的發展。據統計，目前各種影響較大的國際組織已四千多個，其中政府間的重要組織已超過五百個。它們的 90%以上是在本世紀 50 年代之後發展起來的。

如果說，19 世紀由於國際會議頻繁而被人們稱為「國際會議世紀」的話，那麼 20 世紀，於國際組織的急劇增加可以稱之為「國際組織的世紀」。

二、 國際組織的活動範圍包羅萬象；在聯合國廣泛開展工作的同時，國際社會的個領域都有專業組織在進行活動。它們的管轄範圍，包括政治、經濟、社會、文化教育、衛生及其他各個部門。上至「外層空間」(The Outer Space)，下至「海床洋底」(The Sea-bed and The Ocean)，各個方面無不有相關的國際組織存在；從郵電、氣象一直到貿易、金融，無不與國際組織發生關係。人類的食住行與生老病死，可以說都同國際組織或多或少地聯繫起來了。

三、 國際組織間的協調在日益加強：由於國際組織的大量增加，各種國際組織的彼此「協調」(Coordination)顯得越來越有意義。早在本世紀初期，就有一個「國際協會聯盟」

(Union of International Associations)從事於協調與聯繫國際
社會的各種國際組織。後來，「國聯盟約」又作了相應規
定，試圖加強這方面的調整工作，但是成效不大，僅有國
際勞工組織、國際航空委員會及國際測量局等幾個組織置
於國聯的管轄之下聯合國更加重視這方面的工作，在「憲
章」中作了若干有關協調各國際組織的規定。例如第 1
條，規定聯合國為一協各國行動的中心；第 57、58、63、
64 和 70 條，規定各政府間專門機構應使之與聯合國發生
關係，由經社理事會加以調整。「憲章」還以第 8 章專門
規定了聯合與各區域性國際組織的關係。此外，第 1 條規
定，經社理事會得採取適當措施，同各非政府間組織磋商
其職權範圍內的各種事項。除「聯合國憲章」外，其他國
際組織的基本法，對於如何協調彼此間的關係，也有相應
的規定。通過上述各個方面的調整，使地球上涉及面甚廣
的各種國際組織，形成為一個相互聯繫的組織網，這個組
織網的中心就是聯合國·這個巨大的國際組織網，可以稱
之為「聯合國體系」(United Nations Family)或聯合國體制
下的組織系統。

　　基本上來說，國際組織既不是世界國家，當然也不是世界
政府，它沒有像單一國家之下，有行政機關；它更沒有立法機
關。凡此種種均與日常生活所獲得的「經驗」大相逕庭。然
而，國際組織的體系卻有相當密切的關係，具體的來說，有以
下這幾點：

　　第一、國際組織必有其基本法，例如國聯有盟約，聯合國
有憲章，國際復興開發銀行有同意款(Articles of Agreement)。
基本法的條款，除訂明組織內部的事項外，往往亦載有國際社
會所需的廣泛原則，由多數國家以批准方式表示同意後，便具

有一般國際法原則的效力，所以國際組織基本法的某一部分，可成為國際性的法條，例如「國聯盟約」第 22 條訂明：扶植未能自治的民族，促進其福利與發展，是「文明的神聖付託」(Sacred Trust of Civilization)；「聯合國憲章」訂明：各會員國主權平等、各會員國應以和平方法解決其國際爭端、各會員國不得使用武力侵犯他國領土完整或政治獨立，各會員國國內管轄事項不受聯合國干涉。這些原則已獲得各國普遍的接受，現在已是公認的國際法原則。

第二、國際組織為達成其宗旨起見，往往召開國際立法會議，或努力促成這種會議的召開，或研議並且提出某些公約的草案，或對某些公約草案提供專家的意見，以便簽訂公約，或把還未或已是明確的觀念、原則、規則、術語等列入公約，以促進國際法的發展。1930 年，國聯於日內瓦召開國際法編訂會議，討論國家責任法、海洋法和國籍法等，雖然未能達到大部分目的，卻為無國籍和雙重國籍提供公約、特種使節公約、條約法公約和海洋法公約等。聯合國的推動和策劃，無疑是這些公約獲得通過的主因，而它們的通過，又是對國際法發展的一大貢獻。

第三、國際組織從事對外的活動時，難免遭遇一些法律問題或爭端，應該甚至必須設法解決，因而直接或間接澄清相關的法律概念，或使未經確定的法則具體化。例如聯合國於其工作人員受到損害時有無權利提出國際損害賠償的請求，本是未經確定的問題，它便請求國際法院解答，所得的答案是肯定的。聯大於 1946 年通過「聯合國特權豁免公約」，獲得各會員國接受遵守，使聯合國在各會員國內取得國內法人的地位，各會員國亦同意聯合國在其境內享受特權與豁免。

　　第四、國際組織辦理內部事項時，也會引起紛爭，例如前述祕書處美籍職員，因為拒絕接受美國政府的忠義調查，被祕書長解任後，便發生了他們和祕書長間的紛爭。有了紛爭，便須解決，組織的訴願委員會、行政法庭或國際法院，常常會適用組織的規章或決議案，或解釋基本法，或援引一般國際法則，以論斷是非曲直。聯合國行政法庭、國勞組織行政法庭等，部會肩負而且達成解決紛爭的任務。它們的工作有助於國際法的發展，乃是毫無疑問的。

　　第五、國際組織須有一般國際法的奧援，才易進行其工作，也就是說，一般國際法能夠協助國際組織，因為組織理其內部事項，或對外的國際性活動時，縱使它已訂的規章辦法細則等等，已相當完善，仍難免有所不足，要倚賴一般國際法來補充，創立未久的組織，其倚賴更多，如果不能藉助於一般國際法，或則疑惑無法消除，或則懸案日趨嚴重。作為聯合國主要司法機關的國際法院，於判案和發表詢意見時，須適用一般國際法，就是聯合國其他五個機關，於執行職務時，也往往須依據一般國際法，例如祕書長代表聯合國和任何國家簽訂條約時，必須遵循國際法中的條約法規則，遇有聯合國締結的條約發生條款意義的爭端時，又須依條約法所定的原則加以解釋。

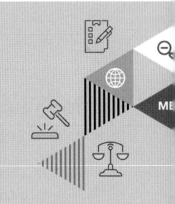

11 國際環境法

第一節 關鍵概念

壹、國際環境法四大特點

第一、國際公法有些專門領域的法律規範主要是以單一條約為核心，例如國際海洋法的重要基礎條約是 1982 年的「聯合國海洋法公約」，而航空法的發展以 1944 年的「芝加哥民航公約」為重點。但是國際環境法不同，國際環境法的法源依據並不是來自於建立在單一的國際條約或是國際習慣法上。它的主要內容包含了一系列與環境有關的條約協定或是案例，不論是海洋、大氣，還是生物，每一個特殊的環境領域都有可能有好幾個條約或是協定與其有關。

第二、在國際法的領域內，雖然有許多的非政府間國際組織和政，府間國際組織關心環保議題，但是並不存在一個主要的全球性政府間國際組織主導國際環境法的發展，也欠缺一個專門的爭端解決機制來處理相關的爭議。這一點也和國際法有些領域不同，例如世界貿易組織(WTO)對國際貿易法的發展有很大的影響，國際貨幣基金組織(IMF)當然會引導國際貨幣金融制度的成長。

第三、為了因應環境問題的快速變化，許多國際環境條約的立、法形式經常採取所謂的「框架」(framework)公約模式，即針對一個特定的環境保護領域規定，公約先提供一個基本的法律原則、工作的目標和一般的義務，至於具體的權利義務則規定在公約的附加議定書或是附件當中。採取框架公約的模式

有助於條約的制定，國家可以先就原則性規則達成協議，細節問題則可以留待日後再詳細討論，加以解決。採取框架公約模式也有助於公約適應時代的進步和要求。

第四、國際環境法的內容通常必須與科學技術互相配合，故立法時要先了解面對的環境問題，例如「聯合國氣候變化框架公約」的制定過程中已對全球氣候變化的情況有所了解；「生物多樣性公約」通過前也曾成立特別專家小組進行研究。事實上，有關國際環境保護的文件的本身也常常充滿了技術性法規，例如環境影響評估標準和汙染物排放標準都涉及科學技術應用的問題。

貳、當前國際環境保護重大議題

一、海洋及大氣汙染及感染問題。因這是全人類生存攸關問題，而且在某些情況下，汙染及感染的影響無法局限於一隅；二、野生物種及自然環境之保護。因野生物種是人類共同的遺產，對於受危害的物種之輸出、輸入及售賣的管制，有簽訂國際協定之必要；三、海洋資源之濫肆開發。海洋是供應人類蛋白食物重要來源之一，不予維護，有被用盡之虞；四、測報大氣、水土及氣候的變化；五、環境優良品質國際標準的釐定；六、所有國家對於危害環境的某些工業的作業過程，應相互管制與約束，以免為獲得競爭上的利益，而不顧此種危害環境後果。

參、國際環境法之主要原則

一、善鄰原則

一國使用領土不得危害他國的利益，它必須遵循「善鄰原則」(Good Neighborhood Principle)，這是國家的基本義務。早

期著名的案子是 1941 年美國與加拿大的「鍊礦所餘跡仲裁案」(Trail Smelter Case United States, Canada)，和 1949 年國際法院的「哥甫海峽案」(Corfu Channel Case)，它們都強調了國家在其領土內行使權利不得造成他國的損害，「聯合國憲章」第 74 條也提到了會員國對於非自治領上的政策必須以善鄰之道奉為圭臬。

二、預防原則

「預防原則」(The Precautionary Principle)又被稱為「預防措施」(The Precautionary Approach)，它的具體內容可以參考「里約宣言」原則十五，內容如下：

為了保護環境，各國應按照本國的能力，廣泛適用預防措施。與有嚴重或不可逆轉損害的威脅時，不得以缺乏充分的科學確實證據為理由，延遲採取符合成本效益的措施防止環境惡化。

三、汙染者付費原則

「汙染者付費原則」(The Polluter Pays Principle)指的是汙染者應負擔汙染和相關的成本，而不應當將費用轉嫁給他人。它的具體內容見於「里約宣言」原則十六，該原則說明：「考慮到汙染者原則上應承擔汙染費用的觀點，國家當局應該努力促使內部負擔環境費用，並且適當地照顧到公眾利益，而不歪曲國際貿易和投資」。

四、永續發展原則

「永續發展」的意義是指發展應符合當代的需要，且不會以犧牲未來世代的需要來滿足當代的要求，而其主要目的是希望國家在開發與利用其資源時，應考慮到後代可以持續地使用。

　　永續發展的前提是認為工業、農業與其他形式的發展本身都不是壞事，可是進行發展時一定要考慮環境。國家不能只顧發展而忽略環境，環保與經濟發展應互相結合，故「里約宣言」原則四因此表示「為了實現可持續的發展，環境保護工作應是發展進程的一個整體組成部分，不能脫離這一進程來考慮。」

五、共同但有區別的責任原則

　　「共同但有區別的責任原則」(Principle of Common But Differentiated Responsibility)，見於「里約宣言」原則七：

　　鑑於導致全球環境退化的各種不同因素，各國負有共同的但是又有差別的責任。發達國家承認，鑑於它們的社會給全球環境帶來的壓力，以及它們所掌握的技術和財力資源，它們在進求可持續發展的國際努力中負有責任。

肆、人類環境宣言

　　聯合國人類環境會議，於 1972 年 6 月 5 日至 16 日在瑞典首都斯德哥爾摩舉行。會中通過「人類環境宣言」(Declaration on the Human Environment)。其內容如下：

　　人是環境的產物與鑄造者，環境是人類維持生存和發展智能的場所。由於科學和技術的加速發展，人類已擁有改變環境的廣大力量。自然與人為的環境，攸關全人類的幸福與生存。因此，維護與改善人類環境，是影響人類幸福與全世界經濟發展的大問題，為全世界人民希望之所寄，亦為各國政府不可旁貸的責任。在今天這個時代，人類改造環境的能力，如能用之於正途，將為世人帶來幸福，並能提高人生的品質(Quality of Life)；如使用不當，或漫不經心，同樣的生產能力，對於人類

和環境，可以造成無窮的危害。我們看到許多地區人類造成的危害；對於飲水、空氣、地球和生物的汙染，達到危險的程度；對於生存環境的生態平衡，已經造成重大不利的影響；對於生存資源，已經破壞到枯盡的地步：以及危害到人類身體、心理和社會健康的程度。際此時會，我們對於人類環境問題必須審慎採取共同行動，使得今世與後代的人們，能以生活在一個優美的環境之中。為達到此目的，個人和機關團體都應接受義務，共同努力。各國中央及地方政府都應負起責任，在其管轄區內，釐定維護環境的政策和行動。同時需要國際合作，籌集資金，支援發展中國家，對於維護環境盡其一責任。而且環境問題具有國際，需要國與國之間加強合作，更需要國際組織的共同努力，始克有成。

伍、環境保護與經濟發展之關係

環境保護與經濟發展之間的關係，在 1960 年代之前，表現在國際法方面，其實並沒有太顯著的呈現。經過大約半個世紀的演進與發展，國際社會大致上逐漸了解到二者之間的相互關係，可以是互補的關係，也可以是互斥的關係。這全要仰賴各國本身對於環境保護政策與經濟發展政策是如何去制定的，各自的目標又為何？更重要的是二者之間要如何去協調？這是指在國內法制的層面而言；然而，環境保護與經濟發展的另一個層面是國際社會的考量，這也是一項不可忽略的因素。

環境汙染原本是已開發國家所遭遇的問題，而經濟發展則是開發中國家所努力的目標。在這樣的情形，致使若干關連的問題，不幸的被忽略；大致上有下列幾點：

第一、負責促進經濟發展計畫的國際機構，在給予發展中國家大量經濟援助的計畫中心，必須顧及此項計畫之實施，對

於生態環境汙染之影響。否則，因經濟發展而汙染生態環境，將會抵消開發中國家所獲致的利益；第二、發展是經濟學科的一部門課題，其品質標準不像數量之易於確定。但有一項被共同接受的品質標準，就是維護發展中國家的環境不受汙染；第三、聯合國大會曾有多次決議，宣布所有國家（尤其是開發中國家），在經濟發展方面，對其本國的天然資源享有不可割讓的永久主權。1966 年聯合國第 21 屆大會第 2158 號決議案在序言中宣稱：「天然資源不特有限，而且往往可以用盡，其開發之是否適當，足以決定發展中國家目前與將來之經濟發展情況」。鑒於有限的天然資源有被用盡之虞，就發生人類環境的維護問題。1972 年在瑞典首都斯德哥爾摩舉行的人類環境會議，通過一項維護「人類環境宣言」(Declaration on the Human Environment)，其中第 2 項及第 3 項原則規定：人類應以妥當的計畫與管理，維護地球的自然資源，並應盡一切可行辦法，維護地球重要資源的再生能力。

第二節　專題研究：論「汙染者付費原則」之國際法規範[*]

壹、引言

　　有關國際貿易所牽涉到之相關問題，繁繁簡簡，包羅萬象，幾乎無所不在。然而眾多問題當中，「國際環境保護」(International Environmental Protection)卻是其中之「佼佼者」，長久以來即一直存在而從未消逝過。尤有進者，「跨國界環境保護」(Transboundary Environmental Protection)所引起之國際貿易

---

[*] 轉載自拙著，國際環境法專論，臺北，五南圖書出版股份有限公司，2012 年，頁 109-115。

問題，自 1960 年代以來即日趨嚴重，迨進入 1970 年代，則更有越演越烈之勢。「汙染者付費原則」(Polluter Pays Principle)乃應運而生。然而追本溯源、歸根結底，此原則之最基本概念啟源於「英美法」(Anglo-American Law)之所謂的「正義」(Justice)觀念。即：一個人應該為自己之行為負責(One ought to be responsible for one's own conduct.)而當此「正義」觀念融入「衡平法」(Law of Equity)中即意味著：你必須為你自己的所作所為付出代價(You have to pay for what you have done.)。

因此可見「汙染者付費原則」並非近代法學所發展出來之嶄新法律原則，亦非法官藉著判決所生之判例原則。而實際上它存在於人類社會關係中之基本法律理念——正義觀念之推演而生。因之若稱此原則為所有法律原則當中，發生最早、綿延最久的法律原則之一，並不誇張，亦不為過。更重要亦更具意義的是此原則已逐漸被融合於國際法體系之中，而在近 20 年來逐漸形成為介於國際經貿與國際環境保護之間的「銜接橋樑」(Connecting Bridge)。然而若從另一個角度來審視此一原則，卻不難發現此原則雖然長久以來即貫穿國際貿易與國際環境保護問題之中；然而此一原則的正式被賦予近代意義的內涵，卻是從「國際環境保護政策」(International Environmental Protection Policy)中發展而出。簡言之，它是從國際環境保政策中演進而生之國際法在「環境保護問題」(Environmental Protection Issues)方面之「基本原則」(Fundamental Principle)。故亦因而占有一席重要的地位及特殊的意義。

就是因為「汙染者付費原則」在當今環境保護意識高漲之時代在國際法方面有相當重要之地位。而且在國際貿易糾紛層出不窮的今天，國際環境保護課題日益受到各國的重視，「汙染者付費原則」更扮演了不可或缺的角色。因此對此原則本身意

義的釐清，它過去的發展、形成，目前國際法方面的規範及將來的走向……等等，均有必要加以探討、研究及分析、考量。故本文將以歷史分析法對前述各點加以鑽研，首先對此原則之形成及其意義加以澄清與界定，其次再以國際法為主軸就該原則之歷史發展加以分析研判，最後才對其未來之發展提出看法與建議。

貳、汙染者付費原則之形成

環境保護的觀念是一直存在著的，但是卻一直未被重視，一直到 1960 年代「生態保育者」(Conservationists)首先揭櫫此標竿，大力宣導之下，逐漸引起各國主政者及民間有識之士的覺醒。惟至 1970 年代，由於國際貿易競爭日趨激烈，加之「自由貿易」(Free Trade)政策的推展，成為「高度開發國家」(Advance Developed Countries)間經濟成長的中樞：因而，忽略了生態保育及環境保護的課題。影響所及是促使「環境主義者」(Environmentalists)對政府施展壓力，迫使政府決策部門，經由各國立法部門大量制定有關環境保護法律及相關法規。而「汙染者付費原則」即在此時成為「環境主義者」推展「環境保護運動」(Environmental Protection Movement)的中心思想之一。甚至成為此等人士之「口號」(Slogan)而響徹雲霄。

「汙染者付費原則」之所以成為「環境主義者」所追求之中心思想及目標之一，主要乃是因為雖然各國主政之決策者及一般學者專家，已經意識到政府在發展國內經濟及國際貿易的同時，不可以犧牲環境及生態的保護。但是一般而言，有關河川、海洋、湖泊及其他一些「汙染防治措施」(Pollution Prevention Measures)必須支出成本，並非那些造成環境汙染之個人或「私營企業」(Private Enterprises)擔負除了環境汙染者本身在製造汙染之同時，觸犯了相關的刑法而成為「刑事犯」

(Criminal)，要負上刑責外，其餘全都由政府使用「納稅者」(Tax-Payer)之稅金來支付，或是由政府「津貼」(Subsidies)汙染者採取「汙染者防治措施」。此等情形之產生，使得一般大眾甚為不平，而幾乎毫無異議的在世界各國響應「環境主義者」之號召，因此汙染者付費原則中心思想之建立。

在「環境主義者」大力鼓吹之下，各國主政者開始對「汙染者付費原則」加以深入了解，亦真正地「正視」各國之環境保護問題。如此該原則逐漸被西方高度開發國家所確認及肯定。並因而成為各該國「環境保護政策」(Environmental Protection Policy)之「基本政策理念」(Fundamental Policy Idea)。然而，在此環境保護之萌芽期，該原則之「法律內容」(Legal Contents)似嫌空洞，使得該原則幾乎不能在各國真正地「實現」(Realization)。亦僅僅比「口號」階段略為進步而已，並不能確實發揮其功能，更無庸論及所謂的「提升生活環境品質」(To Promote the Quality of Living Environment)之崇高理想。雖然如此，「環境主義者」並不氣餒，仍然繼續鼓吹「汙染者付費原則」之理念。使得該原則逐漸擴展及發揮影響，各類以該原則為中心目標之國際會議，加以重視並深入研討。同時，各國決策者亦意識到「汙染者付費原則」理念之具體實現，如僅停留在國內政策之宣導或國內法之制定是不可能的；而必須透過國際合作的方式，經由國際條約的簽訂或國際會議之決議，方能實現「提升生活環境品質」之崇高目標。

當「環境保護運動」經由「汙染者付費原則」的前述國際化及普遍化之後，國際性的「經濟合作暨發展組織」(Organization for Economic Cooperation and Development, OECD)乃首度在 1972 年將此「汙染者付費原則」以「環境政策原則」(Environmental Policy)的方式，見諸於世而對其內涵亦正式加以

具體化。由此可見，「汙染者付費原則」在 30 餘年後之今日已被公認為一「國際法原則」；然而吾人從它歷史發展的角度審視之，不難注意到它的發生，卻是以「環境保護政策」的形態，由一國際組織的「共識」(Consensus)以「政策」的方式，對其會員國所作之「宣示」(Declaration)。由此可見，「汙染者付費原則」的成長歷程，是先有「政策」成為國際組織的指導會員國的有關推展環境保護走向，然後各會員國為使此「政策」能確實付諸實施，才開始由各國立法機關採納，而制定成各國之國內法。最後就因它普遍的為各國所接受而演變成各國所服膺之「國際法原則」(International Law Principle)。

最重要的一項事實乃是它的被「經濟合作暨發展組織」所提出而為各會員國所接受，使之成為「國際環境保護政策」之中心指導原則。僅就此點而言，「汙染者付費原則」已是國際法上有關環境保護之「基本法律原則」(Fundamental Legal Principle)。更是它在國際法上落實的具體表現。另外就是它的成長為「國際法原則」又具有相當重要的意義，那就是它既已成為「國際法原則」，在適用時，國際組織如「經濟合作暨發展組織」等之會員國，便會被課以服膺此等「國際法原則」之「國際義務」(International Obligation)。因此，「汙染者付費原則」已被認定為目前國際社會中相當數量之國家透過國內立法之方式成為其「國內法」(Domestic Law)體系之一部分而具體的落實「環境保護」之目標。

參、汙染者付費原則之意義

實際上，直到目前為止，國際間並不存在著一個各國所公認或一致同意的「汙染者付費原則」的定義。不僅如此，國際間亦從未對該原則的「適用範疇」(The Scope of Application)加以「精確地」(Precisely)界定。同時國際間也未就該原則是否允

許任何例外情形，達成任何協議或簽訂任何「協定」(Agreement)。除此之外，「汙染者付費原則」在近年來已被各國的傳播媒體的大肆使用到近乎濫用的程度。它對不同使用該則的人，似乎代表著不同的意義與內涵。因此，對該原則之呈現今天的紊亂狀況，勢必應該有加以澄清與研究之必要。

　　然而，如果要對該原則的意義做徹底的認識與了解，則必須從它的歷史層面去著手，考量它的產生背景及歷史演變，即不難知悉其意義與內涵。該原則之嚆矢，應可回溯至 1972 年之「經濟合作暨發展組織」之「對環境政策之國際經濟指導原則推薦書」(Recommendation on Guiding Principles Concerning International Economic Aspects of Environmental Policies)已直截地將「汙染者付費原則」視為「環境政策原則」(Principle of Environment Policy)發展而出。緊接著在 1974 年「經濟合作暨發展組織」再次的在其「推薦書」中提出主張將「汙染者付費原則」作為其會員國的「汙染防治及控制措施」(Pollution Prevention and Control Measures)之成本分配的「基本原則」(Fundamental Principle)。

　　「汙染者付費原則」在「經濟合作暨發展組織」的背景層面上，具有特定的定義與內涵。它對「汙染者付費原則」的「權威性解釋」(Authorizing Interpretation)是由原有的 24 個會員國家經過一段長期的研擬與磋商，所達成的一致「協議」(Consensus)。基本上，它是被各國認定為一個規範會員國政府，在處理各國國內環境汙染問題的「成本分配原則」(Cost Allocation Principle) 或「非補貼原則」(Non-Subsidization Principle)。而該原則在最初形成時，曾被賦予了下列的定義：「本原則之旨意乃是為了確保各國的環境保護，能維持在一個可以令人接受的狀態，汙染者應該負擔起各國權責機構，所決定之環境保護措施，在付諸實施時的開支」。

　　從上面所述之「汙染者付費原則」的「功能性定義」(Functional Definition)，可以得知它的「政策性意義」(Policy Meaning) 如下：除非在「非常特別的情形」(Exceptional Circumstances)下，或許可以容許些微的偏離該原則，否則在「一般情況」(Normal Situation)之下，各國政府均不可以透過「補貼」(Subsidization)、「課稅優惠」(Tax Advantage)或其他任何方式，來協助汙染者擔負「汙染防治」(Pollution Control)的成本。因此，汙染者因為其「生產」(Production)或「消費」(Consumption)之行為，所導致之汙染，其「防治成本」(Prevention Costs)就應該反應在「產品」(Goods)及「服務」(Services)的價格上。

肆、汙染者付費原則之國際法發展

一、70 年代發軔期

　　「汙染者付費原則」可以稱得上是各國在其經濟發展與環境保護議題上出現最早，也歷時最久的一個銜接國際經貿投資與環境保護的逐漸形成的「國際法原則」；其重要性及其對未來「地球村」(Earth Village)的影響力，自不待言。回顧它的形成過程，比較具體的被提出，應該是在 60 年代的後期；而它首次的具體提案，是在 1971 年由「國際貿易經濟與投資政策委員會」(Commission on International Trade and Investment Policy)在其所謂的「威廉斯委員會報告書」(Williams Commission Report)中提及下列的文句：「本委員會強烈建議就現實而論，美國應積極地尋求國際間共同採納一個原則：汙染的減除應該給予財務支付的方式為之。該方法即是要確保控制汙染的成本必須反應在生產出來的貨品價格上」。雖然從「威廉斯委員會報告書」當中並未出現「汙染者付費」這樣的名詞，但是「汙染者

付費原則」的基本理念，卻已表露無遺。而實際上該原則的正式產生，則是由「經濟合作暨發展組織」於 1972 年 5 月 26 日以「指導原則」(Guiding Principle)發布的方式出現。其後「經濟合作暨發展組織」更於 1974 年 11 月 14 日以「執行建議書」(Implementation Recommendation)的方式，對「汙染者付費原則」作進一步釐清。至於該原則之落實在區域性組織，則是由「歐洲聯盟」(European Union)首先於 1975 年 3 月 3 日透過「部長理事會」(Council of Ministers)以「成本分配建議書」(Cost Allocation Recommendation)的方式，正式發布而成為「歐洲聯盟」的「環境事務政策」(Environmental Matters Policy)。

二、80 年代成長期

80 年代各國對於「汙染者付費原則」之理念，逐漸能夠了解與接受。但是雖然如此的發展，促進了該原則的一般化及普遍化。其實質的內容及其意義的「法律詮釋」(Legal Interpretation)卻是經由「歐洲聯盟」本身對其「歐洲經濟共同體條約」(European Economic Community Treaty)亦即「羅馬條約」(Treaty of Rome)提出修正案的結果。誠如前面所述，「歐洲經濟共同體」（亦即「歐洲聯盟」之前身）在 1975 年即已採納「汙染者付費原則」為其「環境事務政策」。事實上「歐洲經濟共同體」早在 1972 年起，即開始推展一連串之「環境計畫」(Environmental Program)；這一連串的「環境計畫」一直實施至 1987 年簽訂的「單一歐洲法案」(Single European Act of 1987)為止；此等「環境計畫」均毫無例外地論及所謂的「汙染者付費原則」。

將「汙染者付費原則」引進「歐洲經濟共同體條約」的起始是在 1984 年；由「歐洲國會」(European Parliament)於草擬建立「歐洲聯盟」條約時提出建議案，宣稱：「在『聯盟』的環

境領域方面，應該盡量考慮到『汙染者付費原則』，而把目標放在防止及補償損害的上面……」。由此可見，在當初「汙染者付費原則」是被「歐洲經濟共同體」當作規範損害發生時的補償基礎。而對於「歐洲經濟共同體條約」的修正案，則是由「歐洲經濟共同體」各會員國的政府代表及「歐洲委員會」(European Commission)所共同準備而提出的。在實際的程序運作方面，首先由「歐洲委員會」向各會員國代表與「歐洲委員會」共同參與的會議提出草案。在該草案中明白指出：「以原則而言，任何個人如果對於環境的危險或導致汙染的情形要負起責任時，他就應該擔負起支付『防範措施』(Preventive Measures)或者除去汙染的成本」。

在前次會議之後，「歐洲委員會」於 1985 年的 10 月又提出一個新方案，對於「汙染者付費原則」之適用，建議採取強制的方式。它的方案中明白陳述：「有關環境方面，『歐洲經濟共同體』的任何措施行動，均應建立在『汙染者必須支付原則』的基礎之上……」。這項新方案的提議，最後被接納而成為 1987 年「歐洲經濟共同體」各國簽署「單一歐洲法案」時的第 130(R)條款；即使是文字用語均一成不變。

三、90 年代成熟期

一項大約可以認定的事實，就是「汙染者付費原則」被國際間承認為「實證環境法原則」(Principle of Positive Environmental Law)應該是源自於 1987 年，以西歐各國為主所簽署的「單一歐洲法案」時，即被引入此原則，而為各國所接受且認可。在此之前該原則即早已被「歐洲經濟共同體」發布給會員國的多項「指令」(Directive)中引用提及。到了 1987 年，簽署「單一歐洲法案」，只是一個水到渠成的工作的完成。到了 1990 年，「汙染者付費原則」就被直接的引進全球性的條

約之中。其最明顯之例證，是 1990 年在倫敦召開並簽訂之「石油汙染準備、反應及合作國際公約」(International Convention on Oil Pollution Preparedness，Response and Cooperation)即認可「汙染者付費原則」為「國際環境法普遍原則」(General Principle of the International Environmental Law)。

　　在 1990 年以後「汙染者付費原則」之發展，主要是集中在 1992 年多項國際會議召開後的成果。首先是由原來的「歐洲經濟共同體」之十二個會員國，於 1992 年 2 月簽訂組成「歐洲聯盟」(European Union)之「馬斯垂克條約」(Maastricht Treaty)時便採認了「汙染者付費原則」。在此同時，建立「歐洲經濟區域」(European Economic Area)的「波多條約」(Porto Agreement)更於條約中強制要求所有「締約成員國」(Contracting State)必須確實執行「汙染者付費原則」。此「波多條約」規定的意義乃是在於它的十八個「締約成員國」在執行「汙染者付費原則」的「拘束力承諾」(Binding Commitment)較之於 1972 年「經濟合作暨發展組織」二十四個會員國的同意採納「汙染者付費原則」之「不具拘束力承諾」(Non-Binding Commitment)實為歷史上的一大進步。

　　其後，在 1992 年 3 月，於「聯合國歐洲經濟委員會」(U.N. Economic Commission for Europe)之組織架構之下，各國於芬蘭首都赫爾新基，召開並簽訂了「保護及使用跨越疆界水道及國際湖泊公約」(Convention on the Protection and Use Of Transboundary Watercourses and International Lakes)。該公約明文指出：「簽約當事國各方應該以『汙染者付費原則』作為採取各項措施的指導原則。也就是指，在汙染防止、控制與減少工作成本支付，應由汙染者來負擔」。在此公約簽訂後，各簽約國是否意圖「真誠意願」(Good Faith)地執行所謂的「汙染者付費

原則」，似有斟酌之餘地；但是，至少已經規範各簽約國以該原則，作為「行動綱領」(Guiding Action)。另外，在此同時所召開之「工業意外事件跨越國界影響公約」(Convention on the Transboundary Effects of Industrial Accidents)的序言中，也有下面的記載：「要考慮到以汙染者付費原則作為國際環境法的一段原則」。

緊接著在 1992 年 4 月，各國仍然在芬蘭首都赫爾新基召開並簽訂了「波羅地海地區海洋環境保護公約」(Convention on the Protection of the Marine Environment of the Baltic Sea Area)約定「締約當事者」(Contracting Parties)應該適用「汙染者付費原則」。此公約的簽訂，有其歷史上的重大意義，而主要的即是它擴大了「締約當事者」的參與地區。本公約的簽約國家，除了「歐洲聯盟」(European Union)的各盟員國外，更擴大到了東歐國家，如：捷克、斯洛伐克及烏克蘭的加入而成為簽約國。因而，可以這麼說：「汙染者付費原則」從此正式成為國際環境法上，具有法律效果並約束一般公約簽字國的「國際手段」(International Instrument)。

再者，1992 年 9 月所簽訂的「東北大西洋海洋環境保護公約」，由十四個西歐國家部長代表，及「歐洲聯盟」執行委員會的代表，共同簽署該公約並強調：正式採納「汙染者付費原則」的重要性。該公約於條文中宣稱：「簽約各方應該適用……汙染者付費原則，以使汙染防治的成本、控制與減低汙染之措施等花費，應該由汙染者來負擔」。如此一來使得東北大西洋環境的汙染者必須承擔「汙染防治」(Pollution Prevention)的成本，變成一項無可推諉的義務與責任。

最後，值得一提的是籌備經年而於 1992 年年中由聯合國負責召開的環境發展會議，在巴西的里約熱內盧(Rio de Janeiro)，

完成了一項經由全球 176 個國家經過數次的談判、討論所獲得共識的「里約宣言」(Declaration of the UN Conference on Environment and Development)。「里約宣言」的完成相當不易，可以說明世界各國對於環境保護的觀念，逐漸統一而取得了相當程度的共識。其中「里約宣言」對於全球環境保護最重要的貢獻是引進以往未能讓各國取得一致協議的幾項環境保護措施與原則，例如：環境影響評估、公共參與，「預警行動」(Precautionary Action)……等之外，更將「汙染者付費原則」引介給世界各國，而獲得與會各國的普遍支持。

有關「汙染者付費原則」之提出，並不是直接的引介該原則的文字，給各參與國的代表；而是以一個更廣泛的「經濟工具之使用」(Use of Economic Instrument)原理的方式，提供給與會國代表去思考。「里約宣言」第十六原理即涵蓋了「汙染者付費原則」的經濟工具意義。第十六原理指出：「各國權責當局應該努力提升環境成本的『內化吸收』(Internalization)與『經濟工具』之使用。為此，各國應該考量到後列的方式，就是在注意到公共利益及不扭曲國際貿易與投資的同時，汙染者在基本原則上，應該擔負起汙染成本的支出」。如此的「里約原理」(Rio Principle)乃是以「經濟原理」(Economic Principle)的面目，呈現在與會各國的面前；因為實際上「汙染者付費原則」在本原理呈現的背景之下，是將重心放在所謂的經濟效益之下的考量。尤其是在某些情形之下，如：基於「公共利益」(Public Interest)及不會導致扭曲國際貿易與投資的情況之下，汙染者或許不須擔負起汙染成本支付的責任。

伍、結論

「汙染者付費原理」基本上是指任何造成汙染及其後續影響的個人或群體，應該擔負起清除汙染及其後續汙染效果成本

支付的責任。雖然該原則的「精確意義」(Precise Meaning)及其在特定的情況及案例的適用上，仍然是沒有精確的定義，仍然有解釋的空間。但是無論如何，該原則仍然受到國際間大多數國家及環保團體的普遍支持與歡迎。尤其在發展民事的賠償法規及環境損害的國家賠償兩大領域方面，更受到國際間法律界人士的廣泛注意與重視。而該原則在國際間逐漸發展出來的實質上意義，無庸置疑的是側重在經濟效益的分配上，特別是任何與環境保護有關的活動，汙染者所應擔負的責任與其對環境的破壞，應該呈現出合理的分配。

「汙染者付費原則」在環境保護這樣的主題上，在國際間有其一定的分量與地位；但美中不足的是，就長遠的觀點來看，該原則在經歷過 90 年代的各次相關國際環保公約的簽訂，雖然已經晉升為國際環境法方面的一項基本的普遍原則；但是非常遺憾的是，仍然未能提升至更崇高的「習慣國際法」(Customary International Law)的國際法地位的層次。因此，僅就此點而言，「汙染者付費原則」要成為「習慣國際法」的一部分或成為國際法之基本原理，仍有待國際間環保人士、團體及國際環境法學者共同的繼續努力。惟有如此，才能使各國在注重經濟發展的同時，也能顧及到國家賴以生存的環境保護的「永續發展」(Sustainable Development)。

PART **IV** 結 論

CHAPTER **12** 國際爭端之解決

12 國際爭端之解決

第一節　關鍵概念

壹、爭端

　　係指一個國家依據國際法作出某種主張，而另外一個國家則持反對的態度。又如，國家發生違法行為會引起責任或制裁，若有國家對此持不同的看法或不同之主張，即屬所謂之爭端。當然，國家之間亦有發生其他性質或類別的爭端。有些國際法學者將爭端區別為法律爭端與政治爭端。法律爭端是純法律問題。而政治爭端的中心則是政治利益的衝突問題，多半是用政治手段予以解決。即使一個爭端涉及到法律規範或條約的解釋，是能夠用法律方法加以解決的，國家只要主張它是政治性的，就可以避免必須用訴訟途徑解決的義務，而可以用它們自己的政治手段予以解決。

　　其實就國際法來檢視，爭端只有一種，那就是法律爭端，亦即，依國際法可否為某種主張之衝突任何其他主張之衝突，皆為非法律爭端。有國際法學者稱此種情形為「利益衝突」。亦即「要求法律現狀的改變」，並非法律爭端而是利益衝突。因為要求法律現狀的改變，並非指一方依據「國際法」而提出某種主張，致使他方反對。反而是一方就已存在的法律狀況，基於本身利益的考或其他有利於本身的理由而要求改變，而導致他方的反對。通常而言，解決法律爭端之方法，亦適用於利益衝突之情形。

貳、國際爭端

　　基本上，國際爭端(International Dispute)是指國家間、國際組織間或國家與國際組織間對於法律或事實的歧見，或是指法律觀點或利益的衝突。所以只要是雙方對於同一問題或事件見解顯然相反時，便視為爭端已經存在。

　　然而，必須要強調的是兩個國際法人間有利益衝突時，未必有爭端的發生。因為其中的一方有可能認為利益輕微，而不必計較；或者認為受害雖大，面對現實的情況，卻相信無可奈何，只得耐心的忍受，避免事態的擴大而不提出抗議，採取息事寧人的態度，使得爭端沒有出現。由此可見，爭端與衝突的意義並不盡然相同；爭端固然源自於衝突，但是衝突則未必會發生爭端。爭端是衝突的表面化、而衝突僅是爭端的隱藏面。爭端是衝突的結果，衝突是爭端的開啟，兩者之間，雖然存在著「因果關係」，衝突是因，爭端是果。有果必有因，但是有因卻未必會有果。

　　傳統的國際法學者，習以為常的將國際爭端區分為三大類型；那就是政治的爭端、法律的爭端及技術的爭端。「政治的爭端」是指兩個國際法人的既存利益的衝突或者是新情勢所造成的對立。「法律的爭端」是指彼此間現行法律的解釋或適用所引起的紛爭，或是關於有無法律權利、權利範圍或應否尊重對方所主張的權利而產生之歧見。至於「技術的爭端」，顧名思義，並不牽涉到抽象的觀念或原則，亦不直接涉及利益或權力。只是方法上的爭執或技術上採用的爭議。因此，基本上，技術上的爭端在學理上並不屬於國際法所要探討的範疇，因為技術上的爭端只要從技術上去切入，即可迎刃而解，不必從國際法的方向去解決它。

參、國際爭端之分類

依據奧本海國際法的說法，國際爭論 (International Differences)因其發生的原因而區分為法律的爭論與政治的爭論兩種。法律的爭論是指當事國的要求與論據，是以國際法所承認的「理由」，作為「爭端」的根據或核心。所有其他非法律的爭論，通常均被籠統的稱為政治的或利益的衝突。做這樣的區別，其理由主要就是依爭論的性質而分為兩大類：一類是「法律的」(Legal)或被認為是「可以依裁判解決的」；另一類就是「政治的」(Political)或「不可以依裁判解決的」。由於在國際法的領域裡，外國學者多用「爭端」(Dispute)而不用「爭論」；因此這些年來國內學者亦均尊重學術界的通用語——爭端，則放棄爭論的用語。

根據 20 世紀重量級的國際法學者勞特派特 (Hersch Lauterpacht)的主張，認為「法律的」或「可以依裁判解決的」爭端，有下列四種情形之一：

一、根據現在既存的國際法或可以確定的規則，即可以解決的爭端，是法律爭端。

二、法律爭端是指當事國一方所要求的主題有關的問題是較小的或次要的，而且並不影響國家對外的主權獨立、政治平等及領土完整的特質。

三、法律爭端是指適用既存的國際法規則，既足以保證結果並不會牴觸國家間正義的要求與國際關係的進步發展。

四、法律爭端是指爭端係基於既存的法律權利，而不是要求變更既存的法律原則或規定。

肆、和平解決國際爭端之原則

國際爭端之解決既不得採取「戰爭」或「使用武力」之手段，則唯有遵循「和平方法」。因此，聯合國憲章在「禁止使用武力」的同時，要求全體會員國「以和平方法解決其國際爭端，以避免危及國際和平、安定、及正義」為此目的，憲章並具體要求爭端當事國「盡量先以談判、調查、調停、調解、仲裁、司法解決、區域機關或區域辦法之利用、或各國自行選擇之其他和平方法」以解決「其繼續存在足以危及國際和平與安全之維持」的國際爭端。其中談判、斡旋、調查、調停、調解等，屬於「外交方法」；除「談判」僅涉及爭端雙方當事國外，其他幾種外交方法都以不同方式涉及第三者；惟該第三者均無權就爭端作成具有法律拘束力的決斷。反之，仲裁及司法解決則係由相關之法庭（包括國際仲裁法庭及國際法院）就爭端作成具有法律拘束力之裁定。至於「區域機關或區域辦法之利用」，則指區域性國際組織的會員國應遵照各該組織基本法所定之「爭端解決程序」，求得爭端之解決。

當然，「和平解決國際爭端」的國際法規範，並非始於聯合國憲章。早在 1899 年，第一次海牙和平會議即制定了「和平解決爭端公約」(The Hague Convention for Pacific Settlement of Disputes)；該公約繼於 1907 年經第二次海牙和平會議加以修改後，迄仍有效；至 1996 年已有八十二個締約國。第一次世界大戰後的「國際聯盟」(The League of Nations)，除在其「盟約」(the Covenant)中規定會員國有義務將爭端交付仲裁、司法解決、或提交該聯盟之「理事會」(the Council)調查外，並於 1928 年締結「和平解決爭端總議定書」(General Act for the Pacific Settlement of Disputes)；繼後，該議定書於 1949 年又由聯合國大會加以修改。

其他還有諸如關於友好、通商、航海、或對外投資等的雙邊條約，及許多多邊條約等，亦都有「爭端條款」，就各該條約之解釋和適用所引發的爭端，規定和平解決法制。

第二節　專題研究：研析國際爭端之和平解決[*]

壹、前言

國家與國家之間之會有爭端的發生，就如同個人與個人之間的相處一樣，難免會有爭議的出現。惟其程度、範圍與後果，有可能更為嚴重而已。國家之間彼此基於各自的政策和國家利益的立場上的不同，很容易在法律上與事實上的意見或主張上的分歧或利益上的衝突之發生，這樣的情形從國際社會的角度來看，就有了國際爭端的開啟。各個國家有它本身的歷史文化、社會經濟制度……等等的差異，開啟國際爭端在事實上是不足為奇的。重要的是國際爭端一旦開啟之後，各個當事國是如何去處理？如何去解決？以怎麼樣的方式或方法去解決，才是問題的重點。這是關係到國際社會的和平與安全的至為重要的國際法的功能與目的之問題，切不可輕易忽略。也是國際社會長久以來所面對的一個「最」為重要的問題。

國際爭議，難免會導致國家與國家之間的惡化，或者是造成國際關係的緊張，甚至於會威脅到國際社會的和平與安全。綜觀過去的實例，亦不乏導致戰爭的發生。時至今日，各國在正常的情形之下，多半不至於採取極端的兵戎相見之極端作法。因為兵戎相見的戰爭行為，不是各國在國際社會的生存發展之道。當今之日，在爭端無法解決之時，各國通常的作法，

---

[*]　引自拙著，當代國際法（下），臺北，五南圖書出版股份有限公司，2009 年，頁 158-175。

大概均以斷絕外交關係，或是至多以經濟制裁的方式，意圖迫使對方讓步或是同意共同找出解決彼此之間衝突的方案。就目前國際社會中「相互依存」(Interdependent)的關係日益加深的情形來研判，任何一個國家如果想要使用武力或發動戰爭，來解決雙方之間的爭端，所要付出的代價，會使得爭端不但不容易解決，也容易跌入泥淖之中，使得爭端問題更是越難解決而更加的複雜化；這樣的情形，不是當事國各方所期待的。因此，就國際社會的整體利益而言，國際爭端難以避免，重要的是如何去解決它。是否能夠讓爭端公平合理的解決，才是真正的妥善之道。

貳、和平解決爭端之各種方式

一、談判

　　在實務上，「談判」(Negotiation)被使用的頻率，往往是高於所有其他和平解決方法的總和。確實，談判之所以常見，並非是因為它是爭端當事國所能使用的唯一方法，而是因為它往往是第一個被爭端當事國在爭端發生之初始，首先就被拿來使用，而且往往是成功地解決了彼此之歧見或爭議。除此之外，各國在爭端開始之初，即考量到了雙方利益的衝突是這麼樣的嚴重，如果不能好好地解決，那麼後果就會不堪設想。為此，談判對當事國而言，是一個最直接又穩當的作法。即使偶爾，當事國雙方也有可能使用其他的和平方法來解決彼此之間的爭端；但是，談判也不會因此被「取代」(Displace)，它只是暫時被擱置，在必要的時間點上，在其他的和平方法陷入困境或是呈現膠著狀態時，當事國雙方就很有可能會想回復到「談判」上面去解決。所以不論從哪個角度或觀點來審視談判，談判在國際爭端的解決方面，均扮演了一個相當核心的角色。

談判為和平解決國際爭端最初步而最直接的方法。談判如果採用一般的外交途徑，便是由爭端國一方的外交部長，與爭端國他方的常駐外交代表磋商。如果談判的問題十分嚴重時，兩爭端國的元首，可以舉行會議，或是派遣特使專使，擔任談判。

國際爭端常常以談判方式而獲得解決。因為兩爭端國交換意見的結果，或是一方自認錯誤而接受他方的要求；或是兩爭端國互相讓步，而成立一種妥協。即令談判失敗，該爭端不妨保留為懸案，或進一步使用其他的和平解決方法。

爭端當事國雙方用書面或口頭方式，或二者兼用，相互提出理由、敘明事實，或強調法律依據、共同商討、討價還價，而企圖說服對方，或是以其他「技術」，尋求折衷的方案，以達成「妥協」的結果，使爭端能夠獲得雙方均能「接受」（有可能是雖不十分滿意，但差強人意）的消弭爭端。以談判的方式來解決雙方爭端的優點是雙方可以針對爭議的問題，直接表示意見，可以免除不必要的抗衡。這也是為什麼許多爭端當事國往往在未使用其他方法之前，優先使用談判的原因。而且許多國際條約均會敘明：關於條約之解釋有疑義或適用時有困難，應由外交談判去解決，談判不成，則提交仲裁或司法解決。

二、協商

爭端當事國的一方如果預期到一個決定或是一項提議有可能會傷害到另一方，或是會遭致另一方斷然似地反對或不接受，那麼，在作成正式的提議或決定之前，與受到影響的一方，先行商議或討論，尋找出雙方的交集或者找出雙方的爭議點，再行找出彼此的「共識」(Consensus)乃至於作出解決爭端的步驟或方法，務實的將雙方的衝突或歧異拿出來討論，在不傷及雙方原有的關係之下，化解爭端於無形，不失為一個良好

的解決爭端之道。這樣的作法至少可以讓爭端當事國彼此之間，有機會「調整」(Adjust)本身的「決定」(Decision)、立場或要求，同時也能夠「容納」(Accommodate)對方的看法、立場或要求……等。這樣的作法相當務實的讓爭端當事國雙方，有這麼一個「機會」(Opportunity)彼此交換意見與了解對方的「決定」，而不必像「談判」那麼樣的「正式」；然而卻能夠達到與談判一樣的效果甚至更能有機會化「危機」為「轉機」。有時候甚至更能促進彼此之間的「關係」。

協商的可貴價值是在於它能在最適當的時間點上，在任何爭端具體地即將造成國際情勢的危機之前，提供最有用的資訊給爭端當事國雙方，對爭端事件的主題予以思慮。就一般情形而論，在「決定形成」(Decision-making)的階段，將預擬之決定予以必要的「修正」(Modification)，遠比在決定予以實行之後，要來得容易的多。

回顧協商機制的成長或形成，應該是在 20 世紀中期，具體的來說，是在 1950 年代才逐漸發展出來的國際法上解決爭端的一項制度。這裡必須要區別一下兩種不同形式的「協商」：一種的目的是在於協調各國政策的協商，這樣的協商在國際關係中是早已存在的；另一種是作為解決國際爭端方法的協商。傳統國際法將這一種協商包括在談判之內，而不認為是單獨的一種爭端解決方法。因此在第二次世界大戰之前，各國之間很少有將「協商」方式，簽訂在彼此之間的條約之內。即使是在有關解決國際爭端的公約、議定書，乃至於「聯合國憲章」第 33 條中，也都沒有關於協商機制的規定。一直要到 1950 年代之後，協商方法作為外交談判的一種特殊形式，在國際實踐中才開始獲得適用與受到重視。到了 1970 年代末期，以協商方法解決爭端的制度，已經在許多重要的國際公約中，正式地納入。特別

是 1978 年的關於國家在條約方面的繼承之「維也納公約」,更明確地將協商與談判、調解、仲裁與司法解決,並列為爭端解決的正式方法。至此,在當代國際法中,協商方法成為和平解決國際爭端的一種重要的新方式,不僅在國際實踐中已經被普遍的接受,同時也被各種重要的國際公約所明白確認。

三、斡旋與調停

「斡旋」(Good Offices)與「調停」(Mediation),都是第三國媒介兩爭端國舉行談判,以和平解法國際爭端的方式。斡旋的目的,只在促成兩爭端國間談判的舉行。談判開始後,斡旋國並不參加談判,也不發表任何意見。斡旋的工作,即告終結。調停的目的,在引導兩爭端國間談判的進行,調停國往往提出一些建議,作談判的根據,而努力使談判獲得最後的成功,但是,這種理論上的區別,常常為國際條約與外交實例中所忽略。

斡旋與調停,或由第三國自動地提出,或由爭端國的一方請求第三國提出。但是,第三國並無自動提出,或答應爭端國請求而提出的義務。從事於斡旋或調停的國家,或為一國,或為多國。後一情形稱為「集體調停」,如 1935 年至 1937 年,美國、阿根廷、巴西、智利、祕魯與烏拉圭,聯合調停玻利維亞與巴拉圭的戰爭,即為一例。

對於一項事端,如外交談判破裂,或兩國不願開始談判,而由第三國促成爭端國之直接談判,有兩種方式,即斡旋與調停。這兩種方式,彼此只在程度上略有不同,所以極易相混。也有人把斡旋與調停視為連貫的程序,即調停是斡旋的結果,或斡旋的一種實施(Exercise)。其實斡旋是由第三國使爭端國開始或重開談判,而第三國本身對此項爭端並無意見,也不作任何主張。至於調停,則第三國成為爭端國談判之中間人,周旋

其間，發生積極作用。兩個「海牙公約」第 2 條都規定：「遇有重大意見不和或爭議時，締約各國於未用兵前，即應酌量情形，請友邦一國或數國斡旋與調停。」第 3 條規定：「各締約國認為，為便利計，局外之一國或數國，不待爭議國之請求，即應自動酌量情形，出面斡旋或調停。即在戰爭進行期間，局外各國亦有斡旋調停之權。爭議國不得視斡旋調停權之行使，為不友誼之舉動。」而關於調停，特別於第 4 條規定：「調停者之任務，在於調和對抗之請求，並消除相爭國間之嫌隙。」(The part of the mediator consists on reconciling the opposing claims and appeasing the feeling of resentment which may have arisen between the States at variance.)第 5 條規定：「相爭之一國，或調停者自己，宣告所擬調停辦法不被接受時，調停者之任務即告終了。」並且第 6 條規定無論斡旋或調停，亦不論是於爭端國之請求，或是出於第三國之自願，都是一種「商勸性質，而無拘束效力。」由上可知斡旋與調停的一般性質如下：1.第三國之努力純出於友好關係，並非一種法律上的任務；2.爭端國之是否接受第三國的建議，完全自由；3.如屬調停，調停國可能提供有關爭端的若干條件，但也沒有法律上的拘束力。

關於調停，現在有一新趨勢，即調停者往往不是國家，而是資望地位隆高的個人。1936 年在布宜諾斯艾利斯(Buenos Aires)召開泛美會議即通過一項公約，規定每一國家提出具有碩望之公民兩人，構成一個名單，由爭端國就名單中公推調停人。又如聯合國安全理事會曾先後指派伯那都特(Folke Bernadotte)及彭區(Ralph Bunche)調停巴勒斯坦的糾紛，及指派狄克遜(Owen Dixon)及格萊姆(Frank P. Graham)調停印度與巴基斯坦關於克什米爾的糾紛。

四、調查

　　當爭端當事國之間，發生了爭端，其實是源起於對於事件誕生之「事實」方面的問題，產生了不同的觀點或主張，而其嚴重性的程度，導致國際爭端的出現。在這樣的情形之下，當事國的一方或雙方對於本身的立場或主張，相當明顯且相當堅持，而且基於它們對「爭端」的認定是「不具談判」或「讓步」的可能，因而明白的拒絕談判或協商，使得情勢惡化到劍拔弩張，而難以轉圜的餘地。而從另一方面來檢視，如果讓當事國雙方以「談判」的方式，來解決彼此之間的問題，又可能談判數年，直到有一方放棄了它原來的主張，或失去了耐心而導致使用武力來解決。從這樣的邏輯推理下來，使用「談判」甚至於輔以「斡旋」(Good Offices)或「調停」(Mediation)，都不被認為是一個「足夠的」(Adequate)「爭端解決機制」(Dispute Settlement Mechanism)。在這樣的情形下，從 20 世紀初期以來，國際社會發展出了所謂「調查」(Inquiry)的機制。過去的事實與經驗證實了一個不易解決的「僵局」(Stalemate)造成更惡化的爭端風險，會因為一個超然、客觀以及沒有利害關係的「第三者」(Third Party)的出面或介入而大大地降低。此乃因為此第三者能夠為當事國雙方「剖明事實」，提供一個事實真相的評估與呈現。如此一來，使得雙方對於「事實真相」有了進一步的了解，有助於爭端的化解。

　　調查與「事實發現」(Fact-Finding)的目的都是在找出與確認國際法下的事實，用以解決國際爭端。就因此，它們二者是可以交互使用的名詞。一個公正與客觀的調查或發現爭端的事實是緩和緊張情緒與解決爭端的良好作法。就因為如此，爭端當事國有時會同意任命或訴諸一個公正的第三者或一個常設的或臨時組成的「委員會」來調查出爭端的真正事實，以助於爭

端的解決。爭端當事國並無義務接受調查所發現的結果：但是，基於各種因素的平穩考量，當事國在通常的情形之下，都會接受調查的結果」。此外，負責調查事實的第三者，有時候亦可兼作法律的評估與提出爭端解決的建議。

調查是由第三國調查爭端，以剖明事實，而有助於爭端之解決。這一種解決爭端的方式，最早見於 1899 年第一次「海牙和平解決國際爭端公約」第 9 條至第 14 條，及 1907 年第二次同名公約第 9 條至第 36 條所規定的「國際調查委員會」(International Commission of Inquiry)的辦法。這個委員會的任務就是只調查事實，作公正的報告，以利爭端之解決，並且是限於「不涉及國際榮譽與重大利益，而是因事實問題發生歧見的國際爭端。」

除了「海牙公約」之外，這種國際調查程序也常見於各國雙邊條約。最著名之例是 1913 年與 1914 年間美國在國務卿布萊恩(William Jennings Bryan)主持之下，與許多國家所訂的所謂「布萊恩仲裁條約」(Bryan Arbitration Treaties)。這些條約的共同內容是：1.各締約國同意凡外交方法未能解決的爭端，都提交一個常設國際委員會(Permanent International Commission)調查，並提出報告書，又同意在報告書未提出以前，不得遽行開戰；2.這個委員會包括 5 人，計由兩爭端國各選派本國國民 1 人及第三國國民 1 人，另由雙方同意共同選派第三國國民 1 人；3.除雙方同意加以限制或延長外，委員會的報告書應於 1 年內完成；4.爭端國接到此項報告書後，得自由採取任何措施；5.委員會經一致決議，在爭端國提請該會處理之前，也可表示願為一項爭端謀求解決；6.此項條約期限 5 年，但得續約，所以若干這種條約至今存在。

五、 調解

凡國際司法解決範圍以外，任何涉及事實、法律或利益的問題，均得由調解(Conciliation)程序處理。

調解乃是由爭端當事國將爭端提交一個常設或非常設的委員會處理，由該委員會查明事實真相，並提出解決辦法的報告書，惟該報告書並無裁決性質，對當事國並無拘束力；準此，調解的辦法是由 1899 年和 1907 年修訂海牙和平解決國際爭端公約所規定的「調停」(Mediation)和「調查」(Inquiry)兩種程序的綜合運用。

通常調解委員會由 5 人組成，爭端國選定本國籍和第三國籍委員各 1 人，主席則由雙方共同選定第三國人士擔任。當事國亦得預先設置常設性委員會並規定委員任期。委員會具調停者的任務，必須調和及消除歧見。報告書對當事國並無拘束力。

至於調解的特質，則有下列三點 ：

（一） 調解具伸縮性

調解委員會得事先或依特殊案件臨時設置。委員會組織可採 3 人或 5 人制，惟須維持第三國籍委員多數的原則。在權限方面，委員會可處理「任何性質的爭端」(Any Kind of Disputes)。委員會的任務限於「提議解決辦法」(Proposal of Settlement)，接受與否的決定權仍屬於爭端國。此乃調解與仲裁或司法解決相異之處。但是，委員會的任務並非單純的諮詢工作；而是探求爭端國的意向，予以調和，並說服爭端國接受其所提的解決辦法。

（二）程序不流於形式

在程序上，調解與仲裁相類似。惟當事國或委員會的意願可決定程序。委員會的決議通常採多數決原則，票數和相反意見不予登錄。

（三）工作的祕密性

工作的祕密也是委員會成功的條件之一，因其有助於當事國間的相互讓步。委員會工作記錄除非當事國的同意，則不得公布之。

至於國際調解制度在第一次世界大戰後之流行，其實只是形式上的發達而已，真正的成果並不多。所以第二次世界大戰以後，調解有被仲裁完全取代的趨向。尤以聯合國組織成立以後，一切重大國際爭端都由聯合國處理，各國間所建立的調解委員會更失去重要性了。不過，調解制度也仍有獨特的價值，國際司法解決範圍以外的爭端，如交這種調解委員會去處理，往往較其他程序更為迅速有效。何況聯合國安全理事會的行動須受大國否決權的掣肘，無形中擴大了這種調解委員會的行動範圍。

六、仲裁

仲裁(Arbitration)或稱之為「公斷」；是指由當事國所選定的一位或數位「仲裁員」(Arbitrator)或在國際法院等常設法院以外的非常設法庭中擔任，對於某一爭端所作出原則上具有法律效力的裁決。仲裁與其他的各種和平解決爭端的最大不同之點，就在於它的裁決原則上具有拘束爭端的效果。也因此學理上，一般將其稱之為「準司法性的爭端解決方式」。

說到仲裁制度的淵源，在古代希臘羅馬的城邦社會，即已相當發達。中古的教會也曾採這種方式，處理各國糾紛。迨近

代主權國家出現，這一制度即失去其重要地位，只是若干國際法學者，如維多利亞(Victoria)、蘇亞雷(Suarez)、格勞秀斯等，都還念念不忘，為一種維持國際和平的方法。直至 18 世紀末，因英美兩國之採用，仲裁制度才在國際間又被各國所重視。

在國際法上，當兩個國家在發生爭端時，任何一方均沒有片面地將爭端交付仲裁的權利；換言之，他方也沒有將該爭端交付仲裁的義務。這項義務的發生，僅在下列二方式：

（一） 仲裁條約

仲裁條約，或是雙邊的，或是多邊的。一般仲裁條約，規定某一類的爭端交付仲裁，如 1903 年英法仲裁條約與 1930 年中美仲裁條約。特殊仲裁條約，卻僅將某一個爭端交付仲裁，亦稱「仲裁協定」(Arbitration Compromise)。

（二） 仲裁條款

仲裁條款指包含「仲裁條款」(Compromise Clause)於任何條約之中。該條款規定將關於該條約的一切爭端，交付仲裁。1874 年「郵政公約」與 1890 年「鐵路運輸公約」，即已有這種條款。

仲裁適用的法律，原則上應當由爭端國同意決定，大概不外下列三種：

1. 國際法的規則。

2. 衡平法的規則，或「公允善良」(Ex aequo et bono)原則。

3. 特別協議的規則。1871 年，英美華盛頓條約，決定將阿拉巴馬(Alabama)案交付仲裁、並協議關於中立義務的三規則：即後來所謂「華盛頓三規則」(Three Rules of Washington)。1897 年，英國與委內瑞拉的邊界條約，規定兩國對邊界土地

的時效時期為 50 年。1923 年,美國與墨西哥的賠償協定,排除了國際法上的「當地救濟原則」之適用。此三者均為爭端國協議特別規則的例證。

如果仲裁條約裡沒有相反的規定,仲裁的「裁決」(Award) 是終審,而具有拘束爭端國的力量。如果爭端國之一方,不服從仲裁的裁決,他方當然可以使用國際法所允許的更有效的方法,以獲得該裁決的執行。

但是,仲裁的裁決如果有下列幾種情形之一,爭端國便可以不接受,或同意加以覆審,或同意提出上訴於某一法院,如常設國際法院或國際法院是:

1. 仲裁者違背仲裁條約或越權。1827 年,英美同意將關於東北邊境的爭端交付荷蘭國王仲裁,請求他決定:究竟哪一國所主張的界線,與 1783 年的和約相符合。1831 年,荷蘭國王裁決的結果,認為英美兩國所主張的界線,都不合乎 1783 年的和約,而另行提出一條新的界線。英美兩國都認為荷蘭國王越權,而拒絕接受這個裁決。

2. 仲裁者納賄或舞弊。

3. 仲裁者受脅迫或陷於錯誤。1933 年,美德混合賠償委員會,曾決定對於 3 年前所作之一個裁決,重新仲裁。因為導致該裁決的程序中,有舞弊(湮滅證據)與錯誤等等缺陷。從理論上說,仲裁適用的範圍,可以廣及於任何國際爭端。只須兩爭端國家表示同意,任何國際爭端,都可以交付仲裁。但是事實上,任何國家不會接受將一切爭端均交仲裁的義務。

不過,有一些國際爭端,宜於仲裁,或應當交付仲裁,卻是不可否認之事:1899 年「海牙和平解決國際爭端公約」第 16 條與 1907 年「海牙和平解決國際爭端條約」第 38 條,都認為

仲裁對於解決法律性質的一般爭端，尤其是對於解決關於條約解釋與適用的爭端，是最公允最有效的方法。1903 年的「英法條約」，規定將一切法律爭端之不涉及國家重大利益、獨立、榮譽與第三國的利益者，交付仲裁。這個條約，為後來許多仲裁條約的範本。它最大的缺點是：某一個特殊的爭端，究竟是不是法律爭端，只得由爭端國自己決定，而兩爭端國的意見，往往不能夠一致。

最後，國際社會裡既然已經有了「國際法院」(International Court of Justice)，卻仍然有不少的國家，將它們之間的爭端提交仲裁，原因何在？因為它具有下列幾點存在的價值：

1. 當事國對仲裁法庭的組成較有辦法控制，所以可以選任雙方均有信心或熟習之繫爭問題的人士擔任仲裁員。而到國際法院或以前的常設國際法院，對法官人選無法控制，基於意識型態或國家的基本政策，有些法官參與的判決在某些國家內部不易被接受。

2. 只有國家才能在國際法院及以前的常設國際法院提起訴訟，而仲裁法庭較有彈性，國家間的仲裁協議可以規定個人或公司（或其他法人）均可以直接在仲裁法庭提起訴訟。

3. 如果是國際政府間組織之間或其與國家之間的爭端，只能以仲裁方式解決，因為國際組織不能在國際法院提起訴訟或被訴。

4. 仲裁法庭適用的法律可以由雙方議定。

5. 仲裁的程序較為簡化與節省時間。

七、司法解決

　　所謂「司法解決」(Judicial Settlement)，就是指國際爭端的解決，經由依法組成的「國際法院」，按照該院的訴訟規定程序，適用國際法的原理與規則，來解決國際社會所發生的爭端，這樣的方式來解決國際爭端，基本上，相當程度地排除了國際爭端之政治性介入的可能性。這也就是說，爭端國所尋求的解決乃是一個基於現行國際法的判決，而不是尋求一個修改現行法律為前提的解決辦法；要國際法院確認它們在國際法上的權利。

　　現階段國際法院行使司法職權有逐漸衰落的趨勢。學者認為除了導因於意識形態相對峙的東、西集團的緊張局勢外，還有兩項新的因素直接地減少了各國政府利用國際法院：其一是爭端達到司法階段者不多，各國政府對於國際法已有較正確的認識，可以預防爭端的發生。當爭端發生時，則較傾向於直接交涉的方式，予以解決；其二是解決爭端的分權，尤其是區域組織內特殊法院的設立。

（一）法院管轄的基礎

　　國際法院（以前的常設國際法院也是一樣）與國內法上的法院最大的不同是其管轄權必須基於當事國的同意，並沒有強制管轄權，所以規約第 36 條第 1 項規定，「法院之管轄包括各當事國提交之一切案件，及聯合國憲章或現行條約及協約中所特定之一切事件。」當事國表示同意的方式有下列幾種方式：

1. 當事國之間締結專門協定，將其一特定案件提交國際法院解決。

2. 各有關當事國曾在公約或條約中同意對某幾種或該約解釋或適用的爭端，不能以其他方式解決的，提交國際法院解決。

如果公約或條約中所指的是以前的常設國際法院，依據規約第 37 條，「現行條約或協約或規定某項事件應提交國際聯合會（即「國際聯盟」）所設之任何裁判機關或常設國際法院者，在本規約當事國間，該項事件應提交國際法院。」據國際法院年報的記載，到 1992 年 7 月 1 日共有 261 件此種公約或協定。

3. 當事國一方未依條約或公約中有關國際法院管轄權的條款或未有專門協定，但向國際法院提出控訴，而被控一方同意應訴，國際法院也可以取得管轄權，這就是學者稱為默示接受管轄(Forum Prorogatum)，這是 1948 年 3 月 25 日國際法院在哥甫海峽案先決反對部分〔The Corfu Channel Case (Preliminary Objection)〕判決中所建立的一種新的管轄根據。國際法院對這種片面申請控訴他國的情況，如爭端他方不同意或不提交法院處理，該案就從法院的案件單上取消。

　　以上是就個別案件國際法院管轄的基礎，但依法院規約第 36 條第 2 項的規定，規約當事國也可以授予國際法院強制管轄權，但並不一定要這樣做，換句話說，規約的當事國可以選擇接受這個條款，也可以不選擇這個條款，即使選擇了，也可以附加以條件或期限。

（二）國際法院之判決效力

　　國際法院的判詞全敘明理由，並應載明參與裁判的法官姓名。判詞如全部或一部分不能代表法官一致的意見時，任何法官得另行宣告其「反對」或「同意」的個別意見。判詞的意義或範圍發生爭端時，經任何當事國的請求後，法院應予解釋。

　　國際法院判決效力如下：

1. 拘束力

　　法院的判決除對於當事國及本案外，無拘束力。但有兩種情形，法院判決對於第三國具有同樣拘束力：其一是條約發生解釋問題，訴訟當事國以外其他簽字國行使參加程序的權利時，判決中的解釋對該國具有拘束力；其二是某國認為某案件的判決，可影響屬於該國具有法律性質的利益時，得向法院聲請參加，並由法院裁定此項聲請。

2. 確定力

　　法院的判決係屬確定，不得上訴。如於判決後，發現具有決定性的事實，而此項事實在判決宣告時為法院及有關當事國所不知者，此當事國得根據此項事項，聲請法院「覆核判決」。惟聲請覆核當事國所不知的事實，以非因過失而不知者為限。覆核的聲請至遲應於新事實發現後六個月內及自判決日起 10 年內為之。

3. 執行力

　　憲章第 94 條規定，聯合國每一會員國為任何案件的當事國者，承諾遵行國際法院的判決。遇有一造不履行依法院判決應負義務時，他造得向安理會「申訴」安理會如認為必要時，得作成建議或決定應採辦法，以執行判決。

參、聯合國體制下的國際爭端之和平解決

　　兩次世界大戰之摧殘，讓國際社會不論大國、小國、強國或弱國，都一起體認到戰爭之恐怖與後果之可怕。回顧國際社會對於和平與秩序的要求與維護，長久以來一直是奮戰不懈而不遺餘力。但是，我們仍然可以觀察到，20 世紀初的兩次海牙和平會議之後，仍然有第一次世界大戰的爆發。其後有「國際聯盟」的形成，也無濟於事，仍然有第二次世界大戰的戰火。

其後有「聯合國」的成立，卻仍然有韓戰、越戰與兩次的波斯灣戰爭的發生。這些事實也都反映了國際社會顯然相當程度的致力於「和平」目標的追尋，卻難免仍有戰爭陸續的發生。

雖然，戰爭似乎是國際社會難以避免的夢魘，隨時都會出現。可是，從另外一個角度來加以研究，卻又發現國際社會的成員，對於人類社會和平的追求，似乎是孜孜不倦，未曾停歇過。縱然，爭端常常發生而且戰爭也似乎從未停止過。國際社會對於和平解決國際爭端的努力，事實上也從未間斷過。而且一次比一次更加努力，就拿聯合國來說，雖然不是那麼的完善，卻也對於國際爭端的和平解決，有了相當具體的貢獻，它對於國際社會幾十年來的和平與秩序的追求與努力，是國際社會有目共睹。看起來似乎是戰爭或爭端從未停止過；但是，如果仔細去想，國際社會在過去的幾十年，如果沒有聯合國的努力，將會是怎麼樣的狀況，真是不敢去想像，也難以去想像。

聯合國於 1945 年成立，負擔和平解決國際爭端的重大責任。換言之，和平解決國家間爭端，為聯合國之基本目標。「聯合國憲章」第 2 條規定：各會員國應以和平方法解決其國際爭端，不得以戰爭相威脅或使用武力。這是聯合國成立的初衷，也是它的基本訴求。

就此而言，聯合國大會及安全理事會不但負有重大之責任，而且賦有廣泛之權力。憲章第 14 條授權大會，對於其所認為足以妨害國際間公共福利或友好關係之任何情勢，得建議和平調整辦法，聯合國大會長久以來也都發揮了這樣的功能。

「聯合國憲章」賦予安全理事會之權力則更為廣泛，俾使其能迅速採取防止及執行之行動。大致言之，安全理事會對於兩類爭端得採取行動：1.可能危害國際和平及安全之爭端；2.威脅和平、或破壞和平、或侵略行為之案件。就前者而言，安全理事會於必要時得促請雙方當事國，用和平方法（仲裁、司法

解決、談判、調查、調停及調解）解決其爭端。同時，安全理事會得在任何階段建議適當程序或調整方法，以解決此種爭端。就後者而言，安全理事會有權建議或決定，為維持或恢復國際和平及安全所需採取之辦法，並得促請關係當事國遵行若干必要或合宜之臨時辦法。安全理事會所作之建議或辦法，不論為最後的或暫時的，只要其認為必需，並無限制或條件：它可以建議解決之基礎，可以指派調查委員會，可以提交國際法院以及採用其他辦法。依照憲章第 41 至 47 條之規定，安全理事會有權使用經濟制裁等壓力以實施其決議，對於不服從決議之國家更可使用武力，以維持或恢復國際和平及安全。這在韓戰及二次波斯灣戰爭，就是最好的例子。雖然並不十分的理想，但是卻也或多或少的扮演了它的角色。這是不可忽視的。

聯合國大會於 1982 年核可「和平解決國際爭端馬尼拉宣言」(Manila Declaration on the Peaceful Settlement of International Disputes)，重申「聯合國憲章」中和平解決爭端的各項原則，請各會員國利用上述及所有可供選擇的方法和平解決爭端。馬尼拉宣言要點如下：

1. 各國應銘記「直接談判」(Direct Negotiations)是和平解決爭端一項彈性而有效的方法，倘其選擇此一方式，則應誠意商談。

2. 依照憲章規定，安全理事會具有「調查事實」(Fact-Finding)職權，各會員國應多加利用。

3. 法律爭端應謀求司法解決，尤其是提請國際法院解決，不應視為是一項不友好。

4. 依照聯合國憲章規定，祕書長有責任將其所認為可能威脅國際和平及安全之任何事件，提請安全理事會注意，各國應充分利用祕書長此一功能，以解決爭端。

肆、結論

　　國際爭端難免發生，它發生的原因不外是各國國家利益的考量下，各國政策與立場上的不同，而導致了法律上或事實上的意見的分歧或利益上的衝突。傳統國際法的學者認為和平的方法來解決國際爭端，是所謂的「非強制方法」。而「強制方法」中除了戰爭以外，其餘的諸種方法也都屬於和平方法。由於傳統國際法肯定戰爭作為國家推行或執行它本身政策的合法性。就是因為如此，它把一切強制的與非強制的方法，不加區分的一概視為解決國際爭端的合法方法，其結果是造成了國際社會中的強權政治與霸權主義，國際社會中的強權國家，為了本身的利益與目的，動輒兵戎相見，國際社會戰禍連綿。

　　自 19 世紀以來，隨著維持國際社會的和平與安全的要求日益高漲之際，和平解決國際爭端以及相對應的解決機制的建立，也成為國際社會所重視的主要課題或重要議題。於是 1899 年的第一次海牙和平會議，就開啟了和平解決國際爭端之國際法制度的契機。它的最終目的就是要「將私人關係間應遵循的那種簡單的道德與正義的準則」，成為國際關係的至高無上之準則。緊接而來的 1909 年第二次海牙和平會議，至少開始了對於以往以戰爭作為解決國際爭端的「權利」來加以某些限制，並開始倡導以誤判、斡旋、調停、仲裁⋯⋯等和平方法來解決國際爭端。其後，自 1914 年起，美國與一些國家簽訂了一系列的所謂的「布萊恩條約」，進一步規定，設立了「常設調查委員會」作為解決國際爭端的機關。接下來的「國際聯盟」時期，明白的限制了各國「戰爭權」的行使，到了 1928 年有了「廢戰公約」的訂立，在國際法上明確地宣布廢棄戰爭作為推行國家政策的工具。並且規定締約國只能用和平的方法，來解決它們之間的一切爭端。在「廢戰公約」簽訂後不久，國際間還訂立

了「和平解決國際爭端總議定書」，規定各國間的「權利性爭端」均應提交「常設國際法院」，其他爭端凡是不能以外交方法解決者，均應提交和解程序或仲裁法庭。至此，國際法上的和平解決國際爭端制度，算是完成了。國際社會基本上也維持了約 10 年的和平。

二次大戰後，「聯合國憲章」第 2 條第 3 項規定：「各會員國應以和平方法解決其國際爭端，俾免危及國際和平、安全及正義」。1970 年「關於各國依聯合國憲章建立友好關係及合作之國際法原則之宣言」（Declaration on Principles of International Law Concerning Friendly Relations and Cooperation among States in Accordance with the Charter of the United Nations，以下簡稱「國際法原則宣言」)，在和平解決爭端原則下，進一步表示「各國因此應以談判、調查、調停、和解、公斷、司法解決、區域機關或辦法之利用或其所選擇之他種和平方法尋求國際爭端之早日及公平之解決。」而「聯合國憲章」第 33 條第 1 項明文規定國家間有和平方法解決爭端的法律義務，內容如下：「任何爭端之當事國，於爭端之繼續存在足以危及國際和平與安全之維持時，應盡先以談判、調查、調停和解、公斷、司法解決、區域機關或區域辦法之利用、或各該國自行選擇之其他和平方法，求得解決。」

檢視「聯合國憲章」和「國際法原則宣言」的條文，可以注意到「聯合國憲章」第 33 條第 1 項適用的前提是爭端的持續會危害到國際和平與安全；而 1970 年的「關於各國依聯合國憲章建立友好關係及合作之國際法原則宣言」只是要尋求早日公平解決爭端。二個文件條文中所列舉的解決爭端方法沒有優先順序，也沒有針對特定情勢要求適用特定的方法，所以國家有選擇解決爭端方法的自由。

　　除了依聯大第 2625(XXV)決議通過之「國際法原則宣言」外，聯大還曾陸續通過下列二決議，確認和平解決國際爭端義務：1.1982 年的「關於和平解決爭端的馬尼拉宣言」(1982 Manila Declaration on the Peaceful Settlement of International Disputes)；2.1988 年的「關於預防和消除可能威脅國際和平與安全的爭端和局勢以及關於聯合國在該領域的作用的宣言」(1988 Declaration on the Prevention and Removal of Disputes and Situation Which May Threaten International Peace and Security and on the Role of UN This Field)。

　　許多雙邊條約也規定締約國雙方解決爭端的程序，特別是關於該條約的解釋或適用的爭議。例如，1946 年的「中美友好通商航海條約」第 28 條規定，關於條約的解釋或適用之任何爭議，「凡締約雙方不能以外交方式圓滿解決者，應提交國際法院，但締約雙方同意另以其他和平方法解決者，不在此限。」

　　所以，國際法院在尼加拉瓜訴美國的「在尼加拉瓜和針對尼加拉瓜的軍事與準軍事活動案」中，認為以和平方式解決國際爭端具備了習慣國際法的地位。而且，除非是安理會有拘束力的決議，否則所有用來解決爭端的方法都應當經過當事國同意才能被採用，這一點和國內法體系相當不同。

　　此外，隨著國際法的發展，爭端解決方法出現了新的趨勢和型態，例如世界貿易組織下的爭端解決機制，允許成員就爭端先進行協商，如果協商不成，則可依 WTO 相關規則在爭端解決機構解決；而依據 1965 年「關於解決國家和他國國民之間投資爭端公約」所建立的解決國際投資爭端中心，則接受解決個人和國家之間的爭端。

　　「聯合國憲章」的制定是國際爭端解決史上的一樁劃時代的事件。憲章為國際爭端和平解決，確立了一些新的原則，使

國際爭端的和平解決制度，更加的明確與完善。聯合國憲章關於和平解決國際爭端之原則、組織、程序、方法等一系列的明確規定，構成了 20 世紀和平解決國際爭端體制下的基本內容。

時值 21 世紀的國際社會，在聯合國體系下的國際關係，仍然不時有緊張情勢的出現，世界各地仍然充滿了權利的對抗與區域性的衝突。可以了解的是國際爭端仍將難以避免的發生，第二次世界大戰之後，「聯合國憲章」中所規定的禁止使用武力與威脅使用武力的禁止，和平解決國際爭端的原則與制度，並未能充分執行，世界各地大小衝突仍然是此起彼落，從未止歇。因此國際社會所追求的和平、安定、繁榮與發展的目標，仍然有賴於各國共同來努力，確實落實聯合國憲章下所規定的國際爭端和平解決的原則與機制。

一、中文參考書目

王志文著，國際法與兩岸法律問題論集，臺北：月旦出版公司，民國 85 年。

王鐵崖等著，王人傑校訂：國際法，臺北：五南圖書出版公司，民國 81 年。

尹章華編著，國際海洋法，臺北：文笙書局，民國 92 年。

丘宏達著，現代國際法，臺北：三民書局，民國 110 年。

丘宏達主編，陳治世、陳長文、俞寬賜、王人傑合著：現代國際法，臺北：三民書局，民國 79 年。

何適著，國際公法，臺北：臺灣商務印書館，民國 79 年。

杜蘅之著，國際法大綱（上、下冊），臺北：臺灣商務印書館，民國 80 年。

吳嘉生著，國際法與國內法關係之研析，臺北：五南圖書出版公司，民國 87 年。

吳嘉生著，國家之權力與國際責任，臺北：五南圖書出版公司，民國 88 年。

吳嘉生著，國際法學原理——本質與功能之研究，臺北：五南圖書出版公司，民國 89 年。

吳嘉生著，國際貿易法析論——WTO 時代之挑戰，臺北：翰蘆圖書出版公司，民國 93 年。

沈克勤編著，國際法，臺北：學生書局，民國 80 年。

姜皇池著，國際法等論，臺北：新學林出版公司，民國 95 年。

俞寬賜著，新世紀國際法，臺北：三民書局，民國 83 年。

俞寬賜著，國際法新論，臺北：啟英文化公司，民國 91 年。

徐熙光著，國際法與國際事務論叢，臺北：臺灣商務印書館，民國 84 年。

孫哲著，新人權論，臺北：五南圖書出版公司，民國 84 年。

秦綏章著，國際公法，臺北：帕米爾書店，民國 70 年。

張宏生與谷春德編，西洋法律思想史，臺北：漢興書局，民國 82 年。

張道行著，國際公法，臺北：國立編譯館，民區 76 年。

陳治世著，條約法公約析論，臺北：學生書局，民國 81 年。

陳治世著，國際法，臺北：臺灣商務印書館，民國 81 年。

陳純一著，國家豁免問題之研究，臺北：三民書局，民國 89 年。

陳荔彤著，海洋法論，臺北：元照出版公司，民國 91 年。

陳隆生著，當代國際法引論，臺北；元照出版公司，民國 88 年。

梁西著，國際組織法，臺北：志一出版社，民國 85 年。

許煥益著，國際公法研究，臺北：友聯印刷有限公司，民國 64 年。

許慶雄與李明峻合著，現代國際法人門，臺北：月旦出版社，民國 82 年。

結構編輯群譯，Hans Kelsen, Principles of International Law 2nd ed.，國際法原理，臺北：結構群文化事業有限公司，民國 81 年。

雷崧生編著，國際法原理（上、下冊），臺北：正中書局，民國 76 年。

雷崧生譯韋雪爾著，國際法理論與實現，臺北：臺灣商務印書館，民國 64 年。

黃炳坤編，當代國際法，臺北：風雲論壇出版社，民國 78 年。

黃異著，國際海洋法，臺北：渤海堂文化公司，民國 81 年。

黃異著，海洋秩序與國際法，臺北：學林文化公司，民國 89 年。

董霖著，國際公法與國際組織，臺北：臺灣商務印書館，民國 82 年。

趙遠著，當代恐怖活動犯罪暨反恐刑法研究（上、下冊），臺北：新學林出版股份有限公司，民國 110 年。

蘇義雄著，平時國際法，臺北：三民書局，民國 82 年。

關中著，變動世界秩序中的國際秩序問題，臺北：時報出版公司，民國 71 年。

二、英文參考書目

Akehurst, Michael, A Modern Introduction to International Law, 6th ed., (London: George Alien & Unwin, 1987).

August, Ray, Public International Law, (Englewood, N.J.: Prentice Hall, 1995).

Bederman David, International Law Frameworks, (N.Y: Foundation Press, 2006)。

Bishop, William W. Jr., International Law, 3rd ed. (Boston: Little, Brown, 1971).

Blay, Sam, Ryszard Piotrowicz and B. Martin Tsamenyi eds., Public International Law, (Oxford, Britain: Oxford University Press, 1997).

Brierly, James Leslie, The Law of Nations, (Oxford: Oxford Univ. Press, 1955).

Briggs, Herbert W., The Law of Nations, 2nd ed.,(N.Y.: Appleton-Century-Crofts, 1952).

Brownlie, Ian, Principles of Public International Law, 6td ed., (Oxford: Oxford Univ. Press, 2003).

Butler, William E. ed Control over Compliance with International Law,(Dordrecht, Netherlands: Martinus Nijhoff Publishers, 1991).

Carter, Barry E. and Phillip R. Trimble, International Law, (Boston: Little, Brown, 2003).

Cassese, Antonio, International Law in a Divided World, (Oxford, Britain: Oxford University. Press, 1986).

Charney, Janathan I., Anton Donald K. and Mary Ellen O'connell eds., Politics, Values and Functions International Law in the 21st Century, (The Hague: Kluwer Law International, 1997).

Churchill, R.R. and A.V. Lowe eds.. The Law of the Sea, (Manchester, Britain: Manchester University press, 1992).

Clubb, Bruce E., United States Foreign Trade Law (Vol. I & II), (Boston: Little, Brown, 1991).

Collier, John and V. Lowe, The Settlement of Disputes in International Law, (Oxford N.Y: Oxford University Press, 1998).

Comeaux, Paul E. and N. Stephan Kingsella, Protecting Foreign Investment Under International Law, (Dobbs Feny, N.Y.:Oceana Publications Inc., 1997).

De Lupis, Ingrid Detter, Finance and Protection of Investments in Developing Countries 2nded., (Hants, England: Gower Publishing Company Ltd., 1987).

Detter, Ingrid, The International: ega; Prder (Jamts. England: Dartmouth Publishing, 1995).

Dixon, Martin and Robert McCorquodale, Cases and Materials on International Law, 2nded., (London: Blackstone Press, 1995).

Fenwick, Charles G., International Law, 4thed.,(N.Y.:Appleton-Century-Crofts, 1965).

Freeman, Michael, Alternative Dispute Resolution, (Hants, England: Darmouth Publishing Company Ltd., 1995)

Green, Carl J. and Thomas L. Brewer eds., Investment Issue in Asia and the Pacific rim,(N. Y.: oceania Publications Inc., 1995).

Glahn, von Gerhard, Law among Nations,(N.Y.:McMillan Publishing, 1981).

Hampson, Fen Osier and Michael Hart eds., Multilateral Negotiations, (Baltimore, Md.:The Johns Hopkins University Press, 1995).

Harris, D.J. Cases and Materials on International Law, 5thed., (London: Sweet & Maxwell, 1998).

Henkin, Louis et al., International Law, 3rded., (St. Paul, Minn.:West Publishing, 1993).

Henkin, Louis International Law: politics and Values, (Dordrecht, Netherlands: Martinus Nijhoff Publishers, 1995).

Houtte, van Hans, The Law ofInternational Trade, (London: Sweet & Maxwell, 1995).

Hudson, Manley O., International Legislation, 9 vols., (Dobbs Ferry, N.Y.: Oceana Publishing, 1972).

Jackson, John H., The World Trading Stystem, (Cambridge, Mass.:The MIT Press, 1997).

Jain, Subhash C., Nationalization of Foreign Property,(New Delhi: Deep & Deep Publications, 1983).

Jennings, Robert and Arthur Watts eds., Oppenheim's International Law9th ed Vol. 1, (Essex, England: Addison Wesley Longman, 1996).

Kolvenbach, Walter, Protection of Foreign Investments a Private Law Study of Safeguarding Devices in International Crisis Situations, (Deventer, Neitherland: Kluwer Law and Taxation Publishers, 1989).

Lauterpacht-Oppenheim, International Law, Vol. 1, 8thed. by H.Lauterpacht, (London: Longmans, Green, 1955).

Lauterpacht-Oppenheim, International Law, Vol.2-17th ed. by H.Lauterpacht (London: Longmans, Green, 1952).

Levi, Werner, Contemporary International Law: A Concise Introduction, (Boulder, Colo.: Westview Press, 1979).

Martinez, Magdalena M. Martin, National Sovereignty and International Organizations, (The Hague: Kluwer Law International, 1996).

Merrills, J. G., International Dispute Settlement 3td ed., (Cambridge, Britain: Cambridge University Press, 2000).

Meyer, Michael A. and Hilaire McCoubrey eds., Reflections on Law and Armed Conflicts, (London: Kluwer Law International, 1998).

Mouri, Allahyar, The International Law of Expropriation as Reflected in the Work of the Iran-U. S. Claims Tribunal, (Dordrecht, Neitherland: Martinus Nijhoff Publishers, 1994).

Nussbaum, Arthur, A Concise History of the Law of Nations, rev. ed., (N.Y.:McMillan, 1964).

Olmstead, Cecil J. ed., Extra-territory Application of Laws and Responses Thereto, (Oxford, Britain: ESC Publishing Ltd., 1984).

Osmanczyk, Edmundjan, Encyclopedia of the United Nations and International Agreement, 2nded.,(N,Y Philadelphia, London: Taylor and Francis, 1990).

Parry, Clive and John P. Grant, The Encyclopedic Dictionary of International Law, (Dobbs Ferry, N.Y.: Oceana Publishing, 1986).

petersmann, Ernst-Ulrich, The GAIT/WTO Dispute Settlement System, (London: Kluwer Law International, 1997).

Pritchard, Robert ed., Economic Development, Foreign Investment and the Law,(London: Kluwer Law International, 1996).

Rauschning, Doetrich, Kanja Wiesbrock and Martin Lailach, Key Resolutions of the United Nations General Assembly, (Cambridge, Britain: Cambridge University Press, XZZ1997).

Rubin, Harry, International Technology Transfers, (London: Kluwer Law International, 1996).

Sarcevic, Petar and Hans van Routte, Legal Issues in International Trade, (London: Graham and Trotman, 1990).

Schwarzerberger, Georg and E.D. Brown, A Manual of International Law, (South Hackensack, N.J.: Fred B. Rothman, 1976).

Shaw, Malcolm N., International Law 4thed., (Cambridge, England: Grotius Publishing, 1997).

Shearer, I.A., Starke's International Law, 11thed., (London: Butterworths, 1994).

Shihata, Ibrahim F. I., Legal Treatment of Foreign Investment, (Dordrecht, Neitherlands: Martinus Nijhoff Publishers, 1993).

Sφrensen, Max, Manual of Public International Law,(N.Y.: St. Martin's Press, 1968).

Sornaryjah, M The International Law on Foreign Investment, (Cambridge, Britain: Cambridge University Press, 1994).

Starke, J.G., An Introduction to International Law, 1Othed., (London: Butterworths,1989).

Sunga, Lyal S. ed.. The Emerging Sytem of International Criminal Law, (The Hague: Kluwer Law International 1997).

Sweeney, Joseph M., Covey T. Oliver and Noyes E. Leech eds., The International Legal System 2nded., (Westbury, N. Y.: The Foundation Press, Inc., 1981).

Waart, Paul De, Paul Peters and Erik Denters eds., International Law and Development,(Dordrecht, Neitherland: Martinus Nijhoff Publishers, 1988).

Wang, James C.P Handbook on Ocean Politics and Law,(N.Y.: Greenwood Press, 1992)

Wolfrum, Rudiger and Christiane Philipp eds., United Nations: Law, Policies and Practice, (Vol. I & 2), (Dordrecht, Netherlands: Martinus Nijhoff Publishers, 1995).

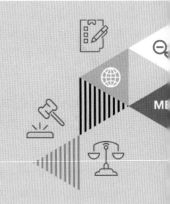

聯合國憲章

序 言

我聯合國人民同茲決心

欲免後世再遭今代人類兩度身歷慘不堪言之戰禍，

重申基本人權，人格尊嚴與價值，以及男女與大小各國平等權利之信念，

創造適當環境，俾克維持正義，尊重由條約與國際法其他淵源而起之義務，久而弗懈，

促成大自由中之社會進步及較善之民生，

並為達此目的

力行容恕，彼此以善鄰之道，和睦相處，

集中力量，以維持國際和平及安全，

接受原則，確立方法，以保證非為公共利益，不得使用武力，

運用國際機構，以促成全球人民經濟及社會之進展，

用是發憤立志，務當同心協力，以竟厥功。

爰由我各本國政府，經齊集金山市之代表各將所奉全權証書，互相校閱，均屬妥善，議定本聯合國憲章，並設立國際組織，定名聯合國。

第一章　宗旨及原則

第一條　聯合國之宗旨為：

一、維持國際和平及安全並；並為此目的：採取有效集體辦法，以防止且消除對於和平之威脅，制止侵略行為或其他和平之破壞；並以和平方法且依正義及國際法之原則，調整或解決足以破壞和平之國際爭端或情勢。

二、發展國際間以尊重人民平等權利及自決原則為根據之友好關係，並採取其他適當辦法，以增強普遍和平。

三、促進國際合作，以解決國際間屬於經濟、社會、文化、及人類福利性質之國際問題，且不分種族、性別、語言、或宗教，增進並激勵對於全體人類之權及基本自由之尊重。

四、構成一協調各國行動之中心，以達成上述共同目的。

第二條　為求實現第一條所述各宗旨起見，本組織及其會員國應遵行下列原則：

一、本組織係基於各會員國主權平等之原則。

二、各會員國應一秉善意，履行其依本憲章所擔負之義務，以保證全體會員國由加入本組織而發生之權益。

三、各會員國應以和平方法解決其國際爭端，俾免危及國際和平、安全、及正義。

四、各會員國在其國際關係上不得使用威脅或武力，或以與聯合國宗旨不符之任何其他方法，侵害任何會員國或國家之領土完整或政治獨立。

五、各會員國對於聯合國依本憲章規定而採取之行動，應盡力予以協助，聯合國對於任何國家正在採取防止或執行行動時，各會員國對該國不得給予協助。

六、 本組織在維持國際和平及安全之必要範圍內，應保證非聯合國會員國遵行上述原則。

七、 本憲章不得認為授權聯合國干涉在本質上屬於任何國家國內管轄之事件，且並不要求會員國將該項事件依本憲章提請解決；但此項原則不妨礙第七章內執行辦法之適用。

第二章　會　員

第三條　凡曾經參加金山聯合國國際組織會議或前此曾簽字於一九四二年一月一日聯合國宣言之國家，簽訂本憲章，且依憲章第一百一十條規定而予以批准者，均為聯合國之創始會員國。

第四條

一、 凡其他愛好和平之國家，接受本憲章所載之義務，經本組織認為確能並願意履行該項義務者，得為聯合國會員國。

二、 准許上述國家為聯合國會員國，將由大會經安全理事會之推薦以決議行之。

第五條　聯合國會員國，業經安全理事會對其採取防止或執行行動者，大會經安全理事會之建議，得停止其會員權利及特權之行使。此項權利及特權之行使，得由安全理事會恢復之。

第六條　聯合國之會員國中，有屢次違犯本憲章所載之原則者，大會經安全理事會之建議，得將其由本組織除名。

第三章　機　關

第七條

一、 茲設聯合國之主要機關如下：大會、安全理事會、經濟暨社會理事會、託管理事會、國際法院、及祕書處。

二、 聯合國得依本憲章設立認為必需之輔助機關。

第八條　聯合國對於男女均得在其主要及輔助機關在平等條件之下，充任任何職務，不得加以限制。

第四章　大　會

組　織

第九條

一、大會由聯合國所有會員國組織之。

二、每一會員國在大會之代表，不得超過五人。

職　權

第十條　大會得討論本憲章範圍內之任何問題或事項，或關於本憲章所規定任何機關之職權；並除第十二條所規定外，得向聯合國會員國或安全理事會或兼向兩者，提出對各該問題或事項之建議。

第十一條

一、 大會得考慮關於維持國際和平及安全之合作之普通原則，包括軍縮及軍備管制之原則；並得向會員國或安全理事會或兼向兩者提出對於該項原則之建議。

二、 大會得討論聯合國任何會員國或安全理事會或非聯合國會員國依第三十五條第二項之規定向大會所提關於維持國際和平及安全之任何問題；除第十二條所規定外，並得向會員國或

安全理事會或兼向兩者提出對於各該項問題之建議。凡對於需要行動之各該項問題，應由大會於討論前或討論後提交安全理事會。

三、　大會對於足以危及國際和平與安全之情勢，得提請安全理事會注意。

四、　本條所載之大會權力並不限制第十條之概括範圍。

第十二條

一、　當安全理事會對於任何爭端或情勢，正在執行本憲章所授予該會之職務時，大會非經安全理事會請求，對於該項爭端或情勢，不得提出任何建議。

二、　祕書長經安全理事會之同意，應於大會每次會議時，將安全理事會正在處理中關於維持國際和平及安全之任何事件，通知大會；於安全理事會停止處理該項事件時，亦應立即通知大會，或在大會閉會期內通知聯會國會員國。

第十三條

一、　大會應發動研究，並作成建議：

(子)以促進政治上之國際合作，並提倡國際法之逐漸發展與編纂。

(丑)以促進經濟、社會、文化、教育、及衛生各部門之國際合作，且不分種族、性別、語言、或宗教，助成全體人類之人權及基本自由之實現。

二、　大會關於本條第一項(丑)款所列事項之其他責任及職權，於第九章及第十章中規定之。

第十四條　大會對於其所認為足以妨害國際間公共福利或友好關係之任何情勢，不論其起源如何，包括由違反本憲章所載聯合國之宗旨及原則而起之情勢，得建議和平調整辦法，但以不違背第十二條之規定為限。

第十五條

一、　大會應收受並審查安全理事會所送之常年及特別報告；該項報告應載有安全理事會對於維持國際和平及安全所已決定或施行之辦法之陳述。

二、　大會應收受並審查聯合國其機關所送之報告。

第十六條　大會應執行第十二章及第十三章所授予關於國際託管制度之職務，包括關於非戰略防區託管協定之核准。

第十七條

一、　大會應審核本組織之預算。

二、　本組織之經費應由各會員國依照大會分配限額擔負之。

三、　大會應審核經與第五十七條所指各種專門機關訂定之任何財政及預算辦法，並應審查該項專門機關之行政預算，以便向關係機關提出建議。

投 票

第十八條

一、大會之每一會員國，應有一個投票權。

二、大會對於重要問題之決議應以到會及投票之會員國三分之二多數決定之。此項問題應包括：關於維持國際和平及安全之建議，安全理事會非常任理事國之選舉，經濟暨社會理事會理事國之選舉，依第八十六條第一項(寅)款所規定託管理事會理事國之選舉，對於新會員國加入聯合國之准許，會員國權利及特權之停止，會員國之除名，關於施行託管制度之問題，以及預算問題。

三、關於其他問題之決議,包括另有何種事項應以三分之二多數決定之問題,應以到會及投票之會員國半數決定之。

第十九條 凡拖欠本組織財政款項之會員國,其拖欠數目如等於或超過前兩年所應繳納之數目時,即喪失其在大會投票權。大會如認拖欠原因,確由於該會員國無法控之情形者,得准許該會員國投票。

程　序

第二十條 大會每年應舉行常會,並於必要時,舉行特別會議。特別會議應由祕書長經安全理事會或聯合國會員國過半數之請求召集之。

第二十一條 大會應自行制定其議事規則。大會應選舉每次會議之主席。

第二十二條 大會得設立其認為於行使職務所必需之輔助機關。

第五章　安全理事會

組　織

第二十三條

一、安全理事會以聯合國十五會員國組織之。中華民國、法蘭西、蘇維埃社會主義共和國聯盟、大不列顛及北愛爾蘭聯合王國及美利堅合眾國應為安全理事會常任理事國。大會應選舉聯合國其他十會員國為安全理事會非常任理事國,選舉時首宜充分斟酌聯合國各會員國于維持國際和平與安全及本組織其餘各宗旨上之貢獻,並宜充分斟酌地域上之公勻分配。

二、安全理事會非常任理事國任定為二年。安全理事會理事國自十一國增至十五國後第一次選舉非常任理事國時,所增四國中兩國之任期應為一年。任滿之理事國不得即行連選。

三、安全理事會每一理事國應有代表一人。

職　權

第二十四條

一、為保證聯合國行動迅速有效起見,各會員國將維持國際和平及安全之主要責任,授予安全理事會,並同意安全理事會於履行此項責任下之職務時,即係代表各會員國。

二、安全理事會於履行此項職務時,應遵照聯合國之宗旨及原則。為履行此項職務而授予安全理事會之特定權力,於本憲章第六章、第七章、第八章、及第十二章內規定之。

三、安全理事會應將常年報告,並於必要時將特別報告,提送大會審查。

第二十五條 聯合國會員國同意依憲章之規定接受並履行安全理事會之決議。

第二十六條 為促進國際和平及安全之建立及維持,以盡量減少世界人力及經濟資源之消耗於軍備起見,安全理事會藉第四十七條所指之軍事參謀團之協助,應負責擬具方案,提交聯合國會員國,以建立軍備管制制度。

投　票

第二十七條

一、安全理事會每一理事國應有一個投票權。

二、安全理事會關於程式事項之決議,應以九理事國之可決票表決之。

三、 安全理事會對於其他一切事項之決議，應以九理事國之可決票包括全體常任理事國之同意
　　票表決之；但對於第六章及第五十二條第三項內各事項之決議，爭端當事國不得投票。

程　序

第二十八條

一、 安全理事會國之組織，應以使其能繼續不斷行使職務為要件。為此目的，安全理事會之各
　　理事國應有常駐本組織會所之代表。

二、 安全理事會應舉行定期會議，每一理事國認為合宜時得派政府大員或其他特別指定之代表
　　出席。

三、 在本組織會所以外，安全理事會得在認為能便利其工作之其他地點舉行會議。

第二十九條　　安全理事會得設立其認為於行使職務所必需之輔助機關。

第三十條　　安全理事會應自行制定其議事規則，包括其推選主席之方法。

第三十一條　　在安全理事會提出之任何問題，經其認為對於非安全理事會理事國之聯合國任何
會員國之利益有特別關係時，該會員國得參加討論，但無投票權。

第三十二條　　聯合國會員國而非為安全理事會之理事國，或非聯合國會員國之國家，如於安全
理事會考慮中之爭端為當事國者，應被邀參加關於該項爭端之討論，但無投票權。安全理事會
應規定其所認為公平之條件，以便非聯合國會員國之國家參加。

第六章　爭端之和平解決

第三十三條

一、 任何爭端之當事國，於爭端之繼續存在足以危及國際和平與安全之維持時，應盡先以談
　　判、調查、調停、和解、公斷、司法解決、區域機關或區域辦法之利用、或各該國自行選
　　擇之其他和平方法，求得解決。

二、 安全理事會認為必要時，應促請各當事國以此項方法，解決其爭端。

第三十四條　　安全理事會得調查任何爭端或可能引起國際磨擦或惹起爭端之任何情勢，以斷定
該項爭端或情勢之繼續存在是否足以危及國際和平與安全之維持。

第三十五條

一、 聯合國任何會員國得將屬於第三十四條所指之性質之任何爭端或情勢，提請安全理事會或
　　大會注意。

二、 非聯合國會員國之國家如為任何爭端之當事國時，經預先聲明就該爭端言接受本憲章所規
　　定和平解決之義務後，得將該項爭端，提請大會或安全理事會注意。

三、 大會關於按照本條所提請注意事項之進行步驟，應遵守第十一條及第十二條規定。

第三十六條

一、 屬於第三十三條所指之性質之爭端或相似之情勢，安全理事會在任何階段，得建議適當程
　　序或調整方法。

二、 安全理事會對於當事國為解決爭端業經採取之任何程序，理應予以考慮。

三、 安全理事會按照本條作成建議時，同時理應注意凡具有法律性質之爭端，在原則上，理應
　　由當事國依國際法院規約之規定提交國際法院。

第三十七條

一、屬於第三十三條所指之性質之爭端，當事國如未能依該條所示方法解決時，應將該項爭端提交安全理事會。

二、安全理事會如認為該項爭端之繼續存在，在事實上足以危及國際和平與安全之維持時，應決定是否當依第三十六條採取行動或建議其所認為適當之解決條件。

第三十八條　安全理事會如經所有爭端當事國之請求，得向各當事國作成建議，以求爭端之和平解決，但以不妨礙第三十三條至第三十七條之規定為限。

第七章　對於和平之威脅和平之破壞及侵害

第三十九條　安全理事會應斷定任何和平之威脅、和平之破壞、或侵略行為之是否存在，並應作成建議或抉擇依第四十一條及第四十二條規定之辦法，以維持或依復國際和平及安全。

第四十條　為防止情勢惡化，安全理事會在依第三十九條規定作成建議或決定辦法以前，得促請關係當事國遵行安全理事會所認為必要或合宜之臨時辦法。此項臨時辦法並不妨礙關係當事國之權利、要求、或立場。安全理事會對於不遵行此項臨時辦法之情形，應予適當注意。

第四十一條　安全理事會得決定所應採武力以外之辦法，以實施其決議，並得促請聯合國會員國執行此項辦法。此項辦法得包括經濟關係、鐵路、海運、航空、郵電、無線電、及其他交通工具之局部或全部停止，以及外交關係之斷絕。

第四十二條　安全理事會如認第四十一條所規定之辦法為不足或已經證明為不足時，得採取必要之空海陸軍行動，以維持或恢復國際和平及安全。此項行動得包括聯合國會員國之空海陸軍示威、封鎖、及其他軍事舉動。

第四十三條

一、聯合國各會員國為求對於維持國際和平及安全有所貢獻起見，擔任於安全理事會發令時，並依特別協定，供給為維持國際和平及安全所必需之軍隊、協助、及便利，包括過境權。

二、此項特別協定應規定軍隊之數目及種類，其準備程度及一般駐紮地點，以及所供便利及協助之性質。

三、此項特別協定應以安全理事會之主動，儘速議訂。此項協定應由安全理事會與會員國或由安全理事會與若干會員國之集團締結之，並由簽字國各依其憲法程序批准之。

第四十四條　安全理事會決定使用武力時，於要求非安全理事會會員國依第四十三條供給軍隊以履行其義務之前，如經該會員國請求，應請其遣派代表，參加安全理事會關於使用其軍事部隊之決議。

第四十五條　為使聯合國能採取緊急軍事辦法起見，會員國應將其本國空軍部隊為國際共同執行行動隨時供給調遣。此項部隊之實力與準備之程度，及其共同行動之計畫，應由安全理事會以軍事參謀團之協助，在第四十三條所指之特別協定範圍內決定之。

第四十六條　武力使用之計畫應由安全理事會以軍事參謀團之協助決定之。

第四十七條

一、茲設立軍事參謀團，以便對於安全理事會維持國際和平及安全之軍事需要問題，對於受該會所支配軍隊之使用及統率問題，對於軍備之管制及可能之軍縮問題，向該會貢獻意見並予以協助。

二、軍事參謀團應由安全理事會各常任理事國之參謀總長或其代表組織之。聯合國任何會員國在該團未有常任代表者，如於該團責任之履行在效率上必需該國參加其工作時，應由該團邀請參加。

三、軍事參謀團在安全理事會權力之下，對於受該會所支配之任何軍隊，負戰略上之指揮責任；關於該項軍隊之統率問題，應待以後處理。

四、軍事參謀團，經安全理事會之授權，並與區域內有關機關商議後，得設立區域分團。

第四十八條

一、執行安全理事會為維持國際和平及安全之決議所必要之行動，應由聯合國全體會員國或由若干會員國擔任之，一依安全理事會之決定。

二、此項決議應由聯合國會員國以其直接行動，及經其加入為會員之有關國際機關之行動履行之。

第四十九條　聯合國會員國應通力合作，彼此協助，以執行安全理事會所決定之辦法。

第五十條　安全理事會對於任何國家採取防止或執行辦法時，其他國家，不論其是否為聯合國會員國，遇有因此項辦法之執行而引起之特殊經濟問題者，應有權與安全理事會會商解決此項問題。

第五十一條　聯合國任何會員國受武力攻擊時，在安全理事會採取必要辦法，以維持國際和平及安全以前，本憲章不得認為禁止行使單獨或集體自衛之自然權利。會員國因行使此項自衛權而採取之辦法，應立向安全理事會報告，此項辦法於任何方面不得不影響該會按照本憲章隨時採取其所認為必要行動之權責，以維持或恢復國際和平及安全。

第八章　區域辦法

第五十二條

一、本憲章不得認為排除區域辦法或區域機關、用以應付關於維持國際和平及安全而宜於區域行動之事件者；但以此項辦法或機關及其工作與聯合國之宗旨及原則符合者為限。

二、締結此項辦法或設立此項機關之聯合國會員國，將地方爭端提交安全理事會以前，應依該項區域辦法，或由該項區域機關，力求和平解決。

三、安全理事會對於依區域辦法或由區域機關而求地方爭端之和平解決，不論其係由關係國主動，或由安全理事會提交者，應鼓勵其發展。

四、本條絕不妨礙第三十四條及第三十五條之適用。

第五十三條

一、安全理事會對於職權內之執行行動，在適當情形下，應利用此項區域辦法或區域機關。如無安全理事會之授權，不得依區域辦法或由區域機關採取任何執行行動；但關於依第一百零七條之規定對付本條第二項所指之任何敵國之步驟，或在區域辦法內所取防備此等國家再施其侵略政策之步驟，截至本組織經各關係政府之請求，對於此等國家之再次侵略，能擔負防止責任時為止，不在此限。

二、本條第一項所稱敵國係指第二次世界大戰中為本憲章任何簽字國之敵國而言。

第五十四條　關於為維持國際和平及安全起見，依區域辦法或由區域機關所已採取或正在考慮之行動，不論何時應何安全理事會充分報告之。

第九章　國際經濟及社會合作

第五十五條　為造成國際間以尊重人民平等權利及自決原則為根據之和平友好關係所必要之安定及福利條件起見，聯合國應促進：

(子)較高之生活程度，全民就業，及經濟與社會進展。

(丑)國際間經濟、社會、衛生、及有關問題之解決；國際間文化及教育合作。

(寅)全體人類之人權及基本自由之普遍尊重與遵守，不分種族、性別、語言、或宗教。

第五十六條　各會員國擔允採取共同及個別行動與本組織合作，以達成第五十五條所載之宗旨。

第五十七條

一、由各國政府間協定所成立之各種專門機關，依其組織約章之規定，於經濟、文化、教育、衛生、及其他有關部門負有廣大國際責任者，應依第六十三六條之規定使與聯合國發生關係。

二、上述與聯合國發生關係之各專門機關，以下簡稱專門機關。

第五十八條　本組織應作成建議，以調整各專門機關之政策及工作。

第五十九條　本組織應於適當情形下，發動各關係國間之談判，以創設為達成第五十五條規定宗旨所必要之新專門機關。

第六十條　履行本章所載本組織職務之責任，屬於大會及大會權力下之經濟暨社會理事會。為此目的，該理事會應有第十章所載之權力。

第十章　經濟暨社會理事會

組　織

第六十一條

一、經濟及社會理事會由大會選舉聯合國五十四會員國組織之。

二、除第三項所規定外，經濟及社會理事會每年選舉理事十八國，任期三年。任滿之理事國得即行連選。

三、經濟及社會理事會理事國自二十七國增至五十四國後第一次選舉時，除選舉理事九國接替任期在該年年終屆滿之理事國外，應另增選理事二十七國。增選之理事二十七國中，九國任期一年，另九國任期二年，一依大會所定辦法。

四、經濟及社會理事會之每一理事國應有代表一人。

職　權

第六十二條

一、經濟暨社會理事會得作成或發動關於國際經濟、社會、文化、教育、衛生、及其他有關事項之研究及報告；並得向大會、聯合國會員國、及關係專門機關，提出關於此種事項之建議案。

二、本理事會為增進全體人類之人權及基本自由之尊重及維護起見，得作成建議案。

三、本理事會得擬具關於其職權範圍內事項之協約草案，提交大會。

四、本理事會得依聯合國所定之規則召集本理事會職務範圍以內事項之國際會議。

第六十三條

一、 經濟暨社會理事會得與第五十七條所指之任何專門機關訂立協定，訂明關係專門機關與聯合國發生關係之條件。該項協定須經大會之核准。

二、 本理事會，為調整各種專門機關之工作，得與此種機關會商並得向其提出建議，並得向大會及聯合國會員國建議。

第六十四條

一、 經濟暨社會理事會得取適當步驟，以取得專門機關之經常報告。本理事會得與聯合國會員國及專門機關，商定辦法俾就實施本理事會之建議及大會對於本理事會職權範圍內事項之建議所採之步驟，取得報告。

二、 本理事會得將對於此項報告之意見提送大會。

第六十五條　經濟暨社會理事會得向安全理事會供給情報，並因安全理事會之邀請，予以協助。

第六十六條

一、經濟暨社會理事會應履行其職權範圍內關於執行大會建議之職務。

二、經大會之許可，本理事會得應聯合國會員國或專門機關之請求，供其服務。

三、本理事會應履行本憲章他章所特定之其他職務，以及大會所授予之職務。

投　票

第六十七條

一、經濟暨社會理事會每一理事國應有一個投票權。

二、本理事會之決議，應以到會及投票之理事國過半數表決之。

程　序

第六十八條　經濟暨社會理事會應設立經濟與社會部門及以提倡人權為目的之各種委員會，並得設立於行使職務所必需之其他委員會。

第六十九條　經濟暨社會理事會應請聯合國會員國參加討論本理事會對於該國有特別關係之任何事件，但無投票權。

第七十條　經濟暨社會理事會得商定辦法使專門機關之代表無投票權而參加本理事會及本理事會及本理事會所設各委員會之討論，或使本理事會之代表參加此項專門機關之討論。

第七十一條　經濟暨社會理事會得採取適當辦法，俾與各種非政府組織會商有關於本理事會職權範圍內之事件。此項辦法得與國際組織商定之，並於適當情形下，經與關係聯合國會員國會商後，得與該國國內組織商定之。

第七十二條

一、 經濟暨社會理事會應自行制定其議事規則，包括其推選主席之方法。

二、 經濟暨社會理事會應依其規則舉行必要之會議。此項規則應包括因理事國過半數之請求而召集會議之條款。

第十一章　關於非自治領土之宣言

第七十三條　聯合國各會員國，於其所負有或擔承管理責任之領土，其人民尚未臻自治之充分程度者，承認以領土居民之福利為至上之原則，並接受在本憲章所建立之國際和平及安全制度下，以充量增進領土居民福利之義務為神聖之信託，且為此目的：

(子)於充分尊重關係人民之文化下，保證其政治、經濟、社會、及教育之進展，予以公平待遇，且保障其不受虐待。

(丑)按各領土及其人民特殊之環境、及其進化之階段，發展自治；對各該人民之政治願望，予以適當之注意；並助其自由政治制度之逐漸發展。

(寅)促進國際和平及安全。

(卯)提倡建設計畫，以求進步；獎勵研究；各國彼此合作，並於適當之時間及場合與專門國際團體合作，以求本條所載社會、經濟、及科學目的之實現。

(辰)在不違背安全及憲法之限制下，按時將關於各會員國分別負責管理理領土內之經濟、社會、及教育情形之統計及具有專門性質之情報，遞送祕書長，以供參考。本憲章第十二章及第十三章所規定之領土，不在此限。

第七十四條　聯合國各會員國公同承諾對於本章規定之領土，一如對於本國區域，其政策必須以善鄰之道奉為圭臬；並於社會、經濟、及商業上，對世界各國之利益及幸福，予以充分之注意。

第十二章　國際託管制度

第七十五條　聯合國在其權力下，應設立國際託管制度，以管理並監督憑此後個別協定而置於該制度下之領土。此項領土以下簡稱託管領土。

第七十六條　按據本憲章第一條所載聯合國之宗旨，託管制度之基本目的應為：

(子)促進國際和平及安全。

(丑)增進託管領土居民之政治、經濟、社會、及教育之進展；並以適合各領土及其人民之特殊情形及關係人民自由表示之願望為原則，且按照各託管協定之條款，增進其趨向自治或獨立之逐漸發展。

(寅)不分種族、性別、語言、或宗教，提倡全體人類之人權及基本自由之尊重，並激發世界人民互相維繫之意識。

(卯)於社會、經濟、及商業事件上，保證聯合國全體會員國及其國民之平等待遇，及各該國民於司法裁判上之平等待遇，但以不妨礙上述目的之達成，且不違背第八十條之規定為限。

第七十七條

一、託管制度適用於依託管協定所置於該制度下之下列各種類之領土：

(子)現在委任統治下之領土。

(丑)因第二次世界大戰結果或將自敵國割離之領土。

(寅)負管理責任之國家自願置於該制度下之領土。

二、關於上列種類中之何種領土將置於託管制度之下，及其條件，為此後協定所當規定之事項。

第七十八條　凡領土已成為聯合國之會員國者，不適用託管制度；聯合國會員國間之關係，應基於尊重主權平等之原則。

第七十九條　置於託管制度下之每一領土之託管條款，及其更改或修正，應由直接關係各國、包括聯合國之會員國而為委任統治地之受託國者，予以議定，其核准應依第八十三條及第八十五條之規定。

第八十條

一、　除依第七十七條、第七十九條、及第八十一條所訂置各領土於託管制度下之個別託管協定
　　　另有議定外，並在該項協定未經締結以前，本章任何規定絕對不得解釋為以任何方式變更
　　　任何國家或人民之權利，或聯合國會員國個別簽訂之現有國際約章之條款。

二、　本條第一項不得解釋為對於依第七十七條之規定而訂置委任統治地或其他領土於託管制度
　　　下之協定，授以延展商訂之理由。

第八十一條　　凡託管協定均應載有管理領土之條款，並指定管理託管領土之當局。該項當局，
以下簡稱管理當局，得為一個或數個國家，或為聯合國本身。

第八十二條　　於任何託管協定內，得指定一個或數個戰略防區，包括該項協定下之託管領土之
一部或全部，但該項協定並不妨礙依第四十三條而訂立之任何特別協定。

第八十三條

一、　聯合國關於戰略防區之各項職務，包括此項託管協定條款之核准。及其更改或修正，應由
　　　安全理事會行使之。

二、　第七十六條所規定之基本目的，適用於每一戰略防區之人民。

三、　安全理事會以不違背託管協定之規定且不妨礙安全之考慮為限，應利用託管理事會之協
　　　助，以履行聯合國託管制度下關於戰略防區內之政治、經濟、社會、及教育事件之職務。

第八十四條　　管理當局有保證託管領土對於維持國際和平及安全盡其本分之義務。該當局為迴
的得利用託管領土之志願軍、便利、及協助，以履行該當局對於安全理事會所負關於此點之義
務，並以實行地方自衛，且在託管領土內維持法律與秩序。

第八十五條

一、　聯合國關於一切非戰略防區託管協定之職務，包括此項託管協定條款之核准及其更改或修
　　　正，應由大會行使之。

二、　託管理事會於大會權力下，應協助大會履行上述之職務。

第十三章　　託管理事會

組　織

第八十六條

一、　託管理事會應由下列聯合國會員國組織之：

　　　(子)管理託管領土之會員國。

　　　(丑)第二十三條所列名之國家而現非管理託管領土者。

　　　(寅)大會選舉必要數額之其他會員國，任期三年，俾使託管理事會理事國之總數，於聯合
　　　國會員國中之管理託管領土者及不管理者之間，得以平均分配。

二、　託管理事會之每一理事國應指定一特別合格之人員，以代表之。

職　權

第八十七條　　大會及在其權力下之託管理事會於履行職務時得；

(子)審查管理當局所送之報告。

(丑)會同管理當局接受並審查請願書。

(寅)與管理當局商定時間，按期視察各託管領土。

(卯)依託管協定之條款採取上述其他行動。

第八十八條　託管理事會應擬定關於各託管領土居民之政治、經濟、社會、及教育進展之問題；單就大會職權範圍內，各託管領土之管理當局應根據該項問題單向大會提出常年報告。

投票

第八十九條

一、託管理事會之每一理事國應有一個投票權。

二、託管理事會之決議應以到會及投票之理事會國過半數表決之。

程　序

第九十條

一、託管理事會應自行制定其議事規則，包括其推選主席之方法。

二、託管理事會應依其所定規則，舉行必要之會議。此項規則應包括關於經該會理事會過半數之請求而召集會議之規定。

第九十一條　託管理事會於適當時，應利用經濟暨社會理事會之協助，並對於各關係事項，利用專門機關之協助。

第十四章　國際法院

第九十二條　國際法院為聯合國之主要司法機關，應依所附規約執行其職務。該項規約係以國際常設法院之規約為根據，並為本憲章之構成部分。

第九十三條

一、聯合國各會員國為國際法院規約之當然當事國。

二、非聯合國會員國之國家得為國際法院規約當事國之條件，應由大會經安全理事會之建議就各別情形決定之。

第九十四條

一、聯合國每一會員國為任何案件之當事國者，承諾遵行國際法院之判決。

二、遇有一造不履行依法院判決應負之義務時，他造得向於安全理事會申訴。安全理事會如認為必要時，得作成建議或決定應採辦法，以執行判決。

第九十五條　本憲章不得認為禁止聯合國會員國依據現有或以後締結之協定，將其爭端託付其他法院解決。

第九十六條

一、大會或安全理事會對於任何法律問題得請國際法院發表諮詢意見。

二、聯合國其他機關、及各種專門機關，對於其工作範圍內之任何法律問題，得隨時以大會之授權，請求國際法院發表諮詢意見。

第十五章　祕書處

第九十七條　祕書處置祕書長一人及本組織所需之辦事人員若干人。祕書長應由大會經安全理事會之推薦委派之。祕書長為本組織之行政首長。

第九十八條　祕書長在大會、安全理事會、經濟暨社會理事會、及託管理事會之一切會議，應以祕書長資格行使職務，並應執行各該機關所託付之其他職務。祕書長應向大會提送關於本組織工作之常年報告。

第九十九條　祕書長將其所認為可能威脅國際和平及安全之任何事件，提請安全理事會注意。

第一百條

一、　祕書長及辦事人員於執行職務時，不得請求或接受本組織以外任何政府或其他當局之訓示，並應避免足以妨礙其國際官員地位之行動。祕書長及辦事人員專對本組織負責。

二、　聯合國各會員國承諾尊重祕書長及辦事人員責任之專屬國際性，決不設法影響其責任之履行。

第一百零一條

一、　辦事人員由祕書長依大會所定章程委派之。

二、　適當之辦事人員應長期分配於經濟暨社會理事會、託管事會，並於必要時，分配於聯合國其他之機關。此項辦事人員構成祕書處之一部。

三、　辦事人員之僱用及其服務條件之決定，應以求達效率、才幹、及忠誠之最高標準為首要考慮。徵聘辦事人員時，於可能範圍內，應充分注意地域上之普及。

第十六章　雜項條款

第一百零二條

一、　本憲章發生效力後，聯合國任何會員國所締結之一切條約及國際協定應儘速在祕書處登記，並由祕書處公佈之。

二、　當事國對於未經依本條第一項規定登記之條約或國際協定，不得向聯合國任何機關援引之。

第一百零三條　聯合國會員國在本憲章下之義務與其依任何其他國際協定所負之義務有衝突時，其在本憲章下之義務應居優先。

第一百零四條　本組織於每一會員國之領土內，應享受於執行其職務及達成其宗旨所必需之法律行為能力。

第一百零五條

一、　本組織於每一會員國之領土內，應享受於達成其宗旨所必需之特權及豁免。

二、　聯合國會員國之代表及本組織之職員，亦應同樣享受於其獨立行使關於本組織之職務所必需之特權及豁免。

三、　為明定本條第一項及第二項之施行細則起見，大會得作成建議，或為此目的向聯合國會員國提議協約。

第十七章　過渡安全辦法

第一百零六條　在第四十三條所稱之特別協定尚未生效，因而安全理事會認為尚不得開始履行第四十二條所規定之責任前，一九四三年十月三十日在莫斯科簽訂四國宣言之當事國及法蘭西應依該宣言第五項之規定，互相洽商，並於必要時，與聯合國其他會員國洽商，以代表本組織採取為維持國際和平及安全宗旨所必要之聯合行動。

第一百零七條　本憲章並不取消或禁止負行動責任之政府對於在第二次世界大戰中本憲章任何簽字國之敵國因該次戰爭而採取或受權執行之行動。

第十八章　修　正

第一百零八條　本憲章之修正案經大會會員國三分二之表決並由聯合國會員國之三分二。包括安全理事會全體常任理事國。各依其憲法程序批准後，對於聯合國所有會員國發生效力。

第一百零九條

一、聯合國會員國，為檢討本憲章，得以大會會員國三分之二表決，經安全理事會任何九理事國之表決，確定日期及地點舉行全體會議。聯合國每一會員國在全體會議中應有一個投票權。

二、全體會議以三分之二表決所建議對於憲章之任何更改，應經聯合國會員國三分之二、包括安全理事會全體常任理事國，各依其憲法程式批准後，發生效力。

三、如于本憲章生效後大會第十屆年會前，此項全體會議尚未舉行時，應將召集全體會議之提議列入大會該屆年會之議事日程；如得大會會員國過半數及安全理事會任何七理事國之表決，此項會議應即舉行。

第十九章批准及簽字

第一百一十條

一、本憲章應由簽字國各依其憲法程序批准之。

二、批准書應交存美利堅合眾國政府。該國政府應於每一批准書交存時通知各簽字國，如本組織祕書長業經委派時，並應通知祕書長。

三、一俟美利堅合眾國政府通已有中華民國、法蘭西、蘇維埃社會主義共和國聯邦、大不列顛及北愛爾蘭聯合王國、與美利堅合眾國、以及其他簽字國之過半數將批准書交存時，本憲章即發生效力。美利堅合眾國政府應擬就此項交存批准之議定書並將副本分送所有簽字國。

四、本憲章簽字國於憲章發生效力後批准者，應自其各將批准書交存之日起為聯合國之創始會員國。

第一百一十一條　本憲章應留存美利堅合眾國政府之檔庫，其中、法、俄、英、及西文各本同一作準。該政府應將正式副本分送其他簽字國政府。

為此聯合國各會員國政府之代表謹簽字於本憲章，以昭信守。

公曆一千九百四十五年六月二十六日簽訂於金山市。

臺灣關係法

（第 96 屆國會公法第 8 號，載「美國法規大全」United States Statute At Large 第 93 卷第 14 頁以下，1979 年 4 月 10 日卡特總統簽署，但本法溯及 1979 年 1 月 1 日起生效。）

一件法律授權繼續美國人民與臺灣人民商業文化及其他關係以及達到其他目的以有助於西太平洋和平、安全與穩定及推行美國外交政策美利堅合眾國國會參眾二院代表制定以下法律。

簡　　稱

第 1 條　這項法律可以被稱為「臺灣關係法」。

政策事實與宣言

第 2 條

A. 總統已終止美國與 1979 年 1 月 1 日以前所承認為中華民國的臺灣統治當局間的政府關係，國會認為制定這項法有其必要，以：

① 協助維持西太平洋和平、安全與穩定；及

② 授權繼續維持美國人民與臺灣人民間的商務、文化與其他關係，俾促進美國的外交政策。

B. 美國的政策是：

① 維護並促進美國人民與臺灣人民，以及中國大陸人民和西太平洋地區所有其他人民間的廣泛、密切與友好的商務、文化與其他關係；

② 宣布該地區的和平與穩定，與美國政治、安全與經濟的利益息息相關，也是國際關切之事；

③ 明白表示，美國決定與「中華人民共和國」建立「外交關係」，完全是基於臺灣的未來將以和平方式解決這個期望上；

④ 任何企圖以和平方式以外的方式決定臺灣未來的努力，包括抵制、禁運等方式，都將被視為對西太平洋地區和平與安全的一項威脅，也是美國嚴重關切之事；

⑤ 以防衛性武器供應臺灣；及

⑥ 保持美國對抗以任何訴諸武力或其他強制形式而危害到臺灣人民的安全、或社會與經濟制度的能力。

C. 本法中的任何規定，在人權方面都不能與美國的利益相牴觸，特別是有關大約 1,800 萬臺灣居民的人權方面。本法特重伸維護與提高臺灣所有人民的人權，為美國的目標。

有關美國對臺灣政策之執行

第 3 條

A. 為促進本法第二條所訂定的政策，美國將以臺灣足以維持其自衛能力所需要數量的防衛武器與防衛性服務，供應臺灣。

B. 總統與國會應根據他們對臺灣的需要所作的判斷，並按照法律程序決定供應臺灣所需防衛性武器與服務的性質和數量。此種對臺灣防衛需要所作的決定，應包括美國軍方所作的評估，並將此種建議向總統和國會提出報告。

C. 任何對臺灣人民的安全或社會或經濟制度的威脅，以及因此而引起對美國利益所造成的任何危險，總統應通知國會。任何此類危險，總統與國會應按照憲法程序，決定美國所應採取的適當行動。

法律的適用、國際協定

第 4 條

A. 雖無外交關係和承認，應不致影響美國法律之適用於臺灣，且美國法律應以 1979 年 1 月 1 日以前相同的方式，適用於臺灣。

B. 本條 A 項所稱的法律適用應包括但不應限於下列各點：

① 凡美國法律提及關於外國、外國政府或類似實體時，此等條文應包括臺灣，且此等法律應適用於臺灣。

② 凡被授權或依循美國法律，以與外國、政府或類似實體進行或執行計畫、交易或其他關係時，總統或任何美國政府機構均可按照本法第六條規定，獲得授權根據可適用的美國法律與臺灣進行或執行此類計畫、交易與其他關係。（其中包括，但並不限於經由與臺灣商業實體訂約，為美國提供服務在內。）

③ a.對臺灣雖無外交關係與承認，但在任何情形下，不應就此廢止、侵害、修改、否決或影響前此或今後依據美國法律臺灣所獲致的任何權利與義務。（其中包括，但並不限於有關契約、債務或任何種類的財產利益。）

   b.根據美國法律所進行的各種目的，包括在美國任何法院的訴訟行動，美國承認「中華人民共和國」，不應影響臺灣統治當局在 1978 年 12 月 31 日以前所擁有或持有的任何財產的所有權，或其他權利與利益，以及此後所獲得或賺得的任何有形、無形或其他有價值事物的所有權。

④ 凡美國法律的適用，以目前或過去對臺灣可適用、或今後可適用的法律為依據時，對臺灣人民所適用的法律，應被認為是讓項目的可適用法。

⑤ 本法中所載，或總統於「中華人民共和國」外交承認的行動，臺灣人民與美國人民間沒有外交關係或不被美國承認等事實，以及若干隨附的狀況，不得在任何行政或司法過程中，被解釋為美國政府機構、委員會或部門，依據 1954 年原子能法以及 1978 年禁止核子擴散法作事實的判定或法律的裁定，以拒絕一項出口許可證申請或廢止現行對臺灣核子輸出許可證的基礎。

⑥ 關於移民暨歸化法，臺灣可以受到該法第 202 條 B 款前段所明訂的待遇。〔註：臺灣可以被給以單獨每年 2 萬人移民配額，不必與大陸共享有 2 萬人配額，國會已作此決定。〕

⑦ 臺灣依據美國法律，在美國各法院進行控告及被控告的資格，在任何情形下，不得因無外交關係或承認而受到廢止、侵害·修改、拒絕或影響。

⑧ 根據有關維持外交關係或承認某個政府的美國法律，不論是明訂或暗示者，都不得適用於臺灣。

C. 為了各項目的，包括在美國任何法院中進行訴訟在內，美國和在 1979 年 1 月 1 日以前被承認為中華民國的臺灣統治當局之間所簽訂，並迄至 1978 年月 12 月 31 日一直有效的各項條約和其他國際協定，包括多邊公約在既繼續有效，除非或直至依法終止為止。

D. 本法的一切條款，均不可被解釋為贊成排除或驅逐臺灣在任何國際金融機構或任何其他國際組織會籍之依據。

海外民間投資〔保險〕公司

第 5 條

A. 在本法開始生效日起的 3 年期間，1961 年援外法第二三一條第二項第二款中所規定的 1,000 美元個人平均所得的限制，不應用來限制海外民間投資〔保險〕公司提供有關在臺灣投資計畫任何保險、再保險、貸款或擔保等活動。

B. 除了本條 A 項所規定之對在臺灣投資計畫提供保險、再保險、貸款與保證外，海外民間保險公司應比照對世界其他各地所適用同樣標準〔對臺灣〕提供服務。

〔註：1981 年國會將 1,000 美元個人平均所得限制提高到 2,950 元──依 1979 年幣值，因此臺灣仍在海外民間投資公司之擔保範圍內。〕

美國在臺協會

第 6 條

A. 美國總統或美國政府任何機構所進行的與臺灣有關的計畫、交易或其他關係，必須在總統指示的方式與範圍內，經由或透過下述機構執行：

① 美國在臺協會，一個根據哥倫比亞特區法律組成的非營利法人團體；或

② 總統可能指定的類似非政府代替機構（以下在此法中以「協會」稱呼）。

B. 無論何時，總統或任何美國政府機構在美國法律的授權、要求或規定下開、履行、執行或制定與臺灣有關的協定或交易時，此類協定或交易，必須在總統指示的方式與範圍內，經由或透過協會來展開、履行和執行。

C. 協會所據以成立或有業務關係的哥倫比亞特，或任何一州，或〔次一級行政區域〕的任何法律、規章、條例或法令，若阻礙或干預協會根據本法的行事與運作，則本法將替代此類法律、規章、條例或法令。

協會對在臺美國公民之服務

第 7 條

A. 協會可以授權其在臺灣之任何工作人員：

① 執行或監督任何人宣誓、認證、作口供或提出證詞，從事任何公證人在美國國內根據法律授權與規定所能夠從事的公證行為；

② 擔任已逝世的美國公民私人財產的臨時保管人；及

③ 得以根據總統可能明確指定的美國法律的授權，採取類似美國國外領事事務的其他行動，以協助與保護美國人的利益。

B. 協會授權的工作人員，根據本條所從事的行為，與任何其他美國法律授權從事此類行為者的行為，具有同等的效力。

協會的免稅地位

第 8 條

A. 本協會，它的財產與它的收入，得以免繳現在或此後美國，或任何一州或地方稅收當局所規定的所有稅捐（除非本法第十一條 A③要求根據 1954 年國稅法第二十一條有關聯邦保險捐款法的規定課稅）。

B. 對 1954 年的國稅法而言，協會將被視為一個如以下各條項所描述之組織：一七〇B①A，一七〇C，二〇五五A，二一〇六A②A，二五二二A和二五二二B。

協會所獲得之財產與服務及所提供之服務

第 9 條

A. 任何美國政府機構有權在總統規定的條件與情況下，對協會出售，借貸或出租財產（包括利息在內），和對其作業提供行政與技術支援或其他服務。根據本項之規定，協會對各機構之償付，應納入有關機構目前可使用之經費中。

B. 任何美國政府機構得以根據總統所規定之條件與情況，獲得和接受協會提供之服務。只要總統認為有助於本法之目的，此類機構可獲得協會之服務，而不必顧慮美國法律通常對此類機構獲得此類服務所作的規定，這些法律可由總統以行政命令決定。

C. 任何根據本法對協會提供資金的美國機構，必須與協會之間作成一項安排，使得美國的主計處得以查看協會的帳目與紀錄，並有機會監督協會的作業。

臺灣的機構

第 10 條

A. 無論何時；總統或任何美國政府機構根據美國法律的授權、要求與規定，對臺灣提供、或接受來自臺灣的任何行動、通訊、保證、擔保或其他行為時，這些行為必須依據總統所指示的方式與範圍，對臺灣成立的一個機構提供，或自這個機構接受，臺灣的此一機構必須經由總統確認，具有根據臺灣人民所採用之法律，代表臺灣提供本法要求之保證與其他行動之必要權威。

B. 總統被要求給予臺灣成立的機構，與在 1979 年 1 月 1 日以前為美國政府承認為中華民國之臺灣政府當局以前在美國所有之辦事處與人員同樣數目的單位或名額。

C. 根據臺灣給予協會與其正規人員之特權與豁免權，總統有權給予臺灣的機構與其正規人員相對的特權與豁免權（附帶適當的條件與義務），以便利他們發揮有效的履行其功能。

第 11 條　　A. ①美國政府的任何機構，依總統指示的條件及情況，應允接受美國在臺協會職務的該機構任何官員或僱員離開公職一段特定期間。

② 依本條第一項規定，離開一個機構而受僱於美國在臺協會的官員或僱員，在終止受僱後，應有權獲該機構（或接替機構）重新僱用或恢復職務，畀以適當職務，而其附隨的權利、特權及福利，應與他或她在總統所可能規定的期間及其他條件下，如果不離開原職時所應有或應得者相同。

③ 依本條第二項規定，有權重獲僱用或恢復職務的官員或僱員，在繼續受僱於美國在臺協會期間，得繼續參加這名官員或僱員在受僱於該協會之前所曾參加的任何福利計畫，包括因公死亡、受傷、疾病的賠償計畫；健康及生命保險計畫；年假、病假及其他法定假期；及依美國法律所建立的任何制度下的退休計畫。除非受僱於該協會為參加此種計畫的基礎，即在受僱於該協會期間，為參加這種計畫，依規定僱員所扣繳及僱主須捐納的、而目前存入該計畫或制度的基金或保管處者。

在獲准受僱於該協會期間及在原機構重新僱用或恢復其職之前，任何這種官員或僱員的死亡或退休，應被視為在服公職期間死亡或退休，俾僱員本人或眷屬享有美國政府機構所給的優惠。

④ 美國政府某一機構之任何官員或僱員在本法制訂前。以事假方式加入協會服務而未支薪者，在其服務期間接受本條所列之各項福利。

B. 美國政府任何機構在臺灣僱用之外國人，可將這類人員連同其應得之津貼福利與權利轉移至協會，為退休和其他福利之目的照樣計算其服務年資，包括繼續參與該外國人在轉入協會之前已參加的任何由美國政府依法制訂聘僱人員〔福利〕制度。但以在受僱於該協會期間，為參加此制度，依規定僱員所扣繳及僱主須捐納，而目前存入該制度之基金或公庫者為限。

C. 協會之僱員並非美國之僱員，而在代表協會時應免除受美國法典第十八章二○七條之約束。

D. ① 按照 1954 年國內稅法第九一一暨九一三條之規定，協會付給其僱員之薪金，不視為營利所得。協會僱員所受領之薪金，應不括在所得總額內。並免予扣繳稅金，其最高額相當美國政府文利。

官及僱員之薪給數額以及依同法第九一二條規定免稅之津貼與福

② 除本條 A③所規定範圍外，在協會僱用期間之服務，不構成該法規第二十一章及社會安全法第二部之僱用。

第 12 條

A. 國務卿應將協會為一造之任何協定全文送達國會。不過，任何此類協定，經總統認定，如予立即公開透露將妨礙美國國家安全者，不應如此送達；而應經總統加以適當之保密禁令後，再送達參院外交關係委員會及眾院外交事務委員會，此等禁令只能由總統經適當通知後解除。

B. A 段所稱之「協定」係指——

① 協會與臺灣統治當局或由臺灣所設置之機構之間所締結之任何協定以及；

② 協會與美國政府任何機構所締結之協定。

③ 由協會或經由協會制訂或行將制訂之協議與交易，須由國會知會、檢討與批准，一如這些協議與交易係經由或通過協會代為行事之美國政府機構締訂者一樣。

④ 自本法生效之日開始之兩年期間內，國務卿應每隔六個月將一份描述與檢討美國與臺灣經濟關係之報告向眾院議長及參院外交關係委員會提出，指明任何對正常商務關係之干擾。

規則與章程

第 13 條　總統有權制定被認為適於執行本法所需之規則與章程。自本法生效之日開始之 3 年期間內，這類規則與章程應適時送達眾院議長及參院外交關係委員會。不過，這類行動不應解除本法加諸於協會之各項責任。

國會之監督

第 14 條

A. 眾院外交事務委員會、參院外交關係委員會以及國會之其他適當委員會應監督：

① 本法各條款之執行；

② 協會之作業及程序；

③ 美國與臺灣關係繼續之法理、與技術層面；

④ 美國有關東亞安全與合作政策之執行。

B. 上述各委員應適時將其監督結果，分別向所屬參、眾議院提出報告。

定　義

第 15 條　　本法所提及之各項名詞，其定義如下：

① 「美國之法律」一詞，包括任何成文法、法令、規章、條例、命令或美國或次一級行政區域所決定的有法律性質的法令：以及

② 「臺灣」一詞，涵蓋臺灣本島及澎湖，該等島嶼上之人民，以及依據適用於這些島嶼的各項法律所成立之決人及其他實體與協會，以及在 1979 年之前美國所承認的在臺灣的中華民國政府當局，以及該政府當局之任何繼承者（包括次一級行政區域、機構及實體組織等）

撥款之授權

第 16 條　　除了為執行本法的條款，而從其他方面可獲得經費外，在 1980 會計年度內，授權撥款給國務卿執行這些條款所需的經費。這些經費已授權撥出，以備使用。

條款效力

第 17 條　　如果本法的任何條款或其後對任何人或情況的適用被認為無效，本法的其餘部分及該條款對任何其他人或情況的適用，並不因而受影響。

生效日期

第 18 條　　本法將自 1979 年 1 月 1 日起生效。

（編者自譯本）

聯合國海洋法公約及其附件

序　言

本公約締約各國，本著以互相諒解和合作的精神解決與海洋法有關的一切問題的願望，並且認識到本公約對於維護和平、正義和全世界人民的進步作出重要貢獻的歷史意義。

注意到自從一九五八年和一九六○年在日內瓦舉行了聯合國海洋法會議以來的種種發展，著重指出了需要有一項新的可獲一般接受的海洋法公約。

意識到各海洋區域的種種問題都是彼此密切相關的，有必要作為一個整體來加以考慮。

認識到有需要通過本公約，在妥為顧及所有國家主權的情形下，為海洋建立一種法律秩序，以便利國際交通和促進海洋的和平用途，海洋資源的公平而有效的利用，海洋生物資源的養護以及研究、保護和保全海洋環境。

考慮到達成這些目標將有助於實現公正公平的國際經濟秩序，這種秩序將照顧到全人類的利益和需要，特別是發展中國家的特殊利益和需要，不論其為沿海國或內陸國。

希望以公約發展一九七○年十二月十七日第 2749（XXV）號決議所載各項原則，聯合國大會在該決議中莊嚴宣布，除其他外，國家管轄範圍以外的海床和洋底區域及其底土以及該區域的資源為人類的共同繼承財產， 其勘探與開發應為全人類的利益而進行，不論各國的地理位置如何。

相信在本公約中所達成的海洋法的編纂和逐漸發展，將有助於按照「聯合國憲章」所載的聯合國的宗旨和原則鞏固各國間符合正義和權利平等原則的和平、安全、合作和友好關係，並將促進全世界人民的經濟和社會方面的發展。

確認本公約未予規定的事項，應繼續以一般國際法的規則和原則為準據。經協議如下：

第一部分　用語

第一條　用語和範圍

一、　為本公約的目的：

(1)「區域」是指國家管轄範圍以外的海床和洋底及其底土。

(2)「管理局」是指國際海底管理局。

(3)「『區域』內活動」是指勘探和開發「區域」的資源的一切活動。

(4)「海洋環境的汙染」是指：人類直接或間接把物質或能量引入海洋環境，其中包括河口灣，以致造成或可能造成損害生物資源和海洋生物、危害人類健康、妨礙包括捕魚和海洋的其他正當用途在內的各種海洋活動、損壞海水使用質量和減損環境優美等有害影響。

(5) (a)「傾倒」是指：

(一) 從船隻、飛機、平臺或其他人造海上結構故意處置廢物或其他物質的行為；

(二) 故意處置船隻、飛機、平臺或其他人造海上結構的行為。

(b)「傾倒」不包括：

(一) 船隻、飛機、平臺或其他人造海上結構及其裝備的正常操作所附帶發生或產生的廢物或其他物質的處置，但為了處置這種物質而操作的船隻、飛機、平臺或其他

　　　　　人造海上結構所運載或向其輸送的廢物或其他物質，或在這種船隻、飛機、平臺
　　　　　或結構上處理這種廢物或其他物質所產生的廢物或其他物質均除外；
　　　　(二) 並非為了單純處置物質而放置物質，但以這種放置不違反本公約的目的為限。
二、 (1)「締約國」是指同意受本公約拘束而本公約對其生效的國家。
　　 (2) 本公約比照適用於第三百零五條第一款(b)、(c)、(d)、(e)和(f)所指的實體，這些實體
　　　　按照與各自有關的條件成為本公約的締約國，在這種情況下，「締約國」也指這些實
　　　　體。

第二部分　領海和毗連區

第一節　一般規定

第二條　領海及其上空、海床和底土的法律地位

一、 沿海國的主權及於其陸地領土及其內水以外鄰接的一帶海域，在群島國的情形下則及於群
　　 島水域以外鄰接的一帶海域，稱為領海。
二、 此項主權及於領海的上空及其海床和底土。
三、 對於領海的主權的行使受本公約和其他國際法規則的限制。

第二節　領海的界限

第三條　領海的寬度

每一個國家有權確定其領海的寬度，直至從按照本公約確定的基線量起不超過十二海里的界限
為止。

第四條　領海的外部界限

領海的外部界限是一條其每一點同基線最近點的距離等於領海寬度的線。

第五條　正常基線

除本公約另有規定外，測算領海寬度的正常基線是沿海國官方承認的大比例尺海圖所標明的沿
岸低潮線。

第六條　礁石

在位於環礁上的島嶼或有岸礁環列的島嶼的情形下，測算領海寬度的基線是沿海國官方承認的
海圖上以適當標記顯示的礁石的向海低潮線。

第七條　直線基線

一、 在海岸線極為曲折的地方，或者如果緊接海岸有一系列島嶼，測算領海寬度的基線的劃定
　　 可採用連接各適當點的直線基線法。
二、 在因有三角洲和其他自然條件以致海岸線非常不穩定之處，可沿低潮線向海最遠處選擇各
　　 適當點，而且盡管以後低潮線發生後退現象，該直線基線在沿海國按照本公約加以改變以
　　 前仍然有效。
三、 直線基線的劃定不應在任何明顯的程度上偏離海岸的一般方向，而且基線內的海域必須充
　　 分接近陸地領土，使其受內水制度的支配。
四、 除在低潮高地上築有永久高於海平面的燈塔或類似設施，或以這種高地作為劃定基線的起
　　 訖點已獲得國際一般承認者外，直線基線的劃定不應以低潮高地為起訖點。

五、 在依據第一款可以採用直線基線法之處，確定特定基線時，對於有關地區所特有的並經長期慣例清楚地證明其為實在而重要的經濟利益，可予以考慮。

六、 一國不得採用直線基線制度，致使另一國的領海同公海或專屬經濟區隔斷。

第八條　內水

一、 除第四部分另有規定外，領海基線向陸一面的水域構成國家內水的一部分。

二、 如果按照第七條所規定的方法確定直線基線的效果使原來並未認為是內水的區域被包圍在內成為內水，則在此種水域內應有本公約所規定的無害通過權。

第九條　河口

如果河流直接流入海洋，基線應是一條在兩岸低潮線上兩點之間橫越河口的直線。

第十條　海灣

一、 本條僅涉及海岸屬於一國的海灣。

二、 為本公約的目的，海灣是明顯的水曲，其凹入程度和曲口寬度的比例，使其有被陸地環抱的水域，而不僅為海岸的彎曲。但水曲除其面積等於或大於橫越曲口所劃的直線作為直徑的半圓形的面積外，不應視為海灣。

三、 為測算的目的，水曲的面積是位於水曲陸岸周圍的低潮標和一條連接水曲天然入口兩端低潮標的線之間的面積。如果因有島嶼而水曲有一個以上的曲口，該半圓形應劃在與橫越各曲口的各線總長度相等的一條線上。水曲內的島嶼應視為水曲水域的一部分而包括在內。

四、 如果海灣天然入口兩端的低潮標之間的距離不超過二十四海里，則可在這兩個低潮標之間劃出一條封口線，該線所包圍的水域應視為內水。

五、 如果海灣天然入口兩端的低潮標之間的距離超過二十四海里，二十四海里的直線基線應劃在海灣內，以劃入該長度的線所可能劃入的最大水域。

六、 上述規定不適用於所謂「歷史性」海灣，也不適用於採用第七條所規定的直線基線法的任何情形。

第十一條　港口

為了劃定領海的目的，構成海港體系組成部分的最外部永久海港工程視為海岸的一部分。近岸設施和人工島嶼不應視為永久海港工程。

第十二條　泊船處

通常用於船舶裝卸和下錨的泊船處，即使全部或一部位於領海的外部界限以外，都包括在領海範圍之內。

第十三條　低潮高地

一、 低潮高地是在低潮時四面環水並高於水面但在高潮時沒入水中的自然形成的陸地。如果低潮高地全部或一部與大陸或島嶼的距離不超過領海的寬度，該高地的低潮線可作為測算領海寬度的基線。

二、 如果低潮高地全部與大陸或島嶼的距離超過領海的寬度，則該高地沒有其自己的領海。

第十四條　確定基線的混合辦法

沿海國為適應不同情況，可交替使用以上各條規定的任何方法以確定基線。

第十五條　海岸相向或相鄰國家間領海界限的劃定

如果兩國海岸彼此相向或相鄰，兩國中任何一國在彼此沒有相反協議的情形下，均無權將其領海伸延至一條其每一點都同測算兩國中每一國領海寬度的基線上最近各點距離相等的中間線以

外。但如因歷史性所有權或其他特殊情況而有必要按照與上述規定不同的方法劃定兩國領海的界限，則不適用上述規定。

第十六條　海圖和地理座標表

一、 按照第七、第九和第十條確定的測算領海寬度的基線，或根據基線劃定的界限，和按照第十二和第十五條劃定的分界線，應在足以確定這些線的位置的一種或幾種比例尺的海圖上標出。或者，可以用列出各點的地理座標並註明大地基準點的表來代替。

二、 沿海國應將這種海圖或地理座標表妥為公布，並應將各該海圖和座標表的一份副本交存於聯合國祕書長。

第三節　領海的無害通過

A分節　適用於所有船舶的規則

第十七條　無害通過權

在本公約的限制下，所有國家，不論為沿海國或內陸國，其船舶均享有無害通過領海的權利。

第十八條　通過的意義

一、 通過是指為了下列目的，通過領海的航行：

(a) 穿過領海但不進入內水或停靠內水以外的泊船處或港口設施；或

(b) 駛往或駛出內水或停靠這種泊船處或港口設施。

二、 通過應繼續不停和迅速進行。通過包括停船和下錨在內，但以通常航行所附帶發生的或由於不可抗力或遇難所必要的或為救助遇險或遭難的人員、船舶或飛機的目的為限。

第十九條　無害通過的意義

一、 通過只要不損害沿海國的和平、良好秩序或安全，就是無害的，這種通過的進行應符合本公約和其他國際法規則。

二、 如果外國船舶在領海內進行下列任何一種活動，其通過即應視為損害沿海的和平、良好秩序或安全：

(a) 對沿海國的主權、領土完整或政治獨立進行任何武力威脅或使用武力，或以任何其他違反「聯合國憲章」所體現的國際法原則的方式進行武力威脅或使用武力；

(b) 以任何種類的武器進行任何操練或演習；

(c) 任何目的在於搜集情報使沿海國的防務或安全受損害的行為；

(d) 任何目的在於影響沿海國防務或安全的宣傳行為；

(e) 在船上起落或接載任何飛機；

(f) 在船上發射、降落或接載任何軍事裝置；

(g) 違反沿海國海關、財政、移民或衛生的法律和規章，上下任何商品、貨幣或人員；

(h) 違反本公約規定的任何故意和嚴重的汙染行為；　(i)任何捕魚活動；

(j) 進行研究或測量活動；

(k) 任何目的在於干擾沿海國任何通訊系統或任何其他設施或設備的行為；

(l) 與通過沒有直接關係的任何其他活動。

第二十條　潛水艇和其他潛水器

在領海內，潛水艇和其他潛水器，須在海面上航行並展示其旗幟。

第二十一條　沿海國關於無害通過的法律和規章

一、沿海國可依本公約規定和其他國際法規則，對下列各項或任何一項制定關於無害通過領海的法律和規章：

　　(a) 航行安全及海上交通管理；

　　(b) 保護助航設備和設施以及其他設施或設備；

　　(c) 保護電纜和管道；

　　(d) 養護海洋生物資源；

　　(e) 防止違犯沿海國的漁業法律和規章；

　　(f) 保全沿海國的環境，並防止、減少和控制該環境受汙染；

　　(g) 海洋科學研究和水文測量；

　　(h) 防止違犯沿海國的海關、財政、移民或衛生的法律和規章。

二、這種法律和規章除使一般接受的國際規則或標準有效外，不應適用於外國船舶的設計、構造、人員配備或裝備。

三、沿海國應將所有這種法律和規章妥為公布。

四、行使無害通過領海權利的外國船舶應遵守所有這種法律和規章以及關於防止海上碰撞的一切一般接受的國際規章。

第二十二條　領海內的海道和分道通航制

一、沿海國考慮到航行安全認為必要時，可要求行使無害通過其領海權利的外國船舶使用其為管制船舶通過而指定或規定的海道和分道通航制。

二、特別是沿海國可要求油輪、核動力船舶和載運核物質或材料或其他本質上危險或有毒物質或材料的船舶只在上述海道通過。

三、沿海國根據本條指定海道和規定分道通航制時，應考慮到：

　　(a) 主管國際組織的建議；

　　(b) 習慣上用於國際航行的水道；

　　(c) 特定船舶和水道的特殊性質；和

　　(d) 船舶來往的頻繁程度。

四、沿海國應在海圖上清楚地標出這種海道和分道通航制，並應將該海圖妥為公布。

第二十三條　外國核動力船舶和載運核物質或其他本質上危險或有毒物質的船舶

外國核動力船舶和載運核物質或其他本質上危險或有毒物質的船舶，在行使無害通過領海的權利時，應持有國際協定為這種船舶所規定的證書並遵守國際協定所規定的特別預防措施。

第二十四條　沿海國的義務

一、除按照本公約規定外，沿海國不應妨礙外國船舶無害通過領海。尤其在適用本公約或依本公約制定的任何法律或規章時，沿海國不應：

　　(a) 對外國船舶強加要求，其實際後果等於否定或損害無害通過的權利；或

　　(b) 對任何國家的船舶、或對載運貨物來往任何國家的船舶或對替任何國家載運貨物的船舶，有形式上或事實上的歧視。

二、沿海國應將其所知的在其領海內對航行有危險的任何情況妥為公布。

第二十五條　沿海國的保護權

一、沿海國可在其領海內採取必要的步驟以防止非無害的通過。

二、 在船舶駛往內水或停靠內水外的港口設備的情形下，沿海國也有權採取必要的步驟，以防止對准許這種船舶駛往內水或停靠港口的條件的任何破壞。

三、 如為保護國家安全包括武器演習在內而有必要，沿海國可在對外國船舶之間在形式上或事實上不加歧視的條件下，在其領海的特定區域內暫時停止外國船舶的無害通過。這種停止僅應在正式公布後發生效力。

第二十六條　可向外國船舶徵收的費用

一、 對外國船舶不得僅以其通過領海為理由而徵收任何費用。

二、 對通過領海的外國船舶，僅可作為對該船舶提供特定服務的報酬而徵收費用。徵收上述費用不應有任何歧視。

B 分節　適用於商船和用於商業目的的政府船舶的規則

第二十七條　外國船舶上的刑事管轄權

一、 沿海國不應在通過領海的外國船舶上行使刑事管轄權，以逮捕與在該船舶通過期間船上所犯任何罪行有關的任何人或進行與該罪行有關的任何調查，但下列情形除外：

　　(a) 罪行的後果及於沿海國；

　　(b) 罪行屬於擾亂當地安寧或領海的良好秩序的性質；

　　(c) 經船長或船旗國外交代表或領事官員請求地方當局予以協助；或

　　(d) 這些措施是取締違法販運麻醉藥品或精神調理物質所必要的。

二、 上述規定不影響沿海國為在駛離內水後通過領海的外國船舶上進行逮捕或調查的目的而採取其法律所授權的任何步驟的權利。

三、 在第一和第二兩款規定的情形下，如經船長請求，沿海國在採取任何步驟前應通知船旗國的外交代表或領事官員，並應便利外交代表或領事官員和船上乘務人員之間的接觸。遇有緊急情況，發出此項通知可與採取措施同時進行。

四、 地方當局在考慮是否逮捕或如何逮捕時，應適當顧及航行的利益。

五、 除第十二部分有所規定外或有違犯按照第五部分制定的法律和規章的情形，如果來自外國港口的外國船舶僅通過領海而不駛入內水，沿海國不得在通過領海的該船舶上採取任何步驟，以逮捕與該船舶駛進領海前所犯任何罪行有關的任何人或進行與該罪行有關的調查。

第二十八條　對外國船舶的民事管轄權

一、 沿海國不應為對通過領海的外國船舶上某人行使民事管轄權的目的而停止其航行或改變其航向。

二、 沿海國不得為任何民事訴訟的目的而對船舶從事執行或加以逮捕，　但涉及該船舶本身在通過沿海國水域的航行中或為該航行的目的而承擔的義務或因而負擔的責任，則不在此限。

三、 第二款不妨害沿海國按照其法律為任何民事訴訟的目的而對在領海內停泊或駛離內水後通過領海的外國船舶從事執行或加以逮捕的權利。

C 分節　適用於軍艦和其他用於非商業目的的政府船舶的規則

第二十九條　軍艦的定義

本公約的目的，「軍艦」是指屬於一國武裝部隊，具備辨別軍艦國籍的外部標誌、由該國政府正式委任並名列相應的現役名冊或類似名冊的軍官指揮和配備有服從正規武裝部隊紀律的船員的船舶。

第三十條　軍艦對沿海國法律和規章的不遵守

如果任何軍艦不遵守沿海國關於通過領海的法律和規章，而且不顧沿海國向其提出遵守法律和規章的任何要求，沿海國可要求該軍艦立即離開領海。

第三十一條　船旗國對軍艦或其他用於非商業目的的政府船舶所造成的損害的責任

對於軍艦或其他用於非商業目的的政府船舶不遵守沿海國有關通過領海的法律和規章或不遵守本公約的規定或其他國際法規則，而使沿海國遭受的任何損失或損害，船旗國應負國際責任。

第三十二條　軍艦和其他用於非商業目的的政府船舶的豁免權

A 分節和第三十及第三十一條所規定的情形除外，本公約規定不影響軍艦和其他用於非商業目的的政府船舶的豁免權。

第四節　毗連區

第三十三條　毗連區

一、沿海國可在毗連其領海稱為毗連區的區域內，行使為下列事項所必要的管制：

　　(a) 防止在其領土或領海內違犯其海關、財政、移民或衛生的法律和規章；

　　(b) 懲治在其領土或領海內違犯上述法律和規章的行為。

二、毗連區從測算領海寬度的基線量起，不得超過二十四海浬。

第三部分　用於國際航行的海峽

第一節　一般規定

第三十四條　構成用於國際航行海峽的水域的法律地位

一、本部分所規定的用於國際航行的海峽的通過制度，不應在其他方面影響構成這種海峽的水域的法律地位，或影響海峽沿岸國對這種水域及其上空、海床和底土行使其主權或管轄權。

二、海峽沿岸國的主權或管轄權的行使受本部分和其他國際法規則的限制。

第三十五條　本部分的範圍

本部分的任何規定不影響：

(a) 海峽內任何內水區域，但按照第七條所規定的方法確定直線基線的效果使原來並未認為是內水的區域被包圍在內成為內水的情況除外；

(b) 海峽沿岸國領海以外的水域作為專屬經濟區或公海的法律地位；或

(c) 某些海峽的法律制度，這種海峽的通過已全部或部分地規定在長期存在、現行有效的專門關於這種海峽的國際公約中。

第三十六條　穿過用於國際航行的海峽的公海航道或穿過專屬經濟區的航道

如果穿過某一用於國際航行的海峽有在航行和水文特徵方面同樣方便的一條穿過公海或穿過專屬經濟區的航道，本部分不適用於該海峽，在這種航道中，適用本公約其他有關部分其中包括關於航行和飛越自由的規定。

第二節　過境通行

第三十七條　本節的範圍

本節適用於在公海或專屬經濟區的一個部分和公海或專屬經濟區的另一部分之間的用於國際航行的海峽。

第三十八條　過境通行權

一、 在第三十七條所指的海峽中，所有船舶和飛機均享有過境通行的權利，過境通行不應受阻礙；但如果海峽是由海峽沿岸國的一個島嶼和該國大陸形成，而且該島向海一面有在航行和水文特徵方面同樣方便的一條穿過公海，或穿過專屬經濟區的航道，過境通行就不應適用。

二、 過境通行是指按照本部分規定，專為在公海或專屬經濟區的一個部分和公海或專屬經濟區的另一部分之間的海峽繼續不停和迅速過境的目的而行使航行和飛越自由。但是，對繼續不停和迅速過境的要求，並不排除在一個海峽沿岸國入境條件的限制下，為駛入、駛離該國或自該國返回的目的而通過海峽。

三、 任何非行使海峽過境通行權的活動，仍受本公約其他適用的規定的限制。

第三十九條　船舶和飛機在過境通行時的義務

一、 船舶和飛機在行使過境通行權時應：

　　(a) 毫不遲延地通過或飛越海峽；

　　(b) 不對海峽沿岸國的主權、領土完整或政治獨立進行任何武力威脅或使用武力，或以任何其他違反「聯合國憲章」所體現的國際法原則的方式進行武力威脅或使用武力；

　　(c) 除因不可抗力或遇難而有必要外，不從事其繼續不停和迅速過境的通常方式所附帶發生的活動以外的任何活動；

　　(d) 遵守本部分的其他有關規定。

二、 過境通行的船舶應：

　　(a) 遵守一般接受的關於海上安全的國際規章、程序和慣例，包括「國際海上避碰規則」；

　　(b) 遵守一般接受的關於防止、減少和控制來自船舶的汙染的國際規章、程序和慣例。

三、 過境通行的飛機應：

　　(a) 遵守國際民用航空組織制定的適用於民用飛機的「航空規則」；國有飛機通常應遵守這種安全措施，並在操作時隨時適當顧及航行安全；

　　(b) 隨時監聽國際上指定的空中交通管制主管機構所分配的無線電頻率或有關的國際呼救無線電頻率。

第四十條　研究和測量活動

外國船舶，包括海洋科學研究和水文測量的船舶在內，在過境通行時，非經海峽沿岸國事前准許，不得進行任何研究或測量活動。

第四十一條　用於國際航行的海峽內的海道和分道通航制

一、 依照本部分，海峽沿岸國可於必要時為海峽航行指定海道和規定分道通航制，以促進船舶的安全通過。

二、 這種國家可於情況需要時，經妥為公布後，以其他海道或分道通航制替換任何其原先指定或規定的海道或分道通航制。

三、 這種海道和分道通航制應符合一般接受的國際規章。

四、 海峽沿岸國在指定或替換海道或在規定或替換分道通航制以前，應將提議提交主管國際組織，以期得到採納。該組織僅可採納同海峽沿岸國議定的海道和分道通航制，在此以後，海峽沿岸國可對這些海道和分道通航制予以指定、規定或替換。

五、 對於某一海峽，如所提議的海道或分道通航制穿過該海峽兩個或兩個以上沿岸國的水域，有關各國應同主管國際組織協商，合作擬訂提議。

六、 海峽沿岸國應在海圖上清楚地標出其所指定或規定的一切海道和分道通航制，並應將該海圖妥為公布。

七、 過境通行的船舶應尊重按照本條制定的適用的海道和分道通航制。

第四十二條　海峽沿岸國關於過境通行的法律和規章

一、 在本節規定的限制下，海峽沿岸國可對下列各項或任何一項制定關於通過海峽的過境通行的法律和規章：

　　(a) 第四十一條所規定的航行安全和海上交通管理；

　　(b) 使有關在海峽內排放油類、油汙廢物和其他有毒物質的適用的國際規章有效，以防止、減少和控制汙染；

　　(c) 對於漁船，防止捕魚，包括漁具的裝載；

　　(d) 違反海峽沿岸國海關、財政、移民或衛生的法律和規章，上下任何商品、貨幣或人員。

二、 這種法律和規章不應在形式上或事實上在外國船舶間有所歧視，或在其適用上有否定，妨礙或損害本節規定的過境通行權的實際後果。

三、 海峽沿岸國應將所有這種法律和規章妥為公布。

四、 行使過境通行權的外國船舶應遵守這種法律和規章。

五、 享有主權豁免的船舶的船旗國或飛機的登記國，在該船舶或飛機不遵守這種法律和規章或本部分的其他規定時，應對海峽沿岸國遭受的任何損失和損害負國際責任。

第四十三條　助航和安全設備及其他改進辦法以及汙染的防止、減少和控制

海峽使用國和海峽沿岸國應對下列各項通過協議進行合作：

(a) 在海峽內建立並維持必要的助航和安全設備或幫助國際航行的其他改進辦法；和

(b) 防止、減少和控制來自船舶的汙染。

第四十四條　海峽沿岸國的義務

海峽沿岸國不應妨礙過境通行，並應將其所知的海峽內或海峽上空對航行或飛越有危險的任何情況妥為公布。過境通行不應予以停止。

第三節　無害通過

第四十五條　無害通過

一、 按照第二部分第三節，無害通過制度應適用於下列用於國際航行的海峽：

　　(a) 按照第三十八條第一款不適用過境通行制度的海峽；或

　　(b) 在公海或專屬經濟區的一個部分和外國領海之間的海峽。

二、 在這種海峽中的無害通過不應予以停止。

第四部分　群島國

第四十六條　用語

為本公約的目的：

(a) 「群島國」是指全部由一個或多個群島構成的國家，並可包括其他島嶼；

(b) 「群島」是指一群島嶼，包括若干島嶼的若干部分、相連的水域和其他自然地形，彼此密切相關，以致這種島嶼、水域和其他自然地形在本質上構成一個地理、經濟和政治的實體，或在歷史上已被視為這種實體。

第四十七條　群島基線

一、　群島國可劃定連接群島最外線各島和各乾礁的最外緣各點的直線群島基線，但這種基線應
　　　包括主要的島嶼和一個區域，在該區域內，　水域面積和包括環礁在內的陸地面積的比例
　　　應在一比一到九比一之間。

二、　這種基線的長度不應超過一百海里。但圍繞任何群島的基線總數中至多百分之三可超過該
　　　長度，最長以一百二十五海里為限。

三、　這種基線的劃定不應在任何明顯的程度上偏離群島的一般輪廓。

四、　除在低潮高地上築有永久高於海平面的燈塔或類似設施，或者低潮高地全部或一部與最近
　　　的島嶼的距離不超過領海的寬度外，這種基線的劃定不應以低潮高地為起訖點。

五、　群島國不應採用一種基線制度，致使另一國的領海同公海或專屬經濟區隔斷。

六、　如果群島國的群島水域的一部分位於一個直接相鄰國家的兩個部分之間，該鄰國傳統上在
　　　該水域內行使的現有權利和一切其他合法利益以及兩國間協定所規定的一切權利，均應繼
　　　續，並予以尊重。

七、　為計算第一款規定的水域與陸地的比例的目的，陸地面積可包括位於島嶼和環礁的岸礁以
　　　內的水域，其中包括位於陡側海臺周圍的一系列灰岩島和干礁所包圍或幾乎包圍的海臺的
　　　那一部分。

八、　按照本條劃定的基線，應在足以確定這些線的位置的一種或幾種比例尺的海圖上標出。或
　　　者，可以用列出各點的地理座標並註明大地基準點的表來代替。

九、　群島國應將這種海圖或地理座標表妥為公布，並應將各該海圖或座標表的一份副本交存於
　　　聯合國祕書長。

第四十八條　領海、毗連區、專屬經濟區和大陸架寬度的測算

領海，毗連區、專屬經濟區和大陸架的寬度，應從按照第四十七條劃定的群島基線量起。

第四十九條　群島水域、群島水域的上空、海床和底土的法律地位

一、　群島國的主權及於按照第四十七條劃定的群島基線所包圍的水域，稱為群島水域，不論其
　　　深度或距離海岸的遠近如何。

二、　此項主權及於群島水域的上空，海床和底土，以及其中所包含的資源。

三、　此項主權的行使受本部分規定的限制。

四、　本部分所規定的群島海道通過制度，不應在其他方面影響包括海道在內的群島水域的地
　　　位，或影響群島國對這種水域及其上空、海床和底土以及其中所含資源行使其主權。

第五十條　內水界限的劃定

群島國可按照第九、第十和第十一條，在其群島水域內用封閉線劃定內水的界限。

第五十一條　現有協定、傳統捕魚權利和現有海底電纜

一、　在不妨害第四十九條的情形下，群島國應尊重與其他國家間的現有協定，並應承認直接相
　　　鄰國家在群島水域範圍內的某些區域內的傳統捕魚權利和其他合法活動。行使這種權利和
　　　進行這種活動的條款和條件，包括這種權利和活動的性質、範圍和適用的區域，經任何有
　　　關國家要求，應由有關國家之間的雙邊協定予以規定。這種權利不應轉讓給第三國或其國
　　　民，或與第三國或其國民分享。

二、　群島國應尊重其他國家所鋪設的通過其水域而不靠岸的現有海底電纜。群島國於接到關於這
　　　種電纜的位置和修理或更換這種電纜的意圖的適當通知後，應准許對其進行維修和更換。

第五十二條　無害通過權

一、 在第五十三條的限制下並在不妨害第五十條的情形下，按照第二部分第三節的規定，所有國家的船舶均享有通過群島水域的無害通過權。

二、 如為保護國家安全所必要，群島國可在對外國船舶之間在形式上或事實上不加歧視的條件下，暫時停止外國船舶在其群島水域特定區域內的無害通過。這種停止僅應在正式公布後發生效力。

第五十三條　群島海道通過權

一、 群島國可指定適當的海道和其上的空中航道，以便外國船舶和飛機繼續不停和迅速通過或飛越其群島水域和鄰接的領海。

二、 所有船舶和飛機均享有在這種海道和空中航道內的群島海道通過權。

三、 群島海道通過是指按照本公約規定，專為在公海或專屬經濟區的一部分和公海或專屬經濟區的另一部分之間繼續不停、迅速和無障礙地過境的目的，行使正常方式的航行和飛越的權利。

四、 這種海道和空中航道應穿過群島水域和鄰接的領海，並應包括用作通過群島水域或其上空的國際航行或飛越的航道的所有正常通道，並且在這種航道內，就船舶而言，包括所有正常航行水道，但無須在相同的進出點之間另設同樣方便的其他航道。

五、 這種海道和空中航道應以通道進出點之間的一系列連續不斷的中心線劃定，通過群島海道和空中航道的船舶和飛機在通過時不應偏離這種中心線二十五海里以外，但這種船舶和飛機在航行時與海岸的距離不應小於海道邊緣各島最近各點之間的距離的百分之十。

六、 群島國根據本條指定海道時，為了使船舶安全通過這種海道內的狹窄水道，也可規定分道通航制。

七、 群島國可於情況需要時，經妥為公布後，以其他的海道或分道通航制替換任何其原先指定或規定的海道或分道通航制。

八、 這種海道或分道通航制應符合一般接受的國際規章。

九、 群島國在指定或替換海道或在規定或替換分道通航制時，應向主管國際組織提出建議，以期得到採納。該組織僅可採納同群島國議定的海道和分道通航制；在此以後，群島國可對這些海道和分道通航制予以指定、規定或替換。

十、 群島國應在海圖上清楚地標出其指定或規定的海道中心線和分道通航制，並應將該海圖妥為公布。

十一、 通過群島海道的船舶應尊重按照本條制定的適用的海道和分道通航制。

十二、 如果群島國沒有指定海道或空中航道，可通過正常用於國際航行的航道，行使群島海道通過權。

第五十四條　船舶和飛機在通過時的義務，研究和測量活動，群海國的義務以及群島國關於群島海道通過的法律和規章。

第三十九、第四十、第四十二和第四十四各條比照適用於群島海道通過。

第五部分　專屬經濟區

第五十五條　專屬經濟區的特定法律制度

專屬經濟區是領海以外並鄰接領海的一個區域，受本部分規定的特定法律制度的限制，在這個制度下，沿海國的權利和管轄權以及其他國家的權利和自由均受本公約有關規定的支配。

第五十六條　沿海國在專屬經濟區內的權利、管轄權和義務

一、沿海國在專屬經濟區內有：

 (a) 以勘探和開發、養護和管理海床上覆水域和海床及其底土的自然資料（不論為生物或非生物資源）為目的的主權權利，以及關於在該區內從事經濟性開發和勘探，如利用海水、海流和風力生產能等其他活動的主權權利；

 (b) 本公約有關條款規定的對下列事項的管轄權：

  (1) 人工島嶼、設施和結構的建造和使用；

  (2) 海洋科學研究；

  (3) 海洋環境的保護和保全；

 (c) 本公約規定的其他權利和義務。

二、沿海國在專屬經濟區內根據本公約行使其權利和履行其義務時，應適當顧及其他國家的權利和義務，並應以符合本公約規定的方式行事。

三、本條所載的關於海床和底土的權利，應按照第六部分的規定行使。

第五十七條　專屬經濟區的寬度

專屬經濟區從測算領海寬度的基線量起，不應超過二百海里。

第五十八條　其他國家在專屬經濟區內的權利和義務

一、在專屬經濟區內，所有國家，不論為沿海國或內陸國，在本公約有關規定的限制下，享有第八十七條所指的航行和飛越的自由，鋪設海底電纜和管道的自由，以及與這些自由有關的海洋其他國際合法用途，諸如同船舶和飛機的操作及海底電纜和管道的使用有關的並符合本公約其他規定的那些用途。

二、第八十八至第一百一十五條以及其他國際法有關規則，只要與本部分不相牴觸均適用於專屬經濟區。

三、各國在專屬經濟區內根據本公約行使其權利和履行其義務時，應適當顧及沿海國的權利和義務，並應遵守沿海國按照本公約的規定和其他國際法規則所制定的與本部分不相牴觸的法律和規章。

第五十九條　解決關於專屬經濟區內權利和管轄權的歸屬的衝突的基礎）

在本公約未將在專屬經濟區內的權利或管轄權歸屬於沿海國或其他國家而沿海國和任何其他一國或數國之間的利益發生衝突的情形下，這種衝突應在公平的基礎上參照一切有關情況，考慮到所涉利益分別對有關各方和整個國際社會的重要性，加以解決。

第六十條　專屬經濟區內的人工島嶼、設施和結構

一、沿海國在專屬經濟區內應有專屬權利建造並授權和管理建造、操作和使用：

 (a) 人工島嶼；

 (b) 為第五十六條所規定的目的和其他經濟目的的設施和結構；

 (c) 可能干擾沿海國在區內行使權利的設施和結構。

二、沿海國對這種人工島嶼、設施和結構應有專屬管轄權，包括有關海關、財政、衛生、安全和移民的法律和規章方面的管轄權。

三、這種人工島嶼、設施或結構的建造，必須妥為通知，並對其存在必須維持永久性的警告方法。已被放棄或不再使用的任何設施或結構，應予以撤除，以確保航行安全，同時考慮到主管國際組織在這方面制訂的任何為一般所接受的國際標準，這種撤除也應適當地考慮到

捕魚、海洋環境的保護和其他國家的權利和義務。尚未全部撤除的任何設施或結構的深度、位置和大小應妥為公布。

四、 沿海國可於必要時在這種人工島嶼、設施和結構的周圍設置合理的安全地帶，並可在該地帶中採取適當措施以確保航行以及人工島嶼、設施和結構的安全。

五、 安全地帶的寬度應由沿海國參照可適用的國際標準加以確定。這種地帶的設置應確保其與人工島嶼、設施或結構的性質和功能有合理的關聯；這種地帶從人工島嶼、設施或結構的外緣各點量起，不應超過這些人工島嶼、設施或結構周圍五百公尺的距離，但為一般接受的國際標準所許可或主管國際組織所建議者除外。安全地帶的範圍應妥為通知。

六、 一切船舶都必須尊重這些安全地帶，並應遵守關於在人工島嶼、設施、結構和安全地帶附近航行的一般接受的國際標準。

七、 人工島嶼、設施和結構及其周圍的安全地帶，不得設在對使用國際航行必經的公認海道可能有干擾的地方。

八、 人工島嶼、設施和結構不具有島嶼地位。它們沒有自己的領海，其存在也不影響領海、專屬經濟區或大陸架界限的劃定。

第六十一條　生物資源的養護

一、 沿海國應決定其專屬經濟區內生物資源的可捕量。

二、 沿海國參照其可得到的最可靠的科學證據，應通過正當的養護和管理措施，確保專屬經濟區內生物資源的維持不受過度開發的危害。在適當情形下，沿海國和各主管國際組織，不論是分區域、區域或全球性的，應為此目的進行合作。

三、 這種措施的目的也應在包括沿海漁民社區的經濟需要和發展中國家的特殊要求在內的各種有關的環境和經濟因素的限制下，使捕撈魚種的數量維持在或恢復到能夠生產最高持續產量的水平，並考慮到捕撈方式、種群的相互依存以及任何一般建議的國際最低標準，不論是分區域、區域或全球性的。

四、 沿海國在採取這種措施時，應考慮到與所捕撈魚種有關聯或依賴該魚種而生存的魚種所受的影響，以便使這些有關聯或依賴的魚種的數量維持在或恢復到其繁殖不會受嚴重威脅的水平以上。

五、 在適當情形下，應通過各主管國際組織，不論是分區域、區域或全球性的，並在所有有關國家，包括其國民獲准在專屬經濟區捕魚的國家參加下，經常提供和交換可獲得的科學情報、漁獲量和漁撈努力量統計，以及其他有關養護魚的種群的資料。

第六十二條　生物資源的利用

一、 沿海國應在不妨害第六十一條的情形下促進專屬經濟區內生物資源最適度利用的目的。

二、 沿海國應決定其捕撈專屬經濟區內生物資源的能力。沿海國在沒有能力捕撈全部可捕量的情形下，應通過協定或其他安排，並根據第四款所指的條款、條件、法律和規章，准許其他國家捕撈可捕量的剩餘部分，特別顧及第六十九和第七十條的規定，尤其是關於其中所提到的發展中國家的部分。

三、 沿海國在根據本條准許其他國家進入其專屬經濟區時，應考慮到所有有關因素，除其他外，包括：該區域的生物資源對有關沿海國的經濟和其他國家利益的重要性，第六十九和第七十條的規定，該分區域或區域內的發展中國家捕撈一部分剩餘量的要求，以及盡量減輕其國民慣常在專屬經濟區捕魚或曾對研究和測定種群做過大量工作的國家經濟失調現象的需要。

四、 在專屬經濟區內捕魚的其他國家的國民應遵守沿海國的法律和規章中所制訂的養護措施和其他條款和條件。這種規章應符合本公約， 除其他外，並可涉及下列各項：

    (a) 發給漁民、漁船和捕撈裝備以執照，包括交納規費和其他形式的報酬，而就發展中的沿海國而言，這種報酬可包括有關漁業的資金、裝備和技術方面的適當補償；

    (b) 決定可捕魚種，和確定漁獲量的限額，不論是關於特定種群或多種種群或一定期間的單船漁獲量，或關於特定期間內任何國家國民的漁獲量；

    (c) 規定漁汛和漁區，可使用漁具的種類、大小和數量以及漁船的種類、大小和數目；

    (d) 確定可捕魚類和其他魚種的年齡和大小；

    (e) 規定漁船應交的情報，包括漁獲量和漁撈努力量統計和船隻位置的報告；

    (f) 要求在沿海國授權和控制下進行特定漁業研究計劃，並管理這種研究的進行，其中包括漁獲物抽樣、樣品處理和相關科學資料的報告；

    (g) 由沿海國在這種船隻上配置觀察員或受訓人員；

    (h) 這種船隻在沿海國港口卸下漁獲量的全部或任何部分；

    (i) 有關聯合企業或其他合作安排的條款和條件；

    (j) 對人員訓練和漁業技術轉讓的要求，包括提高沿海國從事漁業研究的能力；

    (k) 執行程序。

五、 沿海國應將養護和管理的法律和規章妥為通知。

第六十三條　出現在兩個或兩個以上沿海國專屬經濟區的種群或出現在專屬經濟區內而又出現在專屬經濟區外的鄰接區域內的種群

一、 如果同一種群或有關聯的魚種的幾個種群出現在兩個或兩個以上沿海國的專屬經濟區內，這些國家應直接或通過適當的分區域或區域組織，設法就必要措施達成協議，以便在不妨害本部分其他規定的情形下，協調並確保這些種群的養護和發展。

二、 如果同一種群或有關聯的魚種的幾個種群出現在專屬經濟區內而又出現在專屬經濟區外的鄰接區域內，沿海國和在鄰接區域內捕撈這種種群的國家，應直接或通過適當的分區域或區域組織，設法就必要措施達成協議，以養護在鄰接區域內的這些種群。

第六十四條　高度迴游魚種

一、 沿海國和其國民在區域內捕撈附件一所列的高度迴游魚種的其他國家應直接或通過適當國際組織進行合作，以期確保在專屬經濟區以內和以外的整個區域內的這種魚種的養護和促進最適度利用這種魚種的目標。在沒有適當的國際組織存在的區域內，沿海國和其國民在區域內捕撈這些魚種的其他國家，應合作設立這種組織並參加其工作。

二、第一款的規定作為本部分其他規定的補充而適用。

第六十五條　海洋哺乳動物

本部分的任何規定並不限制沿海國的權利或國際組織的職權，對捕捉海洋哺乳動物執行較本部分規定更為嚴格的禁止、限制或管制。各國應進行合作，以期養護海洋哺乳動物，在有關鯨目動物方面，尤應通過適當的國際組織，致力於這種動物的養護、管理和研究。

第六十六條　溯河產卵種群

一、 有溯河產卵種群源自其河流的國家對於這種種群應有主要利益和責任。

二、 溯河產卵種群的魚源國，應制訂關於在其專屬經濟區外部界限向陸一面的一切水域中的捕撈和關於第三款(b)項中所規定的捕撈的適當管理措施，以確保這種種群的養護。魚源國可

與第三和第四款所指的捕撈這些種群的其他國家協商後，確定源自其河流的種群的總可捕量。

三、 (a) 捕撈溯河產卵種群的漁業活動，應只在專屬經濟區外部界限向陸一面的水域中進行，但這項規定引起魚源國以外的國家經濟失調的情形除外。關於在專屬經濟區外部界限以外進行的這種捕撈，有關國家應保持協商，以期就這種捕撈的條款和條件達成協議，並適當顧及魚源國對這些種群加以養護的要求和需要；

　　 (b) 魚源國考慮到捕撈這些種群的其他國家的正常漁獲量和作業方式，以及進行這種捕撈活動的所有地區，應進行合作以盡量減輕這種國家的經濟失調；

　　 (c) (b)項所指的國家，經與魚源國協議後參加使溯河產卵種群再生的措施者，特別是分擔作此用途的開支者，在捕撈源自魚源國河流的種群方面，應得到魚源國的特別考慮；

　　 (d) 魚源國和其他有關國家應達成協議，以執行有關專屬經濟區以外的溯河產卵種群的法律和規章。

四、 在溯河產卵種群回游進入或通過魚源國以外國家的專屬經濟區外部界限向陸一面的水域的情形下，該國應在養護和管理這種種群方面同魚源國進行合作。

五、 溯河產卵種群的魚源國和捕撈這些種群的其他國家，為了執行本條的各項規定，應作出安排在適當情形下通過區填性組織作出安排。

第六十七條　降河產卵魚種

一、 降河產卵魚種在其水域內度過大部分生命周期的沿海國，應有責任管理這些魚種，並應確保回游魚類的出入。

二、 捕撈降河產卵魚種，應只在專屬經濟區外部界限向陸一面的水域進行。在專屬經濟區內進行捕撈時，應受本條及本公約關於在專屬經濟區內捕魚的其它規定的規制。

三、 在降河產卵魚種不論幼魚或成魚回游通過另外一國的專屬經濟區的情形下，這種魚的管理，包括捕撈，應由第一款所述的國家和有關的另外一國協議規定。這種協議應確保這些魚種的合理管理，並考慮到第一款所述國家在維持這些魚種方面所負的責任。

第六十八條　定居種

本部分的規定不適用於第七十七條第四款所規定的定居種。

第六十九條　內陸國的權利

一、 內陸國應有在公平的基礎上，參與開發同一分區域或區域的沿海國專屬經濟區的生物資源的適當剩餘部分，同時考慮到所有有關國家的相關經濟和地理情況，並遵守本條及第六十一和第六十二條的規定。

二、 這種參與的條款和方式應由有關國家通過雙邊、分區域或區域協定加以制訂，除其他外，考慮到下列各項：

　　 (a) 避免對沿海國的漁民社區或漁業造成不利影響的需要；

　　 (b) 內陸國按照本條規定，在現有的雙邊、分區域、或區域協定下參與或有權參與開發其他沿海國專屬經濟區的生物資源的程度；

　　 (c) 其他內陸國和地理不利國參與開發沿海國專屬經濟區的生物資源的程度，以及避免因此使任何一個沿海國、或其一部分地區承受特別負擔的需要；

　　 (d) 有關各國人民的營養需要。

三、 當一個沿海國的捕撈能力接近能夠捕撈其專屬經濟區內生物資源的可捕量的全部時，該沿海國與其他有關國家應在雙邊、分區域或區域的基礎上，合作制訂公平安排，在適當情形下並按照有關各方都滿意的條款，容許同一分區域或區域的發展中內陸國參與開發該分區域或區域的沿海國專屬經濟區內的生物資源。在實施本規定時，還應考慮到第二款所提到的因素。

四、 根據本條規定，發達的內陸國應僅有權參與開發同一分區域或區域內發達沿海國專屬經濟區的生物資源，同時顧及沿海國在准許其他國家捕撈其專屬經濟區內生物資源時，在多大程度上已考慮到需要盡量減輕其國民慣常在該經濟區捕魚的國家的經濟失調及漁民社區所受的不利影響。

五、 上述各項規定不妨害在分區域或區域內議定的安排，沿海國在這種安排中可能給予同一分區域或區域的內陸國開發其專屬經濟區內生物資源的同等或優惠權利。

第七十條　地理不利國的權利

一、 地理不利國應有權在公平的基礎上參與開發同一分區域或區域的沿海國專屬經濟區的生物資源的適當剩餘部分，同時考慮到所有有關國家的相關經濟和地理情況，並遵守本條及第六十一和第六十二條的規定。

二、 為本部分的目的，「地理不利國」是指其地理條件使其依賴於開發同一分區域或區域的其他國家專屬經濟區內的生物資源，以供應足夠的魚類來滿足其人民或部分人民的營養需要的沿海國，包括閉海或半閉海沿岸國在內，以及不能主張有自己的專屬經濟區的沿海國。

三、 這種參與的條款和方式應由有關國家通過雙邊、分區域或區域協定加以制訂，除其他外，考慮到下列各項：

    (a) 避免對沿海國的漁民社區或漁業造成不利影響的需要；

    (b) 地理不利國按照本條規定，在現有的雙邊、分區域或區域協定下參與或有權參與開發其他沿海國專屬經濟區的生物資源的程度；

    (c) 其他地理不利國和內陸國參與開發沿海國專屬經濟區的生物資源的程度，以及避免因此使任何一個沿海國，或其一部分地區承受特別負擔的需要；

    (d) 有關各國人民的營養需要。

四、 當一個沿海國的捕撈能力接近能夠捕撈其專屬經濟區內生物資源的可捕量的全部時，該沿海國與其他有關國家應在雙邊、分區域或區域的基礎上，合作制訂公平安排，在適當情形下並按照有關各方都滿意的條款，容許同一分區域或區域的地理不利發展中國家參與開發該分區域或區域的沿海國專屬經濟區內的生物資源，在實施本規定時，還應考慮到第三款所提到的因素。

五、 根據本條規定，地理不利發達國家應只有權參與開發同一分區域或區域發達沿海國的專屬經濟區的生物資源，同時顧及沿海國在准許其他國家捕撈其專屬經濟區內生物資源時，在多大程度上已考慮到需要盡量減輕其國民慣常在該經濟區捕魚的國家的經濟失調及漁民社區所受的不利影響。

六、 上述各項規定不妨害在分區域或區域內議定的安排，沿海國在這種安排中可能給予同一分區域或區域內地理不利國開發其專屬經濟區內生物資源的同等或優惠權利。

第七十一條　第六十九和第七十條的不適用

第六十九和第七十條的規定不適用於經濟上極為依賴於開發其專屬經濟區內生物資源的沿海國的情形。

第七十二條　權利轉讓的限制

一、 除有關國家另有協議外，第六十九和第七十條所規定的開發生物資源的權利，不應以租借或發給執照、或成立聯合企業，或以具有這種轉讓效果的任何其他方式，直接或間接轉讓給第三國或其國民。

二、 上述規定不排除有關國家為了便利行使第六十九和第七十條所規定的權利，從第三國或國際組織取得技術或財政援助，但以不發生第一款所指的效果為限。

第七十三條　沿海國法律和規章的執行

一、 沿海國行使其勘探、開發、養護和管理在專屬經濟區內的生物資源的主權權利時，可採取為確保其依照本公約制定的法律和規章得到遵守所必要的措施，包括登臨、檢查、逮捕和進行司法程序：

二、 被逮捕的船隻及其船員，在提出適當的保書或其他擔保後，應迅速獲得釋放。

三、 沿海國對於在專屬經濟區內違犯漁業法律和規章的處罰，如有關國家無相反的協議，不得包括監禁，或任何其他方式的體罰。

四、 在逮捕或扣留外國船隻的情形下，沿海國應通過適當途徑將其所採取的行動及隨後所施加的任何處罰迅速通知船旗國。

第七十四條　海岸相向或相鄰國家間專屬經濟區界限的劃定

一、 海岸相向或相鄰國家間專屬經濟區的界限，應在國際法院規約第三十八條所指國際法的基礎上以協議劃定，以便得到公平解決。

二、 有關國家如在合理期間內未能達成任何協議，應訴諸第十五部分所規定的程序。

三、 在達成第一款規定的協議以前，有關各國應基於諒解和合作的精神，盡一切努力作出實際性的臨時安排，並在此過渡期間內，不危害或阻礙最後協議的達成，這種安排應不妨害最後界限的劃定。

四、 如果有關國家間存在現行有效的協定，關於劃定專屬經濟區界限的問題，應按照該協定的規定加以決定。

第七十五條　海圖和地理座標表

一、 在本部分的限制下，專屬經濟區的外部界線和按照第七十四條劃定的分界線，應在足以確定這些線的位置的一種或幾種比例尺的海圖上標出。在適當情形下，可以用列出各點的地理座標並註明大地基準點的表來代替這種外部界線或分界線。

二、 沿海國應將這種海圖或地理座標表妥為公布，並應將各該海圖或座標表的一份副本交存於聯合國祕書長。

第六部分　大陸架

第七十六條　大陸架的定義

一、 沿海國的大陸架包括其領海以外依其陸地領土的全部自然延伸，擴展到大陸邊外緣的海底區域的海床和底土，如果從測算領海寬度的基線量起到大陸邊的外緣的距離不到二百海浬，則擴展到二百海浬的距離。

二、 沿海國的大陸架不應擴展到第四至第六款所規定的界限以外。

三、 大陸邊包括沿海國陸塊沒入水中的延伸部分，由陸架、陸坡和陸基的海床和底土構成，它不包括深洋洋底及其洋脊，也不包括其底土。

四、(a) 為本公約的目的，在大陸邊從測算領海寬度的基線量起超過二百海浬的任何情形下，沿海國應以下列兩種方式之一，劃定大陸邊的外緣：

　　(1) 按照第七款，以最外各定點為準劃定界線，每一定點上沉積岩厚度至少為從該點至大陸坡腳最短距離的百分之一或；

　　(2) 按照第七款，以離大陸坡腳的距離不超過六十海浬的各定點為準劃定界線。

　　(b) 在沒有相反證明的情形下，大陸坡腳應定為大陸坡坡底坡度變動最大之點。

五、 組成按照第四款(a)項(1)和(2)目劃定的大陸架在海床上的外部界線的各定點，不應超過從測算領海寬度的基線量起三百五十海浬，或不應超過連接二千五百公尺深度各點的二千五百公尺等深線一百海浬。

六、 雖有第五款的規定，在海底洋脊上的大陸架外部界限不應超過從測算領海寬度的基線量超三百五十海浬。本款規定不適用於作為大陸邊自然構成部分的海臺、海隆、海峰、暗灘和坡尖等海底高地。

七、 沿海國的大陸架如從測算領海寬度的基線量起超過二百海浬，應連接以經緯度座標標出的各定點劃出長度各不超過六十海浬的若干直線，劃定其大陸架的外部界限。

八、 從測算領海寬度的基線量起二百海浬以外大陸架界限的情報應由沿海國提交根據附件二在公平地區代制基礎上成立的大陸架界限委員會。委員會應就有關劃定大陸架外部界限的事項向沿海國提出建議，沿海國在這些建議的基礎上劃定的大陸架界限應有確定性和拘束力。

九、 沿海國應將永久標明其大陸架外部界限的海圖和有關情報。包括大地基準點，交存於聯合國祕書長。祕書長應將這些情報妥為公布。

十、 本條的規定不妨害海岸相向或相鄰國家間大陸架界限劃定的問題。

第七十七條　沿海國對大陸架的權利

一、 沿海國為勘探大陸架和開發其自然資源的目的，對大陸架行使主權權利。

二、 第一款所指的權利是專屬性的，即：如果沿海國不勘探大陸架或開發其自然資源，任何人未經沿海國明示同意，均不得從事這種活動。

三、 沿海國對大陸架的權利並不取決於有效或象徵的占領或任何明文公告。

四、 本部分所指的自然資源包括海床和底土的礦物和其他非生物資源，以及屬於定居種的生物，即在可捕撈階段在海床上或海床下不能移動或其軀體須與海床或底土保持接觸才能移動的生物。

第七十八條　上覆水域和上空的法律地位以及其他國家權利和自由

一、 沿海國對大陸架的權利不影響上覆水域或水域上空的法律地位。

二、 沿海國對大陸架權利的行使，絕不得對航行和本公約規定的其他國家的其他權利和自由有所侵害，或造成不當的干擾。

第七十九條　大陸架上的海底電纜和管道

一、 所有國家按照本條的規定都有在大陸架上鋪設海底電纜和管道的權利。

二、　沿海國除為了勘探大陸架，開發其自然資源和防止、減少和控制管道造成的汙染有權採取合理措施外，對於鋪設或維持這種海底電纜或管道不得加以阻礙。

三、　在大陸架上鋪設這種管道，其路線的劃定須經沿海國同意。

四、　本部分的任何規定不影響沿海國對進入其領土或領海的電纜或管道訂立條件的權利，也不影響沿海國對因勘探其大陸架或開發其資源或經營在其管轄下的人工島嶼、設施和結構而建造或使用的電纜和管道的管轄權。

五、　鋪設海底電纜和管道時，各國應適當顧及已經鋪設的電纜和管道。特別是，修理現有電纜或管道的可能性不應受妨害。

第八十條　大陸架上的人工島嶼、設施和結構

第六十條比照適用於大陸架上的人工島嶼、設施和結構。

第八十一條　大陸架上的鑽探

沿海國授權和管理為一切目的在大陸架上進行鑽探的專屬權利。

第八十二條　對二百海浬以外的大陸架上的開發應繳的費用和實物

一、　沿海國對從測算領海寬度的基線量起二百海浬以外的大陸架上的非生物資源的開發，應繳付費用或實物。

二、　在某一礦址進行第一個五年生產以後，對該礦址的全部生產應每年繳付費用和實物。第六年繳付費用或實物的比率應為礦址產值或產量的百分之一。此後該比率每年增加百分之一，至第十二年為止，其後比率應保持為百分之七。產品不包括供開發用途的資源。

三、　某一發展中國家如果是其大陸架上所生產的某種礦物資源的純輸入者，對該種礦物資源免繳這種費用或實物。

四、　費用或實物應通過管理局繳納。管理局應根據公平分享的標準將其分配給本公約各締約國，同時考慮到發展中國家的利益和需要，特別是其中最不發達的國家和內陸國的利益和需要。

第八十三條　海岸相向或相鄰國家間大陸架界限的劃定

一、　海岸相向或相鄰國家間大陸架的界限，應在國際法院規約第三十八條所指國際法的基礎上以協議劃定，以便得到公平解決。

二、　有關國家如在合理期間內未能達成任何協議，應訴諸第十五部分所規定的程序。

三、　在達成第一款規定的協議以前，有關各國應基於諒解和合作的精神，盡一切努力作出實際性的臨時安排，並在此過渡期間內，不危害或阻礙最後協議的達成。這種安排應不妨害最後界限的劃定。

四、　如果有關國家間存在現行有效的協定，關於劃定大陸架界限的問題，應按照該協定的規定加以決定。

第八十四條　海圖和地理座標表

一、　在本部分的限制下，大陸架外部界線和按照第八十三條劃定的分界線，應在足以確定這些線的位置的一種或幾種比例尺的海圖上標出。在適當情形下，可以用列出各點的地理座標並註明大地基準點的表來代替這種外部界線或分界線。

二、　沿海國應將這種海圖或地理座標表妥為公布，並應將各該海圖或座標表的一份副本交存於聯合國祕書長，如為標明大陸架外部界線的海圖或座標，也交存於管理局祕書長。

第八十五條　開鑿隧道

本部分不妨害沿海國開鑿隧道以開發底土的權利，不論底土上水域的深度如何。

第七部分　公　海

第一節　一般規定

第八十六條　本部分規定的適用

本部分的規定適用於不包括在國家的專屬經濟區、領海或內水或群島國的群島水域內的全部海域。本條規定並不使各國按照第五十八條規定在專屬經濟區內所享有的自由受到任何減損。

第八十七條　公海自由

一、　公海對所有國家開放，不論其為沿海國或內陸國。

　　　公海自由是在本公約和其他國際法規則所規定的條件下行使的。公海自由對沿海國和內陸國而言，除其他外，包括：

　　　(a) 航行自由；

　　　(b) 飛越自由；

　　　(c) 鋪造海底電纜和管道的自由，但受第六部分的限制；

　　　(d) 建造國際法所容許的人工島嶼和其他設施的自由，但受第六部分的限制；

　　　(e) 捕魚自由，但受第二節規定條件的限制；

　　　(f) 科學研究的自由，但受第六和第十三部分的限制。

二、　這些自由應由所有國家行使，但須適當顧及其他國家行使公海自由的利益，並適當顧及本公約所規定的同「區域」內活動有關的權利。

第八十八條　公海只用於和平目的

公海應只用於和平目的。

第八十九條　對公海主權主張的無效

任何國家不得有效地聲稱將公海的任何部分置於其主權之下。

第九十條　公海航行自由

每個國家，不論是沿海國或內陸國，均有權在公海上行駛懸掛其旗幟的船舶。

第九十一條　船舶的國籍

一、　每個國家應確定對船舶給予國籍、船舶在其領土內登記及船舶懸掛該國旗幟的權利的條件。船舶具有其有權懸掛的旗幟所屬國家的國籍。國家和船舶之間必須有真正聯繫。

二、　每個國家應向其給予懸掛該國旗幟權利的船舶頒發給予該權利的文件。

第九十二條　船舶的地位

一、　船舶航行應僅懸掛一國的旗幟，而且除國際條約或本公約明文規定的例外情形外，在公海上應受該國的專屬管轄。除所有權確實轉移或變更登記的情形外，船舶在航程中或在停泊港內不得更換其旗幟。

二、　懸掛兩國或兩國以上旗幟航行並視方便而換用旗幟的船舶，對任何其他國家不得主張其中的任一國籍，並可視同無國籍的船舶。

第九十三條　懸掛聯合國、其專門機構和國半際原子能機構旗幟的船舶

以上各條不影響用於為聯合國、其專門機構或國際原子能機構正式服務並懸掛聯合國旗幟的船舶的問題。

第九十四條　船旗國的義務

一、　每個國家應對懸掛該國旗幟的船舶有效地行使行政、技術及社會事項上的管轄和控制。

二、 每個國家特別應：

　　(a) 保持一本船舶登記冊，載列懸掛該國旗幟的船舶的名稱和詳細情況，但因體積過小而不在一般接受的國際規章定正範圍內的船舶除外；

　　(b) 根據其國內法，就有關每艘懸掛該國旗幟的船舶的行政、技術和社會事項，對該船及其船長、高級船員和船員行使管轄權。

三、 每個國家對懸掛該國旗幟的船舶，除其他外，應就下列各項採取為保證海上安全所必要的措施：

　　(a) 船舶的構造、裝備和適航條件；

　　(b) 船舶的人員配備、船員的勞動條件和訓練，同時考慮到適用的國際文件；

　　(c) 信號的使用、通信的維持和碰撞的防止。

四、 這種措施應包括為確保下列事項所必要的措施：

　　(a) 每艘船舶，在登記前及其後適當的間隔期間，受合格的船舶檢驗人的檢查，並在船上備有船舶安全航行所需要的海圖、航海出版物以及航行裝備和儀器；

　　(b) 每艘船舶都由具備適當資格，特別是具備航海術、航行、通信和海洋工程方面資格得船長和高級船員負責，而且船員的資格和人類與船舶種類、大小、機械和裝備都是相稱的；

　　(c) 船長、高級船員和在適當範圍內的船員，充分熟悉並須遵守關於海上生命安全，防止碰撞，防止、減少和控制海洋汙染和維持無線電通信所適用的國際規章。

五、 每一國家採取第三和第四款要求的措施時，須遵守一般接受的國際規章、程序和慣例，並採取為保證這些規章、程序和慣例得到遵行所必要的任何步驟。

六、 一個國家如有明確理由相信對某一船舶未行使適當的管轄和管制，可將這項事實通知船旗國。船旗國接到通知後，應對這一事項進行調查，並於適當時採取任何必要行動，以補救這種情況。

七、 每一國家對於涉及懸掛該國旗幟的船舶在公海上因海難或航行事故對另一國國民造成死亡或嚴重傷害，或對另一國的船舶或設施、或海洋環境造成嚴重損害的每一事件，都應由適當的合格人士一人或數人或在有這種人士在場的情況下進行調查。對於該另一國就任何這種海難或航行事故進行的任何調查，船旗國應與該另一國合作。

第九十五條　公海上軍艦的豁免權

軍艦在公海上有不受船旗國公以任何其他國家管轄的完全豁免權。

第九十六條　專用於政府非商業性服務的船舶的豁免權

由一國所有或經營並專用於政府非商業性服務的船舶，在公海上應有不受船旗國以外任何其他國家管轄的完全豁免權。

第九十七條　關於碰撞事項或任何其他航行事故的刑事管轄權

一、 遇有船舶在公海上碰撞或任何其他航行事故涉及船長或任何其他為船舶服務的人員的刑事或紀律責任時，對此種人員的任何刑事訴訟或紀律程序，僅可向船旗國或此種人員所屬國的司法或行政當局提出。

二、 在紀律事項上，只有發給船長證書或駕駛資格證書或執照的國家，才有權在經過適當的法律程序後宣告撤銷該證書，即使證書持有人不是發給證書的國家的國民也不例外。

三、 船旗國當局以外的任何當局，即使作為一種調查措施，也不應命令逮捕或扣留船舶。

第九十八條　救助的義務

一、　每個國家應責成懸掛該國旗幟航行的船舶的船長，在不嚴重危及其船舶、船員或乘客的情況下：

(a) 救助在海上遇到的任何有生命危險的人；

(b) 如果得悉有遇難者需要救助的情形，在可以合理地期待其採取救助行動時，盡速前往拯救；

(c) 在碰撞後，對另一船舶，其船員和乘客給予救助，並在可能情況下，將自己船舶的名稱、船籍港和將停泊的最近港口通知另一船舶。

二、　每個沿海國應促進有關海上和上空安全的足敷應用和有效的搜尋和救助服務的建立、經營和維持，並應在情況需要時，為此目的通過相互的區域性安排與鄰國合作。

第九十九條　販運奴隸的禁止

每個國家應採取有效措施，防止和懲罰准予懸掛該國旗幟的船舶販運奴隸，並防止為此目的而非法使用其旗幟。在任何船舶上避難的任何奴隸，不論該船懸掛何國旗幟均當然獲得自由。

第一百條　合作制止海盜行為的義務

所有國家應盡最大可能進行合作，以制止在公海上或在任何國家管轄範圍以外的任何其他地方的海盜行為。

第一百零一條　海盜行為的定義

下列行為中的任何行為構成海盜行為：

(a) 私人船舶或私人飛機的船員、機組成員或乘客為私人目的，對下列對象所從事的任何非法的暴力或扣留行為，或任何掠奪行為：

(1) 在公海上對另一船舶或飛機，或對另一船舶或飛機上的人或財物；

(2) 在任何國家管轄範圍以外的地方對船舶、飛機，人或財物；

(b) 明知船舶或飛機成為海盜船舶或飛機的事實，而自願參加其活動的任何行為；

(c) 教唆或故意便利(a)或(b)項所述行為的任何行為。

第一百零二條　軍艦、政府船舶或政府飛機由於其船員或機組成員發生叛變而從事的海盜行為

軍艦、政府船舶或政府飛機由於其船員或機組成員發生叛變並控制該船舶或飛機而從事第一百零一條所規定的海盜行為，視同私人船舶或飛機所從事的行為。

第一百零三條　海盜船舶或飛機的定義

如果處於主要控制地位的人員意圖利用船舶或飛機從事第一百零一條所指的各項行為之一，該船舶或飛機視為海盜船舶或飛機。如果該船舶或飛機曾被用以從事任何這種行為，在該船舶或飛機仍在犯有該行為的人員的控制之下時，上述規定同樣適用。

第一百零四條　海盜船舶或飛機國籍的保留或喪失

船舶或飛機雖已成為海盜船舶或飛機，仍可保有其國籍。國籍的保留或喪失由原來給予國籍的國家的法律予以決定。

第一百零五條　海盜船舶或飛機的扣押

在公海上，或在任何國家管轄範圍以外的任何其他地方，每個國家均可扣押海盜船舶或飛機或為海盜所奪取並在海盜控制下的船舶或飛機，和逮捕船上或機上人員並扣押船上或機上財物。扣押國的法院可判定應處的刑罰，並可決定對船舶、飛機或財產所應採取的行動，但受善意第三者的權利的限制。

第一百零六條　無足夠理由扣押的賠償責任

如果扣押涉有海盜行為嫌疑的船舶或飛機並無足夠的理由，扣押國應向船舶或飛機所屬的國家負擔因扣押而造成的任何損失或損害的賠償責任。

第一百零七條　由於發生海盜行為而有權進行扣押的船舶和飛機

由於發生海盜行為而進行的扣押，只可由軍艦，軍用飛機或其他有清楚標誌可以識別的為政府服務並經授權扣押的船舶或飛機實施。

第一百零八條　麻醉藥品或精神調理物質的非法販運

一、 所有國家應進行點作，以制止船舶違反國際公約在海上從事非法販運麻醉藥品和精神調理物質。

二、 任何國家如有合理根據認為一艘懸掛其旗幟的船舶從事非法販運麻醉藥品或精神調理物質，可要求其他國家合作，制止這種販運。

第一百零九條　從公海從事未經許可的廣播

一、 所有國家應進行合作，以制止從公海從事未經許可的廣播。

二、 為本公約的目的，「未經許可的廣播」是指船舶或設施違反國際規章在公海上播送旨在使公眾收聽或收看的無線電傳音或電視廣播，但遇難呼號的播送除外。

三、 對於從公海從事未經許可的廣播的任何人，均可向下列國家的法院起訴：

　　(a) 船旗國；

　　(b) 設施登記國；

　　(c) 廣播人所屬國；

　　(d) 可以收到這種廣播的任何國家或；

　　(e) 得到許可的無線電通信受到干擾的任何國家。

四、 在公海上按照第三款有管轄權的國家，可依照第一百一十條逮捕從事未經許可的廣播的任何人或船舶，並扣押廣播器材。

第一百一十條　登臨權

一、 除條約授權的干涉行為外，軍艦在公海上遇到按照第九十五和第九十六條享有完全豁免權的船舶以外的外國船舶，非有合理根據認為有下列嫌疑，不得登臨該船：

　　(a) 該船從事海盜行為；

　　(b) 該船從事奴隸販賣；

　　(c) 該船從事未經許可的廣播而且軍艦的船旗國依據第一百零九條有管轄權；

　　(d) 該船沒有國籍；或

　　(e) 該船雖懸掛外國旗幟或拒不展示其旗幟，而事實上卻與該軍艦屬同一國籍。

二、 在第一款規定的情形下，軍艦可查核該船懸掛其旗幟的權利。為此目的，軍艦可派一艘由一名軍官指揮的小艇到該嫌疑船舶。如果檢驗船舶文件後仍有嫌疑，軍艦可進一步在該船上進行檢查，但檢查須盡量審慎進行。

三、 如果嫌疑經證明為無根據，而且被登臨的船舶並未從事嫌疑的任何行為，對該船舶可能遭受的任何損失或損害應予賠償。

四、 這些規定比照適用於軍用飛機。

五、 這些規定也適用於經正式授權並有清楚標誌可以識別的為政府服務的任何其他船舶或飛機。

第一百一十一條　緊追權

一、　沿海國主管當局有充分理由認為外國船舶違反該國法律和規章時，可對該外國船舶進行緊追。此項追逐須在外國船舶或其小艇之一在追逐國的內水、群島水域、領海或毗連區內時開始，而且只有追逐未曾中斷，才可在領海或毗連區外繼續進行。當外國船舶在領海或毗連區內接獲停駛命令時，發出命令的船舶並無必要也在領海或毗連區內。如果外國船舶是在第三十三條所規定的毗連區內，追逐只有在設立該區所保護的權利遭到侵犯的情形下才可進行。

二、　對於在專屬經濟區內或大陸架上，包括大陸架上設施周圍的安全地帶內，違反沿海國按照本公約適用於專屬經濟區或大陸架包括這種安全地帶的法律和規章的行為，應比照適用緊追權。

三、　緊追權在被追逐的船舶駛入其本國領海或第三國領海時立即終止。

四、　除非追逐的船舶以可用的實際方法認定被追逐的船舶或其小艇之一或作為一隊進行活動而以被追逐的船舶為母船的其他船艇是在領海範圍內，或者，根據情況，在毗連區或專屬經濟區內或在大陸架上，緊追不得認為已經開始。追逐只有在外國船舶視聽所及的距離內發出視覺或聽覺的停駛信號後，才可開始。

五、　緊追權只可由軍艦、軍用飛機或其他有清楚標誌可以識別的為政府服務並經授權緊追的船舶或飛機行使。

六、　在飛機進行緊追時：
　　　(a) 應比照適用第一至第四款的規定；
　　　(b) 發出停駛命令的飛機，除非其本身能逮捕該船舶，否則須其本身積極追逐船舶直至其所召喚的沿海國船舶或另一飛機前來接替追逐為止。飛機僅發現船舶犯法或有犯法嫌疑，如果該飛機本身或接著無間斷地進行追逐的其他飛機或船舶既未命令該船停駛也未進行追逐，則不足以構成在領海以外逮捕的理由。

七、　在一國管轄範圍內被逮捕並被押解到該國港口以便主管當局審問的船舶，不得僅以其在航行中由於情況需要而曾被押解通過專屬經濟區的或公海的一部分理由而要求釋放。

八、　在無正當理由行使緊追權的情況下，在領海以外被命令停駛或被逮捕的船舶，對於可能因此遭受的任何損失或損害應獲賠償。

第一百一十二條　鋪設海底電纜和管道的權利

一、　所有國家均有權在大陸架以外的公海海底上鋪設海底電纜和管道。

二、　第七十九條第五款適用於這種電纜和管道。

第一百一十三條　海底電纜或管道的破壞或損害

每個國家均應制定必要的法律和規章，規定懸掛該國旗幟的船舶或受其管轄的人故意或因重大疏忽而破壞或損害公海海底電纜，致使電報或電話通信停頓或受阻的行為，以及類似的破壞或損害海底管道或高壓電纜的行為，均為應予處罰的罪行。此項規定也應適用於故意或可能造成這種破壞或損害的行為。但對於僅為了保全自己的生命或船舶的正當目的而行事的人，在採取避免破壞或損害的一切必要預防措施後，仍然發生的任何破壞或損害，此項規定不應適用。

第一百一十四條　海底電纜或管道的所有人對另一海底電纜或管道的破壞或損害

每個國家應制定必要的法律和規章，規定受其管轄的公海海底電纜或管道的所有人如果在鋪設或修理該項電纜或管道時使另一電纜或管道遭受破壞或損害，應負擔修理的費用。

第一百一十五條　因避免損害海底電纜或管道而遭受的損失的賠償

每個國家應制定必要的法律和規章，確保船舶所有人在其能證明因避免損害海底電纜或管道而犧牲錨、網或其他漁具時，應由電纜或管道所有人予以賠償，但須船舶所有人事先曾採取一切合理的預防措施。

第二節　公海生物資源的養護和管理

第一百一十六條　公海上捕魚的權利

所有國家均有權由其國民在公海上捕魚，但受下列限制：

(a) 其條約義務；

(b) 除其他外，第六十三條第二款和第六十四至第六十七條規定的沿海國的權利、義務和利益；和

(c) 本節各項規定。

第一百一十七條　各國為其國民採取養護公海生物資源措施的義務

所有國家均有義務為各該國國民採取，或與其他國家合作採取養護公海生物資源的必要措施。

第一百一十八條　各國在養護和管理生物資源方面的合作

各國應互相合作以養護和管理公海區域內的生物資源。凡其國民開發相同生物資源，或在同一區域內開發不同生物資源的國家，應進行談判，以期採取養護有關生物資源的必要措施。為此目的，這些國家應在適當情形下進行合作，以設立分區域或區域漁業組織。

第一百一十九條　公海生物資源的養護

一、 在對公海生物資源決定可捕量和制訂其他養護措施時，各國應：

(a) 採取措施，其目的在於根據有關國家可得到的最可靠的科學證據，並在包括發展中國家的特殊要求在內的各種機關環境和經濟因素的限制下，使捕撈的魚種的數量維持在或恢復到能夠生產最高持續產量的水平，並考慮到捕撈方式、種群的相互依存以及任何一般建議的國際最低標準，不論是分區域、區域或全球性的；

(b) 考慮到所捕撈魚種有關聯或依賴該魚種而生存的魚種所受的影響，以便使這種有關聯或依賴的魚種的數量維持在或恢復到其繁殖不會受嚴重脅的水平以上。

二、 在適當情形下，應通過各主管國際組織，不論是分區域、區域或全球性的，並在所有有關國家的參加下，經常提供和交換可獲得的科學情報、漁獲量和漁撈努力量統計，以及其他有關養護魚的種群的資料。

三、 有關國家應確保養護措施及其實施不在形式上或事實上對任何國家的漁民有所歧視。

第一百二十條　海洋哺乳動物

第六十五條也適用於養護和管理公海的海洋哺乳動物。

第八部分　島嶼制度

第一百二十一條　島嶼制度

一、島嶼是四面環水並在高潮時高於水平面的自然形成的陸地區域。

二、 除第三款另有規定外，島嶼的領海、毗連區、專屬經濟區和大陸架應按照本公約適用於其他陸地領土的規定加以確定。

三、 不能維持人類居住或其本身的經濟生活的岩礁，不應有專屬經濟區或大陸架。

第九部分　閉海或半閉海

第一百二十二條　定義

本公約的目的，「閉海或半閉海」是指兩個或兩個以上國家所環繞並由一個狹窄的出口連接到另一個海或洋，或全部或主要由兩個或兩個以上沿海國的領海和專屬經濟區構成的海灣、海盆或海域。

第一百二十三條　閉海或半閉海沿岸國的合作

閉海或半閉海沿岸國在行使和履行本公約所規定的權利和義務時，應互相合作。為此目的，這些國家應盡力直接或通過適當區域組織：

(a) 協調海洋生物資源的管理、養護、勘探和開發；

(b) 協調行使和履行其在保護和保全海洋環境方面的權利和義務；

(c) 協調其科學研究政策，並在適當情形下在該地區進行聯合的科學研究方案；

(d) 在適當情形下，邀請其他有關國家或國際組織與其合作以推行本條的規定。

第十部分　內陸國出入海洋的權利和過境自由

第一百二十四條　用語

一、 為本公約的目的：

　　(a) 「內陸國」是指沒有海岸的國家；

　　(b) 「過境國」是指位於內陸國與海洋之間以及通過其領土進行過境運輸的國家，不論其是否具有海岸；

　　(c) 「過境運輸」是指人員、行李、貨物和運輸工具通過一個或幾個過境國領土的過境，而這種通過不論是否需要轉運、入倉、分卸或改變運輸方式，都不過是以內陸國領土為起點或終點的旅運全程的一部分；

　　(d) 「運輸工具」是指：

　　　　(1) 鐵路車輛、海洋、湖泊和河川船舶以及公路車輛；

　　　　(2) 在當地情況需要時，搬運工人和馱獸。

二、 內陸國和過境國可彼此協議，將管道和煤氣管和未列入第一款的運輸工具列為運輸工具。

第一百二十五條　出入海洋的權利和過境自由

一、 為行使本公約所規定的各項權利，包括行使與公海自由和人類共同繼承財產有關的權利的目的，內陸國應有權出入海洋。為此目的，內陸國應享有利用一切運輸工具通過過境國領土的過境自由。

二、 行使過境自由的條件和方式應由內陸國和有關過境國通過雙邊、分區域或區域協定予以議定。

三、 過境國在對其領土行使完全主權時，應有權採取一切必要措施，以確保本部分為內陸國所規定的各項權利和便利絕不侵害其合法利益。

第一百二十六條　最惠國條款的不適用

本公約的規定，以及關於行使出入海洋權利的並因顧及內陸國的特殊地理位置而規定其權利和便利的特別協定，不適用最惠國條款。

第一百二十七條　關稅、稅捐和其他費用

一、 過境運輸應無須繳納任何關稅、稅捐或其他費用，但為此類運輸提供特定服務而徵收的費用除外。

二、 對於過境運輸工具和其他為內陸國提供並由其使用的便利，不應徵收高於使用過境國運輸工具所繳納的稅捐或費用。

第一百二十八條　自由區和其他海關便利

為了過境運輸的便利，可由過境國和內陸國協議，在過境國的出口港和入口港內提供自由區或其他海關便利。

第一百二十九條　合作建造和改進運輸工具

如果過境國內無運輸工具以實現過境自由，或現有運輸工具包括海港設施和裝備在任何方面有所不足，過境國可與有關內陸國進行合作，以建造或改變這些工具。

第一百三十條　避免或消除過境運輸發生遲延或其他技術性困難的措施

一、 過境國應採取一切適當措施避免過境運輸發生遲延或其他技術性困難。

二、 如果發生這種遲延或困難，有關過境國和內陸國的主管當局應進行合作，迅速予以消除。

第一百三十一條　海港內的同等待遇

懸掛內陸國旗幟的船舶在海港內應享有其他外國船舶所享有的同等待遇。

第一百三十二條　更大的過境便利的給予

本公約締約國間所議定的或本公約一個締約國給予的大於本公約所規定的過境便利，絕不因本公約而撤消。本公約也不排除將來給予這種更大的便利。

第十一部分　「區域」

第一節　一般規定

第一百三十三條　用語

為本部分的目的：

(a) 「資源」是指「區域」內在海床及其下原來位置的一切固體、液體或氣體礦物資源，其中包括多金屬結核；

(b) 從「區域」回收的資源稱為「礦物」。

第一百三十四條　本部分的範圍

一、 本部分適用於「區域」。

二、 「區域」內活動應受本部分規定的支配。

三、 關於將標明第一條第一款第(1)項所指範圍界限的海圖與地理座標表交存和予以公布的規定，載於第六部分。

四、 本條的任何規定不影響根據第六部分大陸架外部界限的劃定或關於劃定海岸相向或相鄰國家間界限的協定的效力。

第一百三十五條　上覆水域和上空的法律地位

本部分或依其授予或行使的任何權利，不應影響「區域」上覆水域的法律地位，或這種水域上空的法律地位。

第二節　支配「區域」的原則

第一百三十六條　人類的共同繼承財產

「區域」及其資源是人類的共同繼承財產。

第一百三十七條　「區域」及其資源的法律地位

一、任何國家不應對「區域」的任何部分或其資源主張或行使主權或主權權利，任何國家或自然人或法人，也不應將「區域」或其資源的任何部分據為己有。任何這種主權和主權權利的主張或行使，或這種據為己有的行為，均應不予承認。

二、對「區域」內資源的一切權利屬於全人類，由管理局代表全人類行使，這種資源不得讓渡。但從「區域」內回收的礦物，只可按照本部分和管理局的規則、規章和程序予以讓渡。

三、任何國家或自然人或法人，除按照本部分外，不應對「區域」礦物主張取得或行使權利。否則，對於任何這種權利的主張，取得或行使，應不予承認。

第一百三十八條　國家對於「區域」的一般行為

各國對於「區域」的一般行為，應按照本部分的規定、「聯合國憲章」所載原則，以及其他國際法規則，以利維持和平與安全，促進國際合作和相互了解。

第一百三十九條　確保遵守本公約的義務和損害賠償責任

一、締約國應有責任確保「區域」內活動，不論是由締約國、國營企業、或具有締約國國籍的自然人或法人所從事者，一律依照本部分進行。國際組織對於該組織所進行的「區域」內活動也應有同樣義務。

二、在不妨害國際法規則和附件三第二十二條的情形下，締約國或國際組織應對由於其沒有履行本部分規定的義務而造成的損害負有賠償責任；共同進行活動的締約國或國際組織應承擔連帶賠償責任。但如締約國已依據第一百五十三條第四款和附件三第四條第四款採取一切必要和適當措施，以確保其根據第一百五十三條第二款(b)項擔保的一切實遵守規定，則該締約國對於因這種人沒有遵守本部分規定而造成的損害，應無賠償責任。

三、為國際組織成員的締約國應採取適當措施確保本條對這種組織的實施。

第一百四十條　全人類的利益

一、「區域」內活動應依本部分的明確規定為全人類的利益而進行，不論各國的地理位置如何，也不論是沿海國或內陸國，並特別考慮到發展中國家和尚未取得完全獨立或聯合國按照其大會第 1514(xv)號決議和其他有關大會決議所承認的其他自治地位的人民的利益和需要。

二、管理局應按照第一百六十條第二款(f)項(1)目作出規定，通過任何適當的機構，在無歧視的基礎上公平分配從「區域」內活動取得的財政及其他經濟利益。

第一百四十一條　專為和平目的利用「區域」

「區域」應發放給所有國家，不論是沿海國或內陸國，專為和平目的利用，不加歧視，也不得妨害本部分其他規定。

第一百四十二條　沿海國的權利和合法利益

一、「區域」內活動涉及跨越國家管轄權範圍的「區域」內資源礦床時，應適當顧及這種礦床跨越其管轄範圍的任何沿海國的權利和合法利益。

二、 應與有關國家保持協商，包括維持一種事前通知的辦法在內，以免侵犯上述權利和利益。如「區域」內活動可能導致對國家管轄範圍內資源的開發，則需事先徵得有關沿海國的同意。

三、 本部分或依其授予或行使的任何權利，應均不影響沿海國為防止、減輕或消除因任何「區域」內活動引起或造成的汙染威脅或其他危險事故使其海岸或有關利益受到的嚴重迫切危險而採取與第十二部分有關規定相符的必要措施的權利。

第一百四十三條　海洋科學研究

一、 「區域」內的海洋科學研究，應按照第十三部分專為和平目的並為謀全人類的利益進行。

二、 管理局可進行有關「區域」及其資源的海洋科學研究，並可為此目的訂立合同。管理局應促進和鼓勵在「區域」內進行海洋科學研究，並應協調和傳播所得到的這種研究和分析的結果。

三、 各締約國可在「區域」內進行海洋科學研究。各締約國應以下列方式促進「區域」內進行海洋科學研究。各締約國應以下列方式促進「區域」內海洋科學研究方面的國際合作。

　　(a) 參加國際方案，並鼓勵不同國家的人員和管理局人員合作進行海洋科學研究；

　　(b) 確保在適當情形下通過管理局或其他國際組織，為了發展中國家和技術較不發達國家的利益發展各種方案，以期：

　　　　(1) 加強它們的研究能力；

　　　　(2) 在研究的技術和應用方面訓練它們的人員和管理局的人員；

　　　　(3) 促進聘用它們的合格人員，從事「區域」內的研究；

　　(c) 通過管理局，或適當時通過其他國際途徑，切實傳播所得到的研究和分析結果。

第一百四十四條　技術的轉讓

一、 管理局應按照本公約採取措施，以：

　　(a) 取得有關「區域」內活動的技術和科學知識；並

　　(b) 促進和鼓勵向發展中國家轉讓這種技術和科學知識，使所有締約國都從其中得到利益。

二、 為此目的，管理局和各締約國應互相合作，以促進有關「區域」內活動的技術和科學知識的轉讓，使企業部和所有締約國都從其中得到利益。它們應特別倡議並推動：

　　(a) 將有關「區域」內活動的技術轉讓給企業部和發展中國家的各種方案，除其他外，包括便利企業部和發展中國家根據公平合理的條款和條件取得有關的技術；

　　(b) 促進企業部技術和發展中國家本國技術的進展的各種措施，特別是使企業部和發展中國家的人員有機會接受海洋科學和技術的訓練和充分參加「區域」內活動。

第一百四十五條　海洋環境的保護

應按照本公約對「區域」內活動採取必要措施，以確保切實保護海洋環境，不受這種活動可能產生的有害影響。為此目的，管理局應制定適當的規則、規章和程序，以便除其他外：

(a) 防止、減少和控制對包括海岸在內的海洋環境的汙染和其他危害，並防止干擾海洋環境的生態平衡，特別注意使其不受諸如鑽探、挖泥、挖鑿、廢物處置等活動，以及建造和操作或維修與這種活動有關的設施、管道和其他裝置所產生的有害影響；

(b) 保護和養護「區域」的自然資源，並防止下海洋環境中動植物的損害。

第一百四十六條 人命的保護

關於「區域」內活動，應採取必要措施，以確保切實保護人命。為此目的，管理局應制定適當的規則、規章和程序，以補充有關條約歐體現的現行國際法。

第一百四十七條 「區域」內活動與海洋環境中的活動的相互適應

一、「區域」內活動的進行，應合理地顧及海洋環境中的其他活動。

二、進行「區域」內活動所使用的設施應受下列條件的限制：

　　(a) 這種設施應僅按照本部分和在管理局的規則、規章和程序的限制下安裝、安置和拆除。這種設施的安裝、安置和拆除必須妥為通知，並對其存在必須維持永久性的警告方法；

　　(b) 這種設施不得設在對使用國際航行必經的公認海道可能有干擾的地方，或設在有密集捕撈活動的區域；

　　(c) 這種設施的周圍應設立安全地帶並加適當的標記，以確保航行和設施的安全。這種安全地帶的形狀和位置不得構成一個地帶阻礙船舶合法出入特定海洋區域或阻礙沿國際海道的航行；

　　(d) 這種設施應專用於和平目的；

　　(e) 這種設施不具有島嶼地位。它們沒有自己的領海，其存在也不影響領海、專屬經濟區或大陸架界限的劃定。

三、在海洋環境中進行的其他活動，應合理地顧及「區域」內活動。

第一百四十八條 發展中國家對「區域」內活動的參加

應按照本部分的具體規定促進發展中國家有效參加「區域」內活動，並適當顧及其特殊利益和需要，尤其是其中的內陸國和地理不利國在克服因不利位置，包括距離「區域」遙遠和出入「區域」困難而產生的障礙方面的特殊需要。

第一百四十九條 考古和歷史文物

在「區域」內發現的一切考古和歷史文物，應為全人類的利益予以保存或處置，但應特別顧及來源國，或文化上的發源國，或歷史和考古上的來源國的優先權利。

第三節 「區域」內資源的開發

第一百五十條 關於「區域」內活動的政策

「區域」內活動應按照本部分的明確規定進行，以求有助於世界經濟的健全發展和國際貿易的均衡增長，並促進國際合作，以謀所有國家特別是發展中國家的全面發展，並且為了確保：

(a) 「區域」資源的開發；

(b) 對「區域」資源進行有秩序、安全和合理的管理，包括有效地進行「區域」內活動，並按照健全的養護原則，避免不必要的浪費；

(c) 擴大參加這種活動的機會，以符合特別是第一百四十四和第一百四十八條的規定；

(d) 按照本公約的規定使管理局分享收益，以及對企業部和發展中國家作技術轉讓；

(e) 按照需要增加從「區域」取得的礦物的供應量，連同從其他來源取得的礦物，以保證這類礦物的消費者獲得供應；

(f) 促進從「區域」和從其他來源取得的礦物的價格合理而又穩定，對生產者有利，對消費者也公平，並促進供求的長期平衡；

(g) 增進所有締約國，不論其經濟社會制度或地理位置如何，參加開發「區域」內資源的機會，並防止壟斷「區域」內活動；

(h) 按照第一百五十一條的規定，保護發展中國家，使它們的經濟或出口收益不致因某一受影響礦物的價格或該礦物的出口量降低，而遭受不良影響，但以這種降低是由於「區域」內活動造成的為限；

(i) 為全人類的利益開發共同繼承財產；

(j) 從「區域」取得的礦物作為輸入品以及這種礦物所產商品作為輸入品的進入市場的條件，不應比適用於其他來源輸入品的最優惠待遇更為優惠。

第一百五十一條　生產政策

一、(a) 在不妨害等一百五十條所載目標的情形下，並為實施該條(h)項的目的，管理局應通過現有議事機構，或在適當時，通過包括生產者和消費者在內的有關各方都參加的新安排或協議，採取必要措施，以對生產者有利對消費者也公平的價格，促進「區域」資源所產商品的市場的增長、效率和穩定，所有締約國都應為此目的進行合作。

(b) 管理局應有權參加生產者和消費者在內的有關各方都參加的關於上述商品的任何商品會議。管理局應有權參與上述會議產生的任何安排或協議。管理局參加根據這種安排或協議成立的任何機關，應與「區域」內的生產有關，並符合這種機關的有關規則。

(c) 管理局應履行根據這種安排或協議所產生的義務，以求保證對「區域」內有關礦物的一切生產，均劃一和無歧視地實施。管理局在這樣作的時候，應以符合現有合同條款和已核准的企業部工作計劃的方式行事。

二、(a) 在第三款指明的過渡期間內，經營者在向管理局提出申請並經發給生產許可以前，不應依據一項核准的工作計劃進行商業生產。這種生產許可不得在根據工作計劃預定開始商業生產前逾五年時申請或發出，除非管理局考慮到方案進展的性質和時機在其規則和規章中為此規定了另一期間。

(b) 在生產許可的申請中，經營者應具體說明按照核准的工作計劃預期每年回收的鎳的數量。申請中應列有經營者為使其預定的日期如期開始商業生產而合理地算出的在收到許可以後將予支出的費用表。

(c) 為了(a)和(b)項的目的，管理局應按照附件三第十七條規定適當的成績要求。

(d) 管理局應照申請的生產量發給生產許可，除非在過渡期間內計劃生產的任何一年中，該生產量和已核准的生產量的總和超過在發給許可的年度依照第四款算出的鎳生產最高限額。

(e) 生產許可和核准的申請一經發給，即成為核准的工作計劃的一部分。

(f) 如果經營者申請生產許可依據(d)項被拒絕則該經營者可隨時向管理局再次提出申請。

三、過渡期間應自根據核准的工作計劃預定開始最早的商業生產的那一年一月一日以前的五年開始。如果最早進行商業生產的時間延遲到原定的年度以後，過渡期間的開始和原來計算的生產最高限額都應作相應的調整。過渡期間應為二十五年，或至第一百五十五條所指的審查會議結束，或至第一款所指的新安排或協議開始生效之日為止，以最早者為準。如果這種安排或協議因任何理由而終止或失效，在這過渡期間所餘時間內，管理局應重新行使本條規定的權力。

四、(a) 過渡期間內任何一年的生產最高限額應為以下的總和：

(1) 依據(b)項計算的鎳年消費量趨勢線上最早的商業生產年度以前
那一年和過渡期間開始前那一年數值的差額加上。

(2) 依據(b)項計算的鎳消費量趨勢線上所申請的生產許可證適用的那一年和最早的商業
生產年度以前那一年數值的差額的百分之六十。

(b) 為了(a)項的目的：

(1) 計算鎳最高生產限額所用的趨勢線數值，應為發給生產許可的年度中計算的趨勢線
上的鎳年消費量數值。趨勢線應從能夠取得數據的最近十五年期間的實際鎳消費
量，取其對數值，以時間為自變量，用線性回歸法導出。這一趨勢線應稱為原趨勢
線。

(2) 如果原趨勢線年增長率少百分之三，則用來確定(a)項所指數量的趨勢線應為穿過原
趨勢線上該十五年期間第一年的數值而年增長率為百分之三的趨勢線；但過渡期間
內任何一年規定的生產最高限額無論如何不得超出該年原趨勢線數值同過渡期間開
始前一年的原趨勢線數值之差。

五、 管理局應在依據第四款計算得來的生產最高限額中，保留給企業部為數 38,000 公噸的
鎳，以供其從事最初生產。

六、(a) 經營者在任何一年內可生產少於其生產許可內所指明的從多金屬結核生產的礦物的年
產數量，或最多較此數量高百分之八，但其總產量應不超出許可內所指明的數量。任
何一年內在百分之八以上百分之二十公下的超產，或連續兩年超產後的第一年以及隨
後各年的超產，應同管理局進行協商；管理局可要求經營者就增加的產量取得一項補
充的生產許可。

(b) 管理局對於這種補充生產許可的申請，只有在處理了尚未獲得生產許可的經營者自所
已出的一切申請，並已適當考慮到其他可能的申請之後，才應加以審議。管理局應以
不超過過渡期間任何一年內生產最高限額所容許的總生產量為指導原則。它不應核准
在任何工作計劃下超過 46,500 公噸的鎳年產量。

七、 依據一項生產許可從回收的多金屬結核所提煉的銅、鈷和錳等其他金屬的產量，不應高於
經營者依據本條規定從這些結核生產最高產量的鎳時所能生產的數量。管理局應依據附件
三第十七條制定規則、規章和程序以實施本項規定。

八、 根據有關的多邊貿易協定關於不公平經濟措施的權利和義務，應適用於「區域」所產礦物
的勘探和開發。在解決因本項規定而產生的爭端時，作為這種多邊貿易協定各方的締約國
應可利用這種協定的解決爭端程序。

九、 管理局應有權按照第一百六十一條第八款制定規章，在適當的條件下，使用適當的方法限
制「區域」所產而非產自多金屬結核的礦物的產量。

十、 大會應依理事會根據經濟規劃委員的意見提出的建議，建立一種補償制度，或其他經濟調
整援助措施，包括同各專門機構和其他國際組織進行合作，以協助其出口收益或經濟因某
一受影響礦物的價格或該礦物的出口量降低而遭受嚴重不良影響的發展中國家，但以此種
降低是由於「區域」內活動造成的為限。管理局經請求應許可能受到最嚴重影響的國家的
問題發動研究，以期盡量減輕它們的困難，並協助它們從事經濟調整。

第一百五十二條　管理局權力和職務的行使

一、 管理局在行使其權力和職務，包括給予進行「區域」內活動的機會時，應避免歧視。

二、 但本部分具體規定的為發展中國家所作的特別考慮，包括為其中的內陸國和地理不利國所作的特別考慮應予准許。

第一百五十三條　勘探和開發制度

一、 「區域」內活動應由管理局代表全人類，按照本條以及本部分和有關附件的其他有關規定，和管理局的規則、規章和程序，予以安排、進行和控制。

二、 「區域」內活動應依第三款的規定：

    (a) 由企業部進行，和

    (b) 由締約國或國營企業、或在締約國擔保下的具有締約國國籍或由這類國家或其國民有效控制的自然人或法人、或符合本部分和附件三規定的條件的上述的各方的任何組合與管理局以協作方式進行。

三、 「區域」內活動應按照一項依據附件三所擬定並經理事會於法律和技術委員會審議後核准的正式書面工作計劃進行。在第二款(b)項所述實體按照管理局的許可進行「區域」內活動的情形下，這種工作計劃應按照附件三第三條採取合同的形式。這種合同可按照附件三第十一條作出聯合安排。

四、 管理局為確保本部分和與其有關的附件的有關規定，和管理局的規則、規章和程序以及按照第三款核准的工作計劃得到遵守的目的，應對「區域」內活動行使必要的控制。締約國應按照第一三九條採取一切必要措施，協助管理局確保這些規定得到遵守。

五、 管理局應有權隨時採取本部分所規定的任何措施，以確保本部分條款得到遵守和根據本部分或任何合同所指定給它的控制和管理職務的執行。管理局應有權檢查與「區域」內活動有關而在「區域」內使用的一切設施。

六、 第三款所述的合同應規定期限內持續有效的保證。因此，除非按照附件三第第十八條和第十九條的規定，不得修改，暫停或終止合同。

第一百五十四條　定期審查

從本公約生效時起大會每五年應對本公約設立的「區域」的國際制度的實際實施情況，進行一次全面和系統的審查。參照上述審查，大會可按照本部分和與其有關的附件的規定和程序採取措施，或建議其他機構採取措施，以導致對制度實施情況的改進。

第一百五十五條　審查會議

一、 自根據一項核准的工作最早的商業生產開始進行的那一年一月一日起十五年後大會應召開一次會議，審查本部分和有關附件支配勘探和開發「區域」資源制度的各項規定。審查會議應參照這段時期取得的經驗，詳細審查：

    (a) 本部分和有關附件支配勘探和開發「區域」資源制度的各項規定，是否已達成其各方面的目標，包括是否已使全人類得到利益；

    (b) 在十五年期間，同非保留區域相比，保留區域是否以有效而平衡的方式開發；

    (c) 開發和使用「區域」及其資源的方式，是否有助於世界經濟的健全發展和國際貿易均衡增長；

    (d) 是否防止了對「區域」內活動的壟斷；

    (e) 第一百五十和第一百五十一條所載各項政策是否得到實行和；

    (f) 制度是否使「區域」內活動產生的利益得到公平的分享，特別考慮到發展中國家的利益和需要。

二、審查會議應確保繼續維持人類共同繼承財產的原則,為確保公平開發「區域」資使所有國家尤其是發展中國家都得到利益而制定的國際制度,以及安排、進行和控制「區域」內活動的管理局。會議還應確保繼續維持本部分規定的關於下列各方面的各項原則:排除對「區域」的任何部分主張或行使主權,各國依照本公約參與勘探和開發「區域」資源,防止對「區域」內活動的壟斷,專為和平目的利用「區域」,「區域」內活動的經濟方面,海洋科學研究,技術轉讓,保護海洋環境,保護人命,沿海國的權利,「區域」的上覆水域及其上空的法律地位,以及關於「區域」內活動的海洋環境中其他活動之間的相互適應。

三、審查會議適用的作出決定的程序應與第三聯合國海洋法所適用的程序相同。會議應作出各種努力就任何修正案以協商一致方式達成協議,且除非已盡最大努力以求達成協商一致,不應就這種事項進行表決。

四、審查會議開始舉行五年後,如果未能就關於勘探和開發「區域」資源的制度達成協議,則會議可在此後的十二個月以內,以締約國的四分之三多數作出決定,就改變或修改制度制定其認為必要和適當的修正案,提交各締約國批准或加入。此種修正案應於四分之三締約國交存批准書或加入書後十二個月對所有締約國生效。

五、審查會議依據本條通過的修正案應不影響按照現有合同取得的權利。

第四節　管理局

A分節　一般規定

第一百五十六條　設立管理局

一、茲設立國際海底管理局,按照本部分執行職務。

二、所有締約國都是管理局的當然成員。

三、已簽署最後文件但在第三百零五條第一款(c)、(d)、(e)或(f)項中未予提及的第三次聯合國海洋法會議中的觀察員,應有權按照管理局的規則、規章和程序以觀察員資格參加管理局。

四、管理局的所在地應在牙買加。

五、管理局可設立其認為在執行職務上必要的區域中心或辦事處。

第一百五十七條　管理局的性質和基本原則

一、管理局是締約國按照本部分組織和控制「區域」內活動,特別是管理「區域」資源的組織。

二、管理局應具有本公約明示授予的權力和職務。管理局應有為行使關於「區域」內活動的權力和職務包含的和必要的並符合本公約的各項附帶權力。

三、管理局以所有成員主權平等的原則為基礎。

四、管理局所有成員應誠意履行按照本部分承擔的義務,以確保其全體作為成員享有的權利和利益。

第一百五十八條　管理局的機關

一、茲設立大會、理事會和祕書處作為管理局的主要機關。

二、茲設立企業部、管理局應通過這個機關執行第一百七十條第一款所指的職務。

三、經認為必要的附屬機關可按照本部分設立。

四、管理局各主要機關和企業部應負責行使對其授予的權力和職務。每一機關行使這種權力和職務時,應避免採取可能對授予另一機關的特定權力和職務的行使有所減損或阻礙的任何行動。

B 分節　大會

第一百五十九條　組成、程序和表決

一、 大會應由管理局的全體成員組成。每一成員應有一名代表出席大會，並可由副代表及顧問隨同出席。

二、 大會應召開年度常會，經大會決定，或由祕書長應理事會的要求或管理局過半數成員的要求，可召開特別會議。

三、 除非大會另有決定，各屆會議應在管理局的所在地舉行。

四、 大會應制定其議事規則。大會應在每屆常會開始時選出其主席和其他必要的高級職員。他們的任期至下屆常會選出新主席及其他高級職員為止。

五、 大會過半數成員構成法定人數。

六、 大會每一成員應有一票表決權。

七、 關於程序問題的決定，包括召開大會特別會議的決定，應由出席並參加表決的成員過半數作出。

八、 關於實質問題的決定，應以出席並參加表決的成員三分之二多數作出。但這種多數應包括參加該會議的過半數成員。對某一問題是否為實質問題發生爭論時，該問題應作為實質問題處理，除非大會以關於實質問題的決定所需的多數另作決定。

九、 將一個實質問題第一次付諸表決時，主席可將就該問題進行表決的問題推遲一段時間，如經大會至少五分之一成員提出要求，則應將表決推遲，但推遲時間不得超過五曆日。此項規則對任一問題只可適用一次，並且不應用來將問題推遲至會議結束以後。

十、 對於大會審議中關於任何事項的提案是否符合本公約的問題，在管理局至少四分之一成員以書面要求主席徵求諮詢意見時，大會應請國際海洋法法庭海底爭端分庭就該提案提出諮詢意見，並應在收到分庭的諮詢意見前，推遲對該提案的表決。如果在提出要求的那期會議最後一個星期以前還沒有收到諮詢意見，大會應決定何時開會對已推遲的提案進行表決。

第一百六十條　權力和職務

一、 大會作為管理局唯一由其所有成員組成的機關，應視為管理局的最高機關，其他各主要機關均應按照本公約的具體規定向大會負責。大會應有權依本公約各項有關規定，就管理局權限範圍內的任何問題或事項制訂一般性政策。

二、 此外，大會的權力和職務應為：

　　(a) 按照第一百六十一條的規定，選舉理事會成員；

　　(b) 從理事會提出的候選人中，選舉祕書長；

　　(c) 根據理事會的推薦，選舉企業部董事會董事和企業部總幹事；

　　(d) 設立為按照本部分執行其職務認為有必要的附屬機關。這種機關的組成，應適當考慮到公平地區分配原則和特別利益，以及其成員必須對這種機關所處理的有關技術問題具備資格和才能；

　　(e) 在管理局未能從其他來源得到足夠收入應付其行政開支以前，按照以聯合國經常預算所用比額表為基礎認定的會費分攤比額表，決定各成員國對管理局的行政預算應繳的會費；

(f) (1) 根據理事會的建議，審議和核准關於公平分享從「區域」內活動取得的財政及其他
經濟利益和依據第八十二條所繳的費用和實物的規則、規章和程序，特別考慮到發
展中國家和尚未取得完全獨立或其他自治地位的人民的利益和需要。如果大會對理
事會的建議不予核准，大會應將這些建議送回理事會，以便參照大會表示的意見重
新加以審議；

(2) 審議和核准理事會依據第一百六十二條第二款(0)項(2)目暫時制定的管理局的規
則、規章和程序及其修正案。這些規則、規章和程序應涉及「區域」內的探礦、勘
探和開發，管理局的財務管理和內部行政以及根據企業部董事會的建議由企業部向
管理局轉移資金；

(g) 在符合本公約規定和管理局規則、規章和程序的情形下，決定公平分配從「區域」內
活動取得的財政和其他經濟利益；

(h) 審議和核准理事會提出的管理局的年度概算；

(i) 審查管理局和企業部的定期報告以及要求理事會或管理局任何其他機關提出的特別報
告；

(j) 為促進有關「區域」內活動的國際合作和鼓勵與此有關的國際法的逐漸發展及其編纂
的目的，發動研究和提出建議；

(k) 審議關於「區域」內活動的一般性問題，特別是對發展中國家產生的問題，以及關於
「區域」內活動對某些國家，特別是內陸國和地理不利國，因其地理位置而造成的那
些問題；

(l) 經理事會按照經濟規劃委員會的意見提出建議，依第一百五十一條第十款的規定，建
立補償制度或採取其他經濟調整援助措施；

(m) 依據第一百八十五條暫停成員的權利和特權的行使；

(n) 討論管理局權限範圍內的任何問題或事項，並在符合管理局各個機關權力和職務的分
配的情形下，決定由管理局那一機關來處理本公約條款未規定由其某一機關處理的任
何這種問題或事項。

C 分節理事會

第一百六十一條　組成、程序和表決

一、理事會應由大會按照下列次序選出的三十六個管理局成員組成：

(a) 四個成員來自在有統計資料的最近五年中，對於可從「區域」取得的各類礦物所產的
商品，其消費量超過世界總消費量百分之二，或其淨進口量超過世界總進口量百分之
二的那些締約國，無論如何應有一個國家屬於東歐（社會主義）區域，和最大的消費
國；

(b) 四個成員來自直接地或通過其國民對「區域」內活動的準備和進行作出了最大投資的
八個締約國，其中至少應有一個國家屬於東歐（社會主義）區域；

(c) 四個成員來自締約國中因在其管轄區域內的生產而為可從「區域」取得的各類礦物的
主要淨出口國，其中至少應有兩個是出口這種礦物對其經濟有重大關係的發展中國
家；

(d) 六個成員來自發展中國家締約國，代表特別利益。所代表的特別利益應包括人口眾多的國家、內陸國或地理不利國、可從「區域」取得的各類礦物的主要進口國、這些礦物的潛在的生產國以及最不發達國家的利益；

(e) 十八個成員按照確保理事會的席位作為一個整體予以公平地區分配的原則選出，但每一地理區域至少應有根據本項規定選出的一名成員。為此目的，地理區域應為非洲、亞洲、東歐（社會主義）、拉丁美洲和西歐及其他國家。

二、 按照第一款選舉理事會成員時，大會應確保：

(a) 內陸國和地理不利國有和它們在大會內的代表權成合理比例的代表；

(b) 不具備第一款(a)、(b)、(c)或(d)項所列條件的沿海國，特別是發展中國家有和它們在大會內的代表權成合理比例的代表；

(c) 在理事會內應有代表的每一個締約國集團，其代表應由該集團提名的任何成員擔任。

三、 選舉應在大會的常會上舉行。理事會每一成員任期四年。但在第一次選舉時，第一款所指每一集團的一半成員的任期應為兩年。

四、 理事會成員連選可連任；但應妥為顧及理事會成員輪流的相宜性。

五、 理事會應在管理局所在地執行職務，並應視管理局業務需要隨時召開會議，但每年不得少於三次。

六、 理事會過半數成員構成法定人數。

七、 理事會每一成員應有一票表決權。

八、 (a) 關於程序問題的決定應以出席並參加表決的過半數成員作出。

(b) 關於在下列條款下產生的實質問題的決定，應以出席並參加表決的成員的三分之二多數作出，但這種多數應包括理事會的過半數成員；第一百六十二條第二款(f)項，(g)項，(h)項，(i)項，(n)項，(p)項和(v)項；第一百九十一條。

(c) 關於在下列條款下產生的實質問題的決定，應以出席並參加表決的成員的四分之三多數作出，但這種多數應包括理事會的過半數成員：第一百六十二條第一款；第一百六十二條第二款(a)項；(b)項；(c)項；(d)項；(e)項；(l)項；(q)項；(r)項；(s)項；(t)項；在承包者或擔保者不遵守規定的情形下(u)項；(w)項，但根據本項發布的命令的有效期間不得超過三十天，除非以按照(d)項作出的決定加以確認；(x)項；(y)項；(z) 項；第一百六十三條第二款；第一百七十四條第三款；附件四第十一條。

(d) 關於在下列條款下產生的實質問題的決定應以協商一致方式作出： 第一百六十二條第二款(m)項和(o)項；對第十一部分的修正案的通過。

(e) 為了(d)項、(f)項和(g)項的目的，「協商一致」是指沒有任何正式的反對意見。在一項提案向理事會提出後十四天內，理事會主席應確定對該提案的通過是否會有正式的反對意見。如果主席確定會有這種反對意見，則主席應於作出這種確定後三天內成立並召集一個其成員不超過九人的調解委員會，由他本人擔任主席，以調解分歧並提出能夠以協商一致方式通過的提案。委員會應迅速進行工作，並於十四天內向理事會提出報告。如果委員會無法提出能以協商一致方式通過的提案，它應於其報告中說明反對該提案所根據的理由。

(f) 就以上未予列出的問題，經理事會獲得管理局規則、規章和程序或其他規定授權作出的決定，應依據規則、規章和程序所指明的本款各項予以作出，如果其中未予指明，則依據理事會以協商一致方式於可能時提前確定的一項予以作出。

(g) 遇有某一問題究應屬於(a)項、(b)項、(c)項或(d)項的問題，應根據情況將該問題作為在需要較大或最大多數或協商一致的那一項內的問題加以處理，除非理事會以上述多數或協商一致另有決定。

九、 理事會應制訂一項程序，使在理事會內未有代表的管理局成員可在該成員提出要求時或在審議與該成員特別有關的事項時，派出代表參加其會議，這種代表應有權參加討論，但無表決權。

第一百六十二條　權力和職務

一、 理事會為管理局的執行機關。理事會應有權依本公約和大會所制訂的一般政策，制訂管理局對於其權限範圍以內的任何問題或事項所應遵循的具體政策。

二、 此外，理事會應：

(a) 就管理局職權範圍內所有問題和事項監督和協調本部分規定的實施，並提請大會注意不遵守規定的情事；

(b) 向大會提出選舉祕書長的候選人名單；

(c) 向大會推薦企業部董事會的董事和企業部總幹事的候選人；

(d) 在適當時，並在妥為顧及節約和效率的情形下，設立其認為按照本部分執行其職務所必要的附屬機關。附屬機關的組成，應注重其成員必須對這種機關所處理的有關技術問題具備資格和才能，但應妥為顧及公平地區分配原則和特別利益；

(e) 制定理事會議事規則，包括推選其主席的方法；

(f) 代表管理局在其職權範圍內同聯合國或其他國際組織締結協定，但須經大會核准；

(g) 審查企業部的報告，並將其轉交大會，同時提交其建議；

(h) 向大會提出年度報告和大會要求的特別報告；

(i) 按照第一百七十條向企業部發出指示；

(j) 按照附件三第六條核准工作計劃。理事會應於法律和技術委員會提出每一工作計劃後六十天內在理事會的會議上按照下列程序對該工作計劃採取行動：

(1) 如果委員會建議核准一項工作計劃，在十四天內理事會如無任何成員向主席書面提出具體反對意見，指稱不符合附件三第六條的規定，則該工作計劃應視為已獲理事會核准。如有反對意見，即應適用第一百六十一條第八款(c)項所載的調解程序。如果在調解程序結束時，反對意見依然堅持，則除非理事會中將提出申請或擔保申請者的任何一國或數國排除在外的成員以協商一致方式對工作計劃不予核准，則該工作計劃應視為已獲理事會核准；

(2) 如果委員會對一項工作計劃建議不予核准，或未提出建議，理事會可以出席和參加表決的成員的四分之三的多數決定核准該工作計劃，但這一多數須包括參加該次會議的過半數成員；

(k) 核准企業部按照附件四第十二條提出的工作計劃，核準時此照適用(j)項內所列的程序；

(l) 按照第一百五十三條第四款和管理局的規則、規章和程序，對「區域」內活動行使控制；

(m) 根據經濟規劃委員會的建議，按照第一百五十條(h)項，制定必要和適當的措施，以保護發展中國家使其不致受到該項中指明的不良經濟影響；

(n) 根據經濟規劃委員會的意見，向大會建議第一百五十一條第十款所規定的補償制度或其他經濟調整援助措施；

(o) (1) 向大會建議關於公平分享從「區域」內活動取得的財政及其他經濟利益以及依據第八十二條所繳費用和實物的規則、規章和程序，特別顧及發展中國家和尚未取得完全獨立或其他自治地位的人民的利益和需要；

(2) 在經大會核准前，暫時制定並適用管理局的規則、規章和程序及其任何修正案，考慮到法律和技術委員會或其他有關附屬機構的建議。這種規則、規章和程序應涉及「區域」內的探礦、勘探和開發以及管理局的財務管理和內部行政。對於制定有關多金屬結核的勘探和開發的規則、規章和程序，應給予優先。有關多金屬結核以外任何資源的勘探和開發的規則、規章和程序，應於管理局任何成員向其要求制訂之日起三年內予以制定。所有規則、規章和程序應於大會核准以前或理事會參照大會表示的任何意見予以修改以前，在暫時性的基礎上生效；

(p) 審核在依據本部分進行的業務方面由管理局付出或向其繳付的一切款項的收集工作；

(q) 在附件三第七條有此要求的情形下，從生產許可的申請者中作選擇；

(r) 將管理局的年度概算提交大會核准；

(s) 就管理局職權範圍內的任何問題或事項的政策，向大會提出建議；

(t) 依據第一百八十五條，就暫停成員權利和特權的行使向大會提出建議；

(u) 在發生不遵守規定的情形下，代表管理局向海底爭端分庭提起司法程序；

(v) 經海底爭端分庭在根據(u)項提起的司法程序作出裁判後，將此通知大會，並就其認為應採取的適當措施提出建議；

(w) 遇有緊急情況，發布命令，其中可包括停止或調整作業的命令，以防止「區域」內活動對海洋環境造成嚴重損害；

(x) 在有重要證據證明海洋環境有受嚴重損害之虞的情形下，不准由承包者或企業部開發某些區域；

(y) 設立一個附屬機關來制訂有關下列兩項財政方面的規則、規章和程序草案：

(1) 按照第一百七十一至第一百七十五條的財務管理；

(2) 按照附件三第十三條和第十七條第一款(c)項的財政安排；

(z) 設立適當機構來指導和監督視察工作人員，這些視察員負責視察「區域」內活動，以確定本部分的規定、管理局的規則、規章和程序、以及同管理局訂立的任何合同的條款和條件，是否得到遵守。

第一百六十三條　理事會的機關

一、 茲設立理事會的機關如下：

(a) 經濟規劃委員會；

(b) 法律和技術委員會。

二、 每一委員會應由理事會根據締約國提名選出的十五名委員組成。但理事會可於必要時在妥為顧及節約和效率的情形下，決定增加任何一個委員會的委員人數。

三、 委員會委員應具備該委員會職務範圍內的適當資格。締約國應提名在有關領域內有資格的具備最高標準的能力和正直的候選人，以便確保委員會有效執行其職務。

四、 在選舉委員會委員時，應妥為顧及席位的公平地區分配和特別利益有其代表的需要。

五、 任何締約國不得提名一人以上為同一委員會的候選人。任何人不應當選在一個以上委員會
任職。

六、 委員會委員任期五年，連選可連任一次。

七、 如委員會委員在其任期屆期之前死亡、喪失能力或辭職，理事會應從同一地理區域或同一
利益方面選出一名委員任滿所餘任期。

八、 委員會委員不應在同「區域」內的勘探和開發有關的任何活動中有財務上的利益。各委員
在對其所任職的委員會所負責任限制下，不應洩露工業祕密、按照附件三第十四條轉讓給
管理局的專有性資料，或因其在管理局任職而得悉的任何其他祕密情報，即使在職務終止
以後，也是如此。

九、 每一委員會應按照理事會所制定的方針和指示執行其職務。

十、 每一委員會應擬訂為有效執行其職務所必要的規則和規章，並提請理事會核准。

十一、 委員會作出決定的程序應由管理局的規則、規章和程序加以規定。提交理事會的建議，
必要時應附送委員會內不同意見的摘要。

十二、 每一委員會通常應在管理局所在地執行職務，並按有效執行其職務的需要，經常召開會
議。

十三、 在執行這些職務時，每一委員會可在適當時同另一委員會或聯合國任何主管機關、聯合
國各專門機構、或對協商的主題事項具有有關職權的任何國際組織進行協商。

第一百六十四條　經濟規劃委員會

一、 經濟規劃委員會委員應具備諸如與採礦、管理礦物資源活動、國際貿易或國際經濟有關的
適當資格。理事會應盡力確保委員會的組成反映出一切適當的資格。委員會至少應有兩個
成員來自出口從「區域」取得的各類礦物對其經濟有重大關係的發展中國家。

二、 委員會應：

(a) 經理事會請求，提出措施，以實施按照本公約所採取的關於「區域」內活動的決定；

(b) 審查可從「區域」取得的礦物的供應、需求和價格的趨勢與對其造成影響的因素，同
時考慮到輸入國和輸出國兩者的利益，特別是其中的發展中國家的利益；

(c) 審查有關締約國提請其注意的可能導致第一百五十條(h)項內所指不良影響的任何情
況，並向理事會提出適當建議；

(d) 按照第一百五十條第十款所規定，向理事會建議對於因「區域」內活動而受到不良影
響的發展中國家提供補償或其他經濟調整援助措施的制度以便提交大會。委員會應就
大會通過的這一制度或其他措施對具體情況的適用，向理事會提出必要的建議。

第一百六十五條　法律和技術委員會

一、 法律和技術委員會委員應具備諸如有關礦物資源的勘探和開發及加工、海洋學、海洋環境
的保護，或關於海洋採礦的經濟或法律問題以及其他有關的專門知識方面的適當資格。理
事會應盡力確保委員會的組成反映出一切適當的資格。

二、 委員會應：

(a) 經理事會請求，就管理局職務的執行提出建議；

(b) 按照第一百五十三條第三款審查關於「區域」內活動的正式書面工作計劃，並向理事
會提交適當的建議。委員會的建議應僅以附件三所載的要求為根據，並應就其建議向
理事會提出充分報告；

(c) 經理事會請求，監督「區域」內活動，在適當情形下，同從事這種活動的任何實體或有關國家協商和合作進行，並向理事會提出報告；

(d) 就「區域」內活動對環境的影響準備評價；

(e) 向理事會提出關於保護海洋環境的建議，考慮到在這方面公認的專家的意見；

(f) 擬訂第一百六十二條第二款(o) 項所指的規則、規章和程序，提交理事會，考慮到一切有關的因素，包括「區域」內活動對環境影響的評價；

(g) 經常審查這種規則、規章和程序，並隨時向理事會建議其認為必要或適宜的修正；

(h) 就設立一個以公認的科學方法定期觀察、測算、評價和分析「區域」內活動造成的海洋環境汙染危險或影響的監測方案，向理事會提出建議，確保現行規章是足夠的而且得到遵守，並協調理事會核准的監測方案的實施；

(i) 建議理事會特別考慮到第一百八十七條，按照本部分和有關附件，代表管理局向海底爭端分庭提起司法程序；

(j) 經海底爭端分庭在根據(i)項提起的司法程序作出裁判後，就任何應採取的措施向理事會提出建議；

(k) 向理事會建議發布緊急命令，其中可包括停止或調整作業的命令，以防止「區域」內活動對海洋環境造成嚴重損害。理事會應優先審議這種建議；

(l) 在有充分證據證明海洋環境有受嚴重損害之虞的情形下，向理事會建議不准由承包者或企業部開發某些區域；

(m) 就視察工作人員的指導和監督事宜，向理事會提出建議，這些視察員應視察「區域」內活動，以確定本部分的規定、管理局的規則、規章和程序、以及同管理局訂立的任何合同的條款和條件是否得到遵守；

(n) 在理事會按照附件三第七條在生產許可申請者中作出任何必要選擇後，依據第一百五十一條第二至第七款代表管理局計算生產最高限額並發給生產許可。

三、 經任何有關締約國或任何當事一方請求，委員會委員執行其監督和檢查的職務時，應由該有關締約國或其他當事一方的代表一人陪同。

D 分節祕書處

第一百六十六條　祕書處

一、 祕書處應由祕書長一人和管理局所需要的工作人員組成。

二、 祕書長應由大會從理事會提名的候選人中選舉，任期四年，連選可連任。

三、 祕書長應為管理局的行政首長，在大會和理事會以及任何附屬機關的一切會議上，應以這項身分執行職務，並應執行此種機關交付給祕書長的其他行政職務。

四、 祕書長應就管理局的工作向大會提出年度報告。

第一百六十七條　管理局的工作人員

一、 管理局的工作人員應由執行管理局的行政職務所必要的合格科學及技術人員和其他人員組成。

二、 工作人員的徵聘和僱用，以及其服務條件的決定，應以必須取得在效率、才能和正直方面達到最高標準的工作人員為首要考慮。在這一考慮限制下，應妥為顧及在最廣泛的地區基礎上徵聘工作人員的重要性。

三、 工作人員應由祕書長任命。工作人員的任命、薪酬和解職所根據的條款和條件，應按照管理局的規則、規章和程序。

第一百六十八條　祕書處的國際性

一、 祕書長氣及工作人員在執行職務時，不應尋求或接受任何政府的指示或管理局以外其他來源的指示。他們應避免足以影響其作為只對管理局負責的國際官員的地位的任何行動。每一締約國保證尊重祕書長和工作人員所負責任的純粹國際性，不設法影響他們執行其職責。工作人員如有任何違反職責的行為，應提交管理局的規則、規章和程序所規定的適當行政法庭。

二、 祕書長及工作人員在同「區域」內的勘探和開發有關的任何活動中，不應有任何財務上的利益。在他們對管理局所負責任限制下，他們不應洩露任何工業祕密、按照附件三第十四條轉讓給管理局的專有性資料或在因管理局任職而得悉的任何其他祕密情報，即使在其職務終止以後也是如此。

三、 管理局工作人員如有違反第二款所載義務情事，經受到這種違反行為影響的締約國，或由締約國按照第一百五十三條第二款(b)項擔保並因這種違反行為而受到影響的自然人或法人的要求，應由管理局將有關工作人員交管理局的規則、規章和程序所指定的法庭處理。受影響的一方應有權參加程序。如經法庭建議，祕書長應將有關工作人員解僱。

四、 管理局的規則、規章和程序應載有為實施本條所必要的規定。

第一百六十九條　同國際組織和非政府組織的協商和合作

一、 在管理局職權範圍內的事項上，祕書長經理事會核可，應作出適當的安排，同聯合國經濟及社會理事會承認的國際組織和非政府組織進行協商和合作。

二、 根據第一款與祕書長訂有安排的任何組織可指派代表，按照管理局各機關的議事規則，以觀察員的身分參加這些機關的會議。應制訂程序，以便在適當情形下徵求這種組織的意見。

三、 祕書長可向各締約國分發第一款所指的非政府組織就其具有特別職權並與管理局工作有關的事項提出的書面報告。

E 分節　企業部

第一百七十條　企業部

一、 企業部應為依據第一百五十三條第二款(a)項直接進行「區域」內活動以及從事運輸、加工和銷售從「區域」回收的礦物的管理局機關。

二、 企業部在管理局國際法律人格的範圍內，應有附件四所載章程規定的法律行為能力。企業部應按照本公約、管理局的規則、規章和程序以及大會制訂的一般政策行事，並應受理事會的指示和控制。

三、 企業部總辦事處應設在管理局所在地。

四、 企業部應按照第一百七十三條第二款和附件四第十一條取得執行職務所需的資金，並應按照第一百四十四條和本公約其他有關條款規定得到技術。

F 分節　管理局的財政安排

第一百七十一條　管理局的資金

管理局的資金應包括：

(a) 管理局各成員按照第一百六十條第二款(e)項繳付的分攤會費；

(b) 管理局按照附件三第十三條因「區域」內活動而得到的收益；

(c) 企業部按照附件四第十條轉來的資金；

(d) 依據第一百七十四條借入的款項；和

(e) 成員或其他實體所提供的自願捐款；

(f) 按照第一百五十一條第十款向補償基金繳付的款項，基金的來源由經濟規劃委員會提出建議。

第一百七十二條　管理局的年度預算

祕書長應編制管理局年度概算，向理事會提出。理事會應審議年度概算，並連同其對概算的任何建議向大會提出。大會應按照第一百六十條第二款(h)項審議並核准年度概算。

第一百七十三條　管理局的開支

一、 在管理局未能從其他來源得到足夠資金以應付其行政開支以前，第一百七十一條(a)項所指的會費應繳入特別帳戶，以支付管理局的行政開支。

二、 管理局的資金應首先支付管理局的行政開支。除了第一百七十一條(a)項所指分攤會費外，支付行政開支後所餘資金，除其他外，可：

(a) 按照第一百四十條和第一百六十條第二款(g)項加以分配；

(b) 按照第一百七十條第四款用以向企業部提供資金；

(c) 按照第一百五十一條第十款和第一百六十條第二款(l)項用以補償發展中國家。

第一百七十四條　管理局的借款權

一、 管理局應有借款的權力。

二、 大會應在依據第一百六十條第二款(f)項所制定的財務條例中規定對此項權力的限制。

三、 理事會應行使管理局的借款權。

四、 締約國對管理局的債務應不負責任。

第一百七十五條　年度審計

管理局的記錄、帳簿和帳目，包括其年度財務報表，應每年交由大會指派的一位獨立審計員審核。

G 分節　法律地位、特權和豁免

第一百七十六條　法律地位

管理局應具有國際法律人格以及為執行其職務和實現其宗旨所必要的法律行為能力。

第一百七十七條　特權和豁免

為使其能夠執行職務，管理局應在每一締約國的領土內享有本分節所規定的特權和豁免。同企業部有關的特權和豁免為附件四第十三條內所規定者。

第一百七十八條　法律程序的豁免

管理局及其財產和資產，應享有對法律程序的豁免，但管理局在特定事件中明白放棄這種豁免時，不在此限。

第一百七十九條　對搜查和任何其他形式扣押的豁免

管理局的財產和資產，不論位於何處和為何人持有，應免受搜查、徵用、沒收、公用徵收或以行政或立法行動進行的任何其他形式的扣押。

第一百八十條　限制、管制、控制和暫時凍結的免除

管理局的財產和資產應免除任何性質的限制、管制、控制和暫時凍結。

第一百八十一條　管理局的檔案和公務通訊

一、 管理局的檔案不論位于何處，應屬不可侵犯。

二、 專有的資料、工業祕密或類似的情報和人事卷宗不應置於可供公眾查閱的檔案中。

三、 關於管理局的公務通訊，每一締約國應給予管理局不低於給予其他國際組織的待遇。

第一百八十二條　若干與管理局有關人員的特權和豁免

締約國代表出席大會、理事會、或大會或理事會所屬機關的會議時，以及管理局的祕書長和工作人員，在每一締約國領土內：

(a) 應就他們執行職務的行為，享有對法律程序的豁免，但在適當情形下，他們所代表的國家或管理局在特定事件中明白放棄這種豁免時，不在此限；

(b) 如果他們不是締約國國民，應比照該國應給予其他締約國職級相當的代表、官員和僱員的待遇，享有在移民限制、外僑登記規定和國民服役義務方面的同樣免除、外匯管制方面的同樣便利和旅行便利方面的同樣待遇。

第一百八十三條　稅捐的免除

一、 在其公務活動範圍內，管理局及其資產、財產和收入，以及本公約許可的管理局的業務和交易，應免除一切直接稅捐，對其因公務用途而進口或出口的貨物也應免除一切關稅。管理局不應要求免除僅因提供服務而收取的費用的稅款。

二、 為管理局的公務活動需要，由管理局或以管理局的名義採購價值巨大的貨物或服務時，以及當這種貨物或服務的價款包括稅捐或關稅在內時，各締約國應在可行範圍內採取適當措施，准許免除這種稅捐或關稅或設法將其退還。在本條規定的免除下進口或採購的貨物，除非根據與該締約國協議的條件，不應在給予免除的締約國領土內出售或作其他處理。

三、 各締約國對於管理局付給非該國公民、國民或管轄下人員的管理局祕書長和工作人員以及為管理局執行任務的專家的薪給和酬金或其他形式的費用，不應課稅。

第一百八十四條　表決權的暫停行使

一個締約國拖欠對管理局應繳的費用，如果拖欠數額等於或超過該國前兩整年應繳費用的總額，該國應無表決權。但大會如果確定該成員國由於本國無法控制的情況而不能繳費，可准許該國參加表決。

第一百八十五條　成員權利和特權的暫時行使

一、 締約國如一再嚴重違反本部分的規定，大會可根據理事會的建議暫停該國行使成員的權利和特權。

二、 在海底爭端分庭認定一個締約國一再嚴重違反本部分規定以前，不得根據第一款採取任何行動。

第五節　爭端的解決和諮詢意見

第一百八十六條　國際海洋法法庭海底爭端分庭

海底爭端分庭的設立及其行使管轄權的方式均應按照本節、第十五部分和附件六的規定。

第一百八十七條　海底爭端分庭的管轄權

海底爭端分庭根據本部分及其有關的附件，對以下各類有關「區域」內活動的爭端應有管轄權：

(a) 締約國之間關於本部分及其有關附件的解釋或適用的爭端；

(b) 締約國與管理局之間關於下列事項的爭端：

　(1) 管理局或締約國的行為或不行為據指控違反本部分或其有關附件或按其制定的規則、規章或程序；或

　(2) 管理局的行為據指控逾越其管轄權或濫用權力；

(c) 第一百五十三條第二款(b)項內所指的，作為合同當事各方的締約國、管理局或企業部、國營企業以及自然人或法人之間關於下列事項的爭端：

　(1) 對有關合同或工作計劃的解釋或適用；或

　(2) 合同當事一方在「區域」內活動方面針對另一方或直接影響其合法利益的行為或不行為；

(d) 管理局同按照第一百五十三條第二款(b)項由國家擔保且已妥為履行附件三第四條第六款和第十三條第二款所指條件的未來承包者之間關於訂立合同的拒絕，或談判合同時發生的法律問題的爭端；

(e) 管理局同締約國、國營企業或按照第一百五十三條第二款(b)項由締約國擔保的自然人或法人間關於指控管理局應依附件三第二十二條的規定負擔賠償責任的爭端；

(f) 本公約具備規定由分庭管轄的任何爭端。

第一百八十八條　爭端提交國際海洋法法庭特別分庭或海底爭端分庭專案分庭或提交有拘束力的商業仲裁

一、第一百八十七條(a)項所指各締約國間的爭端可：

　(a) 應爭端各方的請求，提交按照附件六第十五和第十七條成立的國際海洋法法庭特別分庭；或

　(b) 應爭端任何一方的請求，提交按照附件六第三十六條成立的海底爭端分庭專案分庭。

二、(a) 有關第一百八十七條(c)項(l)項目內所指合同的解釋或適用的爭端，經爭端任何一方請求，應提交有拘束力的商業仲裁，除非爭端各方另有協議。爭端所提交的商業仲裁法庭對決定本公約的任何解釋問題不具有管轄權。如果爭端也涉及關於「區域」內活動的第十一部分及有關附件的解釋問題，則應將該問題提交海底爭端分庭裁定；

　(b) 在此種仲裁開始時或進行過程中，如果仲裁法庭經爭端任何一方請求，或根據自己決定，斷定其裁決須取決於海底爭端分庭的裁定，則仲裁法庭應將此種問題提交海底爭端分庭裁定。然後，仲裁法庭應依照海底爭端分庭的裁定作出裁決；

　(c) 在合同沒有規定此種爭端所應適用的仲裁程序的情形下，除非爭端各方另有協議。仲裁應按照聯合國國際貿易法委員會的仲裁規則，或管理局的規則、規章和程序中所規定的其他這種仲裁規則進行。

第一百八十九條　在管理局所作決定方面管轄權的限制

海底爭端分庭對管理局按照本部分規定行使斟酌決定權應無管轄權；在任何情形下，均不應以其斟酌決定權代替管理局的斟酌決定權。在不妨害第一百九十一條的情形下，海底爭端分庭依據第一百八十七條行使其管轄權時，不應對管理局的任何規則、規章和程序是否符合本公約的

問題表示意見，也不應宣布任何此種規則、規章和程序為無效。分庭在這方面的管轄權應限於就管理局的任何規則、規章和程序適用于個別案件將同爭端各方的合同上義務或其在本公約下的義務相牴觸的主張，就逾越管轄或濫用權力的主張，以及就一方來履行其合同上義務或其在本公約下的義務而應給予有關另一方損害賠償或其他補救的要求，作出決定。

第一百九十條　擔保締約國的參加程序和出庭

一、　如自然人或法人為第一百八十七條所指爭端的一方，應將此事通知其擔保國，該國應有權以提出書面或口頭陳述的方式參加司法程序。

二、　如果一個締約國擔保的自然人或法人在第一百八十七條(c)項所指的爭端中對另一締約國提出訴訟，被告國可請擔保該人的國家代表該人出庭。如果不能出庭，被告國可安排屬其國籍的法人代表該國出庭。

第一百九十一條　諮詢意見

海底爭端分庭經大會或理事會請求，應對它們活動範圍內發生的法律問題提出諮詢意見。這種諮詢意見應作為緊急事項提出。

第十二部分　海洋環境的保護和保全

第一節　一般規定

第一百九十二條　一般義務

各國有保護和保全海洋環境的義務。

第一百九十三條　各國開發其自然環境的主權權利

各國有依據其環境政策和按照其保護和保全海洋環境的職責開發其自然資源的主權權利。

第一百九十四條　防止減少和控制海洋環境汙染的措施

一、　各國應在適當情形下個別或聯合地採取一切符合本公約的必要措施，防止、減少和控制任何來源的海洋環境汙染，為此目的，按照其能力使用其所掌握的最切實可行的方法，並應在這方面盡力協調它們的政策。

二、　各國應採取一切必要措施，確保在其管轄或控制下的活動的進行不致使其他國家及其環境遭受汙染的損害，並確保在其管轄或控制範圍內的事件或活動所造成的汙染不致擴大到其按照本公約行使主權權利的區域之外。

三、　依據本部分採取的措施，應針對海洋環境的一切汙染來源。這些措施，除其他外，應包括旨在在最大可能範圍內盡量減少下列汙染的措施：

(a) 從陸上來源、從大氣層或通過大氣層或由於傾倒而放出的有毒、有害或有礙健康的物質，特別是持久不變的物質；

(b) 來自船隻的汙染，特別是為了防止意外事件和處理緊急情況，保證海上操作安全，防止故意和無意的排放，以及規定船隻的設計、建造、裝備、操作船和人員配備的措施；

(c) 來自用於勘探或開發海床和底土的自然資源的設施和裝置的汙染，特別是為了防止意外事件和處理緊急情況，保證海上操作安全，以及規定這些設施或裝置的設計、建造、裝備、操作和人員配備的措施；

(d) 來自在海洋環境內操作的其他設施和裝置的汙染，特別是為了防止意外事件和處理緊急情況，保證海上操作安全，以及規定這些設施或裝置的設計、建造、裝備、操作和人員配備的措施。

四、 各國採取措施防止、減少或控制海洋環境的汙染時，不應對其他國家依照本公約行使其權利並履行其義務所進行的活動有不當的干擾。

五、 按照本部分採取的措施，應包括為保護和保全稀有或脆弱的生態系統，以及衰竭、受威脅或有滅絕危險的物種和其他形式的海洋生物的生存環境，而有必要的措施。

第一百九十五條　不將損害或危險轉移或將一種汙染轉變成另一種汙染的義務

各國在採取措施防止、減少和控制海洋環境的汙染時採取的行動不應直接或間接將損害或危險從一個區域轉移到另一個區域，或將一種汙染轉變成另一種汙染。

第一百九十六條　技術的使用或外來的或新的物種的引進

一、 各國應採取一切必要措施以防止、減少和控制由於在其管轄或控制下使用技術而造成的海洋環境汙染，或由於故意或偶然在海洋環境某一特定部分引進外來的或新的物種致使海洋環境可能發生重大和有害的變化。

二、 本條不影響本公約對防止、減少和控制海洋環境汙染的適用。

第二節　全球性和區域性合作

第一百九十七條　在全球性或區域性的基礎上的合作

各國在為保護和保全海洋環境而擬訂和制訂符合本公約的國際規則、標準和建議的辦法及程序時，應在全球性的基礎上或在區域性的基礎上，直接或通過主管國際組織進行合作，同時考慮到區域的特點。

第一百九十八條　即將發生的損害或實際損害的通知

當一國得知海洋環境有即將遭受汙染損害的迫切危險或已經遭受汙染損害的情況時，應立即通知其認為可能受這種損害影響的其他國家以公及各主管國際組織。

第一百九十九條　對汙染的應急計劃

在第一百九十八條所指的情形下，受影響區域的各國，應按照其能力，與各主管國際組織盡可能進行合作，以消除汙染的影響並防止或盡量減少損害。為此目的，各國應共同發展和促進各種應急計劃，以應付海洋環境的汙染事故。

第二百條　研究、研究方案及情報和資料的交換

各國應直接或通過主管國際組織進行合作，以促進研究、實施科學研究方案、並鼓勵交換所取得的關於海洋環境汙染的情報和資料。各國應盡力積極參加區域性和全球性方案，以取得有關鑒定汙染的性質和範圍、面臨汙染的情況以及其通過的途徑、危險和補救辦法的知識。

第二百零一條　規章的科學標準

各國應參照依據第二佰條取得的情報和資料，直接或通過主管國際組織進行合作，訂立適當的科學準則，以便擬訂和制訂防止、減少和控制海洋環境汙染的規則、標準和建議的辦法及程序。

第三節　技術援助

第二百零二條　對發展中國家的科學和技術援助

各國應直接或通過主管國際組織：

(a) 促進對發展中國家的科學、教育、技術和其他方面援助的方案，以保護和保全海洋環境，並防止、減少和控制海洋汙染。這種援助，　除其他外，應包括：

　　(1) 訓練其科學和技術人員；

(2) 便利其參加有關的國際方案；

(3) 向其提供必要的裝備和便利；

(4) 提高其製造這種裝備的能力；

(5) 就研究、監測、教育和其他方案提供意見並發展設施。

(b) 提供適當的援助，特別是對發展中國家，以盡量減少可能海洋環境造成嚴重汙染的重大事故的影響。

(c) 提供關於編制環境評價的適當援助，特別是對發展中國家。

第二百零三條　對發展中國家的優惠待遇

為了防止、減少和控制海洋環境汙染或盡量減少其影響的目的，發展中國家應在下列事項上取得各國組織的優惠待遇：

(a) 有關款項和技術援助的分配；和

(b) 對各該組織專門服務的利用。

第四節　監測和環境評價

第二百零四條　對汙染危險或影響的監測

一、各國應在符合其他國家權利的情形下，在實際可行範圍內，盡力直接或通過和主管國際組織，用公認的科學方法觀測、測算、估計和分析海洋環境汙染的危險或影響。

二、各國特別應不斷監視其所准許或從事的任何活動的影響，以便確定這些活動是否可能汙染海洋環境。

第二百零五條　報告的發表

各國應發表依據第二百零四條所取得的結果的報告，或每隔相當期間向主管國際組織提出這種報告，各該組織應將上述報告提供所有國家。

第二百零六條　對各種活動的可能影響的評價

各國如有合理根據認為在其管轄或控制下的計劃中的活動可能對海洋環境造成重大汙染或重大和有害的變化，應在實際可行範圍內，就這種活動對海洋環境的可能影響作出評價，並應依照第二百零五條規定的方式提送這些評價結果的報告。

第五節　防止、減少和控制海洋環境汙染的國際規則和國內立法

第二百零七條　陸地來源的汙染

一、各國應制定法律和規章，以防止、減少和控制陸地來源，包括河流、河口灣、管道和排水口結構對海洋環境的汙染，同時考慮到國際上議定的規則、標準和建議的辦法及程序。

二、各國應採取其他可能必要的措施，以防止、減少和控制這種汙染。

三、各國應盡力在適當的區域一級協調其在這方面的政策。

四、各國特別應通過主管國際組織或外交會議採取行動，盡力制訂全球性和區域性規則、標準和建議的辦法及程序，以防止、減少和控制這種汙染，同時考慮到區域的特點，發展中國家的經濟能力及其經濟發展的需要。這種規則、標準和建議的辦法及程序應根據需要隨時重新審查。

五、第一、第二和第四款提及的法律、規章、措施、規則、標準和建議的辦法及程序，應包括旨在在最大可能範圍內盡量減少有毒、有害或有礙健康的物質，特別是持久不變的物質，排放到海洋環境的各種規定。

第二百零八條　國家管轄的海底活動造成的汙染

一、沿海國應制定法律和規章，以防止、減少和控制來自受其管轄的海底活動或與此種活動有關的對海洋環境的汙染以及來自依據第六十和第八十條在其管轄下的人工島嶼、設施和結構對海洋環境的汙染。

二、各國應採取其他可能必要的措施，以防止、減少和控制這種汙染。

三、這種法律、規章和措施的效力應不低於國際規則、標準和建議的辦法及程序。

四、各國應盡力在適當的區域一級協調其在這方面的政策。

五、各國特別應通過主管國際組織或外交會議採取行動，制訂全球性和區域性規章、標準和建議的辦法及程序，以防止、減少和控制第一款所指的海洋環境汙染。這種規則、標準和建議的辦法及程序應根據需要隨時重新審查。

第二百零九條　來自「區域」內活動的汙染

一、為了防止、減少和控制「區域」內活動對海洋環境的汙染，應按照第十一部分制定國際規則、規章和程序。這種規則、規章和程序應根據需要隨時重審查。

二、在本節有關規定的限制下，各國應制定法律和規章，以防止、減少和控制由懸掛其旗幟或在其國內登記或在其權力下經營的船隻、設施、結構和其他裝置所進行的「區域」內活動造成對海洋環境的汙染。這種法律和規章的要求的效力應不低於第一款所指的國際規則、規章和程序。

第二百一十條　傾倒造成的汙染

一、各國應制定法律和規章，以防止、減少和控制傾倒對海洋環境的汙染。

二、各國應採取其他可能必要的措施，以防止、減少和控制這種汙染。

三、這種法律、規章和措施應確保非經各國主管當局准許，不進行傾倒。

四、各國特別應通過主管國際組織或外交會議採取行動，盡力制訂全球性和區域性規則、標準和建議的辦法及程序，以防止、減少和控制這種汙染。這種規則、標準和建議的辦法及程序應根據需要隨時重新審查。

五、非經沿海國事前明示核准，不應在領海和專屬經濟區內或在大陸架上進行傾倒，沿海國經與由於地理處境可能受傾倒不利影響的其他國家適當審議此事後，有權准許、規定和控制這種傾倒。

六、國內法律、規章和措施在防止、減少和控制這種汙染方面的效力應不低於全球性規則和標準。

第二百一十一條　來自船隻的汙染

一、各國應通過主管國際組織或一般外交會議採取行動，制訂國際規則和標準，以防止、減少和控制船隻對海洋環境的汙染，並於適當情形下，以同樣方式促進對劃定航線制度的採用。以期盡量減少可能對海洋環境，包括對海岸造成汙染和對沿海國的有關利益可能造成汙染損害的意外事件的威脅。這種規則和標準應根據需要隨時以同樣方式重新審查。

二、各國應制定法律和規章，以防止、減少和控制懸掛其旗幟或在其國內登記的船隻對海洋環境的汙染。這種法律和規章至少應具有與通過主管國際組織或一般外交會議制訂的一般接受的國際規則和標準相同的效力。

三、各國如制訂關於防止、減少和控制海洋環境汙染的特別規定作為外國船隻進入其港口或內水或在其岸外設施停靠的條件，應將這種規定妥為公布，並通知主管國際組織。如兩個或

　　兩個以上的沿海國制訂相同的規定，以求協調政策，在通知時應說明那些國家參加這種合作安排。每個國家應規定懸掛其旗幟或在其國內登記的船隻的船長在參加這種合作安排的國家的領海內航行時，經該國要求應向其提送通知是否正駛往參加這種合作安排的同一區域的國家，如係駛往這種國家，應說明是否遵守該國關於進入港口的規定。本條不妨害船隻繼續行使其無害通過權，也不妨害第二十五條第二款的適用。

四、沿海國在其領海內行使主權，可制定法律和規章，以防止、減少和控制外國船隻，包括行使無害通過權的船隻對海洋的汙染。按照第二部分第三節的規定，這種法律和規章不應阻礙外國船隻的無害通過。

五、沿海國為第六節所規定的執行的目的，可對其專屬經濟區制定法律和規章，以防止、減少和控制來自船隻的汙染。這種法律和規章應符合通過主管國際組織或一般外交會議制訂的一般接受的國際規則和標準，並使其有效。

六、(a) 如果第一款所指的國際規則和標準不足以適應特殊情況，又如果沿海國有合理根據認為其專屬經濟區某一明確劃定的特定區域，因與其海洋學和生態條件有關的公認技術理由，以及該區域的利用或其資源的保護及其在航運上的特殊性質，要求採取防止來自船隻的汙染的特別強制性措施，該沿海國通過主管國際組織與任何其他有關國家進行適當協商後，可就該區域向該組織送發通知後，提出所依據的科學和技術證據，以及關於必要的回收設施的情報。該組織收到這種通知，應在十二個月內確定該區域的情況與上述要求是否相符。如果該組織確定是符合的，該沿海國即可對該區域制定防止、減少和控制來自船隻的汙染的法律和規章，實施通過主管國際組織使其適用於各特別區域的國際規則和標準國航行辦法。在向該組織送發通知滿十五個月後，這些法律和規章才可適用於外國船隻；

　　(b) 沿海國應公布任何這種明確劃定的特定區域的界限；

　　(c) 如果沿海國有意為同一區域制定其他法律和規章，以防止、減少和控制來自船隻的汙染，它們應於提出上述通知時，同時將這一意向通知該組織。這種增訂的法律和規章可涉及排放和航行辦法，但不應要求外國船隻遵守一般接受的國際規則和標準以外的設計、建造、人員配備或裝備標準；這種法律和規章應在向該組織送發通知十五個月後適用於外國船隻，但須在送發通知後十二個月內該組織表示同意。

七、本條所指的國際規則和標準，除其他外，應包括遇有引起排放或排放可能的海難等事故時，立即通知其海岸或有關利益可能受到影響的沿海國的義務。

第二百一十二條　來自大氣層或通過大氣層的汙染

一、各國為防止、減少和控制來自大氣層或通過大氣層的海洋環境汙染，應制定適用於在其主權下的上空和懸掛其旗幟的船隻或在其國內登記的船隻或飛機的法律和規章，同時考慮到國際上議定的規則、標準和建議的辦法及程序，以及航空的安全。

二、各國應採取其他可能必要的措施，以防止、減少和控制這種汙染。

三、各國特別應通過主管國際組織或外交會議採取行動，盡力制訂全球性和區域性規則、標準和建議的辦法及程序，以防止、減少和控制這種汙染。

第六節　執行

第二百一十三條　關於陸地來源的汙染的執行

各國應執行其按照第二百零七條制定的法律和規章，並應制定法律和規章和採取其他必要措施，以實施通過主管國際組織或外交會議為防止、減少和控制陸地來源對海洋環境的汙染而制訂的可適用的國際規則和標準。

第二百一十四條　關於來自海底活動的汙染的執行

各國為防止、減少和控制來自受其管轄的海底活動或與此種活動有關的對海洋環境的汙染以及來自依據第六十和第八十條在其管轄下的人工島嶼、設施和結構對海洋環境的汙染，應執行其按照第二百零八條制定的法律和規章，並應制定必要的法律和規章和採取其他必要措施，以實施通過主管國際組織或外交會議制訂的可適用的國際規則和標準。

第二百一十五條　關於來自「區域」內活動的汙染的執行

為了防止、減少和控制「區域」內活動對海洋環境的汙染而按照第十一部份制訂的國際規則、規章和程序，其執行應受該部分支配。

第二百一十六條　關於傾倒造成汙染的執行

一、為了防止、減少和控制傾倒對海洋環境的汙染而按照本公約制定的法律和規章，以及通過主管國際組織或外交會議制訂的可適用的國際規則和標準，應依下列規定執行：

(a) 對於在沿海國領海或其專屬經濟區內或在其大陸架上的傾倒，應由該沿海國執行；

(b) 對於懸掛旗籍國旗幟的船隻或在其國內登記的船隻和飛機，應由該旗籍國執行；

(c) 對於任何國家領土內或在其岸外設施裝載廢料或其他物質的行為，應由該國執行。

二、本條不應使任何國家承擔提起司法程序的義務，如果另一國已按照本條提起這種程序。

第二百一十七條　船旗國的執行

一、各國應確保懸掛其旗幟或在其國內登記的船隻，遵守為防止、減少和控制來自船隻的海洋環境汙染而通過主管國際組織或一般外交會議制訂的可適用的國際規則和標準以及各該國按照本公約制定的法律和規章，並應為此制定法律和規章和採取其他必要措施，以實施這種規則、標準、法律和規章。船旗國應作出規定使這種規則、標準、法律和規章得到有效執行，不論違反行為在何處發生。

二、各國特別應採取適當措施，以確保懸掛其旗幟或在其國內登記的船隻，在能遵守第一款所指的國際規則和標準的規定，包括關於船隻的設計、建造、裝備和人員配備的規定以前，禁止其出海航行。

三、各國應確保懸掛其旗幟或在其國內登記的船隻在船上持有第一款所指的國際規則和標準所規定並依據該規則和標準頒發的各種證書。各國應確保懸掛其旗幟的船隻受到定期檢查，以證實這些證書與船隻的實際情況相符。其他國家應接受這些證書，作為船隻情況的證據，並應將這些證書視為與其本國所發的證書具有相同效力，除非有明顯根據認為船隻的情況與證書所載各節有重大不符。

四、如果船隻違反通過主管國際組織或一般外交會議制訂的規則和標準，船旗國在不妨害第二百一十八、第二百二十和第二百二十八條的情形下，應設法立即進行調查，並在適當情形下應對被指控的違反行為提起司法程序，不論違反行為在何處發生也不論這種違反行為所造成的汙染在何處發生或發現。

五、　船旗國調查違反行為時，可向提供合作能有助於澄清案件情況的任何其他國家請求協助。各國應盡力滿足船旗國的適當請求。

六、　各國經任何國家的書面請求，應對懸掛其旗幟的船隻被指控所犯的任何違反行為進行調查。船旗國如認為有充分證據可對被指控的違反行為提起司法程序，應毫不遲延地按照其法律提起這種程序。

七、　船旗國應將所採取行動及其結果迅速通知請求國和主管國際組織。所有國家應能得到這種情報。

八、　各國的法律和規章對懸掛其旗幟的船隻所規定的處罰應足夠嚴厲，以防阻違反行為在任何地方發生。

第二百一十八條　港口國的執行

一、　當船隻自願位於一國港口或岸外設施時，該國可對該船違反通過主管國際組織或一般外交會議制訂的可適用的國際規則和標準在該國內水、領海或專屬經濟區外的任何排放進行調查，並可在有充分證據的情形下，提起司法程序。

二、　對於在另一國內水、領海或專屬經濟區內發生的違章排放行為，除非經該國、船旗國或受違章排放行為損害或威脅的國家請求，或者違反行為已對或可能對提起司法程序的國家的內水、領海或專屬經濟區造成汙染，不應依據第一款提起司法程序。

三、　當船隻自願位於一國港口或岸外設施時，該國應在實際可行範圍內滿足任何國家因認為第一款所指的違章排放行為已在其內水、領海或專屬經濟區內發生，對於內水、領海或專屬經濟區已造成損害或有損害的威脅而提出的進行調查的請求，並且應在實際可行範圍內，滿足船旗國對這一違反行為所提出的進行調查請求，不論違反行為在何處發生。

四、　港口國依據本條規定進行的調查的紀錄，如經請求，應轉交船旗國或沿海國。在第七節限制下，如果違反行為發生在沿海國的內水、領海或專屬經濟區內，港口國根據這種調查提起的任何司法程序，經該沿海國請求可暫停進行。案件的證據和記錄，連同繳交港口國當局的任何保證書或其他財政擔保，應在這種情形下轉交給該沿海國。轉交後，在港口國即不應繼續進行司法程序。

第二百一十九條　關於船隻適航條件的避免汙染措施

在第七節限制下，各國如經請求或出於自己主動，已查明在其港口或岸外設施的船隻違反關於船隻適航條件的可適用的國際規則和標準從而有損害海洋環境的威脅，應在實際可行範圍內採取行政措施以阻止該船航行。這種國家可准許該船僅駛往最近的適當修船廠，並應於違反行為的原因消除後，准許該船立即繼續航行。

第二百二十條　沿海國的執行

一、　當船隻自願位於一國港口或岸外設施時，該國對在其領海或專屬經濟區內發生的任何違反關於防止、減少和控制船隻造成的汙染的該國按照本公約制定的法律和規章或可適用的國際規則和標準的行為，可在第七節限制下，提起司法程序。

二、　如有明顯根據認為在一國領海內航行的船隻，在通過領海時，違反關於防止、減少和控制來自船隻的汙染的該國按照本公約制定的法律和規章或可適用的國際規則和標準，該國在不妨害第二部分第三節有關規定的適用的情形下，可就違反行為對該船進行實際檢查，並可在有充分證據時，在第七節限制下按照該國法律提起司法程序，包括對該船的拘留在內。

三、　如有明顯根據認為在一國專屬經濟區或領海內航行的船隻，在專屬經濟區違反關於防止、減少和控制來自船隻的汙染的可適用的國際規則和標準或符合這種國際規則和標準並使其有效的該國的法律和規章，該國可要求該船提供關於該船的識別標誌、登記港口、上次停泊和下次停泊的港口，以及其他必要的有關情報，以確定是否已有違反行為發生。

四、　各國應制定法律和規章，並採取其他措施，以使懸掛其旗幟的船隻遵從依據第三款提供情報的要求。

五、　如有明顯根據認為在一國專屬經濟區或領海內航行的船隻，在專屬經濟區內犯有第三款所指的違反行為而導致大量排放，對海洋環境造成重大汙染或有造成重大汙染的威脅，該國在該船拒不提供情報，或所提供的情報與明顯的實際情況顯然不符，並且依案件情況確有進行檢查的理由時，可就有關違反行為的事項對該船進行實際檢查。

六、　如有明顯客觀證據證明在一國專屬經濟區或領海內航行的船隻，在專屬經濟區內犯有第三款所指的違反行為而導致排放，對沿海國的海岸或有關利益，或對其領海或專屬經濟區內的任何資源，造成重大損害或有造成重大損害的威脅，該國在有充分證據時，可在第七節限制下，按照該國法律提起司法程序，包括對該船的拘留在內。

七、　雖有第六款的規定，無論何時如已通過主管國際組織或另外協議制訂了適當的程序，從而已經確保關於保證書或其他適當財政擔保的規定得到遵守，沿海國如受這種程序的拘束，應即准許該船繼續航行。

八、　第三、第四、第五、第六和第七款的規定也應適用於依據第二百一十一條第六款制定的國內法律和規章。

第二百二十一條　避免海難引起汙染的措施

一、　本部分的任何規定不應妨害各國為保護其海岸或有關利益，包括捕魚，免受海難或與海難有關的行動所引起，並能合理預期造成重大有害後果的汙染或汙染威脅，而依據國際法，不論是根據習慣還是條約，在其領海範圍以外，採取和執行與實際的或可能發生的損害相稱的措施的權利。

二、　為本條的目的，「海難」是指船隻碰撞、擱淺或其他航行事故，或船上或船外所發生對船隻或船貨造成重大損害或重大損害的迫切威脅的其他事故。

第二百二十二條　對來自大氣層或通過大氣層的汙染的執行

各國應對在其主權下的上空或懸掛其旗幟的船隻或在其國內登記的船隻和飛機，執行其按照第二百一十二條第一款和本公約其他規定制定的法律和規章，並應依照關於空中航行安全的一切有關國際規則和標準，制定法律和規章並採取其他必要措施，以實施通過主管國際組織或外交會議為防止、減少和控制來自大氣層或通過大氣層的海洋環境汙染而制訂的可適用的國際規則和標準。

第七節　保障辦法

第二百二十三條　便利司法程序的措施

在依據本部分提起的司法程序中，各國應採取措施，便利對證人的聽詢以及接受另一國當局或主管國際組織提交的證據，並應便利主管國際組織、船旗國或受任何違反行為引起汙染影響的任何國家的官方代表參與這種程序。參與這種程序的官方代表應享有國內法律和規章或國際法規定的權利與義務。

第二百二十四條　執行權力的行使

本部分規定的對外國船隻的執行權力，只有官員或軍艦、軍用飛機或其他有清楚標誌可以識別為政府服務並經授權的船舶或飛機才能行使。

第二百二十五條　行使執行權力時避免不良後果的義務

在根據本公約對外國船隻行使執行權力時，各國不應危害航行的安全或造成對船隻的任何危險，或將船隻帶至不安全的港口或停泊地，或使海洋環境面臨不合理的危險。

第二百二十六條　調查外國船隻

一、　(a) 各國羈留外國船隻不得超過第二百一十六、第二百一十八和第二百二十條規定的為調查目的所必需的時間。任何對外國船隻的實際檢查應只限於查閱該船按照一般接受的國際規則和標準所須持有的證書、記錄或其他文件或其所持有的任何類似文件；對船隻的進一步的實際檢查，只有在經過這樣的查閱後以及在經過這樣的查閱後以及在下列情況下，才可進行：

　　　　(1) 有明顯根據認為該船的情況或其裝備與這些文件所載各節有重大不符；

　　　　(2) 這類文件的內容不足以證實或證明涉嫌的違反行為；或

　　　　(3) 該船未持有有效的證件和記錄。

　　　(b) 如果調查結果顯示有違反關於保護和保全海洋環境的可適用的法律和規章或國際規則和標準的行為，則應於完成提供保證書或其他適當財政擔保等合理程序後迅速予以釋放。

　　　(c) 在不妨害有關船隻適航性的可適用的國際規則和標準的情形下，無論何時如船隻的釋放可能對海洋環境引起不合理的損害威脅，可拒絕釋放或以駛往最近的適當修船廠為條件予釋放。在拒絕釋放或對釋放附加條件的情形下，必須迅速通知船隻的船旗國，該國可按照第十五部分尋求該船的釋放。

二、　各國應合作制定程序，以避免在海上對船隻作不必要的實際檢查。

第二百二十七條　對外國船隻的無歧視

各國根據本部分行使權利和履行其義務時，不應在形式上或事實上對任何其他國家的船隻有所歧視。

第二百二十八條　提起司法程序的暫停和限制

一、　對於外國船隻在提起司法程序的國家的領海外所犯任何違反關於防止、減少和控制來自船隻的汙染的可適用的法律和規章或國際規則和標準的行為訴請加以處罰的司法程序，於船旗國在這種程序最初提起之日起六個月內就同樣控告提出加以處罰的司法程序時，應即暫停進行，除非這種程序涉及沿海國遭受重大損害的案件或有關船旗國一再不顧其對本國船隻的違反行為有效地執行可適用的國際規則和標準的義務。船旗國無論何時如按照本條要求暫停進行司法程序，應於適當期間內將案件全部卷宗和程序記錄提供早先提起程序的國家。船旗國提起的司法程序結束時，暫停的司法程序應予終止。在這種程序中應收的費用經繳納後，沿海國應發還與暫停的司法程序有關的任何保證書或其他財政擔保。

二、　從違反行為發生之日起滿三年後，對外國船隻不應再提起加以處罰的司法程序，又如另一國家已在第一款所載規定的限制下提起司法程序，任何國家均不得再提起這種程序。

三、　本條的規定不妨害船旗國按照本國法律採取任何措施，包括提起加以處罰的司法程序的權利，不論別國是否已先提起這種程序。

第二百二十九條　民事訴訟程序的提起

本公約的任何規定不影響因要求賠償海洋環境汙染造成的損失或損害而提起民事訴訟程序。

第二百三十條　罰款和對被告的公認權利的尊重

一、　對外國船隻在領海以外所犯違反關於防止、減少和控制海洋環境汙染的國內法律和規章或可適用的國際規則和標準的行為，僅可處以罰款。

二、　對外國船隻在領海內所犯違反關於防止、減少和控制海洋環境汙染的國內法律和規章或可適用的國際規則和標準的行為，僅可處以罰款，但在領海內故意和嚴重地造成汙染的行為除外。

三、　對於外國船隻所犯這種違反行為進行可能對其加以處罰的司法程序時，應尊重被告的公認權利。

第二百三十一條　對船旗國和其他有關國家的通知

各國應將依據第六節對外國船隻所採取的任何措施迅速通知船旗國和任何其他有關國家，並將有關這種措施的一切正式報告提交船旗國。但對領海內的違反行為，沿海國的上述義務僅適用於司法程序中所採取的措施。依據第六節對外國船隻採取的任何這種措施，應立即通知船旗國的外交代表或領事官員，可能時並應通知其海事當局。

第二百三十二條　各國因執行措施而產生的賠償責任

各國依照第六節所採取的措施如屬非法或根據可得到的情報超出合理的要求。應對這種措施所引起的並可以歸因於各該國的損害或損失負責。各國應對這種損害或損失規定向其法院申訴的辦法。

第二百三十三條　對用於國際航行的海峽的保障

第五、第六和第七節的任何規定不影響用於國際航行的海峽的法律制度。但如第十節所指以外的外國船舶違反了第四十二條第一款(a)和(b)項所指的法律和規章，對海峽的海洋環境造成重大損害或有造成重大損害的威脅，海峽沿岸國可採取適當執行措施，在採取這種措施時，應比照尊重本節的規定。

第八節　冰封區域

第二百三十四條　冰封區域

沿海國有權制定和執行非歧視性的法律和規章，以防止、減少和控制船隻在專屬經濟區範圍內冰封區域對海洋的汙染，這種區域內的特別嚴寒氣候和一年中大部分時候冰封的情形對航行造成障礙或特別危險，而且海洋環境汙染可能對生態平衡造成重大的損害或無可挽救的擾亂。這種法律和規章應適當顧及航行和以現有最可靠的科學證據為基礎對海洋環境的保護和保全。

第九節　責任

第二百三十五條　責任

一、　各國有責任履行其關於保護和保全海洋環境的國際義務，各國應按照國際法承擔責任。

二、　各國對於在其管轄下的自然人或法人汙染海洋環境所造成的損害，應確保按照其法律制度，可以提起申訴以獲得迅速和適當的補償或其他救濟。

三、　為了對汙染海洋環境所造成的一切損害保證迅速而適當地給予補償的目的，各國應進行合作，以便就估量和補償損害的責任以及解決有關的爭端，實施現行國際法和進一步發展國際法，並在適當情形下，擬訂諸如加強保險或補償基金等關於給付適當補償的標準和程序。

第十節　主權豁免

第二百三十六條　主權豁免

本公約關於保護和保全海洋環境的規定，不適用於任何軍艦、海軍輔助船、為國家所擁有或經營並在當時只供政府非商業性服務之用的其他船隻或飛機。但每一國家應採取不妨害該國所擁有或經營的這種船隻或飛機的操作或操作能力的適當措施，以確保在合理可行範圍內這種船隻或飛機的活動方式符合本公約。

第十一節　關於保護和保全海洋環境的其他公約所規定的義務

第二百三十七條　關於保護和保全海洋環境的其他公約所規定的義務

一、　本部分的規定不影響各國根據先前締結的關於保護和保全海洋環境的特別公約和協定所承擔的特定義務，也不影響為了推行本公約所載的一般原則而可能締結的協定。

二、　各國根據特別公約所承擔的關於保護和保全海洋環境的特定義務，應依符合本公約一般原則和目標的方式履行。

第十三部分　海洋科學研究

第一節　一般規定

第二百三十八條　進行海洋科學研究的權利

所有國家，不論其地理位置如何，以及各主管國際組織，在本公約所規定的其他國家的權利和義務的限制下，均有權進行海洋科學研究。

第二百三十九條　海洋科學研究的促進

各國和主管國際組織應按照本公約，促進和便利海洋科學研究的發展和進行。

第二百四十條　進行海洋科學研究的一般原則

進行海洋科學研究時應適用下列原則：

(a) 海洋科學研究應專為和平目的而進行；

(b) 海洋科學研究應以符合本公約的適當科學方法和工具進行；

(c) 海洋科學研究不應對符合本公約的海洋其他正當用途有不當干擾，而這種研究在上述用途過程中應適當地受到尊重；

(d) 海洋科學研究的進行應遵守依照本公約制定的一切有關規章，包括關於保護和保全海洋環境的規章。

第二百四十一條　不承認海洋科學研究活動為任何權利主張的法律根據

海洋科學研究活動不應構成對海洋環境任何部分或其資源的任何權利主張的法律根據。

第二節　國際合作

第二百四十二條　國際合作的促進

一、　各國和各主管國際組織應按照尊重主權和管轄權的原則，並在互利的基礎上，促進為和平目的進行海洋科學研究的國際合作。

二、　因此，在不影響本公約所規定的權利和義務的情形下，一國在適用本部分時，在適當情形下，應向其他國家提供合理的機會，使其從該國取得或在該國合作下取得為防止和控制對人身健康和安全以及對海洋環境的損害所必要的情報。

第二百四十三條　有利條件的創造

各國和各主管國際組織應進行合作，通過雙邊和多邊協定的締結，創造有利條件，以進行海洋環境中的海洋科學研究，並將科學工作者在研究海洋環境中發生的各種現象和變化過程的本質以及兩者之間的相互關係方面的努力結合起來。

第二百四十四條　情報和知識的公布和傳播

一、 各國和各主管國際組織應按照本公約，通過適當途徑以公布和傳播的方式，提供關於擬議的主要方案及其目標的情報以及海洋科學研究所得的知識。

二、 為此目的，各國應各別地並與其他國家和各主管國際組織合作，積極促進科學資料和情報的流通以及海洋科學研究所得知識的轉讓，　特別是向發展中國家的流通和轉讓，並通過除其他外對發展中國家技術和科學人員提供適當教育和訓練方案，加強發展中國家自主進行海洋科學研究的能力。

第三節　　海洋科學研究的進行和促進

第二百四十五條　領海內的海洋科學研究

沿海國在行使其主權時，有規定、准許和進行其領海內的海洋科學研究的專屬權利。領海內的海洋科學研究，應經沿海國明示同意並在沿海國規定的條件下，才可進行。

第二百四十六條　專屬經濟區內和大陸架上的海洋科學研究

一、 沿海國在行使其管轄權時，有權按照本公約的有關條款，規定、准許和進行在其專屬經濟區內或大陸架上的海洋科學研究。

二、 在專屬經濟區內和大陸架上進行海洋科學研究，應經沿海國同意。

三、 在正常情形下，沿海國應對其他國家或各主管國際組織按照本公約專為和平目的和為了增進關於海洋環境的科學知識以謀全人類利益，而在其專屬經濟區內或大陸架上進行的海洋科學研究計劃，給予同意。為此目的，沿海國應制定規則和程序，確保不致不合理地推進或拒絕給予同意。

四、 為適用第三款的目的，盡管沿海國和研究國之間沒有外交關係，它們之間仍可存在正常情況。

五、 但沿海國可斟酌決定，拒不同意另一國家或主管國際組織在該沿海國專屬經濟區內或大陸架上進行海洋科學研究計劃，如果該計劃：

　(a) 與生物或非生物自然資源的勘探和開發有直接關係；

　(b) 涉及大陸架的鑽探、炸藥的使用或將有害物質引入海洋環境；

　(c) 涉及第六十和第八十條所指的人工島嶼、設施和結構的建造、操作或使用；

　(d) 含有依據第二百四十八條提出的關於該計劃的性質和目標的不正確情報，或如進行研究的國家或主管國際組織由於先前進行研究計劃而對沿海國負有尚未履行的義務。

六、 雖有第五款的規定，如果沿海國已在任何時候公開指定從測算領海寬度的基線量起二百海里以外的某些特定區域為已在進行或將在合理期間內進行開發或詳探作業的重點區域，則沿海國對於在這些特定區域之外的大陸架上按照本部分規定進行的海洋科學研究計劃，即不得行使該款(a)項規定的斟酌決定權而拒不同意。沿海國對於這類區域的指定及其任何更改，應提出合理的通知，但無須提供其中作業的詳情。

七、 第六款的規定不影響第七十七條所規定的沿海國對大陸架的權利。

八、 本條所指的海洋科學研究活動，不應對沿海國行使本公約所規定的主權權利和管轄權所進行的活動有不當的干擾。

第二百四十七條　國際組織進行或主持的海洋科學研究計劃

沿海國作為一個國際組織的成員或同該組織訂有雙邊協定，而在該沿海國專屬經濟區內或大陸架上該組織有意直接或在其主持下進行一項海洋科學研究計劃，如果該沿海國在該組織決定進行計劃時已核准詳細計劃，或願意參加該計劃，並在該組織將計劃通知該沿海國後四個月內沒有表示任何反對意見，則應視為已准許依照同意的說明書進行該計劃。

第二百四十八條　向沿海國提供資料的義務

各國和各主管國際組織有意在一個沿海國的專屬經濟區內或大陸架上進行海洋科學研究，應在海洋科學研究計劃預定開始日期至少六個月前， 向該國提供關於下列各項的詳細說明：

(a) 計劃的性質和目標；

(b) 使用的方法和工具，包括船隻的船名、噸位、類型和級別，以及科學裝備的說明；

(c) 進行計劃的精確地理、區域及科學裝備的說明；

(d) 研究船最初到達和最後離開的預定日期，或裝備的部署和拆除的預定日期，視情況而定；

(e) 主持機構的名稱，其主持人和計劃負責人的姓名；和

(f) 　認為沿海國應能參加或有代表參與計劃的程度。

第二百四十九條　遵守某些條件的義務

一、 各國和各主管國際組織在沿海國的專屬經濟區內或大陸架上進行海洋科學研究時，應遵守下列條件：

　　(a) 如沿海國願意，確保其有權參加或有代表參與海洋科學研究計劃， 特別是於實際可行時在研究船和其他船隻上或在科學研究設施上進行，但對沿海國的科學工作者無須支付任何報酬，沿海國亦無分擔計劃費用的義務；

　　(b) 經沿海國要求，在實際可行範圍內盡快向沿海國提供初步報告，並於研究完成後提供所得的最後成果和結論；

　　(c) 經沿海國要求，負責供其利用從海洋科學研究計劃所取得的一切資料和樣品，並同樣向其提供可以複製的資料和可以分開而不致有損其科學價值的樣品；

　　(d) 如經要求，向沿海國提供對此種資料、樣品及研究成果的評價，或協助沿海國加以評價或解釋；

　　(e) 確保在第二款限制下，於實際可行的情況下，盡快通過適當的國內或國際途徑，使研究成果在國際上可以取得；

　　(f) 將研究方案的任何重大改變立即通知沿海國；

　　(g) 除非另有協議，研究完成後立即拆除科學研究設施或裝備。

二、 本條不妨害沿海國的法律和規章為依據第二百四十六條第五款行使斟酌決定權給予同意或拒不同意而規定的條件，包括要求預先同意使計劃中對勘探和開發自然資源有直接關係的研究成果在國際上可以取得。

第二百五十條　關於海洋科學研究計劃的通知

關於海洋科學研究計劃的通知，除另有協議外，應通過適當的官方途徑發出。

第四節　準則

第二百五十一條　一般準則和方針

各國應通過主管國際組織設法促進一般準則和方針的制定，以協助各國確定海洋科學研究的性質和影響。

第二百五十二條　默示同意

各國或各主管國際組織可於依據第二百四十八條的規定向沿海國提供必要的情報之日起六個月後，開始進行海洋科學研究計劃，除非沿海國在收到含有此項情報的通知後四個月內通知進行研究的國家或組織：

(a) 該國已根據第二百四十六條的規定拒絕同意；

(b) 該國或主管國際組織提出的關於計劃的性質和目標的情報與明顯事實不符；

(c) 該國要求有關第二百四十八和第二百四十九條規定的條件和情報的補充情報；或

(d) 關於該國或該組織以前進行的海洋科學研究計劃，在第二百四十九條規定的條件方面，還有尚未履行的義務。

第二百五十三條　海洋科學研究活動的暫停或停止

一、 沿海國應有權要求暫停在其專屬經濟區內或大陸架上正在進行的任何海洋科學研究活動，如果：

    (a) 研究活動的進行不按照根據第二百四十八條的規定提出的，且經沿海國作為同意的基礎的情報；或

    (b) 進行研究活動的國家或主管國際組織未遵守第二百四十九條關於沿海國對海洋科學研究計劃的權利的規定。

二、 任何不遵守第二百四十八條規定的情形，如果等於將研究計劃或研究活動作重大改動，沿海國應有權要求停止任何海洋科學研究活動。

三、 如果第一款所設想的任何情況在合理期間內仍未得到糾正，沿海國也可要求停止海洋科學研究活動。

四、 沿海國發出其命令暫停或停止海洋科學研究活動的決定的通知後，獲准進行這種活動的國家或主管國際組織應即終止這一通知所指示的活動。

五、 一旦進行研究的國家或主管國際組織遵行第二百四十八條和第二百四十九條所要求的條件，沿海國應即撤銷根據第一款發出的暫停命令，海洋科學研究活動也應獲准繼續進行。

第二百五十四條　鄰近的內陸國和地理不利國的權利

一、 已向沿海國提出一項計劃，準備進行第二百四十六條第三款所指的海洋科學研究的國家和主管國際組織，應聽提議的研究計劃通知鄰近的內陸國和地理不利國，並應將此事通知沿海國。

二、 在有關的沿海國按照第二百四十六條和本公約的其他有關規定對該提議的海洋科學研究計劃給予同意後，進行這一計劃的國家和主管國際組織，經鄰近的內陸國和地理不利國請求，適當時應向他們提供第二百四十八條和第二百四十九條第一款(f)項所列的有關情報。

三、 以上所指的鄰近內陸國和地理不利國，如提出請求，應獲得機會按照有關的沿海國和進行此項海洋科學研究的國家和主管國際組織依本公約的規定而議定的適用於提議的海洋科學研究計劃的條件，通過由其任命的並且不為該沿海國反對的合格專家在實際可行時參加該計劃。

四、　第一款所指的國家和主管國際組織，經上述內陸國和地理不利國的請求，應向它們提供第
　　　二百四十九條第一款(d)項規定的有關情報和協助，但須受第二百四十九條第二款的限制。

第二百五十五條　　便利海洋科學研究和協助研究船的措施

各國應盡力制定合理的規則、規章和程序，促進和便利在其領海以外按照本公約進行的海洋科
學研究，並於適當時在其法律和規章規定的限制下，便利遵守本部分有關規定的海洋科學研究
船進入其港口，並促進對這些船隻的協助。

第二百五十六條　　「區域」內的海洋科學研究

所有國家，不論其地理位置如何，和各主管國際組織均有權依第十一部分的規定在「區域」內
進行海洋科學研究。

第二百五十七條　　在專屬經濟區以外的水體內的海洋科學研究

所有國家，不論其地理任置如何，和各主管國際組織均有權依本公約在專屬經濟區範圍以外的
水體內進行海洋科學研究。

第二百五十八條　　部署和使用

在海洋環境的任何區域內部署和使用任何種類的科學研究設施或裝備，應遵守本公約為在任何
這種區域內進行海洋科學研究所規定的同樣條件。

第二百五十九條　　法律地位

本節所指的設施或裝備不具有島嶼的地位。這些設施或裝備沒有自己的領海，其存在也不影響
領海、專屬經濟區或大陸架的界限的劃定。

第二百六十條　　安全地帶

在科學研究設施的周圍可按照本公約有關規定設立不超過五百公尺的合理寬度的安全地帶。所
有國家應確保其本國船隻尊重這些安全地帶。

第二百六十一條　　對國際航路的不干擾

任何種類的科學研究設施或裝備的部署和使用不應對已確定的國際航路構成障礙。

第二百六十二條　　識別標誌和警告信號

本節所指的設施或裝備應具有表明其登記的國家或所屬的國際組織的識別標誌，並應具有國際
上議定的適當警告信號，以確保海上安全和空中航行安全，同時考慮到主管國際組織所制定的
規則和標準。

第五節　責任

第二百六十三條　　責任

一、　各國和主管國際組織應負責確保其自己從事或為其從事的海洋科學研究均按照本公約進
　　　行。
二、　各國和各主管國際組織對其他國家、其自然人或法人或主管國際組織進行的海洋科學研究
　　　所採取的措施如果違反本公約，應承擔責任，並對這種措施所造成的損害提供補償。
三、　各國和各主管國際組織對其自己從事或為其從事的海洋科學研究產生海洋環境汙染所造成
　　　的損害，應依據第二百三十五條承擔責任。

第六節　爭端的解決和臨時措施

第二百六十四條　　爭端的解決

本公約關於海洋科學研究的規定在解釋或適用上的爭端，應按照第十五部分第二和第三節解決。

第二百六十五條　臨時措施

在按照第十五部分第二和第三節解決一項爭端前，獲准進行海洋科學研究計劃的國家或主管國際組織，未經有關沿海國明示同意，不應准許開始或繼續進行研究活動。

第十四部分　海洋技術的發展和轉讓

第一節　一般規定

第二百六十六條　海洋技術發展和轉讓的促進

一、　各國應直接或通過主管國際組織，按照其能力進行合作，積極促進在公平合理的條款和條件上發展和轉讓海洋科學和海洋技術。

二、　各國應對在海洋科學和技術能力方面可能需要並要求技術援助的國家，特別是發展中國家，包括內陸國和地理不利國，促進其在海洋資源的勘探、開發、養護和管理，海洋環境的保護和保全，海洋科學研究以及符合本公約的海洋環境內其他活動等方面海洋科學和技術能力的發展，以加速發展中國家的社會和經濟發展。

三、　各國應盡力促進有利的經濟和法律條件，以便在公平的基礎上為所有有關各方的利益轉讓海洋技術。

第二百六十七條　合法利益的保護

各國在依據第二百六十六條促進合作時，應適當顧及一切合法利益，除其他外，包括海洋技術的持有者、供應者和接受者的權利和義務。

第二百六十八條　基本目標

各國應直接或通過主管國際組織促進：

(a) 海洋技術知識的取得、評價和傳播，並便利這種情報和資料的取得；

(b) 適當的海洋技術的發展；

(c) 必要的技術方面基本建設的發展，以便利海洋技術的轉讓；

(d) 通過訓練和教育發展中國家和地區的國民，特別是其中最不發達國家和地區的國民的方式，以發展人力資源；

(e) 所有各級的國際合作，特別是區域、分區域和雙邊的國際合作。

第二百六十九條　實現基本目標的措施

為了實現第二百六十八條所指的各項目標，各國應直接或通過主管國際組織，除其他外，盡力：

(a) 制訂技術合作方案，以便把一切種類的海洋技術有效地轉讓給在海洋技術方面可能需要並要求技術援助的國家，特別是發展中內陸國和地理不利國，以及未能建立或發展其自己在海洋科學和海洋資源勘探和開發方面的技術能力或發展這種技術的基本建設的其他發展中國家；

(b) 促進在公平合理的條件下，訂立協定、合同和其他類似安排的有利條件；

(c) 舉行關於科學和技術問題，特別是關於轉讓海洋技術的政策和方法的會議、討論會和座談會；

(d) 促進科學工作者、技術和其他專家的交換；

(e) 推行各種計劃，並促進聯合企業和其他形式的雙邊和多邊合作。

第二節　國際合作

第二百七十條　國際合作的方式和方法

發展和轉讓海洋技術的國際合作，應在可行和適當的情形下，通過現有的雙邊、區域或多邊的方案進行，並應通過擴大的和新的方案進行，以便利海洋科學研究，海洋技術轉讓，特別是在新領域內，以及為海洋研究和發展在國際上籌供適當的資金。

第二百七十一條　方針、準則和標準

各國應直接或通過主管國際組織，在雙邊基礎上或在國際組織或其他機構的範圍內，並在特別考慮到發展中國家的利益和需要的情形下，促進制訂海洋技術轉讓方面的一般接受的方針、準則和標準。

第二百七十二條　國際方案的協調

在海洋技術轉讓方面，各國應盡力確保主管國際組織協調其活動，包括任何區域性和全球性方案，同時考慮到發展中國家特別是內陸國和地理不利國的利益和需要。

第二百七十三條　與各國際組織和管理局的合作

各國應與各主管國際組織和管理局積極合作，鼓勵並便利向發展中國家及其國民和企業部轉讓關於「區域」內活動的技術和海洋技術。

第二百七十四條　管理局的目標

管理局在的一切合法利益，其中除其他外包括技術持有者、供應者和接受者的權利和義務的限制下，在「區域」內活動方面應確保：

(a) 在公平地區分配原則的基礎上，接受不論為沿海國、內陸國或地理不利國的發展中國家的國民，以便訓練其為管理局工作所需的管理、研究和技術人員；

(b) 使所有國家，特別是在這一方面可能需要並要求技術援助的發展中國家，能得到有關的裝備、機械、裝置和作業程序的技術文件；

(c) 由管理局制訂適當的規定，以便利在海洋技術方面可能需要並要求技術援助的國家，特別是發展中國家，取得這種援助，並便利其國民取得必要的技能和專門知識，包括專業訓練；

(d) 通過本公約所規定的任何財政安排，協助在這一方面可能需要並要求技術援助的國家，特別是發展中國家，取得必要的裝備、作業程序、工廠和其他技術知識。

第三節　國家和區域性海洋科學和技術中心

第二百七十五條　國家中心的設立

一、　各國應直接或通過主管國際組織和管理局促進設立國家海洋科學和技術研究中心，特別是在發展中沿海國設立，並加強現有的國家中心，以鼓勵和推進發展中沿海國進行海洋科學研究，並提高這些國家為了它們的經濟利益而利用和保全其海洋資源的國家能力。

二、　各國應通過各主管國際組織和管理局給予適當的支持，便利設立和加強此種國家中心，以便向可能需要並要求此種援助的國家提供先進的訓練設施和必要的裝備、技能和專門知識以及技術專家。

第二百七十六條　區域性中心的設立

一、　各國與各主管國際組織、管理局和國家海洋科學和技術研究機構協調下，應促進設立區域性海洋科學和技術研究中心，特別是在發展中國家設立，以鼓勵和推進發展中國家進行海洋科學研究，並促進海洋技術的轉讓。

二、 一個區域內的所有國家都應與其中各區域性中心合作，以便確保更有效地達成目標。

第二百七十七條　區域性中心的職務

這種區域性中心的職務，除其他外，應包括：

(a) 對海洋科學和技術研究的各方面，特別是對海洋生物學，包括生物資源的養護和管理、海洋學、水文學、工程學、海底地質勘探、採礦和海水淡化技術的各級訓練和教育方案；

(b) 管理方面的研究；

(c) 有關保護和保全海洋環境以及防止、減少和控制汙染的研究方案；

(d) 區域性會議、討論會和座談會的組織；

(e) 海洋科學和技術的資料和情報的取得和處理；

(f) 海洋科學和技術研究成果由易於取得的出版物迅速傳播；

(g) 有關海洋技術轉讓的國家政策的公布，和對這種政策的有系統的比較研究；

(h) 關於技術的銷售以及有關專利權的合同和其他安排的情報的彙編和整理；

(i)　與區域內其他國家的技術合作。

第四節　國際組織間的合作

第二百七十八條　國際組織間的合作

本部分和第十三部分所指的主管國際組織應採取一切適當措施，以便直接或在彼此密切合作中，確保本部分規定的它們的職務和責任得到有效的履行。

第十五部分　爭端的解決

第一節　一般規定

第二百七十九條　用和平方法解決爭端的義務

各締約國應按照「聯合國憲章」第二條第三項以和平方法解決它們之間有關本公約的解釋或適用的任何爭端，並應為此目的以「憲章」第三十三條第一項所指的方法求得解決。

第二百八十條　用爭端各方選擇的任何和平方法解決爭端

本公約的任何規定均不損害任何締約國於任何時候協議用自行選擇的任何和平方法解決它們之間有關本公約的解釋或適用的爭端的權利。

第二百八十一條　爭端各方在爭端未得到解決時所適用的程序

一、 作為有關本公約的解釋或適用的爭端各方的締約各國，如已協議用自行選擇的和平方法來謀求解決爭端，則只有在訴諸這種方法而仍未得到解決以及爭端各方間的協議並不排除任何其他程序的情形下，才適用本部分所規定的程序。

二、 爭端各方如已就時限也達成協議，則只有在該時限局屆滿時才適用第一款。

第二百八十二條　一般性、區域性或雙邊協定的義務

作為有關本公約的解釋或適用的爭端各方的締約各國如已通過一般性、區域性或雙邊協定或以其他方式協議，經爭端任何一方請求，應將這種爭端提交導致有拘束力裁判的程序，該程序應代替本部分規定的程序而適用，除非爭端各方另有協議。

第二百八十三條　交換意見的義務

一、 如果締約國之間對本公約的解釋或適用發生爭端，爭端各方應迅速就以談判或其他和平方法解決爭端一事交換意見。

二、 如果解決這種爭端的程序已經終止，而爭端仍未得到解決，或如已達成解決辦法，而情況
　　 要求就解決辦法的實施方式進行協商時，爭端各方也應迅速著手交換意見。

第二百八十四條　調解

一、 作為有關本公約的解釋或適用的爭端一方的締約國，可邀請他方按照附件五第一節規定的
　　 程序或另一種調解程序，將爭端提交調解。

二、 如爭端他方接受邀請，而且爭端各方已就適用的調解程序達成協議，任何一方可將爭端提
　　 交該程序。

三、 如爭端他方未接受邀請，或爭端各方未就程序達成協議，調解應視為終止。

四、 除非爭端各方另有協議，爭端提交調解後，調解僅可按照協議的調解程序終止。

第二百八十五條　本節對依據第十一部分提交的爭端的適用

本節適用於依據第十一部分第五節應按照本部分規定的程序解決的任何爭端。締約國以外的實
體如為這種爭端的一方，本節比照適用。

第二節　導致有拘束力裁判的強制程序

第二百八十六條　本節規定的程序的適用

在第三節限制下，有關本公約的解釋或適用的任何爭端，如已訴諸第一節而仍未得到解決，經
爭端任何一方請求，應提交根據本節具有管轄權的法院或法庭。

第二百八十七條　程序的選擇

一、 一國在簽署、批准或加入本公約時，或在其後任何時間，應有自由用書面聲明的方式選擇
　　 下列一個或一個以上方法，以解決有關本公約的解釋或適用的爭端：
　　 (a) 按照附件六設立的國際海洋法法庭；
　　 (b) 國際法院；
　　 (c) 按照附件七組成的仲裁法庭；
　　 (d) 按照附件八組成的處理其中所列的一類或一類以上爭端的特別仲裁法庭。

二、 根據第一款作出的聲明，不應影響締約國在第十一部分第五節規定的範圍內和以該節規定
　　 的方式，接受國際海洋法法庭海底爭端分庭管轄的義務，該聲明亦不受締約國的這種義務
　　 的影響。

三、 締約國如為有效聲明所未包括的爭端的一方，應視為已接受附件七所規定的仲裁。

四、 如果爭端各方已接受同一程序以解決這項爭端，除各方另有協議外，爭端僅可提交該程
　　 序。

五、 如果爭端各方未接受同一程序以解決這項爭端，除各方另有協議外，爭端僅可提交附件七
　　 所規定的仲裁。

六、 根據第一款作出的聲明，應繼續有效，至撤銷聲明的通知交存於聯合國祕書長後滿三個月
　　 為止。

七、 新的聲明、撤銷聲明的通知或聲明的滿期，對於根據本條具有管轄權的法院或法庭進行中
　　 的程序並無任何影響，除非爭端各方另有協議。

八、 本條所指的聲明和通知應交存於聯合國祕書長，祕書長應將其副本分送各締約國。

第二百八十八條　管轄權

一、 第二百八十七載條所指的法院或法庭，對於按照本部分向其提出的有關本公約的解釋或適
　　 用的任何爭端，應具有管轄權。

二、 第二百八十七條所指的法院或法庭，對於按照與本公約的目的有關的國際協定向其提出的有關該協定的解釋或適用的任何爭端，也應具有管轄權。

三、 按照附件六設立的國際海洋法法庭海底爭端分庭和第十一部分第五節所指的任何其他分庭或仲裁法庭，對按照該節向其提出的任何事項，應具有管轄權。

四、 對於法院或法庭是否具有管轄權如果發生爭端，這一問題應由該法院或法庭以裁定解決。

第二百八十九條　專家

對於涉及科學和技術問題的任何爭端，根據本節行使管轄權的法院或法庭，可在爭端一方請求下或自己主動，並同爭端各方協商，最好從按照附件八第二條編制的有關名單中，推選至少兩名科學或技術專家列席法院或法庭，但無表決權。

第二百九十條　臨時措施

一、 如果爭端已經正式提交法院或法庭，而該法院或法庭依據初步證明認為其根據本部分或第十一部分第五節具有管轄權，該法院或法庭可在最後裁判前，規定其根據情況認為適當的任何臨時措施，以保全爭端各方的各自權利或防止對海洋環境的嚴重損害。

二、 臨時措施所根據的情況一旦改變或不復存在，即可修改或撤銷。

三、 臨時措施僅在爭端一方提出請求並使爭端各方有陳述意見的機會後，才可根據本條予以規定、修改或撤銷。

四、 法院或法庭應將臨時措施的規定、修改或撤銷迅速通知爭端各方及其認為適當的其他締約國。

五、 在爭端根據本節正向其提交的仲裁法庭組成以前，經爭端各方協議的任何法院或法庭、如在請求規定臨時措施之日起兩週內不能達成這種協議，則為國際海洋法法庭，或在關於「區域」內活動時的海底爭端分庭，如果根據初步證明認為將予組成的法庭組成的法庭具有管轄權，而且認為情況緊急有此必要，可按照本條規定、修改或撤銷臨時措施。受理爭端的法庭一旦組成，即可依照第一至第四款行事，對這種臨時措施予以修改、撤銷或確認。

六、 爭端各方應迅遵從根據本條所規定的任何臨時措施。

第二百九十一條　使用程序的機會

一、 本部分規定的所有解決爭端程序應對各締約國開放。

二、 本部分規定的解決爭端程序應僅依本公約具體規定對締約國以外的實體開放。

第二百九十二條　船隻和船員的迅速釋放

一、 如果締約國當局扣留了一艘懸掛另一締約國旗幟的船隻，而且據指控，扣留國在合理的保證書或其他財政擔保經提供後，仍然沒有遵從本公約的規定，將該船隻或其船員迅速釋放，釋放問題可向爭端各方協議的任何法院或法庭提出，如從扣留時起十日內不能達成這種協議，則除爭端各方另有協議外，可向扣留國根據第二百八十七條接受的法院或法庭，或向國際海法法庭提出。

二、 這種釋放的申請，僅可由船旗國或以該國名義提出。

三、 法院或法庭應不遲延地處理關於釋放的申請，並且應僅處理釋放問題，而不影響在主管的國內法庭對該船隻、其船主或船員的任何案件的是非曲直。扣留國當局應仍有權隨時釋放該船隻或其船員。

四、 在法院或法庭裁定的保證書或其他財政擔保經提供後，扣留國當局應迅速遵從法院或法庭關於釋放船隻或其船員的裁定。

第二百九十三條　適用的法律

一、 根據本節具有管轄權的法院或法庭應適用本公約和其他與本公約不相牴觸的國際法規則。

二、 如經當事各方同意，第一款並不妨害根據本節具有管轄權的法院或法庭按照公允和善良的原則對一項案件作出裁判的權力。

第二百九十四條　初步程序

一、 第二百八十七條所規定的法院或法庭，就第二百九十七條所指爭端向其提出的申請，應經一方請求決定，或可自己主動決定，該項權利主張是否構成濫用法律程序，或者根據初步證明是否有理由。法院或法庭如決定項主張構成濫用法律程序或者根據初步證明並無理由，即不應對該案採取任何進一步行動。

二、 法院或法庭收到這種申請，應立即將這項申請通知爭端他方，並應指定爭端他方可請求按照第一款作出一項決定的合理期限。

三、 本條的任何規定不影響爭端各方按照適用的程序規則提出初步反對的權利。

第二百九十五條　用盡當地補救辦法

締約國間有關本公約的解釋或適用的任何爭端，僅在依照國際法的要求用盡當地補救辦法後，才可提交本節規定的程序。

第二百九十六條　裁判的確定性和拘束力

一、 根據本節具有管轄權的法院或法庭對爭端所作的任何裁判應有確定性，爭端所有各方均應遵從。

二、 這種裁判僅在爭端各方間和對該特定爭端具有拘束力。

第三節　適用第二節的限制和例外

第二百九十七條　適用第二節的限制

一、 關於因沿海國行使本公約規定的主權權利或管轄權而發生的對本公約的解釋或適用的爭端，還有下列情形，應遵守第二節所規定的程序：

   (a) 據指控，沿海國在第五十八條規定的關於航行、飛越或鋪設海底電纜和管道的自由和權利，或關於海洋的其他國際合法用途方面，有違反本公約的規定的行為；

   (b) 據指控，一國在行使上述自由、權利或用途時，有違反本公約或沿海國按照本公約和其他與本公約不相牴觸的國際法規則制定的法律或規章的行為；或

   (c) 據指控，沿海國有違反適用於該沿海國、並由本公約所制訂或通過主管國際組織或外交會議按照本公約制定的關於保護和保全海洋環境的特定國際規則和標準的行為。

二、 (a) 本公約關於海洋科學研究的規定在解釋或適用上的爭端，應按照第二節解決，但對下列情形所引起的任何爭端，沿海國並無義務同意將其提交這種解決程序：

     (1) 沿海洋國按照第二百四十六條行使權利或斟酌決定權；或

     (2) 沿海國按照第二百五十三條決定命令暫停或停止一項研究計劃。

   (b) 因進行研究國家指控沿海國對某一特定計劃行使第二百四十六和第二百五十三條所規定權利的方式不符合本公約而引起的爭端，經任何一方請求，應按照附件五第二節提交調解程序，但調解委員會對沿海國行使斟酌決定權指定第二百四十六條第六款所指特定區域，或按照第二百四十六條第五款行使斟酌決定權拒不同意，不應提出疑問。

三、(a) 對本公約關於漁業的規定在解釋或適用上的爭端，應按照第二節解決，但沿海國並無義務同意將任何有關其對專屬經濟區內生物資源的主權權利或此項權利的行使的爭端，包括關於其對決定可捕量、其捕撈能力、分配剩餘量給其他國家、其關於養護和管理這種資源的法律和規章中所制訂的條款和條件的斟酌決定權的爭端，提交這種解決程序。

(b) 據指控有下列情事時，如已訴諸第一節而仍未得到解決，經爭端任何一方請求，應將爭端提交附件五第二節所規定的調解程序：

(1) 一個沿海國明顯地沒有履行其義務，通過適當的養護和管理措施，以確保專屬經濟區內生物資源的維持不致受到嚴重危害；

(2) 一個沿海國，經另一國請求，對該另一國有意捕撈的種群，專斷地拒絕決定可捕量及沿海國捕撈生物資源的能力；或

(3) 一個沿海國專斷地拒絕根據第六十二、第六十九和第七十號條以及該沿海國所制訂的符合本公約的條款和條件，將其已宣布存在的剩餘量的全部或一部分分配給任何國家。

(c) 在任何情形下，調解委員會不得以其斟酌決定權代替沿海國的斟酌決定權。

(d) 調解委員會的報告應送交有關的國際組織。

(e) 各締約國在依據第六十九和七十條談判協定時，除另有協議外，應列入一個條款，規定各締約國為了盡量減少對協定的解釋或適用發生爭議的可能性所應採取的措施，並規定如果仍然發生爭議，各締約國應採取何種步驟。

第二百九十八條　適用第二節的任擇性例外

一、 一國在簽署、批准或加入本公約時，或在其後任何時間，在不妨害根據第一節所產生的義務的情形下，可以書面聲明對於下列各類爭端的一類或一類以上，不接受第二節規定的一種或一種以上的程序：

(a) (1) 關於劃定海洋邊界的第十五、第七十四和第八十三條在解釋或適用上的爭端，或涉及歷史性海灣或所有權的爭端，但如這種爭端發生於本公約生效之後，經爭端各方談判仍未能在合理期間內達成協議，則作此聲明的國家，經爭端任何一方請求，應同意將該事項提交附件五第二節所規定的調解；此外，任何爭端如果必然涉及同時審議與大陸或島嶼陸地領土的主權或其他權利稅有關的任何尚未解決的爭端，則不應提交這一程序；

(2) 在調解委員會提出其中說明所根據的理由的報告後，爭端各方應根據各報告以談判達成協議；如果談判未能達成協議，經彼此同意，爭端各方應將問題提交第二節所規定的程序之一，除非爭端各方另有協議；

(3) 本項不適用於爭端各方已以一項安排確定解決的任何海洋邊界爭端，也不適用於按照對爭端各方有拘束力的雙邊或多邊協定加以解決的任何爭端；

(b) 關於軍事活動，包括從事非商業服務的政府船隻和飛機的軍事活動的爭端，以及根據第二百九十七條第二和第三款不屬法院或法庭管轄的關於行使主權權利或管轄權的法律執行活動的爭端；

(c) 正由聯合安全理事會執行「聯合國憲章」所賦予的職務的爭端，但安全理事會決定將該事項從其議程刪除或要求爭端各方用本公約規定的方法解決該爭端者除外。

二、 根據第一款作出聲明的締約國，可隨時撤回聲明，或同意將該聲明所排除的爭端提交本公約規定的任何程序。

三、 根據第一款作出聲明的締約國，應無權對另一締約國，將屬於被除外的一類爭端的任何爭端，未經該另一締約國同意，提交本公約的任何程序。

四、 如締約國之一已根據第一款(a)項作出聲明，任何其他締約國可對作出聲明締約國，將屬於被除外一類的任何爭端提交這種聲明內指明的程序。

五、 新的聲明，或聲明的撤回，對按照本條在法院或法庭進行中的程序並無任何影響，除非爭端各方另有協議。

六、 根據本條作出的聲明和撤回聲明的通知，應交存於聯合國祕書長，祕書長應將其副本分送各締約國。

第二百九十九條　爭端各方議定程序的權利

一、 根據第二百九十七條或以一項按照第二百九十八條發表的聲明予以除外，不依第二節所規定的解決爭端程序處理的爭端，只有經爭端各方協議，才可提交這種程序。

二、 本節的任何規定不妨害爭端各方為解決這種爭端或達成和睦解決而協議某種其他程序的權利。

第十六部分　一般規定

第三百條　誠意和濫用權利

締約國應誠意履行根據本公約承擔的義務並應以不致構成濫用權利的方式，行使本公約所承認的權利、管轄權和自由。

第三百零一條　海洋的和平使用

締約國在根據本公約行使其權利和履行其義務時，應不對任何國家的領土完整或政治獨立進行任何武力威脅或使用武力，或以任何其他與「聯合國憲章」所載國際法原則不符的方式進行武力威脅或使用武力。

第三百零二條　洩露資料

在不妨害締約國訴諸本公約規定的解決爭端程序的權利的情形下，本公約的任何規定不應視為要求一個締約國於履行其本公約規定的義務時提供如經洩露即違反該國基本安全利益的情報。

第三百零三條　在海洋發現的考古和歷史文物

一、 各國有義務保護在海洋發現的考古和歷史性文物，並應為此目的進行合作。

二、 為了控制這種文物的販運，沿海國可在適用第三十三條時推定，未經沿海國許可將這些文物移出該條所指海域的海床，將造成在其領土或領海內對該條所指法律和規章的違犯。

三、 本條的任何規定不影響可辦識的物主的權利、打撈法或其他海事法規則，也不影響關於文化交流的法律和慣例。

四、 本條不妨害關於保護考古和歷史性文物的其他國際協定和國際法規則。

第三百零四條　損害賠償責任

本公約關於損害賠償責任的條款不妨礙現行規則的適用和國際法上其他有關賠償責任的規則的發展。

第十七部分　最後條款

第三百零五條　簽字

一、 本公約應開放給下列各方簽字

(a) 所有國家；

(b) 納米比亞，由聯合國納米比亞理事會代表；

(c) 在一項經聯合國按照其大會第一五一四(XV)號決議監督並核准的自決行動中選擇了自治地位，並對本公約所規定的事項具有權限，其中包括就該等事項締結條約的權限的一切自治聯繫國；

(d) 按照其各自的聯繫文書的規定，對本公約所規定的事項具有權限，其中包括就該等事項締結條約的權限的一切自治聯繫國；

(e) 凡享有經聯合國所承認的充分內部自治，但尚未按照大會第一五一四(XV)號決議取得完全獨立的一切領土，這種領土須對本公約所規定的事項具有權限，其中包括就該等事項締結條約的權限；

(f) 國際組織，按照附件九。

二、 本公司應持續開放簽字，至一九八四年十二月九日止在牙買加外交部簽字，此外，從一九八三年七月一日起至一九八四年十二月九日止，在紐約聯合國總部簽字。

第三百零六條　批准和正式確認

本公約須經各國和第三百零五條第一款(b)、(c)、(d)和(e)項所指的其他實體批准，並經該條第一款(f)項所指的實體按照附件九予以正式確認。批准書和正式確認書應交存於聯合國祕書長。

第三百零七條　加入

本公約應持續開放給各國和第三百零五條所指的其他實體加入。第三百零五條第一款(f)項所指的實體應按照附件九加入。加入書應交存於聯合國祕書長。

第三百零八條　生效

一、 本公約應自第六十份批准書或加入書交存之日後十二個月生效。

二、 對於在第六十份批准書或加入書交存以後批准或加入本公約的每一國家，在第一款限制下，本公約應在該國將批准書或加入書交存後第三十天起生效。

三、 管理局大會應在本公約生效之日開會，並應選舉管理局的理事會。如果第一百六十一條的規定不能嚴格適用，則第一屆理事會應以符合該條目的的方式組成。

四、 籌備委員會草擬的規則、規章和程序，應在管理局按照第十一部分予以正式通過以前暫時適用。

五、 管理局及各機關應按照關於預備性投資的第三次聯合國海洋法會議決議二以及籌備委員會依據該決議作出的各項決定行事。

第三百零九條　保留和例外

除非本公約其他條款明示許可，對本公約不得作出保留或例外。

第三百一十條　聲明和說明

第三百零九條不排除一國在簽署、批准或加入本公約時，作出不論如何措辭或用何種名稱的聲明或說明，目的在於除其他外使該國國內法律和規章同本公約規定取得協調，但須這種聲明或說明無意排除或修改本公約規定適用於該締約國的法律效力。

第三百一十一條　同其他公約和國際協定的關係

一、　在各締約國間，本公約應優於一九五八年四月二十九日日內瓦海洋法公約。

二、　本公約應不改變各締約國根據與本公約相符的其他條約而產生的權利和義務，但以不影響其他締約國根據本公約享有其權利或履行其義務為限。

三、　本公約兩個或兩個以上締約國可訂立僅在各該國相互關係上適用的、修改或暫停適用本公約的規定的協定，但須這種協定不涉及本公約中某項規定，如對該規定予以減損就與公約的目的及宗旨的有效執行不相符合，而且這種協定不應影響本公約所載各項基本原則的適用，同時這種協定的規定不影響其他締約國根據本公約享有其權利和履行其義務。

四、　有意訂立第三款所指任何協定的締約國，應通過本公約的保管者將其訂立協定的意思及該協定所規定對本公約的修改或暫停適用通知其他締約國。

五、　本條不影響本公約其他條款明示許可或保持的其他國際協定。

六、　締約國同意第一百三十六條所載關於人類共同繼承財產的基本原則不應有任何修正，並同意它們不應參加任何減損該原則的協定。

第三百一十二條　修正

一、　自本公約生效之日起十年期間屆滿後，締約國可給聯合國祕書長書面通知，對本公約提出不涉及「區域」內活動的具體修正案，並要求召開會議審議這種提出的修正案。祕書長應將這種通知分送所有締約國。如果在分送通知之日起十二個月以內，有不少於半數的締約國作出答覆贊成這一要求，祕書長應召開會議。

二、　適用於修正會議的作出決定的程序應與適用於第三次聯合國海洋法會議的相同，除非會議另有決定。會議應作出各種努力就任何修正案以協商一致方式達成協議，且除非為謀求協商一致已用盡一切努力不應就其進行表決。

第三百一十三條　以簡化程序進行修正

一、　締約國可給聯合國祕書長書面通知，提議將本公約的修正案不經召開會議，以本條規定的簡化程序予以通過，但關於「區域」內活動的修正案除外。祕書長應將通知分送所有締約國。

二、　如果在從分送通知之日起十二個月內，一個締約國反對提出的修正案或反對以簡化程序通過修正案的提案，該提案應視為未通過。祕書長應立即相應地通知所有締約國。

三、　如果從分送通知之日起十二個月後，沒有任何締約國反對提出的修正案或反對以簡化程序將其通過的提案，提出的修正案應視為已通過。祕書長應通知所有締約國提出的修正案已獲通過。

第三百一十四條　對本公約專門同「區域」內活動有關的規定的修正案

一、　締約國可給管理局祕書長書面通知，對本公約專門同「區域」內活動有關的規定，其中包括附件六第四節，提出某項修正案。祕書長應將這種通知分送所有締約國。提出的修正案經理事會核准後，應由大會核准。各締約國代表應有全權審議並核准提出的修正案。提出的修正案經理事會和大會核准後，應視為已獲通過。

二、　理事會和大會在根據第一款核准任何修正案以前，應確保該修正案在按照第一百五十五條召開審查會議以前不妨害勘探和開發「區域」內資源的制度。

第三百一十五條　修正案的簽字、批准、加入和有效文本

一、 本公約的修正案一旦通過，應自通過之日起十二個月內在紐約聯合國總部對各締約國開放簽字，除非修正案本身另有決定。

二、 第三百零六、第三百零七和第三百二十條適用於本公約的所有修正案。

第三百一十六條　修正案的生效

一、 除第五款所指修正案外，本公約的修正案，應在三分之二締約國或六十個締約國（以較大的數目為準）交存批准書或加入書後第三十天對批准或加入的締約國生效。這種修正案不應影響其他締約國根據本公約享有其權利或履行其義務。

二、 一項修正案可規定需要有比本條所規定者更多的批准書或加入書才能生效。

三、 對於在規定數目的批准書或加入書交存後批准或加入第一款所指修正案的締約國，修正案應在其批准書或加入書交存後第三十天生效。

四、 在修正案按照第一款生效後成為本公約締約國的國家，應在該國不表示其他意思的情形下：

　　(a) 視為如此修正後的本公約的締約國，並

　　(b) 在其對不受修正案拘束的任何締約國的關係上，視為未修正的本公約的締約國。

五、 專門關於「區域」內活動的任何修正案和附件六的任何修正案，應在四分之三締約國交存批准書或加入書一年後對所有締約國生效。

六、 在修正案按照第五款生效後成為本公約締約國的國家，應視為如此修正本公約的締約國。

第三百一十七條　退出

一、 締約國可給聯合國祕書長書面通知退出本公約，並可說明其理由。未說明理由應不影響退出的效力。退出應自接到通知之日後一年生效，除非通知中指明一個較後的日期。

二、 一國不應以退出為理由而解除該國為本公約締約國時所承擔的財政和合同義務，退出也不應影響本公約對該國停止生效前因本公約的執行而產生的該國的任何權利、義務或法律地位。

三、 退出決不影響任何締約國按照國際法而無須基於本公約即應擔負的履行本公約所載任何義務的責任。

第三百一十八條　附件的地位

各附件為本公約的組成部分，除另有明文規定外，凡提到本公約或其一個部分也就包括提到與其有關的附件。

第三百一十九條　保管者

一、 聯合國祕書長應為本公約及其修正案的保管者。

二、 祕書長除了作為保管者的職責以外應：

　　(a) 將因本公約產生的一般性問題向所有締約國其修正案國、管理局和主管國際組織提出報告；

　　(b) 將批准、正式確認和加入本公約及其修正案和退出本公約的情況通知管理局；

　　(c) 按照第三百一十一條第四款將各項協定通知締約國；

　　(d) 向締約國分送按照本公約通過的修正案，以供批准或加入；

　　(e) 按照本公約召開必要的締約國會議。

三、 (a) 祕書長應向第一百五十六條所指的觀察員遞送：

(1) 第二款(a)項所指的一切報告；

(2) 第二款(b)和(c)項所指的通知；和

(3) 第二款(d)項所指的修正案案文，供其參考。

(b) 祕書長應邀請這種觀察員以觀察員身分參加第二款(e)項所指的締約國會議。

第三百二十條　有效文本

本公約原本應在第三百零五條第二款限制下交存於聯合國祕書長，其阿拉伯、中文、英文、法文、俄文和西班牙文文本具有同等效力。

為此，下列全權代表，經正式授權，在本公約上簽字，以資證明。一九八二年十二月十日訂於蒙特哥灣。

附件二　大陸架界限委員會

第一條　按照第七十六條的規定，應依本附件以下各條成立一個二百海里以外大陸架界限委員會。

第二條

一、本委員會應由二十一名委員組成，委員會應是地質學、地球物理學或水文學方面的專家，由本公約締約國從其國民中選出，選舉時應妥為顧及確保公平地區代表制的必要，委員應以個人身份任職。

二、初次選舉應盡快舉行，無論如何應在本公約生效之日後十八個月內舉行。聯合國祕書長應在每次選舉之日前至少三個月發信給各締約國，邀請它們在進行適當的區域協商後於三個月內提出候選人。祕書長應依字母次序編製所有候選人的名單，並將名單提交所有締約國。

三、委員會委員的選舉應由祕書長在聯合國總部召開締約國會議舉行。在該次會議上，締約國的三分之二應構成法定人數，獲得出席並參加表決的締約國代表三分之二多數票的候選人應當選為委員會委員。從每一地理區域應至少選出三名委員。

四、當選的委員會委員任期五年，連選可連任。

五、提出委員會委員候選人的締約國應承擔該委員在執行委員會職務期間的費用。有關沿海國應承擔為提供本附件第三條第 1 款(b)項所指的諮詢意見而引起的費用。委員會祕書處應由聯合國祕書長提供。

第三條

一、委員會的職務應為：

(a) 審議沿海國提出的關於擴展到二百海里以外的大陸架外部界限的資料和其他材料，並按照第七十六條和一九八〇年八月二十九日第三次聯合國海洋法會議通過的諒解聲明提出建議；

(b) 經有關沿海國請求，在編製(a)項所述資料時，提供科學和技術諮詢意見。

二、委員會可在認為必要和有用的範圍內與聯合國教科文組織的政府間海洋學委員會、國際水文學組織及其他主管國際組織合作，以求交換可能有助於委員會執行職務的科學和技術情報。

第四條　擬按照第七十六條劃定其二百海里以外大陸架外部界限的沿海國，應將這種界限的詳情連同支持這種界限的科學和技術資料，儘早提交委員會，而且無論如何應於本公約對該國生

效後十年內提出。沿海國應同時提出曾向其提供科學和技術諮詢意見的委員會內任何委員的姓名。

第五條　除委員會另有決定外,委員會應由七名委員組成的小組委員會執行職務,小組委員會委員應以平衡方式予以任命,同時考慮到沿海國提出的每一劃界案的具體因素。為已提出劃界案的沿海國國民的委員會委員,或曾提供關於劃界的科學和技術諮詢意見以協助該國的委員會委員,不得成為處理該案的小組委員會委員,但應有權以委員身份參與委員會處理該案的程序。向委員會提出劃界案的沿海國可派代表參與有關的程序,但無表決權。

第六條

一、 小組委員會應將其建議提交委員會。

二、 小組委員會的建議應由委員會以出席並參加表決的委員三分之二多數核准。

三、 委員會的建議應以書面遞交提出劃界案的沿海國和聯合國祕書長。

第七條　沿海國應依第七十六條第 8 款的規定並按照適當國家程序劃定大陸架的外部界限。

第八條　在沿海國不同意委員會建議的情形下,沿海國應於合理期間內向委員會提出訂正的或新的劃界案。

第九條　委員會的行動不應妨害海岸相向或相鄰國家間劃定界限的事項。

世界人權宣言

1948 年 12 月 10 日通過

前　言

　　茲鑒於人類一家，對於人人固有尊嚴及其平等不移權利之承認確係世界自由、正義與和平之基礎：

　　復鑒於人權之忽視及侮茂恆釀成野蠻暴行，致使人心震憤，而自由言論、自由信仰、得免憂懼、得免貧困之世界業經宣示為一般人民之最高促望，復鑒於為使人類不致迫不得已鋌而走險以抗專橫與壓迫，人權須受法律規定之保障：

　　復鑒於國際友好關係之促進，實屬切要：

　　復鑒於聯合國人民已在憲章中重申對於基本人權、人格尊嚴與價值、以及男女平等權利之信念，並決心促成大自由中之社會進步及較善之民生：

　　復鑒於各會員國業經誓願與聯合國同心協力促進人權及基本自由之普遍尊重與遵行：

　　復鑒於此種權利自由之公共認識對於是項誓願之徹底實現至關重大：

　　大會爰於此

　　頒布世界人權宣言，作為所有人民所有國家共同努力之標的，務婗個人及社會團體永以本宣言銘諸座右，力求藉訓道與教育激勵入權與自由之尊重，並藉國家與國際之漸近措施獲得其普遍有效之承認與遵行，會員國本身人民及所轄領土人民均各永享咸遵。

第 1 條　人皆生而自由；在尊嚴及權利上均各平等。人各賦有理性良知，誠應和睦相處，情同手足。

第 2 條　人人皆得享受本宣言所載之一切權利與自由，不分種族、膚色、性別、語言、宗教、政見或他種主張、國籍或門第、財產、出生或他種身分。且不得因一人所隸國或地區之行政、行政或國際地位之不同而有所區別，無論該地區係獨立、託管、非自治或受其他主權上之限制。

第 3 條　人人有權享有生命、自由與人身安全。

第 4 條　任何人不容使為奴役，奴隸制度及奴隸販賣，不論出於任何種方式，悉應予以禁止。

第 5 條　任何人不能以酷刑，或施國忍不人道或侮謾之待遇或處罰。

第 6 條　人人於任何所在有被承認為法律上主體之權利。

第 7 條　人人在法律上悉屬平等，且應一體享受法律之平等保護。人人有權享受平等保護，以防止違反本宣言之任何歧視及煽動此種歧視之任何行為。

第 8 條　人人於其憲法或法律所賦予之基本權利被侵害時，有權享受國家管轄法庭之有效救濟。

第 9 條　任何人不容加以無理逮捕、拘禁或放逐。

第 10 條　人人於其權利與義務受判定寺及被刑事控告時，有權享受獨立無私法庭之絕對平等不偏且公開之聽審。

第 11 條　凡受刑事控告者，在未經依法公開審判證實有罪前，應視為無罪，審判時並須予以答辯上所需之一切保障。任何人在刑事上之行為或不行為，於其發生時依國家或國法律均不構成罪行者，應不為罪。刑罰不得重於犯罪時法律之規定。

第 12 條　任何個人之私生活、家庭、住所或通訊不容無理侵犯，其榮譽及信用亦不容侵害。人人為防止此種侵犯或侵害有權受法律保護。

第 13 條　人人在一國境內有自由遷徙及擇居之權。

人人有權離去任何國家，連其本國在內，並有權歸返其本國。

第 14 條　人人為避迫害有權在他國尋求並享受庇身之所。

控訴之確源於非政治性之犯罪或源於違反聯合國宗旨與原則之行為者，不得享受此種權利。

第 15 條　人人有權享有國籍。

任何人之國籍不容無理褫奪，其更改國籍之權利不容否認。

第 16 條　成年男女，不受種族、國籍或宗教之任何限制，有權婚嫁及成立家庭。

男女在婚約方面，在結合期間及在解除婚約時，俱有平等權利。

婚約之締訂僅能以男女雙方之自由完全承諾為之。家庭為社會之當然基本團體單位，並應受社會及國家之保護。

第 17 條　人人有權單獨占有或與他人合有財產。

任何人之財產不容無理剝奪。

第 18 條　人人有思想、良心與宗教自由之權，此項權利包括其改變宗教或信仰之自由，及其單獨或集體、公開或私自以教義、躬行、禮拜及戒律表示其宗教或信仰之自由。

第 19 條　人人有主張及發表自由之權，此項權利包括保持主張而不受干涉之自由，及經由任何方法不分國界以尋求、接收並傳播消息意見之自由。

第 20 條　人人有平和集會結社自由之權。

任何人不容強使隸屬於某一團體。

第 21 條　人人有權直接或以自由選擇之代表參加其本國政府。

人人有以平等機會參加其本國公務之權。

人民意志應為政府權力之基礎；人民意志應以定期且真實之選舉表現之，其選舉權必須普及而平等，能當以不記名投票或相竹寺之自由投票程序為之。

第 22 條　人既為社會之一員，自有權享受社會保障，並有權享受個人尊嚴及人格自由發展所必需之經濟、社會及文化各種權利之實現；此種實現之促成，端賴國家措施與國際合作並當依各國之機構與資源量力為之。

第 23 條　人人有權工作、自由還擇職業、享受公平優裕之工作條件及失業之保障。

人人不容任何區別，有同工同酬之權利。

人人工作時，有權享受公平優裕之報酬，務使其本人及其家屬之生活足以維持人類尊嚴必要時且應有他種社會保護辦法，以資補益。

人人為維護其權益，有組織及參加工會之權。

第 24 條　人人有休息及閒暇之權，包括工作時間受合理限制及定期有給休假之權。

第 25 條　人人有權享受其本人及其家屬康樂所需之生活程度，舉凡次、食、住、醫藥及必要之社會服務均包括在內，且於失業患病、殘廢、寡居衰老或因不可抗力之事故致有他種喪失生活能力之情形寺，有權享受保障。

母親及兒童應受特別照顧及協助。所有兒童，無論婚生或非婚生，均應享受同等社會保護。

第 26 條　人人皆有受教育之權。教育應屬免費，至少初級及基本教育應然。初級教育應屬強迫性質。技術與職業教育應廣為設立。高等教育應予人人平等機會，以成績為準。教育之目標在

於充分發展人格，加強對人權及基本自由之尊重。教育應謀促進各國、各種族或宗教團體閒之諒解、容恕及友好關係，並應促進聯合國維繫和平之各種工作。

父母對其子女所應受之教育，有優先抉擇之權。

第 27 條　人人有權自由參加社會之文化生活，欣賞藝術，並共同襄享科學進步及其利益。人人對其本人之任何科學、文學或美術作品所獲得之精神與物質利益，有享受保護之權。

第 28 條　人人有權享受本宣言所載權利與自由可得全部實現之社會及國際秩序。

第 29 條　人人對於社會負有義務，個人人格之自由充分發展厥為社會是賴。

人人於行使其權利及自由時僅應受法律所定之限制且此種限制之唯一目的應在確認及尊重他人之權利與自由並謀合民主社會中道德、公共秩序及一般福利所需之公允條件。

此等權利與自由之行使，無論在任何情形下，均不得違反聯合國之宗旨及原則。

第 30 條　本宣言所載，不得解釋為任何國家、團體或個人有權以任何活動或任何行為破壞本宣言內之任何權利與自由。

UNIVERSAL DECLARATION OF HUMAN RIGHTS. Adopted by the U.N.

General Assembly, 10 December 1948. G.A.Res.217A, U.N.GAOR, 3rd Sess., Pt. I, Resolutions, at 71, U.N. Doc.A/810 (1948)

PREAMBLE

On December 10, 1948 the General Assembly of the United Nations adopted and proclaimed the Universal Declaration of Human Rights the full text of which appears in the following pages. Following this historic act the Assembly called upon all Member countries to publicize the text of the Declaration and "to cause it to be disseminated, displayed, read and expounded principally in schools and other educational institutions, without distinction based on the political status of countries or territories."

Whereas recognition of the inherent dignity and of the equal and inalienable rights of all members of the human family is the foundation of freedom, justiceand peace in die world,

Whereas disregard and contempt for human rights have resulted in barbarous acts which have outraged the conscience of mankind, and the advent of a world in which human beings shall enjoy freedom of speech and belief and freedom from fear and want has been proclaimed as the highest aspiration of the commonpeople,

Whereas it is essential, if man is not to be compelled to have recourse, as a last resort, to rebellion against tyranny and oppression, that human rights should be protected by the rule of law,

Whereas it is esential to promote the development of friendly relations between nations,

Whereas the peoples of the United Nations have in the Charter reaffirmed their faith in fundamental human rights, in the dignity and worth of the human person and in the equal rights of men and Women and have determined to promote social progress and better standards of life in larger freedom,

Whereas Member States have pledged themselves to achieve, in co-operation, with the United Nations, the promotion of universal respect for and observance of human rights and fundamental freedoms,

Whereas a common understanding of these rights and freedoms is of the greatest importance for the full realization of this pledge,

Now, Therefore

THE GENERAL ASSEMBLY

Proclaims this Universal Declaration of Human Rights as a common standard of achievement for all peoples and all nations, to the end that every individual and every organ of society, keeping this Declaration constantly in mind, shall strive by teaching and education to promote respect for these rights and freedoms and by progressive measures, national and international, to secure their universal and effective recognition and observance, both among the peoples of Member Slates themselves and among the peoples of territories under their jurisdiction.

Article 1.

All human beings are born free and equal in dignity and rights. They are endowed with reason and conscience and should act towards one another in a spirit of brotherhood.

Article 2.

Everyone is entitled to all the rights and freedoms set forth in this Declaration, without distinction of any kind, such as race, colour, sex, language, religion, political or other opinion, national or social origin, property, birth or other status.

Furthermore, no distinction shall be made on the basis of the political, jurisdictional or international status of the country or territory to which a person belongs, whether it be independent, trust non-self-governing or under any other limitaion of sovereignty.

Article 3.

Everyone has the right to life, liberty and security of person.

Article 4.

No one shall be held in slavery or servitude; slavery and the slave trade shall be prohibited in all their forms.

Article 5.

No one shall be subjected to torture or to cruel, inhuman or degrading treatment or punishment.

Article 6.

Everyone has the right to recognition everywhere as a person before the law.

Article 7.

All are equal before the law and are entitled without any discrimination to equal protection of the law. All are entitled to equal protection against any discrimination in violation of this Declaration and against any incitement to such discrimination.

Article 8.

Everyone has the right to an effective remedy by the competent national tribunals for acts violating the fundamental rights granted him by the constitution or by law.

Article 9.

No one shall be subjected to arbitrary arrest) detention or exile.

Article 10.

Everyone is entitled in full equality to a fair and public hearing by an independent andi impartial tribunal, in the determination of his rights and obligations and of any criminal charge against him.

Article 11.

(1) Everyone charged with a penal offence has the right to be presumed innocent until proved guilty according to law in a public trial at which he has had all the guarantees necessary for his defence.

(2) No one shall be held guilty of any penal offence on account of any act or omission which did not constitute a penal offence, under national or international law, at the time when it was committed Nor shall a heavier penalty be imposed than the one that was applicable at the time the penal offence was committed.

Article 12.

No one shall be subjected to arbitrary interference with his privacy, family, home or correspondence, nor to attacks upon his honour and reputation Everyone has the fight to the protection of the law against such interference or attacks.

Article 13.

(1) Everyone has the right to freedom of movement and residence within the borders of each state.

(2) Everyone has the right to leave any country, including his own, and to return to his country.

Article 14.

(1) Everyone has the right to seek and to enjoy in other countries asylum from persecution.

(2) This right may not be invoked in the case of prosecutions genuinely arising from non-political crimes or from acts contrary to the purposes and principles of the United Nations.

Article 15.

(1) Everyone has the right to a nationality.

(2) No one shall be arbitrarily deprived of his nationality nor denied the right to change his nationality.

Article 16.

(1) Men and women of full age, without any limitation due to race, nationality or religion, have the right to many and to found a family. They are entitled to equal rights as to marriage, during marriage and at its dissolution.

(2) Marriage shall be entered into only with the free and full consent of the intending spouses.

(3) The family is the natural and fundamental group unit of society and is entitled to protection by society and the State.

Article 17.

(1) Everyone has the right to own property alone as well as inassociation with others.

(2) No one shall be arbitrarily deprived of his property.

Article 18.

Everyone has the right to freedom of thought, conscience and religion; this right includes freedom to change his religion or belief, and freedom, either alone or in community with others and in public or private, to manifest his religion or belief in teaching, practice, worship and observance.]

Article 19.

Everyone has the right to freedom of opinion and expression; this right includes freedom to hold opinions without interference and to seek, receive and impart information and ideas through any media and regardless of frontiers.

Article 20.

(1) Everyone has the right to freedom of peaceful assembly and association.

(2) No one may be compelled to belong to an association.

Article 21.

(1) Everyone has the right to take part in the govemment of his country, directly or through freely chosen representatives.

(2) Everyone has the right to equal access to public service in his country.

(3) The will of the people shall be the basis of the authority of govemment; this shall be expressed in periodic and genuine elections which shall be by universal and equal suffrage and shall be held by secret vote or by equivalent free voting procedures.

Article 22.

Everyone, as a member of society, has the right to social security and is entitled to realizion, through national effort and international co-operation and in accordance with die organization and resources of each. State, of the economic, social and cultural rights indispensable for his dignity and the free development of his personality.

Article 23.

(1) Everyone has the right to work, to free choice of employment to just and favourable conditions of work and to protection against unemployment.

(2) Everyone, without any discrimination, has the right to equal pay for equal work.

(3) Everyone, who works has the right to just and favourable remuneration ensuring for himself and his family an existence worthy of human dignity, and supplemented, if necessary, by other means of social protection.

(4) Everyone has the right to form and to join trade unions for the protection of his interests.

Article 24.

Everyone has the right to rest and leisure, including reasonable limitation of working hours and periodic holidays with pay.

Article 25.

(1) Everyone has the right-to a standard of living adequate for the health and well being of himself and of his family, inclnding food, clothing, housing and medical care and necessary social services, and the right to security in the event of unemployment, sickness, disability, widowhood, old age or other lack of livelihood in circumstances beyond his control.

(2) Motherhood and childhood are entitled to special care and assistance. All children, whether born in or out of wedlock, shall enjoy the same social protection.

Article 26.

(1) Everyone has the right to education. Education shall be free, at least in the elementary and fundamental stages. Elementary education shall be compulsory. Technical and professional

education shall be made generally available and higher education shall be equally accessible to all on the basis of merit

(2) Education shall be directed to the full development of the human personality and to the strengthening of respect for human rights and fundamental freedoms. It shall promote understanding, tolerance and friendship among all nations, racial or religious groups, and shall further the activities of the United Nations for the maintenance of peace.

(3) Parents have a prior right to choose the kind of education that shall be given to their children.

Article 27.

(1) Everyone has the right freely to participate in the cultural life of the community, to enjoy the arts and to share in scientific advancement and its benefits.

(2) Everyone has the right to the protection of the moral and material interests resulting from any scientific, literary or artistic production of which he is the author.

Article 28.

Everyone is entitled to a social and international oreder in which the right and freedoms set forth in this Declaration can be fully realized.

Article 29.

(1) Eveiyone has duties to the community in which alone the flee and full development of his personality is possible.

(2) In the exercise of his rights and freedoms, everyone shall be subject only to such limitations as are determined by law solely for the purpose of securing due recognition and respect for the rights and freedoms of others and of meeting the just requirements of morality, public order and the general welfare in a democratic society.

(3) These rights and freedoms may in no case be exercised contrary to the purposes and principles of the United Nations.

Article 30.

Nothing in this Declaration may be interpreted as implying for any State, group or person any right to engage in any activity or to perform any act aimed at the destruction of any of the rights and freedoms set forth herein.

維也納條約法公約及其附件

本公約各當事國，

鑒於條約在國際關係歷史上之基本地位，

承認條約為國際法淵源之一，且為各國間不分憲法及社會制度發展和平合作之工具，其重要性日益增加，

鑒悉自由同意與善意之原則以及條約必須遵守規則乃舉世所承認，

確認凡關於條約之爭端與其他國際爭端同，皆應以和平方法且依正義及國際法之原則解決之，

念及聯合國人民同茲決心創造適當環境，俾克維持正義及尊重由條約而起之義務，

鑒及聯合國憲章所載之國際法原則，諸如人民平等權利及自決，所有國家主權平等及獨立，不干涉各國內政，禁止使用威脅或武力以及普遍尊重與遵守全體人類之人權及基本自由等原則，

深信本公約所達成之條約法之編纂及逐漸發展可促進憲章所楬櫫之聯合國宗旨，即維持國際和平及安全，發展國際間之友好關係並達成其彼此合作，

確認凡未經本公約各條規定之問題，將仍以國際習慣法規則為準，

爰議定條款如下：

第一編　導　言

第一條　本公約之範圍

本公約適用於國家間之條約。

第二條　用語

一、就適用本公約而言：

　　（甲）稱「條約」者，謂國家間所締結而以國際法為準之國際書面協定，不論其載於一項單獨文書或兩項以上相互有關之文書內，亦不論其特定名稱為何；

　　（乙）稱「批准」、「接受」、「贊同」及「加入」者，各依本義指一國據以在國際上確定其同意承受條約拘束之國際行為；

　　（丙）稱「全權證書」者，謂一國主管當局所頒發，指派一人或數人代表該國談判、議定或認證條約約文，表示該國同意承受條約拘束，或完成有關條約之任何其他行為之文件；

　　（丁）稱「保留」者，謂一國於簽署、批准、接受、贊同或加入條約時所作之片面聲明，不論措辭或名稱為何，其目的在摒除或更改條約中若干規定對該國適用時之法律效果；

　　（戊）稱「談判國」者，謂參與草擬及議定條約約文之國家；

　　（己）稱「締約國」者，謂不問條約已未生效，同意承受條約拘束之國家；

　　（庚）稱「當事國」者，謂同意承受條約拘束及條約對其有效之國家；

　　（辛）稱「第三國」者，謂非條約當事國之國家；

　　（壬）稱「國際組織」者，謂政府間之組織。

二、第一項關於本公約內各項用語之規定不妨礙此等用語在任何國家國內法上之使用或所具有之意義。

第三條　不屬本公約範圍之國際協定

本公約不適用於國家與其他國際法主體間所締結之國際協定或此種其他國際法主體間之國際協定或非書面國際協定，此一事實並不影響：

（甲）此類協定之法律效力；

（乙）本公約所載任何規則之依照國際法而毋須基於本公約原應適用於此類協定者，對於此類協定之適用；

（丙）本公約之適用於國家間以亦有其他國際法主體為其當事者之國際協定為根據之彼此關係。

第四條　本公約不溯既往

以不妨礙本公約所載任何規則之依國際法而毋須基於本公約原應適用於條約者之適用為限，本公約僅對各國於本公約對各該國生效後所締結之條約適用之。

第五條　組成國際組織之條約及在一國際組織內議定之條約

本公約適用於為一國際組織組織約章之任何條約及在一國際組織內議定之任何條約，但對該組織任何有關規則並無妨礙。

第二編　條約之締結及生效

第一節　條約之締結

第六條　國家締結條約之能力

每一國家皆有締結條約之能力。

第七條　全權證書

一、任一人員如有下列情形之一，視為代表一國議定或認證條約約文或表示該國承受條約拘束之同意：

（甲）出具適當之全權證書；或

（乙）由於有關國家之慣例或由於其他情況可見此等國家之意思係認為該人員為此事代表該國而可免除全權證書。

二、下列人員由於所任職務毋須出具全權證書，視為代表其國家：

（甲）國家元首、政府首長及外交部長，為實施關於締結條約之一切行為；

（乙）使館館長，為議定派遣國與駐在國間條約約文；

（丙）國家派往國際會議或派駐國際組織或該國際組織一機關之代表，為議定在該會議、組織或機關內議定之條約約文。

第八條　未經授權所實施行為之事後確認

關於締結條約之行為係依第七條不能視為經授權為此事代表一國之人員所實施者，非經該國事後確認，不發生法律效果。

第九條　約文之議定

一、除依第二項之規定外，議定條約約文應以所有參加草擬約文國家之同意為之。

二、國際會議議定條約之約文應以出席及參加表決國家三分二多數之表決為之，但此等國家以同樣多數決定適用另一規則者不在此限。

第十條　約文之認證

條約約文依下列方法確定為作準定本：

（甲）依約文所載或經參加草擬約文國家協議之程序；或

（乙）倘無此項程序，由此等國家代表在條約約文上，或在載有約文之會議蔵事文件上簽署，作待核准之簽署或草簽。

第十一條　表示同意承受條約拘束之方式

一國承受條約拘束之同意得以簽署、交換構成條約之文書、批准、接受、贊同或加入、或任何其他同意之方式表示之。

第十二條　以簽署表示承受條約拘束之同意

一、　遇有下列情形之一，一國承受條約拘束之同意以該國代表之簽署表示之：

　　（甲）條約規定簽署有此效果；

　　（乙）另經確定談判國協議簽署有此效果；或

　　（丙）該國使簽署有此效果之意思可見諸其代表所奉之全權證書或已於談判時有此表示。

二、　就適用第一項而言：

　　（甲）倘經確定談判國有此協議，約文之草簽構成條約之簽署；

　　（乙）代表對條約作待核准之簽署，倘經其本國確認，即構成條約之正式簽署。

第十三條　以交換構成條約之文書表示承受條約拘束之同意

遇有下列情形之一，國家同意承受由彼此間交換之文書構成之條約拘束，以此種交換表示之：

（甲）文書規定此種交換有此效果；或

（乙）另經確定此等國家協議文書之交換有此效果。

第十四條　以批准、接受或贊同表示承受條約拘束之同意

一、　遇有下列情形之一，一國承受條約拘束之同意，以批准表示之：

　　（甲）條約規定以批准方式表示同意；

　　（乙）另經確定談判國協議需要批准；

　　（丙）該國代表已對條約作須經批准之簽署；或

　　（丁）該國對條約作須經批准之簽署之意思可見諸其代表所奉之全權證書，或已於談判時有此表示。

二、　一國承受條約拘束之同意以接受或贊同方式表示者，其條件與適用於批准者同。

第十五條　以加入表示承受條約拘束之同意

遇有下列情形之一，一國承受條約拘束之同意以加入表示之：

（甲）條約規定該國得以加入方式表示此種同意；

（乙）另經確定談判國協議該國得以加入方式表示此種同意；

（丙）全體當事國嗣後協議該國得以加入方式表示此種同意。

第十六條　批准書、接受書、贊同書或加入書之交換或交存

除條約另有規定外，批准書、接受書、贊同書或加入書依下列方式確定一國承受條約拘束之同意：

（甲）由締約國互相交換；

（乙）將文書交存保管機關；或

（丙）如經協議，通知締約國或保管機關。

第十七條　同意承受條約一部分之拘束及不同規定之選擇

一、 以不妨礙第十九條至第二十三條為限，一國同意承受條約一部分之拘束，僅於條約許可或其他締約國同意時有效。

二、 一國同意承受許可選擇不同規定之條約之拘束，僅於指明其所同意之規定時有效。

第十八條　不得在條約生效前妨礙其目的及宗旨之義務

一國負有義務不得採取任何足以妨礙條約目的及宗旨之行動：

（甲）如該國已簽署條約或已交換構成條約之文書而須經批准、接受或贊同，但尚未明白表示不欲成為條約當事國之意思；或

（乙）如該國業已表示同意承受條約之拘束，而條約尚未生效，且條約之生效不稽延過久。

第二節　保留

第十九條　提具保留

一國得於簽署、批准、接受、贊同或加入條約時，提具保留，但有下列情形之一者不在此限：

（甲）該項保留為條約所禁止者；

（乙）條約僅准許特定之保留而有關之保留不在其內者；或

（丙）凡不屬（甲）及（乙）兩款所稱之情形，該項保留與條約目的及宗旨不合者。

第二十條　接受及反對保留

一、 凡為條約明示准許之保留，無須其他締約國事後予以接受，但條約規定須如此辦理者，不在此限。

二、 倘自談判國之有限數目及條約之目的與宗旨，可見在全體當事國間適用全部條約為每一當事國同意承受條約拘束之必要條件時，保留須經全體當事國接受。

三、 倘條約為國際組織之組織約章，除條約另有規定外，保留須經該組織主管機關接受。

四、 凡不屬以上各項所稱之情形，除條約另有規定外：

（甲）保留經另一締約國接受，就該另一締約國而言，保留國即成為條約之當事國，但須條約對各該國均已生效；

（乙）保留經另一締約國反對，則條約在反對國與保留國間並不因此而不生效力，但反對國確切表示相反之意思者不在此限；

（丙）表示一國同意承受條約拘束而附以保留之行為，一俟至少有另一締約國接受保留，即發生效力。

五、 就適用第二項與第四項而言，除條約另有規定外，倘一國在接獲關於保留之通知後十二個月期間屆滿時或至其表示同意承受條約拘束之日為止，兩者中以較後之日期為準，迄未對保留提出反對，此項保留即視為業經該國接受。

第二十一條　保留及對保留提出之反對之法律效果

一、 依照第十九條、第二十條及第二十三條對另一當事國成立之保留：

（甲）對保留國而言，其與該另一當事國之關係上照保留之範圍修改保留所關涉之條約規定；及

（乙）對該另一當事國而言，其與保留國之關係上照同一範圍修改此等規定。

二、 此項保留在條約其他當事國相互間不修改條約之規定。

三、 倘反對保留之國家未反對條約在其本國與保留國間生效，此項保留所關涉之規定在保留之範圍內於該兩國間不適用之。

第二十二條　撤回保留及撤回對保留提出之反對

一、除條約另有規定外，保留得隨時撤回，無須經業已接受保留之國家同意。

二、除條約另有規定外，對保留提出之反對得隨時撤回。

三、除條約另有規定或另經協議外：

（甲）保留之撤回，在對另一締約國之關係上，自該國收到撤回保留之通知之時起方始發生效力；

（乙）對保留提出之反對之撤回，自提出保留之國家收到撤回反對之通知時起方始發生效力。

第二十三條　關於保留之程序

一、保留、明示接受保留及反對保留，均必須以書面提具並致送締約國及有權成為條約當事國之其他國家。

二、保留係在簽署須經批准、接受或贊同之條約時提具者，必須由保留國在表示同意承受條約拘束時正式確認。遇此情形，此項保留應視為在其確認之日提出。

三、明示接受保留或反對保留係在確認保留前提出者，其本身無須經過確認。

四、撤回保留或撤回對保留提出之反對，必須以書面為之。

第三節　條約之生效及暫時適用

第二十四條　生效

一、條約生效之方式及日期，依條約之規定或依談判國之協議。

二、倘無此種規定或協議，條約一俟確定所有談判國同意承受條約之拘束，即行生效。

三、除條約另有規定外，一國承受條約拘束之同意如係於條約生效後之一日期確定，則條約自該日起對該國生效。

四、條約中為條約約文之認證，國家同意承受條約拘束之確定，條約生效之方式或日期，保留，保管機關之職務以及當然在條約生效前發生之其他事項所訂立之規定，自條約約文議定時起適用之。

第二十五條　暫時適用

一、條約或條約之一部分於條約生效前在下列情形下暫時適用：

（甲）條約本身如此規定；或

（乙）談判國以其他方式協議如此辦理。

二、除條約另有規定或談判國另有協議外，條約或條約一部分對一國之暫時適用，於該國將其不欲成為條約當事國之意思通知已暫時適用條約之其他各國時終止。

第三編　條約之遵守、適用及解釋

第一節　條約之遵守

第二十六條　條約必須遵守

凡有效之條約對其各當事國有拘束力，必須由各該國善意履行。

第二十七條　國內法與條約之遵守

一當事國不得援引其國內法規定為理由而不履行條約。此項規則不妨礙第四十六條。

第二節　條約之適用

第二十八條　條約不溯既往

除條約表示不同意思，或另經確定外，關於條約對一當事國生效之日以前所發生之任何行為或事實或已不存在之任何情勢，條約之規定不對該當事國發生拘束力。

第二十九條　條約之領土範圍

除條約表示不同意思，或另經確定外，條約對每一當事國之拘束力及於其全部領土。

第三十條　關於同一事項先後所訂條約之適用

一、　以不違反聯合國憲章第一百零三條為限，就同一事項先後所訂條約當事國之權利與義務應依下列各項確定之。

二、　遇條約訂明須不違反先訂或後訂條約或不得視為與先訂或後訂條約不合時，該先訂或後訂條約之規定應居優先。

三、　遇先訂條約全體當事國亦為後訂條約當事國但不依第五十九條終止或停止施行先訂條約時，先訂條約僅於其規定與後訂條約規定相合之範圍內適用之。

四、　遇後訂條約之當事國不包括先訂條約之全體當事國時：

　　（甲）在同為兩條約之當事國間，適用第三項之同一規則；

　　（乙）在為兩條約之當事國與僅為其中一條約之當事國間彼此之權利與義務依兩國均為當事國之條約定之。

五、　第四項不妨礙第四十一條，或依第六十條終止或停止施行條約之任何問題，或一國因締結或適用一條約而其規定與該國依另一條約對另一國之義務不合所生之任何責任問題。

第三節　條約之解釋

第三十一條　解釋之通則

一、　條約應依其用語按其上下文並參照條約之目的及宗旨所具有之通常意義，善意解釋之。

二、　就解釋條約而言，上下文除指連同弁言及附件在內之約文外，並應包括：

　　（甲）全體當事國間因締結條約所訂與條約有關之任何協定；

　　（乙）一個以上當事國因締結條約所訂並經其他當事國接受為條約有關文書之任何文書。

三、　應與上下文一併考慮者尚有：

　　（甲）當事國嗣後所訂關於條約之解釋或其規定之適用之任何協定；

　　（乙）嗣後在條約適用方面確定各當事國對條約解釋之協定之任何慣例；

　　（丙）適用於當事國間關係之任何有關國際法規則。

四、　倘經確定當事國有此原意，條約用語應使其具有特殊意義。

第三十二條　解釋之補充資料

為證實由適用第三十一條所得之意義起見，或遇依第三十一條作解釋而：

（甲）意義仍屬不明或難解；或

（乙）所獲結果顯屬荒謬或不合理時，為確定其意義起見，得使用解釋之補充資料，包括條約之準備工作及締約之情況在內。

第三十三條　以兩種以上文字認證之條約之解釋

一、　條約約文經以兩種以上文字認證作準者，除依條約之規定或當事國之協議遇意義分歧時應以某種約文為根據外，每種文字之約文應同一作準。

二、 以認證作準文字以外之他種文字作成之條約譯本，僅於條約有此規定或當事國有此協議時，始得視為作準約文。

三、 條約用語推定在各作準約文內意義相同。

四、 除依第一項應以某種約文為根據之情形外，倘比較作準約文後發現意義有差別而非適用第三十一條及第三十二條所能消除時，應採用顧及條約目的及宗旨之最能調和各約文之意義。

第四節　條約與第三國

第三十四條　關於第三國之通則

條約非經第三國同意，不為該國創設義務或權利。

第三十五條　為第三國規定義務之條約

如條約當事國有意以條約之一項規定作為確立一項義務之方法，且該項義務經一第三國以書面明示接受，則該第三國即因此項規定而負有義務。

第三十六條　為第三國規定權利之條約

一、 如條約當事國有意以條約之一項規定對一第三國或其所屬一組國家或所有國家給予一項權利，而該第三國對此表示同意，則該第三國即因此項規定而享有該項權利。該第三國倘無相反之表示，應推定其表示同意，但條約另有規定者不在此限。

二、 依第一項行使權利之國家應遵守條約所規定或依照條約所確定之條件行使該項權利。

第三十七條　取消或變更第三國之義務或權利

一、 依照第三十五條使第三國擔負義務時，該項義務必須經條約各當事國與該第三國之同意，方得取消或變更，但經確定其另有協議者不在此限。

二、 依照第三十六條使第三國享有權利時，倘經確定原意為非經該第三國同意不得取消或變更該項權利，當事國不得取消或變更之。

第三十八條　條約所載規則由於國際習慣而成為對第三國有拘束力

第三十四條至第三十七條之規定不妨礙條約所載規則成為對第三國有拘束力之公認國際法習慣規則。

第四編　條約之修正與修改

第三十九條　關於修正條約之通則

條約得以當事國之協議修正之。除條約可能另有規定者外，此種協議適用第二編所訂之規則。

第四十條　多邊條約之修正

一、 除條約另有規定外，多邊條約之修正依下列各項之規定。

二、 在全體當事國間修正多邊條約之任何提議必須通知全體締約國，各該締約國均應有權參加：

（甲）關於對此種提議採取行動之決定；

（乙）修正條約之任何協定之談判及締結。

三、 凡有權成為條約當事國之國家亦應有權成為修正後條約之當事國。

四、 修正條約之協定對已為條約當事國而未成為該協定當事國之國家無拘束力；對此種國家適用第三十條第四項（乙）款。

五、 凡於修正條約之協定生效後成為條約當事國之國家，倘無不同意思之表示：

（甲）應視為修正後條約之當事國；並

（乙）就其對不受修正條約協定拘束之條約當事國之關係言，應視為未修正條約之當事國。

第四十一條　僅在若干當事國間修改多邊條約之協定

一、多邊條約兩個以上當事國得於下列情形下締結協定僅在彼此間修改條約：

（甲）條約內規定有作此種修改之可能者；或

（乙）有關之修改非為條約所禁止，且：

（一）不影響其他當事國享有條約上之權利或履行其義務者；

（二）不關涉任何如予損抑即與有效實行整個條約之目的及宗旨不合之規定者。

二、除屬第一項（甲）款範圍之情形條約另有規定者外，有關當事國應將其締結協定之意思及協定對條約所規定之修改，通知其他當事國。

第五編　條約之失效、終止及停止施行

第一節　總　則

第四十二條　條約之效力及繼續有效

一、條約之效力或一國承受條約拘束之同意之效力僅經由本公約之適用始得加以非議。

二、終止條約，廢止條約，或一當事國退出條約，僅因該條約或本公約規定之適用結果始得為之。同一規則適用於條約之停止施行。

第四十三條　無須基於條約之國際法所加義務

條約因本公約或該條約規定適用結果而失效，終止或廢止，由當事國退出，或停止施行之情形，絕不損害任何國家依國際法而毋須基於條約所負履行該條約所載任何義務之責任。

第四十四條　條約之規定可否分離

一、除條約另有規定或當事國另有協議外，條約內所規定或因第五十六條所生之當事國廢止、退出或停止施行條約之權利僅得對整個條約行使之。

二、本公約所承認之條約失效、終止、退出或停止施行條約之理由僅得對整個條約援引之，但下列各項或第六十條所規定之情形不在此限。

三、倘理由僅與特定條文有關，得於下列情形下僅對各該條文援引之：

（甲）有關條文在適用上可與條約其餘部分分離；

（乙）由條約可見或另經確定各該條文之接受並非另一當事國或其他當事國同意承受整個條約拘束之必要根據；及

（丙）條約其餘部分之繼續實施不致有失公平。

四、在第四十九條及第五十條所稱情形下，有權援引詐欺或賄賂理由之國家得對整個條約或以不違反第三項為限專對特定條文援引之。

五、在第五十一條、第五十二條及第五十三條所稱之情形下，條約之規定一概不許分離。

第四十五條　喪失援引條約失效、終止、退出或停止施行條約理由之權利

一國於知悉事實後而有下列情形之一者，即不得再援引第四十六條至第五十條或第六十條及第六十二條所規定條約失效、終止、退出或停止施行條約之理由：

（甲）該國業經明白同意條約有效，或仍然生效或繼續施行；或

（乙）根據該國行為必須視為已默認條約之效力或條約之繼續生效或施行。

第二節　條約之失效

第四十六條　國內法關於締約權限之規定

一、一國不得援引其同意承受條約拘束之表示為違反該國國內法關於締約權限之一項規定之事實以撤銷其同意，但違反之情事顯明且涉及其具有基本重要性之國內法之一項規則者，不在此限。

二、違反情事倘由對此事依通常慣例並秉善意處理之任何國家客觀視之為顯然可見者，即係顯明違反。

第四十七條　關於表示一國同意權力之特定限制

如代表表示一國同意承受某一條約拘束之權力附有特定限制，除非在其表示同意前已將此項限制通知其他談判國，該國不得援引該代表未遵守限制之事實以撤銷其所表示之同意。

第四十八條　錯誤

一、一國得援引條約內之錯誤以撤銷其承受條約拘束之同意，但此項錯誤以關涉該國於締結條約時假定為存在且構成其同意承受條約拘束之必要根據之事實或情勢者為限。

二、如錯誤係由關係國家本身行為所助成，或如當時情況足以使該國知悉有錯誤之可能，第一項不適用之。

三、僅與條約約文用字有關之錯誤，不影響條約之效力；在此情形下，第七十九條適用之。

第四十九條　詐欺

倘一國因另一談判國之詐欺行為而締結條約，該國得援引詐欺為理由撤銷其承受條約拘束之同意。

第五十條　對一國代表之賄賂

倘一國同意承受條約拘束之表示係經另一談判國直接或間接賄賂其代表而取得，該國得援引賄賂為理由撤銷其承受條約拘束之同意。

第五十一條　對一國代表之強迫

一國同意承受條約拘束之表示係以行為或威脅對其代表所施之強迫而取得者，應無法律效果。

第五十二條　以威脅或使用武力對一國施行強迫

條約係違反聯合國憲章所含國際法原則以威脅或使用武力而獲締結者無效。

第五十三條　與一般國際法強制規律（絕對法）牴觸之條約

條約在締結時與一般國際法強制規律牴觸者無效。就適用本公約而言，一般國際法強制規律指國家之國際社會全體接受並公認為不許損抑且僅有以後具有同等性質之一般國際法規律始得更改之規律。

第三節　條約之終止及停止施行

第五十四條　依條約規定或經當事國同意而終止或退出條約

在下列情形下，得終止條約或一當事國得退出條約：

（甲）依照條約之規定；或

（乙）無論何時經全體當事國於諮商其他各締約國後表示同意。

第五十五條　多邊條約當事國減少至條約生效所必需之數目以下

除條約另有規定外，多邊條約並不僅因其當事國數目減少至生效所必需之數目以下而終止。

第五十六條　廢止或退出並無關於終止、廢止或退出規定之條約

一、條約如無關於其終止之規定，亦無關於廢止或退出之規定，不得廢止或退出，除非：

（甲）經確定當事國原意為容許有廢止或退出之可能；或

（乙）由條約之性質可認為含有廢止或退出之權利。

二、當事國應將其依第一項廢止或退出條約之意思至遲於十二個月以前通知之。

第五十七條　依條約規定或經當事國同意而停止施行條約

在下列情形下，條約得對全體當事國或某一當事國停止施行：

（甲）依照條約之規定，或

（乙）無論何時經全體當事國於諮商其他各締約國後表示同意。

第五十八條　多邊條約僅經若干當事國協議而停止施行

一、多邊條約兩個以上當事國得暫時並僅於彼此間締結協定停止施行條約之規定，如：

（甲）條約內規定有此種停止之可能；或

（乙）有關之停止非為條約所禁止，且：

（一）不影響其他當事國享有條約上之權利或履行其義務；

（二）非與條約之目的及宗旨不合。

二、除屬第一項（甲）款範圍之情形條約另有規定者外，有關當事國應將其締結協定之意思及條約內其所欲停止施行之規定通知其他當事國。

第五十九條　條約因締結後訂條約而默示終止或停止施行

一、任何條約於其全體當事國就同一事項締結後訂條約，且有下列情形之一時，應視為業已終止：

（甲）自後訂條約可見或另經確定當事國之意思為此一事項應以該條約為準；或

（乙）後訂條約與前訂條約之規定不合之程度使兩者不可能同時適用。

二、倘自後訂條約可見或另經確定當事國有此意思，前訂條約應僅視為停止施行。

第六十條　條約因違約而終止或停止施行

一、雙邊條約當事國一方有重大違約情事時，他方有權援引違約為理由終止該條約，或全部或局部停止其施行。

二、多邊條約當事國之一有重大違約情事時：

（甲）其他當事國有權以一致協議：

（一）在各該國與違約國之關係上，或

（二）在全體當事國之間，

將條約全部或局部停止施行或終止該條約；

（乙）特別受違約影響之當事國有權援引違約為理由在其本國與違約國之關係上將條約全部或局部停止施行；

（丙）如由於條約性質關係，遇一當事國對其規定有重大違反情事，致每一當事國繼續履行條約義務所處之地位因而根本改變，則違約國以外之任何當事國皆有權援引違約為理由將條約對其本國全部或局部停止施行。

三、就適用本條而言，重大違約係指：

（甲）廢棄條約，而此種廢棄非本公約所准許者；或

（乙）違反條約規定，而此項規定為達成條約目的或宗旨所必要者。

四、 以上各項不妨礙條約內適用於違約情事之任何規定。

五、 第一項至第三項不適用於各人道性質之條約內所載關於保護人身之各項規定，尤其關於禁止對受此種條約保護之人採取任何方式之報復之規定。

第六十一條　發生意外不可能履行

一、 倘因實施條約所必不可少之標的物永久消失或毀壞以致不可能履行條約時，當事國得援引不可能履行為理由終止或退出條約。如不可能履行係屬暫時性質，僅得援引為停止施行條約之理由。

二、 倘條約不可能履行係一當事國違反條約義務或違反對條約任何其他當事國所負任何其他國際義務之結果，該當事國不得援引不可能履行為理由終止、退出或停止施行條約。

第六十二條　情況之基本改變

一、 條約締結時存在之情況發生基本改變而非當事國所預料者，不得援引為終止或退出條約之理由，除非：

　　（甲）此等情況之存在構成當事國同意承受條約拘束之必要根據；及

　　（乙）該項改變之影響將根本變動依條約尚待履行之義務之範圍。

二、情況之基本改變不得援引為終止或退出條約之理由：

　　（甲）倘該條約確定一邊界；或

　　（乙）倘情況之基本改變係援引此項理由之當事國違反條約義務或違反對條約任何其他當事國所負任何其他國際義務之結果。

三、 倘根據以上各項，一當事國得援引情況之基本改變為終止或退出條約之理由，該國亦得援引該項改變為停止施行條約之理由。

第六十三條　斷絕外交或領事關係

條約當事國間斷絕外交或領事關係不影響彼此間由條約確定之法律關係，但外交或領事關係之存在為適用條約所必不可少者不在此限。

第六十四條　一般國際法新強制規律（絕對法）之產生

遇有新一般國際法強制規律產生時，任何現有條約之與該項規律牴觸者即成為無效而終止。

第四節　程序

第六十五條　關於條約失效、終止、退出條約或停止施行條約應依循之程序

一、 當事國依照本公約之規定援引其承受條約拘束之同意有誤為理由，或援引非難條約效力、終止退出或停止施行條約之理由者，必須將其主張通知其他當事國。此項通知應載明對條約所提議採取之措施及其理由。

二、 在一非遇特別緊急情形不得短於自收到通知時起算三個月之期間屆滿後，倘無當事國表示反對，則發出通知之當事國得依第六十七條規定之方式，實施其所提議之措施。

三、 但如有任何其他當事國表示反對，當事國應藉聯合國憲章第三十三條所指示之方法以謀解決。

四、 上列各項絕不影響當事國在對其有拘束力之任何關於解決爭端之現行規定下所具有之權利或義務。

五、 以不妨礙第四十五條為限，一國未於事前發出第一項所規定之通知之事實並不阻止該國為答覆另一當事國要求其履行條約或指稱其違反條約而發出此種通知。

第六十六條　司法解決、公斷及和解之程序

倘在提出反對之日後十二個月內未能依第六十五條第三項獲致解決，應依循下列程序：

（甲）關於第五十三條或第六十四條之適用或解釋之爭端之任一當事國得以請求書將爭端提請國際法院裁決之，但各當事國同意將爭端提交公斷者不在此限；

（乙）關於本公約第五編任一其他條文之適用或解釋之爭端之任一當事國得向聯合國祕書長提出請求，發動本公約附件所定之程序。

第六十七條　宣告條約失效、終止、退出或停止施行條約之文書

一、　第六十五條第一項規定之通知須以書面為之。

二、　凡依據條約規定或第六十五條第二項或第三項規定宣告條約失效、終止、退出或停止施行條約之行為，應以文書致送其他當事國為之。倘文書未經國家元首、政府首長或外交部長簽署，得要求致送文書國家之代表出具全權證書。

第六十八條　撤銷第 65 條及第 67 條所規定之通知及文書

第六十五條或第六十七條所規定之通知或文書得在其發生效力以前隨時撤銷之。

第五節　條約失效、終止或停止施行之後果

第六十九條　條約失效之後果

一、　條約依本公約確定失效者無效。條約無效者，其規定無法律效力。

二、　但如已有信賴此種條約而實施之行為，則：

（甲）每一當事國得要求任何其他當事國在彼此關係上盡可能恢復未實施此項行為前原應存在之狀況；

（乙）在援引條約失效之理由前以善意實施之行為並不僅因條約失效而成為不合法。

三、　遇第四十九條、第五十條、第五十一條或第五十二條所稱之情形，第二項之規定對應就詐欺、賄賂行為或強迫負責之當事國不適用之。

四、　遇某一國家承受多邊條約拘束之同意成為無效之情形，上列各項規則在該國與條約當事國之關係上適用之。

第七十條　條約終止之後果

一、　除條約另有規定或當事國另有協議外，條約依其規定或依照本公約終止時：

（甲）解除當事國繼續履行條約之義務；

（乙）不影響當事國在條約終止前經由實施條約而產生之任何權利、義務或法律情勢。

二、　倘一國廢止或退出多邊條約，自廢止或退出生效之日起，在該國與條約每一其他當事國之關係上適用第一項之規定。

第七十一條　條約因與一般國際法強制規律相牴觸而失效之後果

一、　條約依第五十三條無效者，當事國應：

（甲）盡量消除依據與任何一般國際法強制規律相牴觸之規定所實施行為之後果；及

（乙）使彼此關係符合一般國際法強制規律。

二、　遇有條約依第六十四條成為無效而終止之情形，條約之終止：

（甲）解除當事國繼續履行條約之義務；

（乙）不影響當事國在條約終止前經由實施條約而產生之任何權利、義務或法律情勢；但嗣後此等權利、義務或情勢之保持僅以與一般國際法新強制規律不相牴觸者為限。

第七十二條　條約停止施行之後果

一、除條約另有規定或當事國另有協議外條約依其本身規定或依照本公約停止施行時：

（甲）解除停止施行條約之當事國於停止施行期間在彼此關係上履行條約之義務；

（乙）除此以外，並不影響條約所確定當事國間之法律關係。

二、在停止施行期間當事國應避免足以阻撓條約恢復施行之行為。

第六編　雜項規定

第七十三條　國家繼承、國家責任及發生敵對行為問題

本公約之規定不妨礙國家繼承或國家所負國際責任或國家間發生敵對行為所引起關於條約之任何問題。

第七十四條　外交及領事關係與條約之締結

兩個以上國家之間斷絕外交或領事關係或無此種關係不妨礙此等國家間締結條約。條約之締結本身不影響外交或領事關係方面之情勢。

第七十五條　侵略國問題

本公約之規定不妨礙因依照聯合國憲章對侵略國之侵略行為所採措施而可能引起之該國任何條約義務。

第七編　保管機關、通知、更正及登記

第七十六條　條約之保管機關

一、條約之保管機關得由談判國在條約中或以其他方式指定之。保管機關得為一個以上國家或一國際組織或此種組織之行政首長。

二、條約保管機關之職務係國際性質，保管機關有秉公執行其職務之義務。條約尚未在若干當事國間生效或一國與保管機關間對該機關職務之行使發生爭議之事實，尤不應影響該項義務。

第七十七條　保管機關之職務

一、除條約內另有規定或締約國另有協議外，保管機關之職務主要為：

（甲）保管條約約文之正本及任何送交保管機關之全權證書；

（乙）備就約文正本之正式副本及條約所規定之條約其他語文本，並將其分送當事國及有權成為條約當事國之國家；

（丙）接收條約之簽署及接收並保管有關條約之文書、通知及公文；

（丁）審查條約之簽署及有關條約之任何文書、通知或公文是否妥善，如有必要並將此事提請關係國家注意；

（戊）將有關條約之行為、通知及公文轉告條約當事國及有權成為條約當事國之國家；

（己）於條約生效所需數目之簽署或批准書、接受書、贊同書或加入書已收到或交存時，轉告有權成為條約當事國之國家；

（庚）向聯合國祕書處登記條約；

（辛）擔任本公約其他規定所訂明之職務。

二、倘一國與保管機關間對該機關職務之執行發生爭議時，保管機關應將此問題提請簽署國及締約國注意，或於適當情形下提請關係國際組織之主管機關注意。

第七十八條　通知及公文

除條約或本公約另有規定外，任何國家依本公約所提送之通知或公文，應：

（甲）如無保管機關，直接送至該件所欲知照之國家，或如有保管機關，則送至該機關；

（乙）僅於受文國家收到時，或如有保管機關，經該機關收到時，方視為業經發文國家提送；

（丙）倘係送至保管機關，僅於其所欲知照之國家經保管機關依照第七十七條第一項（戊）款轉告後，方視為業經該國收到。

第七十九條　條約約文或正式副本錯誤之更正

一、 條約約文經認證後，倘簽署國及締約國僉認約文有錯誤時，除各該國決定其他更正方法外，此項錯誤應依下列方式更正之：

　　（甲）在約文上作適當之更正，並由正式授權代表在更正處草簽；

　　（乙）製成或互換一項或數項文書，載明協議應作之更正；或

　　（丙）按照原有約文所經之同樣程序，製成條約全文之更正本。

二、 條約如設有保管機關，該機關應將此項錯誤及更正此項錯誤之提議通知各簽署國及締約國，並應訂明得對提議之更正提出反對之適當期限。如在期限屆滿時：

　　（甲）尚無反對提出，則保管機關應即在約文上作此更正加以草簽，並製成關於訂正約文之紀事錄，將該紀事錄一份遞送各當事國及有權成為條約當事國之國家；

　　（乙）已有反對提出，則保管機關應將此項反對遞送各簽署國及締約國。

三、 遇認證約文有兩種以上之語文，而其中有不一致之處，經簽署國及締約國協議應予更正時，第一項及第二項之規則亦適用之。

四、 除簽署國及締約國另有決定外，更正約文應自始替代有誤約文。

五、 已登記條約約文之更正應通知聯合國祕書處。

六、 遇條約之正式副本上發現錯誤時，保管機關應製成一項紀事錄載明所作之訂正，並將該紀事錄一份遞送各簽署國及締約國。

第八十條　條約之登記及公佈

一、 條約應於生效後送請聯合國祕書處登記或存案及紀錄，並公佈之。

二、 保管機關之指定，即為授權該機關實施前項所稱之行為。

第八編　最後規定

第八十一條　簽署

本公約應聽由聯合國或任何專門機關或國際原子能總署之全體會員國或國際法院規約當事國、及經聯合國大會邀請成為本公約當事國之任何其他國家簽署，其辦法如下：至一九六九年十一月三十日止，在奧地利共和國聯邦外交部簽署，其後至一九七○年四月三十日止，在紐約聯合國會所簽署。

第八十二條　批准

本公約須經批准。批准書應送請聯合國祕書長存放。

第八十三條　加入

本公約應聽由屬於第八十一條所稱各類之一之國家加入。加入書應送請聯合國祕書長存放。

第八十四條　發生效力

一、 本公約應於第三十五件批准書或加入書存放之日後第三十日起發生效力。

二、　對於在第三十五件批准書或加入書存放後批准或加入本公約之國家，本公約應於各該國存放批准書或加入書後第三十日起發生效力。

第八十五條　作準文本

本公約之原本應送請聯合國祕書長存放，其中文、英文、法文、俄文及西班牙文各本同一作準。

為此，下列全權代表各秉本國政府正式授予簽字之權，謹簽字於本公約，以昭信守。

公曆一千九百六十九年五月二十三日訂於維也納。

附件　關於和解委員會的規定

一、　聯合國祕書長應製成並保持一和解員名單，由合格法學家組成。為此目的，應請為聯合國會員國或本公約當事國之每一國指派和解員二人，如此指派之人士之姓名即構成上述名單。和解員之任期，包括遇因故出缺被派補實之任何和解員之任期在內，應為五年，並得連任。任一和解員任期屆滿時應繼續執行其根據下項規定被選擔任之職務。

二、　遇根據第六十六條對祕書長提出請求時，祕書長應將爭端提交一依下列方式組成之和解委員會：　成為爭端當事一方之一國或數國應指派：

（甲）為其本國或其中一國之國民之和解員一人，由第一項所稱名單選出或另行選出；及

（乙）非其本國或其中任何一國之國民之和解員一人，由名單中選出。

成為爭端當事另一方之一國或數國亦應照此方式指派和解員二人。各當事國所選之和解員四人應於自祕書長接到請求之日後六十日內指派之。

此四名和解員應自其中最後一人被指派之日後六十日內，自上述名單選出第五名和解員，擔任主席。

倘主席或和解員中任一人之指派未於上稱規定期間內決定，應由祕書長於此項期間屆滿後六十日內為之。主席得由祕書長自名單中或自國際法委員會委員中指派之。爭端之當事國得以協議延展任一指派期限。　遇任何人員出缺之情形，應依為第一次指派所定方式補實之。

三、　和解委員會應自行決定其程序。委員會得經爭端各當事國之同意邀請條約任何當事國向委員會提出口頭或書面意見。委員會之決定及建議以委員五人之過半數表決為之。

四、　委員會得提請爭端各當事國注意可能促進友好解決之任何措施。

五、　委員會應聽取各當事國之陳述，審查其要求與反對意見，並向各當事國擬具提議以求達成爭端之友好解決。

六、　委員會應於成立後十二個月內提出報告書。報告書應送請祕書長存放並轉送爭端各當事國。委員會之報告書包括其中關於事實或法律問題所作之任何結論，對各當事國均無拘束力，且其性質應限於為求促成爭端之友好解決而提供各當事國考慮之建議。

七、　祕書長應供給委員會所需之協助與便利。委員會之費用應由聯合國擔負。

國際刑事法院羅馬規約

序　言

本規約締約國，

意識到各國人民唇齒相依，休戚與共，他們的文化拼合組成人類共同財產，但是擔心這種並不牢固的拼合隨時可能分裂瓦解，

注意到在本世紀內，難以想像的暴行殘害了無數兒童、婦女和男子的生命，使全人類的良知深受震動，

認識到這種嚴重犯罪危及世界的和平、安全與福祉，

申明對於整個國際社會關注的最嚴重犯罪，絕不能聽之任之不予處罰，為有效懲治罪犯，必須通過國家一級採取措施並加強國際合作，

決心使上述犯罪的罪犯不再逍遙法外，從而有助於預防這種犯罪，

憶及各國有義務對犯有國際罪行的人行使刑事管轄權，

重申「聯合國憲章」的宗旨及原則，特別是各國不得以武力相威脅或使用武力，或以與聯合國宗旨不符的任何其他方法，侵犯任何國家的領土完整或政治獨立，

強調本規約的任何規定不得解釋為允許任何締約國插手他國的武裝衝突或內政，

決心為此目的並為了今世後代設立一個獨立的常設國際刑事法院，與聯合國系統建立關係，對整個國際社會關注的最嚴重犯罪具有管轄權，

強調根據本規約設立的國際刑事法院對國內刑事管轄權起補充作用，

決心保證永遠尊重並執行國際正義，

議定如下：

第一編　法院的設立

第一條　法院

茲設立國際刑事法院（「本法院」）。本法院為常設機構，有權就本規約所提到的、受到國際關注的最嚴重犯罪對個人行使其管轄權，並對國家刑事管轄權起補充作用。本法院的管轄權和運作由本規約的條款加以規定。

第二條　法院與聯合國的關係

本法院應當以本規約締約國大會批准後，由院長代表本法院締結的協定與聯合國建立關係。

第三條　法院所在地

(一) 本法院設在荷蘭（「東道國」）海牙。

(二) 本法院應當在締約國大會批准後，由院長代表本法院與東道國締結總部協定。

(三) 本法院根據本規約規定，在其認為適宜時，可以在其他地方開庭。

第四條　法院的法律地位和權力

(一) 本法院具有國際法律人格，並享有為行使其職能和實現其宗旨所必需的法律行為能力。

(二) 本法院根據本規約規定，可以在任何締約國境內，或以特別協定在任何其他國家境內，行使其職能和權力。

第二編　管轄權、可受理性和適用的法律

第五條　法院管轄權內的犯罪

(一) 本法院的管轄許可權於整個國際社會關注的最嚴重犯罪。本法院根據本規約，對下列犯罪具有管轄權：

　　1.　滅絕種族罪；

　　2.　危害人類罪；

　　3.　戰爭罪；

　　4.　侵略罪。

(二) 在依照第一百二十一條和第一百二十三條制定條款，界定侵略罪的定義，及規定本法院對這一犯罪行使管轄權的條件後，本法院即對侵略罪行使管轄權。這一條款應符合《聯合國憲章》有關規定。

第六條　滅絕種族罪

為了本規約的目的，「滅絕種族罪」是指蓄意全部或局部消滅某一民族、族裔、種族或宗教團體而實施的下列任何一種行為：

1.　殺害該團體的成員；

2.　致使該團體的成員在身體上或精神上遭受嚴重傷害；

3.　故意使該團體處於某種生活狀況下，毀滅其全部或局部的生命；

4.　強制施行辦法，意圖防止該團體內的生育；

5.　強迫轉移該團體的兒童至另一團體。

第七條　危害人類罪

(一) 為了本規約的目的，「危害人類罪」是指在廣泛或有系統地針對任何平民人口進行的攻擊中，在明知這一攻擊的情況下，作為攻擊的一部分而實施的下列任何一種行為：

　　1.　謀殺；

　　2.　滅絕；

　　3.　奴役；

　　4.　驅逐出境或強行遷移人口；

　　5.　違反國際法基本規則，監禁或以其他方式嚴重剝奪人身自由；

　　6.　酷刑；

　　7.　強姦、性奴役、強迫賣淫、強迫懷孕、強迫絕育或嚴重程度相當的任何其他形式的性暴力；

　　8.　基於政治、種族、民族、族裔、文化、宗教、第三款所界定的性別，或根據公認為國際法不容的其他理由，對任何可以識別的團體或集體進行迫害，而且與任何一種本款提及的行為或任何一種本法院管轄權內的犯罪結合發生；

　　9.　強迫人員失蹤；

　　10.　種族隔離罪；

　　11.　故意造成重大痛苦，或對人體或身心健康造成嚴重傷害的其他性質相同的不人道行為。

(二) 為了第一款的目的：

　　1.　「針對任何平民人口進行的攻擊」是指根據國家或組織攻擊平民人口的政策，或為了推行這種政策，針對任何平民人口多次實施第一款所述行為的行為過程；

2. 「滅絕」包括故意施加某種生活狀況，如斷絕糧食和藥品來源，目的是毀滅部分的人口；

3. 「奴役」是指對一人行使附屬於所有權的任何或一切權力，包括在販賣人口，特別是販賣婦女和兒童的過程中行使這種權力；

4. 「驅逐出境或強行遷移人口」是指在缺乏國際法容許的理由的情況下，以驅逐或其他脅迫行為，強迫有關的人遷離其合法留在的地區；

5. 「酷刑」是指故意致使在被告人羈押或控制下的人的身體或精神遭受重大痛苦；但酷刑不應包括純因合法制裁而引起的，或這種制裁所固有或附帶的痛苦；

6. 「強迫懷孕」是指以影響任何人口的族裔構成的目的，或以進行其他嚴重違反國際法的行為的目的，非法禁閉被強迫懷孕的婦女。本定義不得以任何方式解釋為影響國內關於妊娠的法律；

7. 「迫害」是指違反國際法規定，針對某一團體或集體的特性，故意和嚴重地剝奪基本權利；

8. 「種族隔離罪」是指一個種族團體對任何其他一個或多個種族團體，在一個有計劃地實行壓迫和統治的體制化制度下，實施性質與第一款所述行為相同的不人道行為，目的是維持該制度的存在；

9. 「強迫人員失蹤」是指國家或政治組織直接地，或在其同意、支持或默許下，逮捕、羈押或綁架人員，繼而拒絕承認這種剝奪自由的行為，或拒絕透露有關人員的命運或下落，目的是將其長期置於法律保護之外。

(三) 為了本規約的目的，「性別」一詞應被理解為是指社會上的男女兩性。「性別」一詞僅反映上述意思。

第八條　戰爭罪

(一) 本法院對戰爭罪具有管轄權，特別是對於作為一項計畫或政策的一部分所實施的行為，或作為在大規模實施這些犯罪中所實施的行為。

(二) 為了本規約的目的，「戰爭罪」是指：

1. 嚴重破壞 1949 年 8 月 12 日《日內瓦公約》的行為，即對有關的《日內瓦公約》規定保護的人或財產實施下列任何一種行為：

   (1) 故意殺害；

   (2) 酷刑或不人道待遇，包括生物學實驗；

   (3) 故意使身體或健康遭受重大痛苦或嚴重傷害；

   (4) 無軍事上的必要，非法和恣意地廣泛破壞和侵占財產；

   (5) 強迫戰俘或其他被保護人在敵國部隊中服役；

   (6) 故意剝奪戰俘或其他被保護人應享的公允及合法審判的權利；

   (7) 非法驅逐出境或遷移或非法禁閉；

   (8) 劫持人質。

2. 嚴重違反國際法既定範圍內適用於國際武裝衝突的法規和慣例的其他行為，即下列任何一種行為：

   (1) 故意指令攻擊平民人口本身或未直接參加敵對行動的個別平民；

   (2) 故意指令攻擊民用物體，即非軍事目標的物體；

(3) 故意指令攻擊依照《聯合國憲章》執行的人道主義援助或維持和平行動的所涉人員、設施、物資、單位或車輛，如果這些人員和物體有權得到武裝衝突國際法規給予平民和民用物體的保護；

(4) 故意發動攻擊，明知這種攻擊將附帶造成平民傷亡或破壞民用物體或致使自然環境遭受廣泛、長期和嚴重的破壞，其程度與預期得到的具體和直接的整體軍事利益相比顯然是過分的；

(5) 以任何手段攻擊或轟擊非軍事目標的不設防城鎮、村莊、住所或建築物；

(6) 殺、傷已經放下武器或喪失自衛能力並已無條件投降的戰鬥員；

(7) 不當使用休戰旗、敵方或聯合國旗幟或軍事標誌和制服，以及《日內瓦公約》所訂特殊標誌，致使人員死亡或重傷；

(8) 占領國將部分本國平民人口間接或直接遷移到其占領的領土，或將被占領領土的全部或部分人口驅逐或遷移到被占領領土內或外的地方；

(9) 故意指令攻擊專用於宗教、教育、藝術、科學或慈善事業的建築物、歷史紀念物、醫院和傷病人員收容所，除非這些地方是軍事目標；

(10) 致使在敵方權力下的人員肢體遭受殘傷，或對其進行任何種類的醫學或科學實驗，而這些實驗既不具有醫學、牙醫學或住院治療有關人員的理由，也不是為了該人員的利益而進行的，並且導致這些人員死亡或嚴重危及其健康；

(11) 以背信棄義的方式殺、傷屬於敵國或敵軍的人員；

(12) 宣告決不納降；

(13) 摧毀或沒收敵方財產，除非是基於戰爭的必要；

(14) 宣布取消、停止敵方國民的權利和訴訟權，或在法院中不予執行；

(15) 強迫敵方國民參加反對他們本國的作戰行動，即使這些人在戰爭開始前，已為該交戰國服役；

(16) 搶劫即使是突擊攻下的城鎮或地方；

(17) 使用毒物或有毒武器；

(18) 使用窒息性、有毒或其他氣體，以及所有類似的液體、物質或器件；

(19) 使用在人體內易於膨脹或變扁的子彈，如外殼堅硬而不完全包裹彈芯或外殼經切穿的子彈；

(20) 違反武裝衝突國際法規，使用具有造成過分傷害或不必要痛苦的性質，或基本上為濫殺濫傷的武器、射彈、裝備和作戰方法，但這些武器、射彈、裝備和作戰方法應當已被全面禁止，並已依照第一百二十一條和第一百二十三條的有關規定以一項修正案的形式列入本規約的一項附件內；

(21) 損害個人尊嚴，特別是侮辱性和有辱人格的待遇；

(22) 強姦、性奴役、強迫賣淫、第七條第二款第 6 項所界定的強迫懷孕、強迫絕育或構成嚴重破壞《日內瓦公約》的任何其他形式的性暴力；

(23) 將平民或其他被保護人置於某些地點、地區或軍事部隊，利用其存在使該地點、地區或軍事部隊免受軍事攻擊；

(24) 故意指令攻擊依照國際法使用《日內瓦公約》所訂特殊標誌的建築物、裝備、醫療單位和運輸工具及人員；

(25) 故意以斷絕平民糧食作為戰爭方法，使平民無法取得其生存所必需的物品，包括故意阻礙根據《日內瓦公約》規定提供救濟物品；

(26) 徵募不滿十五歲的兒童加入國家武裝部隊，或利用他們積極參與敵對行動。

3. 在非國際性武裝衝突中，嚴重違反 1949 年 8 月 12 日四項《日內瓦公約》共同第三條的行為，即對不實際參加敵對行動的人，包括已經放下武器的武裝部隊人員，及因病、傷、拘留或任何其他原因而失去戰鬥力的人員，實施下列任何一種行為：

(1) 對生命與人身施以暴力，特別是各種謀殺、殘傷肢體、虐待及酷刑；

(2) 損害個人尊嚴，特別是侮辱性和有辱人格的待遇；

(3) 劫持人質；

(4) 未經具有公認為必需的司法保障的正規組織的法庭宣判，逕行判罪和處決。

4. 第二款第 3 項適用於非國際性武裝衝突，因此不適用於內部動亂和緊張局勢，如暴動、孤立和零星的暴力行為或其他性質相同的行為。

5. 嚴重違反國際法既定範圍內適用於非國際性武裝衝突的法規和慣例的其他行為，即下列任何一種行為：

(1) 故意指令攻擊平民人口本身或未直接參加敵對行動的個別平民；

(2) 故意指令攻擊按照國際法使用《日內瓦公約》所訂特殊標誌的建築物、裝備、醫療單位和運輸工具及人員；

(3) 故意指令攻擊依照《聯合國憲章》執行的人道主義援助或維持和平行動的所涉人員、設施、物資、單位或車輛，如果這些人員和物體有權得到武裝衝突國際法規給予平民和民用物體的保護；

(4) 故意指令攻擊專用於宗教、教育、藝術、科學或慈善事業的建築物、歷史紀念物、醫院和傷病人員收容所，除非這些地方是軍事目標；

(5) 搶劫即使是突擊攻下的城鎮或地方；

(6) 強姦、性奴役、強迫賣淫、第七條第二款第 6 項所界定的強迫懷孕、強迫絕育以及構成嚴重違反四項《日內瓦公約》共同第三條的任何其他形式的性暴力；

(7) 徵募不滿十五歲的兒童加入武裝部隊或集團，或利用他們積極參加敵對行動；

(8) 基於與衝突有關的理由下令平民人口遷移，但因所涉平民的安全或因迫切的軍事理由而有需要的除外；

(9) 以背信棄義的方式殺、傷屬敵對方戰鬥員；

(10) 宣告決不納降；

(11) 致使在衝突另一方權力下的人員肢體遭受殘傷，或對其進行任何種類的醫學或科學實驗，而這些實驗既不具有醫學、牙醫學或住院治療有關人員的理由，也不是為了該人員的利益而進行的，並且導致這些人員死亡或嚴重危及其健康；

(12) 摧毀或沒收敵對方的財產，除非是基於衝突的必要；

6. 第二款第 5 項適用於非國際性武裝衝突，因此不適用於內部動亂和緊張局勢，如暴動、孤立和零星的暴力行為或其他性質相同的行為。該項規定適用於在一國境內發生的武裝衝突，如果政府當局與有組織武裝集團之間，或這種集團相互之間長期進行武裝衝突。

(三) 第二款第 3 項和第 5 項的任何規定，均不影響一國政府以一切合法手段維持或恢復國內法律和秩序，或保衛國家統一和領土完整的責任。

第九條　犯罪要件

(一) 本法院在解釋和適用第六條、第七條和第八條時，應由《犯罪要件》輔助。

《犯罪要件》應由締約國大會成員三分之二多數通過。

(二) 下列各方可以對《犯罪要件》提出修正案：

1. 任何締約國；

2. 以絕對多數行事的法官；

3. 檢察官。

修正案應由締約國大會成員三分之二多數通過。

(三) 《犯罪要件》及其修正應符合本規約。

第十條　除為了本規約的目的以外，本編的任何規定不得解釋為限制或損害現有或發展中的國際法規則。

第十一條　屬時管轄權

(一) 本法院僅對本規約生效後實施的犯罪具有管轄權。

(二) 對於在本規約生效後成為締約國的國家，本法院只能對在本規約對該國生效後實施的犯罪行使管轄權，除非該國已根據第十二條第三款提交聲明。

第十二條　行使管轄權的先決條件

(一) 一國成為本規約締約國，即接受本法院對第五條所述犯罪的管轄權。

(二) 對於第十三條第 1 項或第 3 項的情況，如果下列一個或多個國家是本規約締約國或依照第三款接受了本法院管轄權，本法院即可以行使管轄權：

1. 有關行為在其境內發生的國家；如果犯罪發生在船舶或飛行器上，該船舶或飛行器的註冊國；

2. 犯罪被告人的國籍國。

(三) 如果根據第二款的規定，需要得到一個非本規約締約國的國家接受本法院的管轄權，該國可以向書記官長提交聲明，接受本法院對有關犯罪行使管轄權。該接受國應依照本規約第九編規定，不拖延並無例外地與本法院合作。

第十三條　行使管轄權

在下列情況下，本法院可以依照本規約的規定，就第五條所述犯罪行使管轄權：

1. 締約國依照第十四條規定，向檢察官提交顯示一項或多項犯罪已經發生的情勢；

2. 安全理事會根據《聯合國憲章》第七章行事，向檢察官提交顯示一項或多項犯罪已經發生的情勢；或

3. 檢察官依照第十五條開始調查一項犯罪。

第十四條　締約國提交情勢

(一) 締約國可以向檢察官提交顯示一項或多項本法院管轄權內的犯罪已經發生的情勢，請檢察官調查該情勢，以便確定是否應指控某個人或某些人實施了這些犯罪。

(二) 提交情勢時，應盡可能具體說明相關情節，並附上提交情勢的國家所掌握的任何輔助文件。

第十五條　檢察官

(一) 檢察官可以自行根據有關本法院管轄權內的犯罪的資料開始調查。

(二) 檢察官應分析所收到的資料的嚴肅性。為此目的，檢察官可以要求國家、聯合國機構、政府間組織或非政府組織，或檢察官認為適當的其他可靠來源提供進一步資料，並可以在本法院所在地接受書面或口頭證言。

(三) 檢察官如果認為有合理根據進行調查，應請求預審分庭授權調查，並附上收集到的任何輔助材料。被害人可以依照《程式和證據規則》向預審分庭作出陳述。

(四) 預審分庭在審查請求及輔助材料後，如果認為有合理根據進行調查，並認為案件顯然屬於本法院管轄權內的案件，應授權開始調查。這並不妨礙本法院其後就案件的管轄權和可受理性問題作出斷定。

(五) 預審分庭拒絕授權調查，並不排除檢察官以後根據新的事實或證據就同一情勢再次提出請求。

(六) 檢察官在進行了第一款和第二款所述的初步審查後，如果認為所提供的資料不構成進行調查的合理根據，即應通知提供資料的人。這並不排除檢察官審查根據新的事實或證據，就同一情勢提交的進一步資料。

第十六條　推遲調查或起訴

如果安全理事會根據《聯合國憲章》第七章通過決議，向本法院提出要求，在其後十二個月內，本法院不得根據本規約開始或進行調查或起訴；安全理事會可以根據同樣條件延長該項請求。

第十七條　可受理性問題

(一) 考慮到序言第十段及第一條，在下列情況下，本法院應斷定案件不可受理：

　　1.　對案件具有管轄權的國家正在對該案件進行調查或起訴，除非該國不願意或不能夠切實進行調查或起訴；

　　2.　對案件具有管轄權的國家已經對該案進行調查，而且該國已決定不對有關的人進行起訴，除非作出這項決定是由於該國不願意或不能夠切實進行起訴；

　　3.　有關的人已經由於作為控告理由的行為受到審判，根據第二十條第三款，本法院不得進行審判；

　　4.　案件缺乏足夠的嚴重程度，本法院無採取進一步行動的充分理由。

(二) 為了確定某一案件中是否有不願意的問題，本法院應根據國際法承認的正當程式原則，酌情考慮是否存在下列一種或多種情況：

　　1.　已經或正在進行的訴訟程式，或一國所作出的決定，是為了包庇有關的人，使其免負第五條所述的本法院管轄權內的犯罪的刑事責任；

　　2.　訴訟程式發生不當延誤，而根據實際情況，這種延誤不符合將有關的人繩之以法的目的；

　　3.　已經或正在進行的訴訟程式，沒有以獨立或公正的方式進行，而根據實際情況，採用的方式不符合將有關的人繩之以法的目的。

(三) 為了確定某一案件中是否有不能夠的問題，本法院應考慮，一國是否由於本國司法系統完全瓦解，或實際上瓦解或者並不存在，因而無法拘捕被告人或取得必要的證據和證言，或在其他方面不能進行本國的訴訟程式。

第十八條　關於可受理性的初步裁定

(一) 在一項情勢已依照第十三條第 1 項提交本法院，而且檢察官認為有合理根據開始調查時，或在檢察官根據第十三條第 3 項和第十五條開始調查時，檢察官應通報所有締約國，及通報根據所得到的資料考慮，通常對有關犯罪行使管轄權的國家。檢察官可以在保密的基礎上通報上述國家。如果檢察官認為有必要保護個人、防止毀滅證據或防止潛逃，可以限制向國家提供的資料的範圍。

(二) 在收到上述通報一個月內，有關國家可以通知本法院，對於可能構成第五條所述犯罪，而且與國家通報所提供的資料有關的犯罪行為，該國正在或已經對本國國民或在其管轄權內的其他人進行調查。根據該國的要求，檢察官應等候該國對有關的人的調查，除非預審分庭根據檢察官的申請，決定授權進行調查。

(三) 檢察官等候一國調查的決定，在決定等候之日起六個月後，或在由於該國不願意或不能夠切實進行調查，情況發生重大變化的任何時候，可以由檢察官覆議。

(四) 對預審分庭作出的裁定，有關國家或檢察官可以根據第八十二條向上訴分庭提出上訴。上訴得予從速審理。

(五) 如果檢察官根據第二款等候調查，檢察官可以要求有關國家定期向檢察官通報其調查的進展和其後的任何起訴。締約國應無不當拖延地對這方面的要求作出答覆。

(六) 在預審分庭作出裁定以前，或在檢察官根據本條等候調查後的任何時間，如果出現取得重要證據的獨特機會，或者面對證據日後極可能無法獲得的情況，檢察官可以請預審分庭作為例外，授權採取必要調查步驟，保全這種證據。

(七) 質疑預審分庭根據本條作出的裁定的國家，可以根據第十九條，以掌握進一步的重要事實或情況發生重大變化的理由，對案件的可受理性提出質疑。

第十九條　質疑法院的管轄權或案件的可受理性

(一) 本法院應確定對收到的任何案件具有管轄權。本法院可以依照第十七條，自行斷定案件的可受理性。

(二) 下列各方可以根據第十七條所述理由，對案件的可受理性提出質疑，也可以對本法院的管轄權提出質疑：

　　1. 被告人或根據第五十八條已對其發出逮捕證或出庭傳票的人；

　　2. 對案件具有管轄權的國家，以正在或已經調查或起訴該案件為理由提出質疑；或

　　3. 根據第十二條需要其接受本法院管轄權的國家。

(三) 檢察官可以請本法院就管轄權或可受理性問題作出裁定。在關於管轄權或可受理性問題的程式中，根據第十三條提交情勢的各方及被害人均可以向本法院提出意見。

(四) 第二款所述任何人或國家，只可以對某一案件的可受理性或本法院的管轄權提出一次質疑。這項質疑應在審判開始前或開始時提出。在特殊情況下，本法院可以允許多次提出質疑，或在審判開始後提出質疑。在審判開始時，或經本法院同意，在其後對某一案件的可受理性提出的質疑，只可以根據第十七條第一款第 3 項提出。

(五) 第二款第 2 項和第 3 項所述國家應儘早提出質疑。

(六) 在確認指控以前，對某一案件的可受理性的質疑或對本法院管轄權的質疑，應提交預審分庭。在確認指控以後，應提交審判分庭。對於就管轄權或可受理性問題作出的裁判，可以依照第八十二條向上訴分庭提出上訴。

(七) 如果質疑系由第二款第 2 項或第 3 項所述國家提出，在本法院依照第十七條作出斷定以前，檢察官應暫停調查。

(八) 在本法院作出裁定以前，檢察官可以請求本法院授權：

　　1.　採取第十八條第六款所述一類的必要調查步驟；

　　2.　錄取證人的陳述或證言，或完成在質疑提出前已開始的證據收集和審查工作；和

　　3.　與有關各國合作，防止已被檢察官根據第五十八條請求對其發出逮捕證的人潛逃。

(九) 提出質疑不影響檢察官在此以前採取的任何行動，或本法院在此以前發出的任何命令或逮捕證的有效性。

(十) 如果本法院根據第十七條決定某一案件不可受理，檢察官在確信發現的新事實否定原來根據第十七條認定案件不可受理的依據時，可以請求覆議上述決定。

(十一)　如果檢察官考慮到第十七條所述的事項，等候一項調查，檢察官可以請有關國家向其提供關於調查程式的資料。根據有關國家的請求，這些資料應予保密。檢察官其後決定進行調查時，應通知檢察官曾等候其調查的國家。

第二十條　一罪不二審

(一) 除本規約規定的情況外，本法院不得就本法院已經據以判定某人有罪或無罪的行為審判該人。

(二) 對於第五條所述犯罪，已經被本法院判定有罪或無罪的人，不得因該犯罪再由另一法院審判。

(三) 對於第六條、第七條或第八條所列的行為，已經由另一法院審判的人，不得因同一行為受本法院審判，除非該另一法院的訴訟程式有下列情形之一：

　　1.　是為了包庇有關的人，使其免負本法院管轄權內的犯罪的刑事責任；或

　　2.　沒有依照國際法承認的正當程式原則，以獨立或公正的方式進行，而且根據實際情況，採用的方式不符合將有關的人繩之以法的目的。

第二十一條　適用的法律

(一) 本法院應適用的法律依次為：

　　1.　首先，適用本規約、《犯罪要件》和本法院的《程式和證據規則》；

　　2.　其次，視情況適用可予適用的條約及國際法原則和規則，包括武裝衝突國際法規確定的原則；

　　3.　無法適用上述法律時，適用本法院從世界各法系的國內法，包括適當時從通常對該犯罪行使管轄權的國家的國內法中得出的一般法律原則，但這些原則不得違反本規約、國際法和國際承認的規範和標準。

(二) 本法院可以適用其以前的裁判所闡釋的法律原則和規則。

(三) 依照本條適用和解釋法律，必須符合國際承認的人權，而且不得根據第七條第三款所界定的性別、年齡、種族、膚色、語言、宗教或信仰、政見或其它見解、民族本源、族裔、社會出身、財富、出生或其他身分等作出任何不利區別。

第三編　刑法的一般原則

第二十二條　法無明文不為罪

(一) 只有當某人的有關行為在發生時構成本法院管轄權內的犯罪，該人才根據本規約負刑事責任。

(二) 犯罪定義應予以嚴格解釋，不得類推延伸。涵義不明時，對定義作出的解釋應有利於被調查、被起訴或被定罪的人。

(三) 本條不影響依照本規約以外的國際法將任何行為定性為犯罪行為。

第二十三條　法無明文者不罰

被本法院定罪的人，只可以依照本規約受處罰。

第二十四條　對人不溯及既往

(一) 個人不對本規約生效以前發生的行為負本規約規定的刑事責任。

(二) 如果在最終判決以前，適用於某一案件的法律發生改變，應當適用對被調查、被起訴或被定罪的人較為有利的法律。

第二十五條　個人刑事責任

(一) 本法院根據本規約對自然人具有管轄權。

(二) 實施本法院管轄權內的犯罪的人，應依照本規約的規定負個人責任，並受到處罰。

(三) 有下列情形之一的人，應依照本規約的規定，對一項本法院管轄權內的犯罪負刑事責任，並受到處罰：

　　1. 單獨、夥同他人、通過不論是否負刑事責任的另一人，實施這一犯罪；

　　2. 命令、唆使、引誘實施這一犯罪，而該犯罪事實上是既遂或未遂的；

　　3. 為了便利實施這一犯罪，幫助、教唆或以其他方式協助實施或企圖實施這一犯罪，包括提供犯罪手段；

　　4. 以任何其他方式支助以共同目的行事的團夥實施或企圖實施這一犯罪。這種支助應當是故意的，並且符合下列情況之一：

　　(1) 是為了促進這一團夥的犯罪活動或犯罪目的，而這種活動或目的涉及實施本法院管轄權內的犯罪；

　　(2) 明知這一團夥實施該犯罪的意圖；

　　5. 就滅絕種族罪而言，直接公然煽動他人滅絕種族；

　　6. 已經以實際步驟著手採取行動，意圖實施犯罪，但由於其意志以外的情況，犯罪沒有發生。但放棄實施犯罪或防止犯罪完成的人，如果完全和自願地放棄其犯罪目的，不按犯罪未遂根據本規約受處罰。

(四) 本規約關於個人刑事責任的任何規定，不影響國家依照國際法所負的責任。

第二十六條　對不滿十八周歲的人不具有管轄權

對於實施被控告犯罪時不滿十八周歲的人，本法院不具有管轄權。

第二十七條　官方身分的無關性

(一) 本規約對任何人一律平等適用，不得因官方身分而差別適用。特別是作為國家元首或政府首腦、政府成員或議會議員、選任代表或政府官員的官方身分，在任何情況下都不得免除個人根據本規約所負的刑事責任，其本身也不得構成減輕刑罰的理由。

(二) 根據國內法或國際法可能賦予某人官方身分的豁免或特別程式規則，不妨礙本法院對該人行使管轄權。

第二十八條　指揮官和其他上級的責任

除根據本規約規定須對本法院管轄權內的犯罪負刑事責任的其他理由以外：

(一) 軍事指揮官或以軍事指揮官身分有效行事的人，如果未對在其有效指揮和控制下的部隊，或在其有效管轄和控制下的部隊適當行使控制，在下列情況下，應對這些部隊實施的本法院管轄權內的犯罪負刑事責任：

　　1. 該軍事指揮官或該人知道，或者由於當時的情況理應知道，部隊正在實施或即將實施這些犯罪；和

　　2. 該軍事指揮官或該人未採取在其權力範圍內的一切必要而合理的措施，防止或制止這些犯罪的實施，或報請主管當局就此事進行調查和起訴。

(二) 對於第 1 項未述及的上下級關係，上級人員如果未對在其有效管轄或控制下的下級人員適當行使控制，在下列情況下，應對這些下級人員實施的本法院管轄權內的犯罪負刑事責任：

　　1. 該上級人員知道下級人員正在實施或即將實施這些犯罪，或故意不理會明確反映這一情況的情報；

　　2. 犯罪涉及該上級人員有效負責和控制的活動；和

　　3. 該上級人員未採取在其權力範圍內的一切必要而合理的措施，防止或制止這些犯罪的實施，或報請主管當局就此事進行調查和起訴。

第二十九條　不適用時效

本法院管轄權內的犯罪不適用任何時效。

第三十條　心理要件

(一) 除另有規定外，只有當某人在故意和明知的情況下實施犯罪的物質要件，該人才對本法院管轄權內的犯罪負刑事責任，並受到處罰。

(二) 為了本條的目的，有下列情形之一的，即可以認定某人具有故意：

　　1. 就行為而言，該人有意從事該行為；

　　2. 就結果而言，該人有意造成該結果，或者意識到事態的一般發展會產生該結果。

(三) 為了本條的目的，「明知」是指意識到存在某種情況，或者事態的一般發展會產生某種結果。「知道」和「明知地」應當作相應的解釋。

第三十一條　排除刑事責任的理由

(一) 除本規約規定的其他排除刑事責任的理由外，實施行為時處於下列狀況的人不負刑事責任：

　　1. 該人患有精神病或精神不健全，因而喪失判斷其行為的不法性或性質的能力，或控制其行為以符合法律規定的能力；

　　2. 該人處於醉態，因而喪失判斷其行為的不法性或性質的能力，或控制其行為以符合法律規定的能力，除非該人在某種情況下有意識地進入醉態，明知自己進入醉態後，有可能從事構成本法院管轄權內的犯罪的行為，或者該人不顧可能發生這種情形的危險；

　　3. 該人以合理行為防衛本人或他人，或者在戰爭罪方面，防衛本人或他人生存所必需的財產，或防衛完成一項軍事任務所必需的財產，以避免即將不法使用的武力，而且採用的防衛方式與被保護的本人或他人或財產所面對的危險程度是相稱的。該人參與部隊進行的防禦行動的事實，本身並不構成本項規定的排除刑事責任的理由；

4. 被控告構成本法院管轄權內的犯罪的行為是該人或他人面臨即將死亡的威脅或面臨繼續或即將遭受嚴重人身傷害的威脅而被迫實施的，該人為避免這一威脅採取必要而合理的行動，但必須無意造成比設法避免的傷害更為嚴重的傷害。上述威脅可以是：

(1) 他人造成的；或

(2) 該人無法控制的其他情況所構成的。

(二) 對於審理中的案件，本法院應確定本規約規定的排除刑事責任的理由的可適用性。

(三) 審判時，除可以考慮第一款所列的排除刑事責任的理由外，本法院還可以考慮其他排除刑事責任的理由，但這些理由必須以第二十一條規定的適用的法律為依據。《程式和證據規則》應規定考慮這種理由的程式。

第三十二條　事實錯誤或法律錯誤

(一) 事實錯誤只在否定構成犯罪所需的心理要件時，才可以作為排除刑事責任的理由。

(二) 關於某一類行為是否屬於本法院管轄權內的犯罪的法律錯誤，不得作為排除刑事責任的理由。法律錯誤如果否定構成犯罪所需的心理要件，或根據第三十三條的規定，可以作為排除刑事責任的理由。

第三十三條　上級命令和法律規定

(一) 某人奉政府命令或軍職或文職上級命令列事而實施本法院管轄權內的犯罪的事實，並不免除該人的刑事責任，但下列情況除外：

1. 該人有服從有關政府或上級命令的法律義務；

2. 該人不知道命令為不法的；和

3. 命令的不法性不明顯。

(二) 為了本條的目的，實施滅絕種族罪或危害人類罪的命令是明顯不法的。

第四編　法院的組成和行政管理

第三十四條　法院的機關

本法院由下列機關組成：

1. 院長會議；

2. 上訴庭、審判庭和預審庭；

3. 檢察官辦公室；

4. 書記官處。

第三十五條　法官的任職

(一) 全體法官應選舉產生，擔任本法院的全時專職法官，並應能夠自任期開始時全時任職。

(二) 組成院長會議的法官一經當選，即應全時任職。

(三) 院長會議不時可以根據本法院的工作量，與本法院成員磋商，決定在何種程度上需要其他法官全時任職。任何這種安排不得妨礙第四十條的規定。

(四) 不必全時任職的法官的薪酬，應依照第四十九條確定。

第三十六條　法官的資格、提名和選舉

(一) 除第二款規定外，本法院應有法官十八名。

(二) 1. 院長會議可以代表本法院，提議增加第一款規定的法官人數，並說明其認為這一提議為必要和適當的理由。書記官長應從速將任何這種提案分送所有締約國。

2. 任何這種提案應在依照第一百一十二條召開的締約國大會會議上審議。提案如果在會議上得到締約國大會成員三分之二多數贊成，即應視為通過，並應自締約國大會決定的日期生效。

3. (1) 增加法官人數的提案依照第 2 項獲得通過後，即應在下一屆締約國大會上根據第三款至第八款及第三十七條第二款增選法官；

(2) 增加法官人數的提案依照第 2 項和第 3 項第 1 目獲得通過並予以實施後，院長會議在以後的任何時候，可以根據本法院的工作量提議減少法官人數，但法官人數不得減至第一款規定的人數以下。提案應依照第 1 項和第 2 項規定的程式處理。如果提案獲得通過，法官的人數應隨著在職法官的任期屆滿而逐步減少，直至達到所需的人數為止。

(三) 1. 本法院法官應選自品格高尚、清正廉明，具有本國最高司法職位的任命資格的人。

2. 參加本法院選舉的每一候選人應具有下列資格：

(1) 在刑法和刑事訴訟領域具有公認能力，並因曾擔任法官、檢察官、律師或其他同類職務，而具有刑事訴訟方面的必要相關經驗；或

(2) 在相關的國際法領域，例如國際人道主義法和人權法等領域，具有公認能力，並且具有與本法院司法工作相關的豐富法律專業經驗；

3. 參加本法院選舉的每一候選人應精通並能流暢使用本法院的至少一種工作語文。

(四) 1. 本規約締約國均可以提名候選人參加本法院的選舉。提名應根據下列程式之一進行：

(1) 有關國家最高司法職位候選人的提名程式；或

(2) 《國際法院規約》規定的國際法院法官候選人的提名程式。提名應附必要的詳細資料，說明候選人的資格符合第三款的要求。

2. 每一締約國可以為任何一次選舉提名候選人一人，該候選人不必為該國國民，但必須為締約國國民。

3. 締約國大會可以酌情決定成立提名諮詢委員會。在這種情況下，該委員會的組成和職權由締約國大會確定。

(五) 為了選舉的目的，應擬定兩份候選人名單：

名單 A 所列候選人須具有第三款第 2 項第 1 目所述資格；

名單 B 所列候選人須具有第三款第 2 項第 2 目所述資格。

候選人如果具備充分資格，足以同時列入上述兩份名單，可以選擇列入任何一份名單。本法院的第一次選舉，應從名單 A 中選出至少九名法官，從名單 B 中選出至少五名法官。其後的選舉應適當安排，使有資格列入上述兩份名單的法官在本法院中保持相當的比例。

(六) 1. 應在根據第一百一十二條為選舉召開的締約國大會會議上，以無記名投票選舉法官。在第七款限制下，得到出席並參加表決的締約國三分之二多數票的十八名票數最高的候選人，當選為本法院法官。

2. 第一輪投票沒有選出足夠數目的法官時，應依照第 1 項規定的程序連續進行投票，直至補足餘缺為止。

(七) 不得有二名法官為同一國家的國民。就充任本法院法官而言，可視為一個國家以上國民的人，應被視為其通常行使公民及政治權利所在國家的國民。

(八) 1. 締約國在推選法官時，應考慮到本法院法官的組成需具有：

(1) 世界各主要法系的代表性；

(2) 公平地域代表性；和

(3) 適當數目的男女法官。

2. 締約國還應考慮到必須包括對具體問題，如對婦女的暴力或對兒童的暴力等問題具有專門知識的法官。

(九) 1. 除第 2 項規定外，法官任期九年，而且除第 3 項和第三十七條第二款規定的情況外，法官不得連選。

2. 第一次選舉時，在當選的法官中，應抽籤決定，三分之一任期三年，三分之一任期六年，其餘任期九年。

3. 根據第 2 項抽籤決定，任期三年的法官，可以連選連任一次，任期九年。

(十) 雖有第九款規定，依照第三十九條被指派到審判分庭或上訴分庭的法官應繼續任職，以完成有關分庭已經開始聽訊的任何審判或上訴。

第三十七條　法官職位的出缺

(一) 出現空缺時，應依照第三十六條進行選舉，以補出缺。

(二) 當選補缺的法官應完成其前任的剩餘任期，剩餘任期三年或不滿三年的，可以根據第三十六條連選連任一次，任期九年。

第三十八條　院長會議

(一) 院長和第一及第二副院長由法官絕對多數選出，各人任期三年，或者直至其法官任期屆滿為止，並以較早到期者為准。他們可以連選一次。

(二) 院長不在或者回避時，由第一副院長代行院長職務。院長和第一副院長都不在或者回避時，由第二副院長代行院長職務。

(三) 院長會議由院長和第一及第二副院長組成，其職能如下：

1. 適當管理本法院除檢察官辦公室以外的工作；和

2. 履行依照本規約賦予院長會議的其他職能。

(四) 院長會議根據第三款第 1 項履行職能時，應就一切共同關注的事項與檢察官進行協調，尋求一致。

第三十九條　分庭

(一) 本法院應在選舉法官後，盡快組建第三十四條第 2 項所規定的三個庭。上訴庭由院長和四名其他法官組成，審判庭由至少六名法官組成，預審庭也應由至少六名法官組成。指派各庭的法官時，應以各庭所需履行的職能的性質，以及本法院當選法官的資格和經驗為根據，使各庭在刑法和刑事訴訟以及在國際法方面的專長的搭配得當。審判庭和預審庭應主要由具有刑事審判經驗的法官組成。

(二) 1. 本法院的司法職能由各庭的分庭履行。

2. (1) 上訴分庭由上訴庭全體法官組成；

(2) 審判分庭的職能由審判庭三名法官履行；

(3) 預審分庭的職能應依照本規約和《程式和證據規則》的規定，由預審庭的三名法官履行或由該庭的一名法官單獨履行。

3. 為有效處理本法院的工作，本款不排除在必要時同時組成多個審判分庭或預審分庭。

(三) 1. 被指派到審判庭或預審庭的法官在各庭的任期三年，或在有關法庭已開始某一案件的聽訊時，留任至案件審結為止。

  2. 被指派到上訴庭的法官，任期內應一直在該庭任職。

(四) 被指派到上訴庭的法官，只應在上訴庭任職。但本條不排除審判庭和預審庭之間，在院長會議認為必要的時候，互相暫時借調法官，以有效處理本法院的工作，但參與某一案件的預審階段的法官，無論如何不得在審判分庭參與審理同一案件。

第四十條　法官的獨立性

(一) 法官應獨立履行職責。

(二) 法官不得從事任何可能妨礙其司法職責，或者使其獨立性受到懷疑的活動。

(三) 需要在本法院所在地全時任職的法官不得從事任何其他專業性職業。

(四) 關於適用第二款和第三款的任何問題，應當由法官絕對多數決定。任何這類問題涉及個別法官時，該法官不得參與作出決定。

第四十一條　法官職責的免除和回避

(一) 院長會議可以依照《程式和證據規則》，根據某一法官的請求，准其不履行本規約規定的某項職責。

(二) 1. 法官不得參加審理其公正性可能因任何理由而受到合理懷疑的案件。如果法官除其他外，過去曾以任何身分參與本法院審理中的某一案件，或在國家一級參與涉及被調查或被起訴的人的相關刑事案件，該法官應依照本款規定，回避該案件的審理。法官也應當因《程式和證據規則》規定的其他理由而回避案件的審理。

  2. 檢察官或被調查或被起訴的人可以根據本款要求法官回避。

  3. 關於法官回避的任何問題，應當由法官絕對多數決定。受到質疑的法官有權就該事項作出評論，但不得參與作出決定。

第四十二條　檢察官辦公室

(一) 檢察官辦公室應作為本法院的一個單獨機關獨立行事，負責接受和審查提交的情勢以及關於本法院管轄權內的犯罪的任何有事實根據的資料，進行調查並在本法院進行起訴。檢察官辦公室成員不得尋求任何外來指示，或按任何外來指示行事。

(二) 檢察官辦公室由檢察官領導。檢察官全權負責檢察官辦公室，包括辦公室工作人員、設施及其他資源的管理和行政事務。檢察官應由一名或多名副檢察官協助，副檢察官有權採取本規約規定檢察官應採取的任何行動。檢察官和副檢察官的國籍應當不同。他們應全時任職。

(三) 檢察官和副檢察官應為品格高尚，在刑事案件的起訴或審判方面具有卓越能力和豐富實際經驗的人。他們應精通並能流暢使用本法院的至少一種工作語文。

(四) 檢察官應由締約國大會成員進行無記名投票，以絕對多數選出。副檢察官應以同樣方式，從檢察官提出的候選人名單中選出。檢察官應為每一個待補的副檢察官職位提名三名候選人。除非選舉時另行確定較短任期，檢察官和副檢察官任期九年，不得連選。

(五) 檢察官和副檢察官不得從事任何可能妨礙其檢察職責，或者使其獨立性受到懷疑的活動，也不得從事任何其他專業性職業。

(六) 檢察官或副檢察官可以向院長會議提出請求，准其不參與處理某一案件。

(七) 檢察官和副檢察官不得參加處理其公正性可能因任何理由而受到合理懷疑的事項。除其他外，過去曾以任何身分參與本法院審理中的某一案件，或在國家一級參與涉及被調查或被起訴的人的相關刑事案件的檢察官和副檢察官，應當該依照本款規定，回避該案件的處理。

(八) 檢察官或副檢察官的回避問題，應當由上訴分庭決定。

　　1. 被調查或被起訴的人可以在任何時候根據本條規定的理由，要求檢察官或副檢察官回避；

　　2. 檢察官或副檢察官本人有權就該事項作出評論。

(九) 檢察官應任命若干對具體問題，如性暴力、性別暴力和對兒童的暴力等問題具有法律專門知識的顧問。

第四十三條　書記官處

(一) 在不妨礙第四十二條規定的檢察官職責和權力的情況下，書記官處負責本法院非司法方面的行政管理和服務。

(二) 書記官長為本法院主要行政官員，領導書記官處的工作。書記官長在本法院院長的權力下行事。

(三) 書記官長和副書記官長應為品格高尚，能力卓越的人，且精通並能流暢使用本法院的至少一種工作語文。

(四) 法官應參考締約國大會的任何建議，進行無記名投票，以絕對多數選出書記官長。在必要的時候，經書記官長建議，法官得以同樣方式選出副書記官長一名。

(五) 書記官長任期五年，可以連選一次，並應全時任職。副書記官長任期五年，或可能由法官絕對多數另行決定的較短任期。可以按在需要時到任服務的條件選舉副書記官長。

(六) 書記官長應在書記官處內成立被害人和證人股。該股應與檢察官辦公室協商，向證人、出庭作證的被害人，以及由於這些證人作證而面臨危險的其他人提供保護辦法和安全措施、輔導諮詢和其他適當援助。該股應有專於精神創傷，包括與性暴力犯罪有關的精神創傷方面的專業工作人員。

第四十四條　工作人員

(一) 檢察官和書記官長應視需要，任命其處、室的合格工作人員。就檢察官而言，這包括調查員的任命。

(二) 檢察官和書記官長在雇用工作人員時，應確保效率、才幹和忠誠達到最高標準，並應適當顧及第三十六條第八款所定的標準。

(三) 書記官長應在院長會議和檢察官同意下，擬定《工作人員條例》，規定本法院工作人員的任用、薪酬和解雇等條件。《工作人員條例》應由締約國大會批准。

(四) 在特殊情況下，本法院可以利用締約國、政府間組織或非政府組織免費提供的人員的專門知識，協助本法院任何機關的工作。檢察官可以接受向檢察官辦公室提供的這些協助。應依照締約國大會制定的準則任用免費提供的人員。

第四十五條　宣誓

法官、檢察官、副檢察官、書記官長和副書記官長在根據本規約就職前，應逐一在公開庭上宣誓，保證秉公竭誠履行各自的職責。

第四十六條　免職

(一) 法官、檢察官、副檢察官、書記官長或副書記官長，有下列情形之一的，應在依照第二款作出決定後予以免職：

　　1. 經查明有《程式和證據規則》所指的嚴重不當行為，或嚴重違反本規約的瀆職行為；或

　　2. 無法履行本規約規定的職責。

(二) 根據第一款免除法官、檢察官或副檢察官職務的決定，由締約國大會以下列無記名投票方式作出：

　　1. 關於法官的決定，根據本法院其他法官三分之二多數通過的建議，由締約國三分之二多數作出；

　　2. 關於檢察官的決定，由締約國絕對多數作出；

　　3. 關於副檢察官的決定，根據檢察官的建議，由締約國絕對多數作出。

(三) 關於書記官長或副書記官長的免職決定，由法官絕對多數作出。

(四) 法官、檢察官、副檢察官、書記官長或副書記官長，其行為或履行本規約所規定職責的能力根據本條受到質疑的，應有充分機會依照《程式和證據規則》提出證據、獲告知證據和作出陳述。有關的人不得以其他方式參與審議問題。

第四十七條　紀律措施

法官、檢察官、副檢察官、書記官長或副書記官長，如果有不當行為，其嚴重程度輕於第四十六條第一款所述的，應依照《程式和證據規則》給予紀律處分。

第四十八條　特權和豁免

(一) 本法院在每一締約國境內，應享有為實現其宗旨所需的特權和豁免。

(二) 法官、檢察官、副檢察官、書記官長在執行本法院職務時，或在其涉及本法院的職務方面，應享受外交使團團長所享有的同樣特權和豁免，而且在其任期結束後，應繼續享有豁免，與其執行公務有關的言論、文書和行為，不受任何形式的法律訴訟。

(三) 副書記官長、檢察官辦公室工作人員和書記官處工作人員，應根據本法院的特權和豁免協定，享有履行其職責所需的特權、豁免和便利。

(四) 律師、鑑定人、證人或被要求到本法院所在地的任何其他人，應根據本法院的特權和豁免協定，獲得本法院正常運作所需的待遇。

(五) 特權和豁免的放棄方式如下：

　　1. 法官或檢察官的特權和豁免，可以由法官絕對多數放棄；

　　2. 書記官長的特權和豁免，可以由院長會議放棄；

　　3. 副檢察官和檢察官辦公室工作人員的特權和豁免，可以由檢察官放棄；

　　4. 副書記官長和書記官處工作人員的特權和豁免，可以由書記官長放棄。

第四十九條　薪金、津貼和費用

法官、檢察官、副檢察官、書記官長和副書記官長領取締約國大會所確定的薪金、津貼和費用。薪金和津貼在各人任期內不得減少。

第五十條　正式語文和工作語文

(一) 本法院的正式語文為阿拉伯文、中文、英文、法文、俄文和西班牙文。本法院的判決以及為解決本法院審理的重大問題而作出的其他裁判，應以正式語文公布。院長會議應依照《程式和證據規則》所定標準，確定為本款的目的，可以視為解決重大問題的裁判。

（二）本法院的工作語文為英文和法文。《程式和證據規則》應規定在何種情況下可以採用其他正式語文作為工作語文。

（三）本法院應訴訟當事方或獲准參與訴訟的國家的請求，如果認為所提理由充分，應准許該當事方或國家使用英文或法文以外的一種語文。

第五十一條　程式和證據規則

（一）《程式和證據規則》在締約國大會成員三分之二多數通過後生效。

（二）下列各方可以提出《程式和證據規則》的修正案：

　　1.　任何締約國；

　　2.　以絕對多數行事的法官；或

　　3.　檢察官。

　　修正案在締約國大會成員三分之二多數通過後立即生效。

（三）在《程式和證據規則》通過後，遇《規則》未對本法院面對的具體情況作出規定的緊急情況，法官得以三分之二多數制定暫行規則，在締約國大會下一次常會或特別會議通過、修正或否決該規則以前暫予適用。

（四）《程式和證據規則》、其修正案和任何暫行規則，應與本規約保持一致。《程式和證據規則》的修正案及暫行規則，不應追溯適用，損及被調查、被起訴或已被定罪的人。

（五）本規約與《程式和證據規則》衝突之處，以本規約為准。

第五十二條　法院條例

（一）法官應依照本規約和《程式和證據規則》，為本法院日常運作的需要，以絕對多數制定《法院條例》。

（二）擬訂該《條例》及其任何修正案時，應諮詢檢察官和書記官長的意見。

（三）該《條例》及其任何修正案應一經通過，立即生效，法官另有決定的，不在此列。這些文書通過後，應立即分送締約國徵求意見，六個月內沒有過半數締約國提出異議的，繼續有效。

第五編　調查和起訴

第五十三條　開始調查

（一）檢察官在評估向其提供的資料後，即應開始調查，除非其本人確定沒有依照本規約進行調查的合理根據。在決定是否開始調查時，檢察官應考慮下列各點：

　　1.　檢察官掌握的資料是否提供了合理根據，可據以認為有人已經實施或正在實施本法院管轄權內的犯罪；

　　2.　根據第十七條，該案件是否為可予受理或將可予受理的；和

　　3.　考慮到犯罪的嚴重程度和被害人的利益，是否仍有實質理由認為調查無助於實現公正。

　　如果檢察官確定沒有進行調查的合理根據，而且其決定是完全基於上述第 3 項作出的，則應通知預審分庭。

（二）檢察官進行調查後，可以根據下列理由斷定沒有進行起訴的充分根據：

　　1.　沒有充分的法律或事實根據，可據以依照第五十八條請求發出逮捕證或傳票；

　　2.　該案件根據第十七條不可受理；或

　　3. 考慮到所有情況，包括犯罪的嚴重程度、被害人的利益、被控告的行為人的年齡或疾患，及其在被控告的犯罪中的作用，起訴無助於實現公正；在這種情況下，檢察官應將作出的結論及其理由通知預審分庭，及根據第十四條提交情勢的國家，或根據第十三條第 2 項提交情勢的安全理事會。

(三)　1. 如果根據第十四條提交情勢的國家或根據第十三條第 2 項提交情勢的安全理事會提出請求，預審分庭可以覆核檢察官根據第一款或第二款作出的不起訴決定，並可以要求檢察官覆議該決定。

　　2. 此外，如果檢察官的不調查或不起訴決定是完全基於第一款第 3 項或第二款第 3 項作出的，預審分庭可以主動覆核該決定。在這種情況下，檢察官的決定必須得到預審分庭的確認方為有效。

(四) 檢察官可以隨時根據新的事實或資料，覆議就是否開始調查或進行起訴所作的決定。

第五十四條　檢察官在調查方面的義務和權力

(一) 檢察官應當：

　　1. 為查明真相，調查一切有關的事實和證據，以評估是否存在本規約規定的刑事責任。進行調查時，應同等地調查證明有罪和證明無罪的情節；

　　2. 採取適當措施，確保有效地對本法院管轄權內的犯罪進行調查和起訴。進行調查時，應尊重被害人和證人的利益和個人情況，包括年齡、第七條第三款所界定的性別、健康狀況，並應考慮犯罪的性質，特別是在涉及性暴力、性別暴力或對兒童的暴力的犯罪方面；和

　　3. 充分尊重本規約規定的個人權利。

(二) 檢察官可以根據下列規定，在一國境內進行調查：

　　1. 第九編的規定；或

　　2. 第五十七條第三款第 4 項的規定，由預審分庭授權進行調查。

(三) 檢察官可以：

　　1. 收集和審查證據；

　　2. 要求被調查的人、被害人和證人到庭，並對其進行訊問；

　　3. 請求任何國家合作，或請求政府間組織或安排依照各自的職權和（或）任務規定給予合作；

　　4. 達成有利於國家、政府間組織或個人提供合作的必要安排或協議，但這種安排或協議不得與本規約相抵觸；

　　5. 同意不在訴訟的任何階段披露檢察官在保密條件下取得的、只用於產生新證據的文件或資料，除非提供這些資料的一方同意予以披露；和

　　6. 採取必要措施，或要求採取必要措施，以確保資料的機密性、保護人員或保全證據。

第五十五條　調查期間的個人權利

(一) 根據本規約進行調查時，個人享有下列權利：

　　1. 不被強迫證明自己有罪或認罪；

　　2. 不受任何形式的強迫、脅迫或威脅，不受酷刑，或任何其他形式的殘忍、不人道或有辱人格的待遇或處罰；

　　3. 在訊問語言不是該人所通曉和使用的語言時，免費獲得合格口譯員的協助，以及為求公正而需要的文件譯本；和

　　4. 不得被任意逮捕或羈押，也不得基於本規約規定以外的理由和根據其規定以外的程式被剝奪自由。

(二) 如果有理由相信某人實施了本法院管轄權內的犯罪，在該人行將被檢察官進行訊問，或行將被國家當局根據按第九編提出的請求進行訊問時，該人還享有下列各項權利，並應在進行訊問前被告知這些權利：

　　1. 被訊問以前，被告知有理由相信他或她實施了本法院管轄權內的犯罪；

　　2. 保持沉默，而且這種沉默不作為判定有罪或無罪的考慮因素；

　　3. 獲得該人選擇的法律援助，或在其沒有法律援助的情況下，為了實現公正而有必要時，為其指定法律援助，如果無力支付，則免費提供；和

　　4. 被訊問時律師在場，除非該人自願放棄獲得律師協助的權利。

第五十六條　預審分庭在獨特調查機會方面的作用

(一) 1. 如果檢察官認為，就審判而言，進行某項調查，以錄取證人證言或陳述，審查、收集或檢驗證據，可能是日後無法獲得的獨特機會，檢察官應將這一情形通知預審分庭。

　　2. 在這種情況下，預審分庭可以應檢察官的請求，採取必要措施，確保程式的效率及完整性，特別是保障辯護方的權利。

　　3. 除預審分庭另有決定外，檢察官還應向因為第 1 項所述的調查而被逮捕或被傳喚到庭的人提供相關資料，使該人可以就此事提出意見。

(二) 第一款第 2 項所述的措施可以包括：

　　1. 作出關於應遵循的程式的建議或命令；

　　2. 指示為該程式製作記錄；

　　3. 指派鑒定人協助；

　　4. 授權被逮捕人或被傳喚到庭的人的律師參與，或在尚未逮捕、到庭、指定律師時，指派另一名律師到場代表辯護方的利益；

　　5. 指派一名預審分庭法官，或必要時指派另一名可予調遣的預審庭或審判庭法官，監督證據的收集和保全及對人員的訊問，並就此作出建議或命令；

　　6. 採取其他可能必要的行動，以收集或保全證據。

(三) 1. 如果檢察官未依本條要求採取措施，但預審分庭認為需要採取這些措施，以保全其認為審判中對辯護方具有重大意義的證據，則應向檢察官了解，檢察官未要求採取上述措施是否有充分理由。經了解後，如果預審分庭判斷，檢察官沒有理由不要求採取上述措施，則預審分庭可以自行採取這些措施。

　　2. 對於預審分庭依照本款自行採取行動的決定，檢察官可以提出上訴。上訴應予從速審理。

(四) 根據本條為審判而保全或收集的證據或其記錄，在審判中，應根據第六十九條決定其可采性，並由審判分庭確定其證明力。

第五十七條　預審分庭的職能和權力

(一) 除本規約另有規定外，預審分庭應依照本條規定行使職能。

(二) 1. 預審分庭根據第十五條、第十八條、第十九條、第五十四條第二款、第六十一條第七款和第七十二條發出的命令或作出的裁定，必須得到預審分庭法官過半數的同意。

　　 2. 在所有其他情況下，預審分庭的一名法官可以單獨行使本規約規定的職能，但《程式和證據規則》另有規定，或者預審分庭法官過半數另有決定的除外。

(三) 除本規約規定的其他職能以外，預審分庭還具有下列權力：

　　 1. 應檢察官請求，發出進行調查所需的命令和授權令；

　　 2. 應根據第五十八條被逮捕或被傳喚到庭的人的請求，發出必要的命令，包括採取第五十六條所述的措施，或依照第九編尋求必要的合作，以協助該人準備辯護；

　　 3. 在必要的時候，下令保護被害人和證人及其隱私，保全證據，保護被逮捕或被傳喚到庭的人，及保護國家安全資料；

　　 4. 如果預審分庭在盡可能考慮到有關締約國的意見後根據情況斷定，該締約國不存在有權執行第九編規定的合作請求的任何當局或司法體制中的任何部門，顯然無法執行合作請求，則可以授權檢察官在未根據第九編取得該國合作的情況下，在該國境內採取特定調查步驟；

　　 5. 如果已根據第五十八條發出逮捕證或傳票，在根據本規約及《程式和證據規則》的規定，適當考慮到證據的證明力和有關當事方的權利的情況下，根據第九十三條第一款第 11 項尋求國家合作，要求為沒收財物，特別是為了被害人的最終利益，採取保護性措施。

第五十八條　預審分庭發出逮捕證或出庭傳票

(一) 調查開始後，根據檢察官的申請，預審分庭在審查檢察官提交的申請書和證據或其他資料後，如果認為存在下列情況，應對某人發出逮捕證：

　　 1. 有合理理由相信該人實施了本法院管轄權內的犯罪；和

　　 2. 為了下列理由，顯然有必要將該人逮捕：

　　 (1) 確保該人在審判時到庭；

　　 (2) 確保該人不妨礙或危害調查工作或法庭訴訟程式；或

　　 (3) 在必要的時候，為了防止該人繼續實施該犯罪或實施本法院管轄權內產生於同一情況的有關犯罪。

(二) 檢察官的申請書應包括下列內容：

　　 1. 該人的姓名及有關其身分的任何其他資料；

　　 2. 該人被控告實施的本法院管轄權內的犯罪的具體說明；

　　 3. 被控告構成這些犯罪的事實的摘要；

　　 4. 證據和任何其他資料的摘要，這些證據和資料構成合理理由，足以相信該人實施了這些犯罪；和

　　 5. 檢察官認為必須逮捕該人的理由。

(三) 逮捕證應包括下列內容：

　　 1. 該人的姓名及有關其身分的任何其他資料；

　　 2. 要求據以逮捕該人的本法院管轄權內的犯罪的具體說明；和

　　 3. 被控告構成這些犯罪的事實的摘要。

(四) 在本法院另有決定以前，逮捕證一直有效。

（五）本法院可以根據逮捕證，請求依照第九編的規定，臨時逮捕或逮捕並移交該人。

（六）檢察官可以請求預審分庭修改逮捕證，變更或增加其中所列的犯罪。如果預審分庭認為，有合理理由相信該人實施了經變更或增列的犯罪，則應照此修改逮捕證。

（七）檢察官除可以請求發出逮捕證外，也可以申請預審分庭發出傳票，傳喚該人出庭。如果預審分庭認為，有合理理由相信該人實施了被控告的犯罪，而且傳票足以確保該人出庭，則應發出傳票，按國內法規定附帶或不附帶限制自由（羈押除外）的條件，傳喚該人出庭。傳票應包括下列內容：

　　1.　該人的姓名及有關其身分的任何其他資料；

　　2.　指定該人出庭的日期；

　　3.　該人被控告實施的本法院管轄權內的犯罪的具體說明；和

　　4.　被控告構成這些犯罪的事實的摘要。

　　傳票應送達該人。

第五十九條　羈押國內的逮捕程式

（一）締約國在接到臨時逮捕或逮捕並移交的請求時，應依照本國法律和第九編規定，立即採取措施逮捕有關的人。

（二）應將被逮捕的人迅速提送羈押國的主管司法當局。該主管司法當局應依照本國法律確定：

　　1.　逮捕證適用於該人；

　　2.　該人是依照適當程式被逮捕的；和

　　3.　該人的權利得到尊重。

（三）被逮捕的人有權向羈押國主管當局申請在移交前暫時釋放。

（四）在對任何上述申請作出決定以前，羈押國主管當局應考慮，鑒於被控告的犯罪的嚴重程度，是否存在暫時釋放的迫切及特殊情況，以及是否已有必要的防範措施，確保羈押國能夠履行其向本法院移交該人的義務。羈押國主管當局無權審議逮捕證是否依照第五十八條第一款第 1 項和第 2 項適當發出的問題。

（五）應將任何暫時釋放的請求通知預審分庭，預審分庭應就此向羈押國主管當局提出建議。羈押國主管當局在作出決定前應充分考慮這些建議，包括任何關於防止該人逃脫的措施的建議。

（六）如果該人獲得暫時釋放，預審分庭可以要求定期報告暫時釋放的情況。

（七）在羈押國命令移交該人後，應儘快向本法院遞解該人。

第六十條　在法院提起的初步程式

（一）在向本法院移交該人，或在該人自願或被傳喚到庭後，預審分庭應查明該人已被告知其被控告實施的犯罪，及其根據本規約所享有的權利，包括申請在候審期間暫時釋放的權利。

（二）根據逮捕證被逮捕的人可以申請在候審期間暫時釋放。預審分庭認為存在第五十八條第一款所述的情況時，應繼續羈押該人。認為不存在這些情況時，預審分庭應有條件或無條件地釋放該人。

（三）預審分庭應定期覆議其有關釋放或羈押該人的裁定，並可以隨時根據檢察官或該人的請求進行覆議。經覆議後，預審分庭如果確認情況有變，可以酌情修改其羈押、釋放或釋放條件的裁定。

(四) 預審分庭應確保任何人不因檢察官無端拖延，在審判前受到不合理的長期羈押。發生這種拖延時，本法院應考慮有條件或無條件地釋放該人。

(五) 在必要的時候，預審分庭可以發出逮捕證，確保被釋放的人到案。

第六十一條　審判前確認指控

(一) 除第二款規定外，在某人被移交或自動到本法院出庭後的一段合理時間內，預審分庭應舉行聽訊，確認檢察官準備提請審判的指控。聽訊應在檢察官和被指控的人及其律師在場的情況下舉行。

(二) 有下列情形之一的，預審分庭可以根據檢察官的請求或自行決定，在被指控的人不在場的情況下舉行聽訊，確認檢察官準備提請審判的指控：

　　1. 該人已放棄出庭權利；或

　　2. 該人已逃逸或下落不明，而且已採取一切合理步驟使其出庭，將指控通知該人，並使其知道即將舉行聽訊確認指控。在這種情況下，如果預審分庭認為有助於實現公正，被告人應由律師代理。

(三) 在聽訊前的一段合理期間內，該人應：

　　1. 收到載有檢察官準備將該人交付審判所依據的指控的文件副本；和

　　2. 被告知檢察官在聽訊時準備採用的證據。預審分庭可以為聽訊的目的發出披露資料的命令。

(四) 聽訊前，檢察官可以繼續進行調查，並可以修改或撤銷任何指控。指控的任何修改或撤銷，應在聽訊前合理地通知該人。撤銷指控時，檢察官應將撤銷理由通知預審分庭。

(五) 聽訊時，檢察官應就每一項指控提出充足證據，證明有實質理由相信該人實施了所指控的犯罪。檢察官可以採用書面證據或證據摘要，而無需傳喚預期在審判時作證的證人。

(六) 聽訊時，該人可以：

　　1. 對指控提出異議；

　　2. 質疑檢察官提出的證據；和

　　3. 提出證據。

(七) 預審分庭應根據聽訊，確定是否有充足證據，證明有實質理由相信該人實施了各項被指控的犯罪。預審分庭應根據其確定的情況：

　　1. 確認預審分庭認為證據充足的各項指控，並將該人交付審判分庭，按經確認的指控進行審判；

　　2. 拒絕確認預審分庭認為證據不足的各項指控；

　　3. 暫停聽訊並要求檢察官考慮：

　　(1) 就某項指控提出進一步證據或作進一步調查；或

　　(2) 修改一項指控，因為所提出的證據顯然構成另一項本法院管轄權內的犯罪。

(八) 預審分庭拒絕確認一項指控，不排除檢察官以後在有其他證據支援的情況下再次要求確認該項指控。

(九) 在指控經確認後，但在審判開始前，經預審分庭同意，在通知被告人後，檢察官可以修改指控。如果檢察官要求追加指控或代之以較嚴重的指控，則必須根據本條規定舉行聽訊確認這些指控。審判開始後，經審判分庭同意，檢察官可以撤銷指控。

(十) 對於預審分庭未予確認或檢察官撤銷的任何指控，先前發出的任何逮捕證停止生效。

(十一) 根據本條確認指控後，院長會議即應組成審判分庭，在第八款和第六十四條第四款的限制下，負責進行以後的訴訟程式，並可以行使任何相關的和適用於這些訴訟程式的預審分庭職能。

第六編　審　判

第六十二條　審判地點

除另有決定外，審判地點為本法院所在地。

第六十三條　被告人出席審判

(一) 審判時被告人應當在場。

(二) 如果在本法院出庭的被告人不斷擾亂審判，審判分庭可以將被告人帶出法庭，安排被告人從庭外觀看審判和指示律師，並在必要時為此利用通訊技術。只應在情況特殊，其他合理措施不足以解決問題的情況下，在確有必要的時間內，才採取這種措施。

第六十四條　審判分庭的職能和權力

(一) 審判分庭應依照本規約和《程式和證據規則》行使本條所列的職能和權力。

(二) 審判分庭應確保審判公平從速進行，充分尊重被告人的權利，並適當顧及對被害人和證人的保護。

(三) 在根據本規約將案件交付審判後，被指定審理案件的審判分庭應當：

    1. 與當事各方商議，採取必要程式，以利訴訟公平從速進行；

    2. 確定審判使用的一種或多種語文；並

    3. 根據本規約任何其他有關規定，指令在審判開始以前及早披露此前未曾披露的文件或資料，以便可以為審判作出充分的準備。

(四) 為了有效和公平行使其職能，審判分庭可以在必要時將初步問題送交預審分庭，或在必要時送交另一名可予調遣的預審庭法官。

(五) 在通知當事各方後，審判分庭可以酌情指示合併審理或分開審理對多名被告人提出的指控。

(六) 在審判前或審判期間，審判分庭可以酌情為行使其職能採取下列行動：

    1. 行使第六十一條第十一款所述的任何一種預審分庭職能；

    2. 傳喚證人到庭和作證，及要求提供文件和其他證據，必要時根據本規約的規定取得各國協助；

    3. 指令保護機密資料；

    4. 命令提供除當事各方已經在審判前收集，或在審判期間提出的證據以外的其他證據；

    5. 指令保護被告人、證人和被害人；並

    6. 裁定任何其他有關事項。

(七) 審判應公開進行。但審判分庭可以確定，因情況特殊，為了第六十八條所述的目的，或為了保護作為證據提供的機密或敏感資料，某些訴訟程式不公開進行。

(八) 1. 審判開始時，應在審判分庭上向被告人宣讀業經預審分庭確認的指控書。審判分庭應確定被告人明白指控的性質，並應給被告人根據第六十五條表示認罪，或表示不認罪的機會。

2. 審判時，庭長可以就訴訟的進行作出指示，包括為了確保以公平和公正的方式進行訴訟而作出指示。在不違反庭長的任何指示的情況下，當事各方可以依照本規約的規定提出證據。

(九) 審判分庭除其他外，有權應當事一方的請求或自行決定：

1. 裁定證據的可采性或相關性；並

2. 在審理過程中採取一切必要措施維持秩序。

(十) 審判分庭應確保製作如實反映訴訟過程的完整審判記錄，並由書記官長備有和保存。

第六十五條　關於認罪的程式

(一) 如果被告人根據第六十四條第八款第 1 項認罪，審判分庭應確定以下各點：

1. 被告人明白認罪的性質和後果；

2. 被告人是在充分諮詢辯護律師後自願認罪的；和

3. 承認的犯罪為案件事實所證實，這些事實載於：

(1) 檢察官提出並為被告人承認的指控；

(2) 檢察官連同指控提出並為被告人接受的任何補充材料；和

(3) 檢察官或被告人提出的任何其他證據，如證人證言。

(二) 如果審判分庭認為第一款所述事項經予以確定，審判分庭應將認罪連同提出的任何進一步證據，視為已確定構成所認之罪成立所需的全部基本事實，並可以判定被告人犯下該罪。

(三) 如果審判分庭認為第一款所述事項未能予以確定，審判分庭應按未認罪處理，在這種情況下，審判分庭應命令依照本規約所規定的普通審判程式繼續進行審判，並可以將案件移交另一審判分庭審理。

(四) 如果審判分庭認為為了實現公正，特別是為了被害人的利益，應當更全面地查明案情，審判分庭可以採取下列行動之一：

1. 要求檢察官提出進一步證據，包括證人證言；或

2. 命令依照本規約所規定的普通審判程式繼續進行審判，在這種情況下，應按未認罪處理，並可以將案件移交另一審判分庭審理。

(五) 檢察官和辯護方之間就修改指控、認罪或判刑所進行的任何商議，對本法院不具任何約束力。

第六十六條　無罪推定

(一) 任何人在本法院被依照適用的法律證明有罪以前，應推定無罪。

(二) 證明被告人有罪是檢察官的責任。

(三) 判定被告人有罪，本法院必須確信被告人有罪已無合理疑問。

第六十七條　被告人的權利

(一) 在確定任何指控時，被告人有權獲得符合本規約各項規定的公開審訊，獲得公正進行的公平審訊，及在人人平等的基礎上獲得下列最低限度的保證：

1. 以被告人通曉和使用的語文，迅速被詳細告知指控的性質、原因和內容；

2. 有充分時間和便利準備答辯，並在保密情況下自由地同被告人所選擇的律師聯繫；

3. 沒有不當拖延地受到審判；

4. 除第六十三條第二款規定外，審判時本人在場，親自進行辯護或者通過被告人所選擇的法律援助進行辯護，在被告人沒有法律援助時，獲告知這一權利，並在為了實現公正而有必要的時候，由本法院指定法律援助，如果無力支付，則免費提供；

　5. 訊問或者請他人代為訊問對方證人，並根據對方傳訊證人的相同條件要求傳訊被告人的證人。被告人還應有權進行答辯和提出根據本規約可予採納的其他證據；

　6. 如果本法院的任何訴訟程式或者提交本法院的任何文件所用的語文，不是被告人所通曉和使用的語文，免費獲得合格的口譯員的協助，以及為求公正而需要的文件的譯本；

　7. 不被強迫作證或認罪，保持沉默，而且這種沉默不作為判定有罪或無罪的考慮因素；

　8. 作出未經宣誓的口頭或書面陳述為自己辯護；和

　9. 不承擔任何反置的舉證責任或任何反駁責任。

(二) 除依照本規約規定披露任何其他資料以外，如果檢察官認為其掌握或控制的證據表明或趨於表明被告人無罪，或可能減輕被告人罪責，或可能影響控告方證據可信性，檢察官應在實際可行時，儘快向辯護方披露這些證據。適用本款遇有疑義，應由本法院作出裁判。

第六十八條　被害人和證人的保護及參與訴訟

(一) 本法院應採取適當措施，保護被害人和證人的安全、身心健康、尊嚴和隱私。在採取這些措施時，本法院應考慮一切有關因素，包括年齡、第七條第三款所界定的性別、健康狀況，及犯罪性質，特別是在涉及性暴力或性別暴力或對兒童的暴力等犯罪方面。在對這種犯罪進行調查和起訴期間，檢察官尤應採取這種措施。這些措施不應損害或違反被告人的權利和公平公正審判原則。

(二) 作為第六十七條所規定的公開審訊原則的例外，為了保護被害人和證人或被告人，本法院的分庭可以不公開任何部分的訴訟程式，或者允許以電子方式或其他特別方式提出證據。涉及性暴力被害人或兒童作為被害人或證人時尤應執行這些措施，除非本法院在考慮所有情節，特別是被害人和證人的意見後，作出其他決定。

(三) 本法院應當准許被害人在其個人利益受到影響時，在本法院認為適當的訴訟階段提出其意見和關注供審議。被害人提出意見和關注的方式不得損害或違反被告人的權利和公平公正審判原則。在本法院認為適當的情況下，被害人的法律代理人可以依照《程式和證據規則》提出上述意見和關注。

(四) 被害人和證人股可以就第四十三條第六款所述的適當保護辦法、安全措施、輔導諮詢和援助向檢察官和本法院提出諮詢意見。

(五) 對於在審判開始前進行的任何訴訟程式，如果依照本規約規定披露證據或資料，可能使證人或其家屬的安全受到嚴重威脅，檢察官可以不公開這種證據或資料，而提交這些證據或資料的摘要。採取上述措施不應損害或違反被告人的權利和公平公正審判原則。

(六) 一國可以為保護其公務人員或代表和保護機密和敏感資料申請採取必要措施。

第六十九條　證據

(一) 每一證人在作證前，均應依照《程式和證據規則》宣誓，保證其將提供的證據的真實性。

(二) 審判時證人應親自出庭作證，但第六十八條或《程式和證據規則》所規定的措施除外。本法院也可以根據本規約和依照《程式和證據規則》的規定，准許借助音像技術提供證人的口頭或錄音證言，以及提出文件或筆錄。這些措施不應損害或違反被告人的權利。

(三) 當事各方可以依照第六十四條提交與案件相關的證據。本法院有權要求提交一切其認為必要的證據以查明真相。

(四) 本法院可以依照《程式和證據規則》，考慮各項因素，包括證據的證明價值，以及這種證據對公平審判或公平評估證人證言可能造成的任何不利影響，裁定證據的相關性或可採性。

(五) 本法院應尊重和遵守《程式和證據規則》規定的保密特權。

(六) 本法院不應要求對人所共知的事實提出證明，但可以對這些事實作出司法認知。

(七) 在下列情況下，以違反本規約或國際公認人權的手段獲得的證據應不予采納：

    1. 違反的情節顯示該證據的可靠性極為可疑；或

    2. 如果准予採納該證據將違反和嚴重損害程式的完整性。

(八) 本法院在裁判一國所收集的證據的相關性或可采性時，不得裁斷該國國內法的適用情況。

第七十條　妨害司法罪

(一) 本法院對故意實施的下列妨害司法罪具有管轄權：

    1. 在依照第六十九條第一款承擔說明真相的義務時提供偽證；

    2. 提出自己明知是不實的或偽造的證據；

    3. 不當影響證人，阻礙或干擾證人出庭或作證，對作證的證人進行報復，或毀滅、偽造證據或干擾證據的收集；

    4. 妨礙、恐嚇或不當影響本法院官員，以強迫或誘使該官員不執行或不正當地執行其職務；

    5. 因本法院一名或另一名官員執行職務而對該一名官員進行報復；

    6. 作為本法院的官員，利用其職權索取或收受賄賂。

(二) 本法院對本條所述的不法行為行使管轄權的原則和程式，應在《程式和證據規則》中加以規定。就有關本條的訴訟程式向本法院提供國際合作的條件，以被請求國的國內法為依據。

(三) 被判有罪的，本法院可以判處五年以下有期徒刑，或根據《程式和證據規則》單處罰金，或並處罰金。

(四) 1. 對於本條所述的妨害司法罪，如果犯罪在一締約國境內發生或為其國民所實施，該締約國應將本國處罰破壞國內調查或司法程式完整性的不法行為的刑事法規擴展適用於這些犯罪；

    2. 根據本法院的請求，締約國在其認為適當時，應將有關案件提交本國主管當局，以便進行起訴。有關當局應認真處理這些案件，並提供充分資源，以便能夠作出有效的處理。

第七十一條　對在法院的不當行為的制裁

(一) 對在本法院出庭的人所實施的不當行為，包括破壞本法院的訴訟程式，或故意拒不遵守本法院的指令，本法院可以通過監禁以外的行政措施，如暫時或永久地逐出法庭、罰金或《程式和證據規則》所規定的其他類似措施，予以處罰。

(二) 第一款所定措施，應依照《程式和證據規則》規定的程式執行。

第七十二條　保護國家安全資料

(一) 本條適用於一國認為披露該國的資料或文件將損害其國家安全利益的任何情況，包括涉及下列各條款的情況：第五十六條第二款和第三款、第六十一條第三款、第六十四條第三款、第六十七條第二款、第六十八條第六款、第八十七條第六款和第九十三條，以及在訴訟任何其他階段因發生這種披露問題而產生的情況。

(二) 如果某人以披露會損害某一國家的國家安全利益為由，拒絕根據要求提供資料或證據，或將此事提交國家，而且有關國家證實，該國認為這種披露會損害其國家安全利益，本條規定也應予適用。

(三) 本條的規定不妨礙根據第五十四條第三款第 5 項和第 6 項適用的保密要求，也不妨礙第七十三條的適用。

(四) 如果一國知悉該國的資料或文件在訴訟的某個階段正在被披露或可能被披露，而該國認為這種披露會損害其國家安全利益，該國應有權進行干預，依照本條解決問題。

(五) 如果一國認為披露資料會損害該國的國家安全利益，該國應酌情會同檢察官、辯護方、預審分庭或審判分庭，採取一切合理步驟，尋求通過合作的方式解決問題。這些步驟可以包括：

1. 修改或澄清有關請求；

2. 由本法院斷定要求提供的資料或證據的相關性，或對於相關的證據，斷定是否可以或已經從被請求國以外的來源獲得；

3. 從其他來源或以其他形式獲得資料或證據；或

4. 議定提供協助的條件，除其他外，包括提供摘要或節錄，限制披露範圍，採用不公開或訴訟單一方參與的程式，或採用本規約和《程式和取證規則》允許的其他保護性措施。

(六) 在採取了一切合理步驟，尋求通過合作方式解決問題後，如果該國認為沒有任何辦法或條件，可以使資料或文件的提供或披露不致損害其國家安全利益，該國應將這一情況及其作出的決定的具體理由通知檢察官或本法院，除非具體說明這些理由也必然導致損害該國的國家安全利益。

(七) 此後，如果本法院斷定證據是相關的，而且是確定被告人有罪或無罪所必需的，本法院可以採取下列行動：

1. 如果披露該資料或文件的要求系根據第九編的合作請求提出，或因第二款所述情況而提出，且該國援引了第九十三條第四款所列的拒絕理由：

(1) 本法院可以在作出第七款第 1 項第 2 目所述任何結論以前，請求進一步協商，聽取有關國家的意見，包括在適當時進行不公開和訴訟單一方參與的聽訊；

(2) 如果本法院斷定，根據實際情況，被請求國援引第九十三條第四款所列拒絕理由，即未履行本規約規定的義務，本法院可以根據第八十七條第七款提交該事項，並說明其結論所依據的理由；和

(3) 本法院可以在對被告人的審判中酌情推定某一事實存在或不存在；
或

2. 在所有其他情況下：

(1) 命令披露；或

(2) 如果不命令披露，可以在對被告人的審判中酌情推定某一事實存在或不存在。

第七十三條　協力廠商的資料或文件

如果本法院請求一締約國提供某一國家、政府間組織或國際組織在保密基礎上向其披露，現處於其保管、據有或控制之下的文件或資料，該締約國應就披露該文件或資料徵求其來源方的同意。如果來源方為締約國，則來源方應同意披露該資料或文件，或著手根據第七十二條的規定

與本法院解決披露問題。如果來源方不是締約國，而且拒絕同意披露，被請求國應通知本法院，說明該國事前已對來源方承擔保密義務，因此無法提供有關文件或資料。

第七十四條　作出裁判的條件

(一) 審判分庭的全體法官應出席審判的每一階段，並出席整個評議過程。院長會議可以在逐案的基礎上，從可予調遣的法官中指定一位或多位候補法官，出席審判的每一階段，並在審判分庭的任何法官無法繼續出席時替代該法官。

(二) 審判分庭的裁判應以審判分庭對證據和整個訴訟程式的評估為基礎。裁判不應超出指控或其任何修正所述的事實和情節的範圍。本法院作出裁判的唯一根據，是在審判中向其提出並經過辯論的證據。

(三) 法官應設法作出一致裁判，如果無法達成一致意見，應由法官的過半數作出裁判。

(四) 審判分庭的評議應永予保密。

(五) 裁判應書面作出，並應敘明理由，充分說明審判分庭對證據作出的裁定及其結論。審判分庭應只作出一項裁判。在不能取得一致意見的情況下，審判分庭的裁判應包括多數意見和少數意見。裁判或其摘要應在公開庭上宣布。

第七十五條　對被害人的賠償

(一) 本法院應當制定賠償被害人或賠償被害人方面的原則。賠償包括歸還、補償和恢復原狀。在這個基礎上，本法院可以應請求，或在特殊情況下自行決定，在裁判中確定被害人或被害人方面所受的損害、損失和傷害的範圍和程度，並說明其所依據的原則。

(二) 本法院可以直接向被定罪人發布命令，具體列明應向被害人或向被害人方面作出的適當賠償，包括歸還、補償和恢復原狀。本法院可以酌情命令向第七十九條所規定的信託基金交付判定的賠償金。

(三) 本法院根據本條發出命令前，可以徵求並應當考慮被定罪人、被害人、其他利害關係人或利害關係國或上述各方的代表的意見。

(四) 本法院行使本條規定的權力時，可以在判定某人實施本法院管轄權內的犯罪後，確定為了執行其可能根據本條發出的任何命令，是否有必要請求採取第九十三條第一款規定的措施。

(五) 締約國應執行依照本條作出的裁判，視第一百零九條的規定適用於本條。

(六) 對本條的解釋，不得損害被害人根據國內法或國際法享有的權利。

第七十六條　判刑

(一) 審判分庭作出有罪判決時，應當考慮在審判期間提出的與判刑相關的證據和意見，議定應判處的適當刑罰。

(二) 除適用第六十五條的情況以外，審判結束前，審判分庭可以自行決定，並應在檢察官或被告人提出請求時，依照《程式和證據規則》再次舉行聽訊，聽取與判刑相關的任何進一步證據或意見。

(三) 在第二款適用的情況下，應在根據第二款再次舉行聽訊時，及在任何必要的進一步聽訊上，聽取根據第七十五條提出的任何陳述。

(四) 刑罰應公開並盡可能在被告人在場的情況下宣告。

第七編　刑　罰

第七十七條　適用的刑罰

(一) 除第一百一十條規定外，對於被判實施本規約第五條所述某項犯罪的人，本法院可以判處下列刑罰之一：

1. 有期徒刑，最高刑期不能超過三十年；或

2. 無期徒刑，以犯罪極為嚴重和被定罪人的個人情況而證明有此必要的情形為限。

(二) 除監禁外，本法院還可以命令：

1. 處以罰金，處罰標準由《程式和證據規則》規定；

2. 沒收直接或間接通過該犯罪行為得到的收益、財產和資產，但不妨害善意協力廠商的權利。

第七十八條　量刑

(一) 量刑時，本法院應依照《程式和證據規則》，考慮犯罪的嚴重程度和被定罪人的個人情況等因素。

(二) 判處徒刑時，本法院應扣減先前依照本法院的命令受到羈押的任何時間。本法院可以扣減因構成該犯罪的行為而受到羈押的任何其他時間。

(三) 一人被判犯數罪時，本法院應宣告每一項犯罪的刑期，再宣告合併執行的總刑期。總刑期應在數刑中最高刑期以上，但不能超過三十年，或根據第七十七條第一款第 2 項判處的無期徒刑。

第七十九條　信託基金

(一) 應根據締約國大會的決定，設立一個信託基金，用於援助本法院管轄權內的犯罪的被害人及其家屬。

(二) 本法院可以命令，根據本法院的指令將通過罰金或沒收取得的財物轉入信託基金。

(三) 信託基金應根據締約國大會決定的標準進行管理。

第八十條　不妨礙國家適用刑罰和國內法

本編的規定不影響國家適用其國內法規定的刑罰，也不影響未規定本編所定刑罰的國家的法律。

第八編　上訴和改判

第八十一條　對無罪或有罪判決或判刑的上訴

(一) 對根據第七十四條作出的裁判，可以依照《程式和證據規則》提出上訴：

1. 檢察官可以基於下列任何一種理由提出上訴：

(1) 程式錯誤；

(2) 認定事實錯誤；或

(3) 適用法律錯誤；

2. 被定罪人或檢察官代表被定罪人，可以基於下列任何一種理由提出上訴：

(1) 程式錯誤；

(2) 認定事實錯誤；

(3) 適用法律錯誤，或

(4) 影響到訴訟程式或裁判的公正性或可靠性的任何其他理由。

(二) 1. 檢察官或被定罪人可以依照《程式和證據規則》，以罪刑不相稱為由對判刑提出上訴。

　　2. 對於就判刑提出的上訴，如果本法院認為有理由撤銷全部或部分有罪判決，本法院可以請檢察官和被定罪人根據第八十一條第一款第 1 項或第 2 項提出理由，並可以依照第八十三條對定罪作出裁判。

　　3. 對於只是就定罪提出的上訴，如果本法院認為根據第二款第 1 項有理由減輕刑罰時，應當適用同樣的程式。

(三) 1. 除審判分庭另有決定外，上訴期間應繼續羈押被定罪人。

　　2. 羈押期超過刑期時，應釋放被定罪人，但如果檢察官同時正在提出上訴，則被定罪人的釋放應受下列第 3 項的條件約束。

　　3. 被判無罪時，應立即釋放被告人，但是：

　　(1) 在特殊情況下，考慮到潛逃的實際可能性、被指控犯罪的嚴重程度以及上訴的成功機會等因素，審判分庭應檢察官的要求，可以在上訴期間繼續羈押該人；

　　(2) 可以依照《程式和證據規則》對審判分庭根據第 3 項第 1 目作出的裁判提出上訴。

(四) 除第三款第 1 項和第 2 項規定外，在上訴受理期間和上訴審理期間，裁判或刑罰應暫停執行。

第八十二條　對其他裁判的上訴

(一) 當事雙方均可以依照《程式和證據規則》對下列裁判提出上訴：

　　1. 關於管轄權或可受理性的裁判；

　　2. 准許或拒絕釋放被調查或被起訴的人的裁判；

　　3. 預審分庭根據第五十六條第三款自行採取行動的決定；

　　4. 涉及嚴重影響訴訟的公正和從速進行或審判結果的問題的裁判，而且預審分庭或審判分庭認為，上訴分庭立即解決這一問題可能大大推進訴訟的進行。

(二) 預審分庭根據第五十七條第三款第 4 項作出的裁判，經預審分庭同意，有關國家或檢察官可以提出上訴。上訴應予從速審理。

(三) 上訴本身無中止效力，除非上訴分庭應要求根據《程式和證據規則》作出這種決定。

(四) 被害人的法律代理人、被定罪人或因一項有關第七十五條的命令而受到不利影響的財產善意所有人，可以根據《程式和證據規則》，對賠償命令提出上訴。

第八十三條　上訴的審理程式

(一) 為了第八十一條和本條規定的審理程式的目的，上訴分庭具有審判分庭的全部權力。

(二) 如果上訴分庭認定上訴所針對的審判程式有失公正，影響到裁判或判刑的可靠性，或者上訴所針對的裁判或判刑因為有認定事實錯誤、適用法律錯誤或程式錯誤而受到重大影響，上訴分庭可以：

　　1. 推翻或修改有關的裁判或判刑；或

　　2. 命令由另一審判分庭重新審判。

　　為了上述目的，上訴分庭可以將事實問題發回原審判分庭重新認定，由該分庭向其提出報告，上訴分庭也可以自行提取證據以認定該問題。如果該項裁判或判刑僅由被定罪人或由檢察官代該人提出上訴，則不能作出對該人不利的改判。

(三) 對於不服判刑的上訴，如果上訴分庭認定罪刑不相稱，可以依照第七編變更判刑。

（四）上訴分庭的判決應由法官的過半數作出，在公開庭上宣告。判決書應說明根據的理由。在不能取得一致意見的情況下，上訴分庭的判決書應包括多數意見和少數意見，但法官可以就法律問題發表個別意見或反對意見。

（五）上訴分庭可以在被判無罪的人或被定罪的人缺席的情況下宣告判決。

第八十四條　變更定罪判決或判刑

（一）被定罪人，或在其亡故後，其配偶、子女、父母或被告人死亡時在生並獲被告人書面明確指示為其提出這種請求的人，或檢察官代表被定罪人，可以基於下列理由，向上訴分庭申請變更最終定罪判決或判刑：

　　1.　發現新證據，該新證據：

　　(1) 是審判時無法得到的，而且無法得到該證據的責任不應全部或部分歸咎於提出申請的當事方；而且

　　(2) 是足夠重要的，如果在審判時獲得證明，很可能導致不同的判決；

　　2.　在審判期間被採納並作為定罪根據的決定性證據，在最近被發現是不實的、偽造的或虛假的；

　　3.　參與定罪或確認指控的一名或多名法官在該案中有嚴重不當行為或嚴重瀆職行為，其嚴重程度足以根據第四十六條將有關法官免職。

（二）上訴分庭如果認為申請理由不成立，應將申請駁回。上訴分庭如果確定申請是有理由的，可以根據情況：

　　1.　重組原審判分庭；

　　2.　組成新的審判分庭；或

　　3.　保留對此事的管轄權，

　　以期在依照《程式和證據規則》所規定的方式聽取當事各方的陳述後，確定是否應變更判決。

第八十五條　對被逮捕人或被定罪人的賠償

（一）任何遭受非法逮捕或羈押的人，應有可以執行的得到賠償的權利。

（二）經最後裁判被判犯下刑事犯罪的人，如果對其作出的有罪判決其後因新事實或新發現的事實決定性地證明存在司法失當情況而被推翻，則該因有罪判決而受到處罰的人應依法獲得賠償，除非可以證明，未及時披露該項未為人知的事實的責任可以全部或部分歸咎於該人。

（三）在特殊情況下，如果本法院發現決定性事實，證明存在嚴重、明顯的司法失當情事，本法院可以酌情根據《程式和證據規則》規定的標準，裁定賠償已經因最後被判無罪，或因上述理由終止訴訟而獲釋放的人。

第九編　國際合作和司法協助

第八十六條　一般合作義務

締約國應依照本規約的規定，在本法院調查和起訴本法院管轄權內的犯罪方面同本法院充分合作。

第八十七條　合作請求：一般規定

(一) 1. 本法院有權向締約國提出合作請求。請求書應通過外交途徑或各締約國在批准、接受、核准或加入時可能指定的任何其他適當途徑轉遞。各締約國其後更改這種指定，應依照《程式和證據規則》作出。

2. 在不妨礙第 1 項規定的情況下，適當時也可以通過國際刑事員警組織或任何適當的區域組織轉遞請求書。

(二) 根據被請求國在批准、接受、核准或加入時作出的選擇，合作請求書及其輔助文件應以被請求國的一種法定語文製作，或附上這種語文的譯本，也得以本法院工作語文之一製作。其後更改這一選擇，應依照《程式和證據規則》作出。

(三) 被請求國應對合作請求書及其輔助文件保密，但為執行請求而必須披露的除外。

(四) 對於根據本編提出的任何協助請求，本法院可以採取必要措施，包括保護資料方面的措施，以確保任何被害人、可能證人及其家屬的安全及身心健康。對於根據本編提供的任何資料，本法院可以要求其提供和處理方式務必保護被害人、可能證人及其家屬的安全及身心健康。

(五) 1. 本法院可以邀請任何非本規約締約國的國家，根據特別安排、與該國達成的協議或任何其他適當的基礎，按本編規定提供協助。

2. 如果非本規約締約國的國家已同本法院達成特別安排或協定，但沒有對根據任何這種安排或協定提出的請求給予合作，本法院可以通知締約國大會，或在有關情勢系由安全理事會提交本法院的情況下，通知安全理事會。

(六) 本法院可以請求任何政府間組織提供資料或文件。本法院也可以請求有關組織依照本法院與其達成的協議，按其主管或職權範圍提供其他形式的合作和協助。

(七) 如果締約國未按本規約的規定行事，不執行本法院的合作請求，致使本法院無法行使本規約規定的職能和權力，本法院可以在認定存在這一情況後將此事項提交締約國大會，或在有關情勢系由安全理事會提交本法院的情況下，提交安全理事會。

第八十八條　國內法中可供採用的程式

締約國應確保其國內法中已有可供採用的程式，以執行本編規定的各種形式的合作。

第八十九條　向法院移交有關的人

(一) 本法院可以將逮捕並移交某人的請求書，連同第九十一條所列的請求書輔助材料，遞交給該人可能在其境內的任何國家，請求該國合作，逮捕並移交該人。締約國應依照本編規定及其國內法所定程式，執行逮捕並移交的請求。

(二) 如果被要求移交的人依照第二十條規定，根據一罪不二審原則向國內法院提出質疑，被請求國應立即與本法院協商，以確定本法院是否已就可受理性問題作出相關裁定。案件可予受理的，被請求國應著手執行請求。可受理性問題尚未裁定的，被請求國可以推遲執行移交該人的請求，直至本法院就可受理性問題作出斷定。

(三) 1. 締約國應根據國內程式法，批准另一國通過其國境遞解被移交給本法院的人，除非從該國境過境將妨礙或延緩移交；

2. 本法院的過境請求書應依照第八十七條的規定轉遞。過境請求書應包括下列內容：

(1) 說明所遞解的人的身分；

(2) 簡述案件的事實及這些事實的法律性質；並

(3) 附上逮捕並移交授權令;

3. 被遞解的人在過境期間應受羈押;

4. 如果使用空中交通工具遞解該人,而且未計畫在過境國境內降落,則無需申請批准。

5. 如果在過境國境內發生計畫外的降落,該國可以要求依照第 2 項規定提出過境請求。過境國應羈押被遞解的人,直至收到過境請求書並完成過境為止,但與本項有關的羈押,從計畫外降落起計算,不得超過九十六小時,除非在這一時限內收到請求書。

(四) 如果被要求移交的人,因本法院要求移交所依據的某項犯罪以外的另一項犯罪在被請求國內被起訴或服刑,被請求國在決定准予移交後應與本法院協商。

第九十條　競合請求

(一) 締約國在接到本法院根據第八十九條提出的關於移交某人的請求時,如果另外接到任何其他國家的請求,針對構成本法院要求移交該人所依據的犯罪之基礎的同一行為要求引渡同一人,該締約國應將此情況通知本法院和請求國。

(二) 如果請求國是締約國,在下列情況下,被請求國應優先考慮本法院的請求:

1. 本法院依照第十八條或第十九條斷定,移交請求所涉及的案件可予受理,而且這一斷定考慮到請求國已就其引渡請求進行的調查或起訴;或

2. 本法院接到被請求國依照第一款發出的通知後作出第 1 項所述的斷定。

(三) 如果未有第二款第 1 項所述的斷定,在等候本法院根據第二款第 2 項作出斷定以前,被請求國可以酌情著手處理請求國提出的引渡請求,但在本法院斷定案件不可受理以前,不得引渡該人。本法院應從速作出斷定。

(四) 如果請求國是非本規約締約國的國家,被請求國又沒有向請求國引渡該人的國際義務,則在本法院斷定案件可予受理的情況下,被請求國應優先考慮本法院提出的移交請求。

(五) 如果本法院斷定第四款所述的案件不可受理,被請求國可以酌情著手處理請求國提出的引渡請求。

(六) 在適用第四款的情況下,如果被請求國有向非本規約締約國的請求國引渡該人的現行國際義務,被請求國應決定向本法院移交該人,還是向請求國引渡該人。

作出決定時,被請求國應考慮所有相關因素,除其他外,包括:

1. 各項請求的日期;

2. 請求國的權益,根據情況包括犯罪是否在其境內實施、被害人的國籍和被要求引渡的人的國籍;和

3. 本法院與請求國此後相互移交該人的可能性。

(七) 締約國接到本法院的移交請求時,如果另外接到任何其他國家的請求,針對構成本法院要求移交該人所依據的犯罪之基礎的行為以外的其他行為要求引渡同一人:

1. 在被請求國沒有向請求國引渡該人的現行國際義務時,被請求國應優先考慮本法院的請求;

2. 在被請求國有向請求國引渡該人的現行國際義務時,被請求國應決定向本法院移交該人,還是向請求國引渡該人。作出決定時,被請求國應考慮所有相關因素,除其他外,包括第六款列明的各項因素,但應特別考慮所涉行為的相對性質和嚴重程度。

(八) 如果本法院接到本條所指的通知後斷定某案件不可受理,向請求國引渡的請求隨後又被拒絕,被請求國應將此決定通知本法院。

第九十一條　逮捕並移交的請求的內容

(一) 逮捕並移交的請求應以書面形式提出。在緊急情況下，請求可以通過任何能夠發送書面記錄的方式提出，但其後應通過第八十七條第一款第 1 項規定的途徑予以確認。

(二) 為了請求逮捕並移交預審分庭根據第五十八條對其發出逮捕證的人，請求書應載有或附有下列資料：

　　1.　足以確定被要求的人的身分的資料，以及關於該人的可能下落的資料；

　　2.　逮捕證副本；和

　　3.　被請求國的移交程式所要求的一切必要文件、聲明或資料，但這些要求不得比該國根據同其他國家訂立的條約或安排而適用於引渡請求的條件更為苛刻，而且考慮到本法院的特殊性質，應在可能的情況下減少這些要求。

(三) 為了請求逮捕並移交已被定罪的人，請求書應載有或附有下列資料：

　　1.　要求逮捕該人的逮捕證副本；

　　2.　有罪判決書副本；

　　3.　證明被要求的人是有罪判決書所指的人的資料；和

　　4.　在被要求的人已被判刑的情況下，提供判刑書副本，如果判刑為徒刑，應說明已服刑期和剩餘刑期。

(四) 經本法院請求，締約國應就根據第二款第 3 項可能適用的國內法的要求，同本法院進行一般性協商，或對具體事項進行協商。協商過程中，締約國應將其國內法的具體要求告知本法院。

第九十二條　臨時逮捕

(一) 在緊急情況下，本法院可以在依照第九十一條規定提出移交請求書及其輔助文件以前，請求臨時逮捕被要求的人。

(二) 臨時逮捕的請求應以任何能夠發送書面記錄的方式發出，並應載有下列資料：

　　1.　足以確定被要求的人的身分的資料，以及關於該人的可能下落的資料；

　　2.　關於要求據以逮捕該人的犯罪的簡要說明，以及被控告構成這些犯罪的事實的簡要說明，並盡可能包括犯罪的時間和地點；

　　3.　已對被要求的人發出逮捕證或作出有罪判決的聲明；和

　　4.　移交被要求的人的請求書將隨後送交的聲明。

(三) 如果被請求國未在《程式和證據規則》規定的時限內收到第九十一條規定的移交請求書及其輔助文件，可以釋放在押的被臨時逮捕的人。但在被請求國法律允許的情況下，在這一期間屆滿前，該人可以同意被移交。在這種情況下，被請求國應盡快著手將該人移交給本法院。

(四) 如果移交請求書及其輔助文件在較後日期送交，已根據第三款釋放在押的被要求的人的事實，不妨礙在其後逮捕並移交該人。

第九十三條　其他形式的合作

(一) 締約國應依照本編及其國內法程式的規定，執行本法院的請求，在調查和起訴方面提供下列協助：

　　1.　查明某人的身分和下落或物品的所在地；

　　2.　取證，包括宣誓證言，及提供證據，包括本法院需要的鑒定意見和報告；

3. 訊問任何被調查或被起訴的人；

4. 送達文書，包括司法文書；

5. 為有關人員作為證人或鑒定人自願到本法院出庭提供便利；

6. 根據第七款規定臨時移送人員；

7. 勘驗有關地點或場所，包括掘屍核對總和檢查墓穴；

8. 執行搜查和扣押；

9. 提供記錄和文件，包括官方記錄和文件；

10. 保護被害人和證人，及保全證據；

11. 查明、追尋和凍結或扣押犯罪收益、財產和資產及犯罪工具，以便最終予以沒收，但不損害善意協力廠商的權利；和

12. 被請求國法律不禁止的其他形式的協助，以便利調查和起訴本法院管轄權內的犯罪。

(二) 本法院有權向在本法院出庭的證人或鑒定人作出保證，該人不會因為其在離開被請求國以前的任何作為或不作為，在本法院受到起訴、羈押或對其人身自由的任何限制。

(三) 對於根據第一款提出的請求，如果基於一項普遍適用的現行基本法律原則，被請求國不能執行請求中詳述的一項協助措施，被請求國應從速與本法院協商，力求解決問題。協商過程中，應考慮是否能以其他方式或有條件地提供協助。如果協商後仍然無法解決問題，本法院應視需要修改請求。

(四) 根據第七十二條規定，只有在要求提供的文件或披露的證據涉及其國家安全的情況下，締約國才可以全部或部分拒絕協助請求。

(五) 在拒絕一項根據第一款第 12 項提出的協助請求以前，被請求國應考慮是否可以在特定條件下提供協助，或是否可以延後或以其他方式提供協助。如果本法院或檢察官接受了有條件的協助，本法院或檢察官必須遵守這些條件。

(六) 被請求的締約國如果拒絕協助請求，應從速將拒絕理由通知本法院或檢察官。

(七) 1. 本法院可以請求臨時移送被羈押的人，以便進行辨認、錄取證言或獲得其他協助。移送該人須滿足下列條件：

(1) 該人在被告知後自願表示同意被移送；和

(2) 被請求國根據該國與本法院可能商定的條件，同意移送該人。

2. 被移送的人應繼續受到羈押。在移送的目的完成後，本法院應儘快將該人交回被請求國。

(八) 1. 除請求書所述的調查或訴訟程式所需要的以外，本法院應確保文件和資料的機密性。

2. 被請求國在必要時，可以在保密的基礎上將文件或資料遞送檢察官。檢察官其後只可以將其用於收集新證據的目的。

3. 被請求國其後可以自行決定或應檢察官的請求，同意披露這些文件或資料。經披露後，可以根據第五編和第六編及依照《程式和證據規則》的規定，利用這些文件和資料作為證據。

(九) 1. (1)如果一締約國收到本法院和與之有國際義務的另一國提出的移交或引渡以外的競合請求，該締約國應與本法院和該另一國協商，設法同時滿足雙方請求，必要時可以推遲執行其中一項請求或對請求附加條件。

(2) 無法如上解決問題時，應依照第九十條所定原則解決競合請求。

2. 如果本法院的請求涉及因一項國際協定而在第三國或一國際組織控制下的資料、財產或人員，被請求國應將此情況告知本法院，由本法院向該第三國或國際組織提出請求。

(十) 1. 如果一締約國正在就構成本法院管轄權內的犯罪的行為，或就構成其國內法定為嚴重犯罪的行為進行調查或審判，本法院可以根據該締約國的請求，同該國合作，提供協助。

2. (1) 根據第 1 項提供的協助除其他外，應包括：
   ① 遞送本法院在調查或審判期間獲得的陳述、文件或其他種類的證據；和
   ② 訊問本法院下令羈押的人；
   (2) 對於根據第 2 項第 1 目第 1 分目提供的協助：
   ① 如果文件或其他種類的證據是在一國協助下獲得的，這種遞送須得到該國的同意；
   ② 如果陳述、文件或其他種類的證據是由證人或鑑定人提供的，這種遞送受第六十八條限制。

3. 本法院可以根據本款規定的條件，同意非本規約締約國的國家根據本款提出的協助請求。

第九十四條　因進行中的調查或起訴而推遲執行請求

(一) 如果立即執行請求會妨礙正在對請求所涉案件以外的案件進行的調查或起訴，被請求國可以在同本法院商定的期限內推遲執行請求。但推遲的期限不應超出被請求國完成有關調查或起訴所必需的時間。在決定推遲執行請求以前，被請求國應當考慮是否可以依照某些條件立即提供協助。

(二) 如果被請求國根據第一款作出推遲執行請求的決定，檢察官可以根據第九十三條第一款第 10 項請求保全證據。

第九十五條　因可受理性的質疑而推遲執行請求

如果本法院正在根據第十八條或第十九條審理關於可受理性的質疑，被請求國可以在本法院作出斷定以前，推遲執行根據本編提出的請求，除非本法院明確下令檢察官可以根據第十八條或第十九條收集證據。

第九十六條　第九十三條規定的其他形式協助的請求的內容

(一) 第九十三條所指的其他形式協助的請求應以書面形式提出。在緊急情況下，請求可以通過任何能夠發送書面記錄的方式提出，但其後應通過第八十七條第一款第 1 項規定的途徑予以確認。

(二) 根據具體情況，請求書應載有或附有下列資料：
   1. 關於請求的目的和要求得到的協助，包括請求的法律根據和理由的簡要說明；
   2. 關於為提供所要求的協助而必須找到或查明的任何人物或地點的所在或特徵的盡可能詳細的資料；
   3. 與請求有關的基本事實的簡要說明；
   4. 須遵行任何程序或要求的理由及其細節；
   5. 根據被請求國法律的要求，須為執行請求提供的資料；
   6. 提供要求得到的協助所需的任何其他資料。

(三) 經本法院請求，締約國應就根據第二款第 5 項可能適用的國內法的要求，同本法院進行一般性協商，或對具體事項進行協商。協商過程中，締約國應將其國內法的具體要求告知本法院。

(四) 本條的規定也比照適用于向本法院提出的協助請求。

第九十七條　磋商

締約國收到根據本編提出的請求，但發現請求中存在問題，可能妨礙或阻止請求的執行，應立即與本法院磋商，解決問題。除其他外，這些問題可以包括：

1. 執行請求所需的資料不足；

2. 在請求移交的情況下，盡管作出了最大努力，仍然無法找到要求移交的人，或進行的調查確定，在被請求國的有關個人顯然不是逮捕證所指的人；或

3. 執行目前形式的請求，將使被請求國違反已對另一國承擔的條約義務。

第九十八條　在放棄豁免權和同意移交方面的合作

(一) 如果被請求國執行本法院的一項移交或協助請求，該國將違背對第三國的個人或財產的國家或外交豁免權所承擔的國際法義務，則本法院不得提出該項請求，除非本法院能夠首先取得該第三國的合作，由該第三國放棄豁免權。

(二) 如果被請求國執行本法院的一項移交請求，該國將違背依國際協定承擔的義務，而根據這些義務，向本法院移交人員須得到該人派遣國的同意，則本法院不得提出該項移交請求，除非本法院能夠首先取得該人派遣國的合作，由該派遣國同意移交。

第九十九條　根據第九十三條和第九十六條提出的請求的執行

(一) 提供協助的請求，應依照被請求國的法律所規定的有關程式，在該國法律不禁止的情況下，以請求書指明的方式執行，包括按照請求書列出的任何程式執行，或允許請求書所指定的人在執行程式中到場並提供協助。

(二) 遇緊急請求，經本法院要求，答覆的文件或證據應緊急發送。

(三) 被請求國的答覆應以其原始語文和格式轉遞。

(四) 在不妨礙本編其他條款的情況下，為了順利執行一項無需採取任何強制性措施即可以執行的請求，尤其是在自願基礎上與某人面談或向該人取證，包括為執行請求而確有必要時，在被請求締約國當局不在場的情況下進行上述活動，以及為了在未經變動的條件下檢查公共現場或其他公共場所，檢察官在必要時可以依照下列規定直接在一國境內執行這種請求：

　　1. 如果被請求締約國是被控告的犯罪在其境內發生的國家，而且已有根據第十八條或第十九條作出的可予受理斷定，檢察官可以在與被請求締約國進行了一切可能的協商後直接執行這種請求；

　　2. 在其他情況下，檢察官可以在與被請求締約國協商後，按照該締約國提出的任何合理條件或關注執行這種請求。如果被請求締約國發現根據本項規定執行請求存在問題，該締約國應立即與本法院磋商，解決問題。

(五) 根據第七十二條規定在本法院出庭作證或接受訊問的人為防止披露與國家安全有關的機密資料而可以援引的各項限制條件，也適用於執行本條所指的協助請求。

第一百條　費用

(一) 在被請求國境內執行請求的一般費用由該國承擔，但下列各項費用由本法院承擔：

1. 與證人和鑒定人的旅費和安全有關的費用，或與根據第九十三條移送被羈押人有關的費用；
2. 筆譯、口譯和筆錄費用；
3. 法官、檢察官、副檢察官、書記官長、副書記官長及本法院任何機關的工作人員的旅費和生活津貼；
4. 本法院要求的任何鑒定意見或報告的費用；
5. 與羈押國向本法院遞解被移交的人有關的費用；和
6. 經協商確定的任何與執行請求有關的特殊費用。

(二) 第一款的規定應比照適用於締約國向本法院提出的請求。在這種情況下，本法院承擔執行請求的一般費用。

第一百零一條　特定規則

(一) 根據本規約移交給本法院的人，不得因移交以前實施的、構成移交該人所依據的犯罪之基礎的行為以外的任何其他行為或行為過程而受追訴、處罰或羈押。

(二) 本法院可以請求向本法院移交人員的國家放棄第一款規定的要求，並應在必要時依照第九十一條提供補充資料。締約國有權並應努力向本法院表示放棄。

第一百零二條　用語

為了本規約的目的：

1. 「移交「是指一國依照本規約向本法院遞解人員；
2. 「引渡「是指一國根據條約、公約或國內立法向另一國遞解人員。

第十編　執行

第一百零三條　國家在執行徒刑方面的作用

(一) 1. 本法院應當從向本法院表示願意接受被判刑人的國家名單中指定一個國家，在該國執行徒刑。
   2. 一國宣布願意接受被判刑人時，可以對這種接受附加本法院同意並符合本編規定的條件。
   3. 具體指定的國家應從速就其是否接受本法院的指定通知本法院。

(二) 1. 執行國應將可能嚴重影響徒刑執行條件或程度的任何情況，包括根據第一款商定的任何條件的實施，通知本法院。本法院應至少提前四十五天得到任何這種已知或預知情況的通知。在此期間，執行國不得採取任何可能違反該國根據第一百一十條所承擔的義務的行動。
   2. 如果本法院不同意第 1 項所述的情況，則應通知執行國，並依照第一百零四條第一款的規定處理。

(三) 本法院在依照第一款行使指定國家的酌定權時，應考慮下列因素：

1. 締約國分擔執行徒刑責任的原則，即締約國應依照《程式和證據規則》的規定，根據公平分配原則分擔這一責任；
2. 適用囚犯待遇方面廣為接受的國際條約標準；
3. 被判刑人的意見；
4. 被判刑人的國籍；

5. 指定執行國時應酌情考慮的其他因素，包括有關犯罪情節、被判刑人情況，或判刑的有效執行的因素。

(四) 如果沒有根據第一款指定任何國家，應依照第三條第二款所述的《總部協定》規定的條件，在東道國提供的監獄設施執行徒刑。在這種情況下，本法院應承擔執行徒刑所需的費用。

第一百零四條　改變指定的執行國

(一) 本法院可以隨時決定將被判刑人轉移到另一國的監獄。

(二) 被判刑人可以隨時申請本法院將其轉移出執行國。

第一百零五條　判刑的執行

(一) 除一國可能根據第一百零三條第一款第 2 項附加的條件外，徒刑判決對締約國具有約束力，締約國不得作任何修改。

(二) 只有本法院有權對上訴和改判的任何申請作出裁判。執行國不得阻礙被判刑人提出任何這種申請。

第一百零六條　執行判刑的監督和監禁的條件

(一) 徒刑的執行應受本法院的監督，並應符合囚犯待遇方面廣為接受的國際條約標準。

(二) 監禁條件由執行國的法律規定，並應符合囚犯待遇方面廣為接受的國際條約標準，但條件的寬嚴不得有別于執行國同類犯罪囚犯的監禁條件。

(三) 被判刑人與本法院之間的通訊應不受阻礙，並應予保密。

第一百零七條　服刑人在刑期滿後的移送

(一) 非執行國國民的人在刑期滿後，除非執行國准許該人留在該國境內，根據執行國法律，該人可以被移送到有義務接受該人的國家，或被移送到同意接受該人的另一國家，但應考慮該人是否願意被移送到該國。

(二) 根據第一款將該人移送到另一國所需的費用，如果沒有任何國家承擔，應由本法院承擔。

(三) 在不違反第一百零八條的規定的情況下，執行國也可以依照本國國內法，將該人引渡或移交給為了審判或執行一項判刑而要求引渡或移交該人的一個國家。

第一百零八條　對因其他犯罪被起訴或受處罰的限制

(一) 在執行國受到羈押的被判刑人，不得因該人在被移送到執行國以前實施的任何行為而被起訴或受處罰或被引渡給第三國，除非本法院應執行國的請求，同意這種起訴、處罰或引渡。

(二) 本法院應在聽取被判刑人的意見後就此事作出決定。

(三) 如果被判刑人在本法院所判刑期全部執行後，自願留在執行國境內超過三十天，或在離境後又返回執行國境內，第一款不再適用。

第一百零九條　罰金和沒收措施的執行

(一) 締約國應根據其國內法程式，執行本法院根據第七編命令的罰金或沒收，但不應損害善意協力廠商的權利。

(二) 締約國無法執行沒收命令時，應採取措施，收繳價值相當於本法院命令沒收的收益、財產或資產的財物，但不應損害善意協力廠商的權利。

(三) 締約國因執行本法院的判決而獲得的財產，或出售執行所得的不動產的收益，或酌情出售其他執行所得的財產的收益，應轉交本法院。

第一百一十條　法院對減刑的複查

(一) 在本法院宣判的刑期屆滿以前,執行國不得釋放被判刑人。

(二) 只有本法院有權作出減刑決定,並應在聽取了該人的意見後就此事作出裁定。

(三) 對於已執行刑期三分之二的人,或被判處無期徒刑但已服刑二十五年的人,本法院應當對其判刑進行複查,以確定是否應當減刑。這種複查不得在上述時間之前進行。

(四) 本法院在依照第三款進行複查時,如果認為存在下列一個或多個因素,可以減刑:

　　1. 該人較早而且一直願意在本法院的調查和起訴方面同本法院合作;

　　2. 該人在其他方面自願提供協助,使本法院得以執行判決和命令,尤其是協助查明與罰金、沒收或賠償命令有關的,可以用於被害人利益的資產的下落;或

　　3. 根據《程式和證據規則》的規定,其他因素證明,情況發生明顯、重大的變化,足以構成減刑的理由。

(五) 如果本法院在依照第三款進行初次複查後斷定不宜減刑,其後應根據《程序和證據規則》規定的的時間間隔和適用標準,對減刑問題進行複查。

第一百一十一條　越獄

如果被定罪人越獄並逃離執行國,該國可以在同本法院協商後,請求該人所在的國家依照現行雙邊或多邊協議移交該人,或者請求本法院依照第九編要求移交該人。本法院可以指示將該人遞解原服刑地國家或本法院指定的另一國家。

第十一編　締約國大會

第一百一十二條　締約國大會

(一) 茲設立本規約締約國大會。每一締約國在大會中應有一名代表,並可以有若干名副代表和顧問。本規約或《最後文件》的其他簽署國可以作為大會觀察員。

(二) 大會應:

　　1. 審議和酌情通過預備委員會的建議;

　　2. 向院長會議、檢察官和書記官長提供關於本法院行政工作的管理監督;

　　3. 審議第三款所設的主席團的報告和活動,並就此採取適當行動;

　　4. 審議和決定本法院的預算;

　　5. 決定應否依照第三十六條調整法官人數;

　　6. 依照第八十七條第五款和第七款審議任何不合作問題;

　　7. 履行符合本規約和《程式和證據規則》的任何其他職能。

(三) 1. 大會應設主席團,由大會選舉一名主席、二名副主席和十八名成員組成,任期三年。

　　2. 主席團應具有代表性,特別應顧及公平地域分配原則,及充分代表世界各主要法系。

　　3. 主席團視需要隨時召開會議,但至少應每年開會一次。主席團協助大會履行其職責。

(四) 大會還可以視需要設立附屬機關,包括設立一個負責檢查、評價和調查本法院的獨立監督機制,以提高本法院的工作效率和節省開支。

(五) 本法院院長、檢察官和書記官長或其代表適當時可以參加大會或主席團的會議。

(六) 大會應在本法院所在地或在聯合國總部每年舉行一次會議,並根據情況需要舉行特別會議。除本規約具體規定的情況外,特別會議應由主席團自行決定或根據締約國三分之一要求召開。

(七) 每一締約國應有一票表決權。大會及主席團應盡力以協商一致作出決定。無法達成協商一致時，除非本規約另有規定，應以下列方式作出決定：

1. 有關實質性事項的決定，必須由出席並參加表決的締約國三分之二多數通過，但進行表決的法定人數，必須是締約國的絕對多數；

2. 有關程式事項的決定，應由出席並參加表決的締約國簡單多數作出。

(八) 任何締約國如果拖欠對本法院費用的攤款，其拖欠數額相當於或超過其以往整兩年的應繳攤款時，將喪失在大會和主席團的表決權。如果大會認為拖欠是該締約國所無法控制的情況所致，大會仍可以允許該締約國參加大會和主席團的表決。

(九) 大會應自行制定議事規則。

(十) 大會以聯合國大會的正式語文和工作語文為其正式語文和工作語文。

第十二編　財務事項

第一百一十三條　財務條例

除另有具體規定外，本法院和締約國大會的會議，包括其主席團和附屬機構的會議的一切有關財務事項，均應依照本規約和締約國大會通過的《財務條例和細則》的規定處理。

第一百一十四條　費用的支付方式

本法院和締約國大會，包括其主席團和附屬機構的費用，由本法院的經費支付。

第一百一十五條　法院和締約國大會的經費

締約國大會確定的預算編列本法院和締約國大會，包括其主席團和附屬機構所需經費，由下列來源提供：

1. 締約國的攤款；

2. 聯合國經大會核准提供的經費，尤其是安全理事會提交情勢所涉的費用。

第一百一十六條　自願捐助

在不妨礙第一百一十五條的情況下，本法院可以依照締約國大會通過的有關標准，作為額外經費，接受和利用各國政府、國際組織、個人、企業和其他實體的自願捐助。

第一百一十七條　攤款

應依照議定的分攤比額表攤派締約國的繳款。該比額表應以聯合國為其經常預算制定的比額表為基礎，並依照該比額表所採用的原則予以調整。

第一百一十八條　年度審核

本法院的記錄、帳冊和帳目，包括其年度財務報表，每年由獨立審計員審核。

第十三編　最後條款

第一百一十九條　爭端的解決

(一) 關於本法院司法職能的任何爭端，由本法院的決定解決。

(二) 兩個或兩個以上締約國之間有關本規約的解釋或適用的任何其他爭端，未能通過談判在談判開始後三個月內解決的，應提交締約國大會。大會可以自行設法解決爭端，也可以建議其他辦法解決爭端，包括依照《國際法院規約》將爭端提交國際法院。

第一百二十條　保留

不得對本規約作出保留。

第一百二十一條　修正

(一) 本規約生效七年後，任何締約國均可以對本規約提出修正案。任何提議修正案的案文應提交聯合國祕書長，由祕書長從速將其分送所有締約國。

(二) 在通知之日起三個月後任何時間舉行的締約國大會下一次會議，應由出席並參加表決的締約國過半數決定是否處理這一提案。大會可以直接處理該提案，或者根據所涉問題視需要召開審查會議。

(三) 修正案不能在締約國大會會議，或者在審查會議上取得協商一致的，必須由締約國三分之二多數通過。

(四) 除第五款規定外，修正案在締約國八分之七向聯合國祕書長交存批准書或接受書一年後，對所有締約國生效。

(五) 本規約第五條、第六條、第七條和第八條的任何修正案，在接受該修正案的締約國交存批准書或接受書一年後對其生效。對於未接受修正案的締約國，本法院對該締約國國民實施的或在其境內實施的修正案所述犯罪，不得行使管轄權。

(六) 如果修正案根據第四款獲得締約國八分之七接受，未接受修正案的任何締約國可以在該修正案生效後一年內發出通知，退出本規約，立即生效，不受第一百二十七條第一款限制，但須依照第一百二十七條第二款規定行事。

(七) 聯合國祕書長應將締約國大會會議或審查會議通過的修正案分送所有締約國。

第一百二十二條　對體制性規定的修正

(一) 雖有第一百二十一條第一款規定，任何締約國隨時可以對本規約中僅涉及體制問題的規定提出修正案。這些規定為第三十五條、第三十六條第八款和第九款、第三十七條、第三十八條、第三十九條第一款（首二句）及第二款和第四款、第四十二條第四款至第九款、第四十三條第二款和第三款、第四十四條、第四十六條、第四十七條和第四十九條。提議修正案的案文應提交聯合國祕書長或締約國大會指定的其他人，由其從速分送所有締約國和參加大會的其他各方。

(二) 根據本條提出的修正案，不能取得協商一致的，必須由締約國大會或審查會議以締約國三分之二多數通過。這種修正案在大會或審查會議通過六個月後，對所有締約國生效。

第一百二十三條　規約的審查

(一) 本規約生效七年後，聯合國祕書長應召開一次審查會議，審查對本規約的任何修正案。審查範圍除其他外，可以包括第五條所列的犯罪清單。會議應任由參加締約國大會的國家按同一條件參加。

(二) 其後任何時間，應一締約國要求，為了第一款所述的目的，經締約國過半數贊成，聯合國祕書長應召開審查會議。

(三) 審查會議審議的任何本規約修正案，其通過和生效辦法，應適用第一百二十一條第三款至第七款的規定。

第一百二十四條　過渡條款

雖有第十二條第一款和第二款規定，一國成為本規約締約國時可以聲明，在本規約對該國生效後七年內，如果其國民被指控實施一項犯罪，或者有人被指控在其境內實施一項犯罪，該國不接受本法院對第八條所述一類犯罪的管轄權。根據本條作出的聲明可以隨時撤回。依照第一百二十三條第一款召開的審查會，應審查本條規定。

第一百二十五條　簽署、批准、接受、核准或加入

(一) 本規約於 1998 年 7 月 17 日在羅馬聯合國糧食及農業組織總部開放供所有國家簽署。此後，本規約在羅馬義大利外交部繼續開放供簽署，直至 1998 年 10 月 17 日為止。其後，本規約在紐約聯合國總部繼續開放供簽署，直至 2000 年 12 月 31 日為止。

(二) 本規約須經簽署國批准、接受或核准。批准書、接受書或核准書應交存聯合國祕書長。

(三) 本規約應對所有國家開放供加入。加入書應交存聯合國祕書長。

第一百二十六條　生效

(一) 本規約應在第六十份批准書、接受書、核准書或加入書交存聯合國祕書長之日起六十天后的第一個月份第一天開始生效。

(二) 對於在第六十份批准書、接受書、核准書或加入書交存後批准、接受、核准或加入本規約的每一個國家，本規約應在該國交存其批准書、接受書、核准書或加入書之日起六十天后的第一個月份第一天對該國開始生效。

第一百二十七條　退約

(一) 締約國得以書面通知聯合國祕書長退出本規約。退約在通知收到之日起一年後生效，除非通知指明另一較晚日期。

(二) 一國在作為本規約締約國期間根據本規約所承擔的義務，包括可能承擔的任何財政義務，不因退約而解除。退約不影響退約國原有的合作義務，就退約生效之日以前開始的刑事調查與訴訟同本法院進行合作，也不妨礙本法院繼續審理退約生效之日以前，本法院已在審理中的任何事項。

第一百二十八條　作準文本

本規約正本交存聯合國祕書長，其阿拉伯文、中文、英文、法文、俄文和西班牙文文本同等作準。聯合國祕書長應將本規約經證明無誤的副本分送所有國家。

下列簽署人經各自政府正式授權在本規約上簽字，以昭信守。

1998 年 7 月 17 日訂於羅馬。

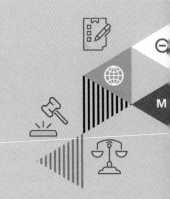

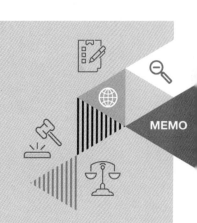

MEMO

國家圖書館出版品預行編目資料

國際公法專論/吳嘉生編著. -- 初版. -- 新北市：
　　新文京開發出版股份有限公司, 2022.09
　　　面；　公分

　　ISBN　978-986-430-867-5（平裝）

　　1.CST：國際法

579　　　　　　　　　　　　　　111013288

國際公法專論　　　　　　　　　（書號：E457）

編 著 者	吳嘉生
出 版 者	新文京開發出版股份有限公司
地　　址	新北市中和區中山路二段 362 號 9 樓
電　　話	(02) 2244-8188（代表號）
Ｆ Ａ Ｘ	(02) 2244-8189
郵　　撥	1958730-2
初　　版	西元 2022 年 09 月 15 日

New Wun Ching Developmental Publishing Co., Ltd.

New Age · New Choice · The Best Selected Educational Publications — NEW WCDP

新文京開發出版股份有限公司

NEW WCDP

新世紀‧新視野‧新文京 ─ 精選教科書‧考試用書‧專業參考書